制服-PICK UP

明星幼稚園

晃華学園
マリアの園幼稚園

制服-PICK UP

サンタ・セシリア幼稚園

制服-PICK UP

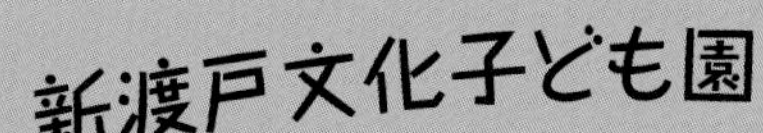

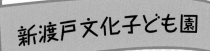

制服-PICK UP

川村幼稚園

制服-PICK UP

桐蔭学園幼稚園

三軒茶屋リズム幼稚園

カリタス幼稚園

制服-PICK UP

品川翔英幼稚園

鎌倉女子大学幼稚部

制服-PICK UP

大和幼稚園

金の星幼稚園

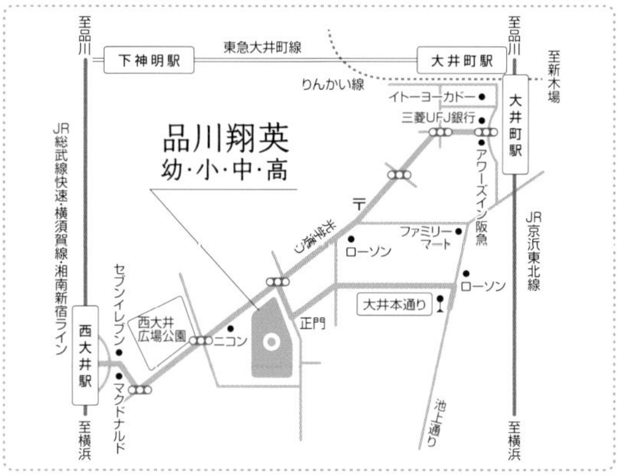

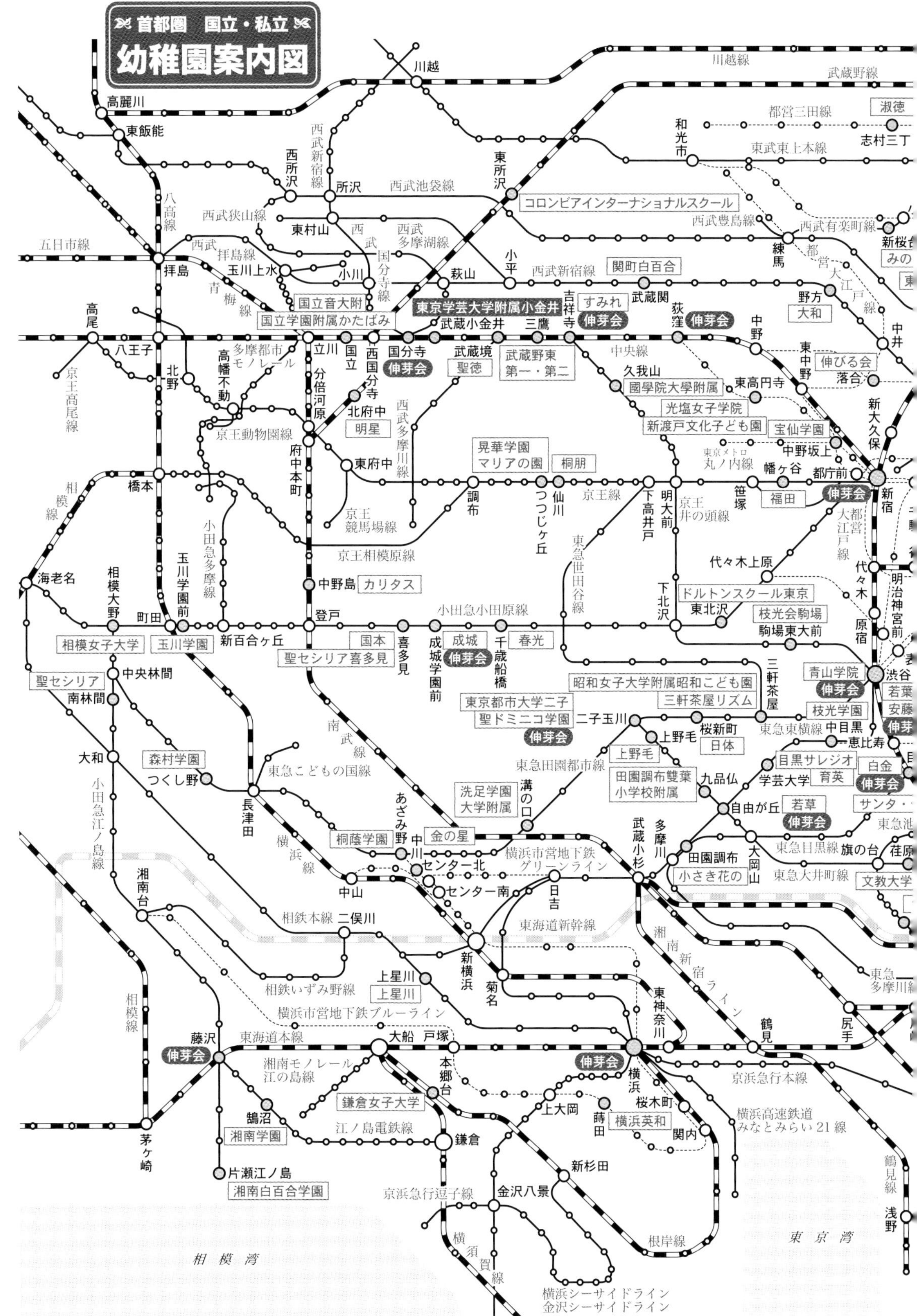

首都圏　国立・私立
幼稚園案内図
川越
川越線
武蔵野線
高麗川
東飯能
都営三田線
淑徳
志村三丁
和光市
東武東上本線
西所沢
西武新宿線
所沢
西武池袋線
東所沢
八高線
西武狭山線
コロンビアインターナショナルスクール
西武豊島線
西武有楽町線
東村山
西武多摩湖線
練馬
新桜台
五日市線
西武拝島線
拝島
玉川上水
小川
西武国分寺線
萩山
小平
西武新宿線
関町白百合
都営大江戸線
青梅線
国立音大附
東京学芸大学附属小金井
すみれ
吉祥寺
伸芽会
武蔵関
荻窪
野方
大和
高尾
国立学園附属かたばみ
武蔵小金井
三鷹
中野
中井
八王子
立川
国立
西国分寺
国分寺
武蔵境
中央線
東中野
伸びる会
京王高尾線
北野
多摩都市モノレール
高幡不動
伸芽会
聖徳
武蔵野東第一・第二
久我山
國學院大學附属
東高円寺
落合
分倍河原
北府中
明星
西武多摩川線
光塩女子学院
新渡戸文化子ども園
宝仙学園
新大久保
京王動物園線
府中本町
東府中
晃華学園
マリアの園
桐朋
東京メトロ丸ノ内線
中野坂上
相模線
橋本
調布
つつじヶ丘
仙川
京王線
下高井戸
明大前
京王井の頭線
笹塚
幡ヶ谷
福田
都庁前
伸芽会
新宿
京王競馬場線
小田急多摩線
東急世田谷線
都営大江戸線
京王相模原線
代々木上原
代々木
海老名
相模大野
玉川学園前
中野島
カリタス
下北沢
ドルトンスクール東京
明治神宮前
町田
登戸
小田急小田原線
東北沢
枝光会駒場
原宿
新百合ヶ丘
喜多見
成城学園前
成城
千歳船橋
春光
駒場東大前
相模女子大学
玉川学園
国本
伸芽会
三軒茶屋
聖セシリア喜多見
青山学院
渋谷
聖セシリア
中央林間
昭和女子大学附属昭和こども園
三軒茶屋リズム
若葉
南林間
南武線
東京都市大学二子
聖ドミニコ学園
二子玉川
枝光学園
安藤
伸芽会
上野毛
桜新町
東急東横線
中目黒
伸芽会
大和
森村学園
東急こどもの国線
日体
恵比寿
つくし野
東急田園都市線
上野毛
目黒サレジオ
小田急江ノ島線
長津田
洗足学園大学附属
溝の口
田園調布雙葉小学校附属
九品仏
学芸大学
育英
白金
伸芽会
あざみ野
自由が丘
若草
サンタ
伸芽会
東急池
横浜線
桐蔭学園
金の星
武蔵小杉
多摩川
中川
横浜市営地下鉄グリーンライン
田園調布
大岡山
東急目黒線
旗の台
荏原
湘南台
センター北
小さき花の
東急大井町線
文教大学
中山
センター南
日吉
相鉄本線
二俣川
東海道新幹線
湘南新宿ライン
新横浜
菊名
東急多摩川線
相模線
相鉄いずみ野線
上星川
上星川
東神奈川
横浜市営地下鉄ブルーライン
鶴見
尻手
藤沢
伸芽会
東海道本線
大船
戸塚
本郷台
伸芽会
横浜
京浜急行本線
湘南モノレール江の島線
鎌倉女子大学
桜木町
鵠沼
上大岡
蒔田
横浜英和
関内
横浜高速鉄道みなとみらい21線
茅ヶ崎
湘南学園
江ノ島電鉄線
鎌倉
片瀬江ノ島
新杉田
鶴見線
湘南白百合学園
京浜急行逗子線
金沢八景
浅野
横須賀線
根岸線
東京湾
相模湾
横浜シーサイドライン
金沢シーサイドライン

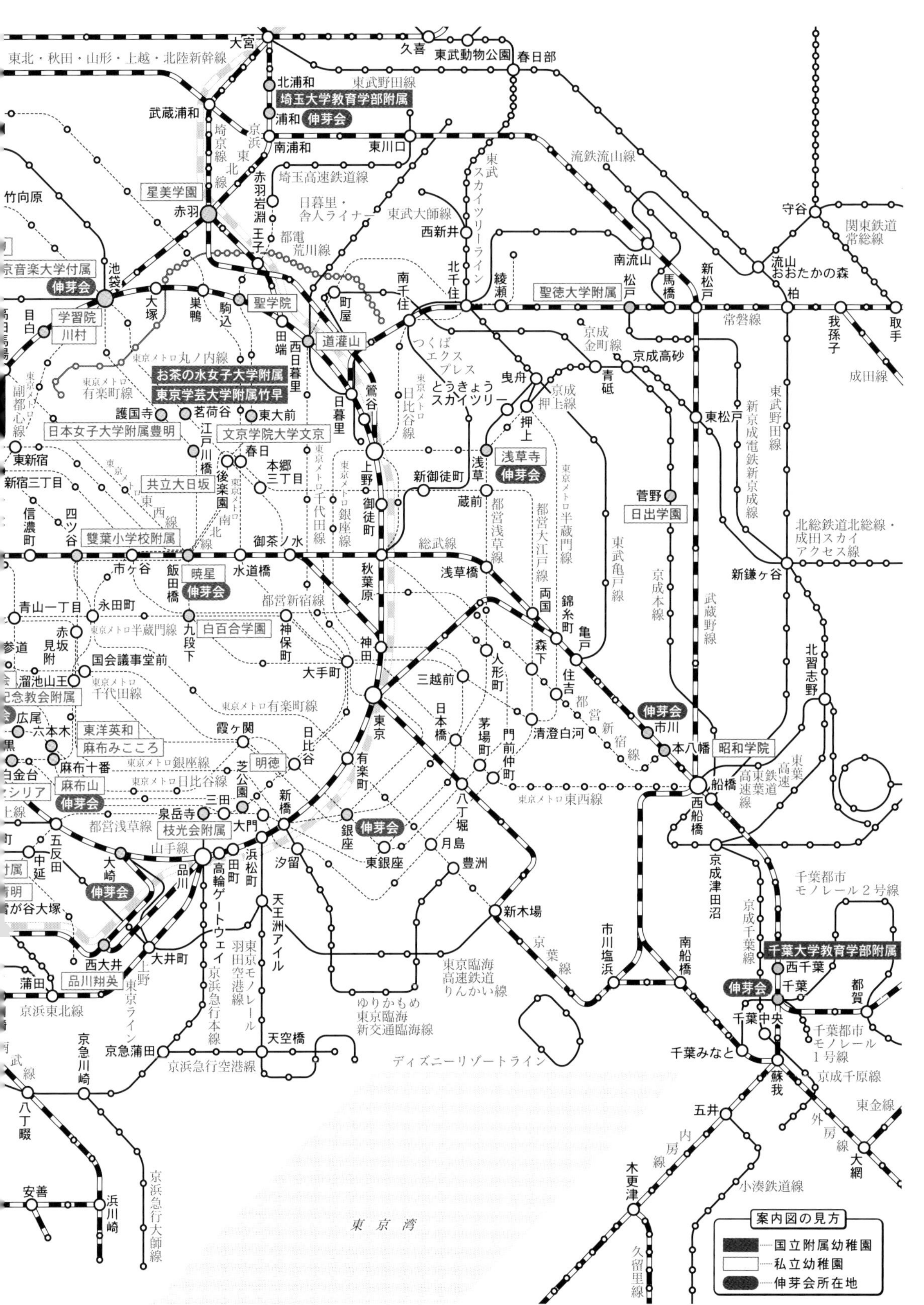

大宮
久喜
東武動物公園
春日部
東北・秋田・山形・上越・北陸新幹線
北浦和
東武野田線
埼玉大学教育学部附属
浦和
伸芽会
武蔵浦和
南浦和
東川口
埼玉高速鉄道線
流鉄流山線
竹向原
星美学園
赤羽
赤羽岩淵
日暮里・舎人ライナー
東武大師線
西新井
守谷
関東鉄道常総線
王子
都電荒川線
南流山
流山おおたかの森
池袋
伸芽会
大塚
巣鴨
駒込
聖学院
町屋
南千住
北千住
綾瀬
聖徳大学附属
松戸
馬橋
新松戸
柏
我孫子
取手
目白
学習院
川村
田端
西日暮里
道灌山
つくばエクスプレス
常磐線
京成金町線
京成高砂
東京メトロ丸ノ内線
お茶の水女子大学附属
東京学芸大学附属竹早
東京メトロ有楽町線
護国寺
茗荷谷
東大前
日暮里
鶯谷
とうきょうスカイツリー
曳舟
京成押上線
青砥
成田線
東武野田線
新京成電鉄新京成線
東松戸
日本女子大学附属豊明
文京学院大学文京
江戸川橋
春日
本郷三丁目
上野
押上
浅草寺
伸芽会
浅草
東新宿
新宿三丁目
後楽園
共立大日坂
新御徒町
御徒町
蔵前
菅野
日出学園
信濃町
四ツ谷
雙葉小学校附属
御茶ノ水
総武線
北総鉄道北総線・成田スカイアクセス線
市ケ谷
飯田橋
暁星
伸芽会
水道橋
秋葉原
浅草橋
新鎌ヶ谷
青山一丁目
永田町
都営新宿線
九段下
白百合学園
神保町
両国
錦糸町
亀戸
東武亀戸線
京成本線
武蔵野線
赤坂見附
東京メトロ半蔵門線
国会議事堂前
大手町
神田
三越前
人形町
森下
住吉
北習志野
溜池山王
東京メトロ千代田線
東京
東京メトロ有楽町線
日本橋
記念教会附属
広尾
六本木
東洋英和
麻布みこころ
霞ケ関
日比谷
茅場町
門前仲町
清澄白河
伸芽会
市川
本八幡
昭和学院
白金台
麻布十番
東京メトロ銀座線
明徳
芝公園
有楽町
船橋
東葉高速鉄道
東京メトロ日比谷線
麻布山
伸芽会
三田
新橋
八丁堀
東京メトロ東西線
西船橋
泉岳寺
大門
都営浅草線
枝光会附属
銀座
伸芽会
山手線
五反田
大崎
伸芽会
品川
田町
浜松町
汐留
東銀座
月島
豊洲
京成津田沼
千葉都市モノレール2号線
高輪ゲートウェイ
天王洲アイル
新木場
京葉線
市川塩浜
南船橋
千葉大学教育学部附属
西千葉
伸芽会
千葉
都賀
西大井
大井町
品川翔英
東京モノレール羽田空港線
京浜急行本線
東京臨海高速鉄道りんかい線
蒲田
京浜東北線
ゆりかもめ東京臨海新交通臨海線
千葉中央
千葉都市モノレール1号線
京急川崎
京急蒲田
天空橋
京浜急行空港線
ディズニーリゾートライン
千葉みなと
蘇我
京成千原線
東金線
五井
外房線
内房線
大網
八丁畷
安善
浜川崎
京浜急行大師線
東京湾
木更津
小湊鉄道線
久留里線
案内図の見方
国立附属幼稚園
私立幼稚園
伸芽会所在地

2024年度入試用

首都圏

私立・国立

有名 幼稚園 合格ガイド

Shinga-kai

はじめに

わが子の入園時期をお迎えのご父母の皆さま方は、どのような進路を選択すべきか、情報過多の時代ゆえに迷われることもあるかと思います。特に最近は、よりよい環境を求めて、高校や大学まで一貫教育が受けられる附属幼稚園を受験されるご家庭が増えています。一貫教育の附属幼稚園の中には、説明会が行われないところもあります。そのためか情報量の少なさに、不安やいろいろなうわさに対するとまどいを抱かれて、私どもにお問い合わせいただくご父母も多くいらっしゃいます。

伸芽会は創立以来67年の歴史の中で、お子さんの大切な幼児期の成長を支えてきました。楽しい体験を積み重ねる授業で力をつけて、いわゆる名門幼稚園、附属幼稚園にたくさんの合格者を輩出しております。合格されたご父母の皆さまよりお知らせいただいた確かな情報と、正しい準備のための知識をお届けしたいと本書をまとめました。幼稚園は、お子さんにとってご家庭を離れた初めての社会生活の場であり、ご家庭の教育方針に合った環境選びに少しでもお役に立てれば幸いです。

末筆になりましたが、本書編集にあたり、情報をお寄せくださったお子さんとご父母の皆さま、また園関係者の多大なご協力に心より感謝申し上げます。

contents 目次

幼稚園ガイド

Prestigious Kindergartens 5

Prestigious Kindergartens 45

Prestigious Kindergartens 34

本書の見方

インフォメーション・アイコン

●登園開始時刻
登園が始まる時刻を表示。

●預かり保育
預かり保育の体制の有無を濃淡色で表示。

●制服
制服の有無を濃淡色で表示。

●未就園児クラス
未就園児クラスの設置の有無を濃淡色で表示。

●通園区域・時間
通園区域や通園時間の制限の有無を濃淡色で表示。

●トイレ
洋式のみ、洋式・和式併用の２タイプで表示。

●通園バス
通園バスの有無を濃淡色で表示。

●セキュリティ
園舎でセキュリティ体制が整っているかを濃淡色で表示。

●昼食
お弁当のみ、給食のみ、両方ありの３タイプで表示。

●系列校
小学校、中学、高校、大学など系列校の有無を濃淡色で表示。

●アレルギー対応
給食などにおいてアレルギー対応の有無を濃淡色で表示。

●宗教教育
特定の宗教、宗派の教義に基づく教育の有無を濃淡色で表示。

●課外教室
課外教室実施の有無を濃淡色で表示。

※本書に掲載されている入試情報は、2024年度用（2023年夏～冬実施予定）ですが、一部、2022年秋～冬に実施されたものを掲載しています。新型コロナウイルスなどの影響により、行事や考査関連の日程が変更になる可能性があります。行事への参加や受験を希望される方は、最新の情報を幼稚園のＨＰでご確認いただくか、直接幼稚園の窓口にお問い合わせください。

＊＊＊

入試準備のための自己診断Sheet 30

幼稚園受験をするにはさまざまな準備が必要です。
志望園の決め方、入試の内容、どのようなことを注意すべきかなど、
どれくらいのことを知っているかチェックしてみましょう。

- □ 受験する幼稚園は男女共学ですか、別学ですか？
- □ 宗教系の幼稚園ですか？
- □ 大学まで進める幼稚園ですか？

幼稚園選びをするうえで、共学か別学か、宗教色はあるか、上級学校はどこまであるかを知るのは、とても大切なことです。特に附属園の場合は、高校や大学まで続く一貫教育のスタートになりますので、よく考えておきましょう。

- □ 幼稚園の教育の特色を知っていますか？

幼稚園選びのポイントとして、それぞれの幼稚園の指導の特色や、おおまかな教育内容を知っておくことも大切です。自由保育か一斉保育か、縦割り保育を実施しているかなど、特徴も併せて調べておきましょう。

- □ 募集定員は何人ですか？
- □ ２年保育ですか、３年保育ですか？
- □ 通園時間はどのくらいですか？
- □ 交通機関は何を利用しますか？
- □ 幼稚園は通園時間、通園区域を制限していますか？
- □ 制服はありますか？
- □ 初年度にかかる費用はいくらですか？

募集定員、通園方法、初年度に必要な費用などの下調べをしておけば、受験直前にとまどうこともありません。幼稚園まで、ラッシュ時に子どもの足でどのくらい時間がかかるのかを知っておくことも、受験当日に役に立ちます。通園時間や通園区域の制限がある幼稚園もあるので、事前に確かめておきましょう。また、制服があればどのようなものかもチェックしておきましょう。

＊＊＊

□ 入園説明会はいつごろ開かれますか？

教育の特色や幼稚園生活の様子などを直接聞くことができ、園選びをするうえで非常に役立ちます。説明会に参加した感想をアンケートに記入することもあります。受験を考えている幼稚園の入園説明会や見学できる行事には、ぜひ出席して雰囲気を知っておきましょう。

□ 願書の配付、出願の時期はいつごろですか？

□ 提出する書類にはどのようなものがありますか？

□ 願書には写真が必要ですか？

□ 出願は窓口、郵送、Ｗｅｂのどれですか？

願書を軽く考えていると、書類の不備があったり、志望理由などがうまく書けなかったりするものです。願書の受付時間に指定がある場合や、郵送の期日が決まっている場合もあるので、間違えないようにしましょう。願書を早めに取り寄せて、準備をすることが大切です。

□ 面接はありますか？

□ 面接は考査日前ですか、考査当日ですか？

□ 面接は親子面接ですか、保護者面接ですか？

□ 面接ではどのようなことを聞かれますか？

□ 面接資料を提出する幼稚園ですか？

多くの幼稚園で、親子面接や保護者面接が実施されます。子どものテストではわからない、親の教育観や子育ての姿勢を知ることが目的です。面接で聞かれることの多い項目について、事前にご両親で話し合って意見をまとめておきましょう。また、キリスト教系の幼稚園ではシスターが面接官で、子どもがその姿に驚くこともありますから、前もって慣らしておくなどの配慮が必要です。

自己診断Sheet 30

＊＊＊

- [ ] どうしてその幼稚園を志望するのですか？
- [ ] お子さんにどのような人間になってほしいですか？
- [ ] 家庭の教育方針を説明できますか？

面接の質問は幼稚園ごとに傾向がありますが、両親が園について理解しているか、子どもをどのように育てたいかは、どの園でもよく聞かれます。幼稚園に対する認識不足や、家庭内での教育方針の相違は、面接官に与える印象を悪くしますから、ご両親で事前に話し合ってまとめておきましょう。

- [ ] テストは何日間ですか？
- [ ] テストはどのような形式で実施されますか？
- [ ] 受験番号、テスト日程はどのように決まりますか？
- [ ] 個別テストや課題のテストはありますか？
- [ ] 集団テストはありますか？
- [ ] 親子で取り組む課題は出されますか？

子どものテストでは、どのような問題が実際に出されるのか、ご両親にとっては一番気になるところでしょう。事前に、入試ガイドブックやインターネット、知人から情報を得るなど、いろいろな方法で調べておきましょう。テストの形式、出題傾向などを正しく把握し、効果的な準備を進めることが肝心です。また、お子さんが万全の体調で臨むためには、テストの日程も軽視できない要素です。

入園準備ファイル

Chapter 1

入園準備の基礎知識

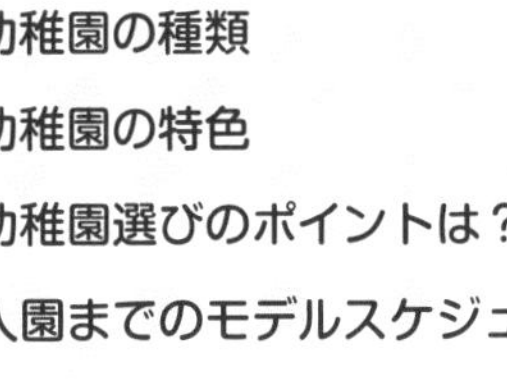

入園準備の基礎知識

Chapter 1-1

幼稚園の種類

幼稚園は設置・運営者の違いにより、公立、私立、国立に分けられます。その中で受験が必要になるのは主に私立や国立です。私立幼稚園にもいくつかの種類があります。それぞれの幼稚園の違い、特色を理解しておきましょう。

公立幼稚園

公立幼稚園は、市区町村などが設置・運営しており、入園資格は園のある市区町村に居住し保護者が送迎できること、などと決められています。入園の申し込みは幼稚園か自治体の担当窓口で行い、希望者が定員を超えたときは抽選をする場合があります。教育内容は幼稚園教育要領が基本ですが、自治体の実情に応じた取り組みも見られます。

私立幼稚園

私立幼稚園の設置・運営者は学校法人、宗教法人、公益法人、社会福祉法人、農協、個人などです。教育内容は公立と同じく幼稚園教育要領をベースにしていますが、それに加え園ごとに建学の精神を掲げ、独自の理念や方針をもって教育にあたっています。私立幼稚園には小・中・高、大学などに附属する附属幼稚園、系列の上級学校がなく卒園児の多くが私立や国立小学校を受験して進学する受験幼稚園、系列の上級学校がなく卒園児の多くが公立小学校に進学する幼稚園などがあります。入園方法は、入園試験を実施、先着順、抽選をする、などに分かれます。

国立幼稚園

幼稚園教育要領に基づき教育を行うほか、国立大学附属の研究・教育機関として実験的・先導的な教育への取り組み、教育実習の実施などを使命としています。出願資格として通園区域制限があり、入園試験や抽選を実施します。附属幼稚園を卒園後、附属小・中・高などの上級学校に進学する際は試験を実施する学校があります。また、基本的に国立大学の附属高校から大学へは内部進学できません。

私立幼稚園の種類

・男女共学か別学か
私立幼稚園のほとんどは男女共学ですが、女子校附属で女子のみの園もあります。一方、小学校以降は男女別学ですが、幼稚園は共学という園もあります。

・キリスト教系
明治時代以降に、フランス、イタリア、カナダなどから布教活動のために来日した修道会などを母体とする園が中心です。キリスト教の教えに沿った理念のもとで園生活が営まれ、宗教関連の習慣や行事が行われます。

・仏教系
寺院が運営している幼稚園が多いようです。仏教教育を取り入れ、子どもたちが命の尊さに気づき、周囲に感謝する気持ちや奉仕の精神を持てるよう育てます。一般的な年中行事に加え、花まつりや成道会などの宗教行事を行います。

・神道系
神社が運営する幼稚園で、緑豊かな境内にあるなど自然あふれる環境が特徴です。鎮守の森で遊びながら、自然を大切にする心や自然への感謝の気持ちを養います。

・無宗教系
実業家、教育者、保護者、教師などが創立した幼稚園です。それぞれ建学の精神や教育理念に基づき運営されています。

入園準備の基礎知識

幼稚園の特色

教育方針や教育内容は幼稚園ごとに特色があり、大まかに宗教保育を行っている園、独自のカリキュラムを設定している園などに分けられます。また、給食や通園バス、預かり保育の有無などもあります。気になる園の特色を調べておきましょう。

宗教保育

キリスト教、仏教などに基づいた宗教的情操教育、宗教的保育を掲げ、園生活全体を通して祈る心を養い、宗教的価値観を身につけることを目標としています。園の活動から、仲間に対する同朋意識、社会の一員としての責任感に目覚めるよう、子ども自身の行動力を育てています。また、その一環として、宗教の授業・行事・活動を行って、国際社会に対応できる感覚、責任感を育成しています。キリスト教系幼稚園の中には、イタリアの医師、マリア・モンテッソーリが創始したモンテッソーリ教育を取り入れているところも多くあります。自発的な活動に取り組む自由を保障し、環境を整えて、自立した子どもを育てることを目的とし、日常生活の練習、感覚教育、算数教育、言語教育、文化教育を行っています。その理念は世界中で支持され、今日では教育界に最も大きな影響を与えた教育法の一つとなっています。

カリキュラム

あらゆる面が整った環境の中でのびのびと育て、幼児の心身の発達を促すために、通常行われている遊びや学習のほかに体操、リトミック、造形、絵画、知能教育、水泳などの活動を担任の先生が指導しています。幼稚園によっては、専門の講師を招いて行うところもあります。また、英語を取り入れている幼稚園では、外国人の講師が教えるところもあるようです。このほかにも園外保育で、できるだけ多く自然にふれる機会を設けている幼稚園もあります。

昼食、通園バス、制服

昼食はお弁当や給食の日が決まっている、お弁当のみ、給食のみ、申込制の給食などがあります。お弁当は親子の交流に役立ち、給食は栄養バランスがとれる点がメリットです。通園バスは便利ですが、徒歩圏内なら体力づくりのために、子どもと会話をしながら歩くのもよいでしょう。制服のない幼稚園もありますが、やはりかわいい制服は魅力的です。ただ、成長期ゆえの買い替えの必要性や、家庭で洗濯できないものがあるなどの難点もあります。

預かり保育、課外教室

標準の保育時間を超えて保育を希望する家庭に対応し、預かり保育を取り入れる幼稚園が増えています。時間は取り決めた一定時間に毎日実施する、その日の都合で行うなどのパターンがあります。また、絵画、バレエ、造形、リトミック、体操などの課外教室を実施する園もあります。週に何回あるか、どんな教室かは幼稚園によって異なります。

入園準備の基礎知識

幼稚園選びのポイントは？

幼稚園を選ぶといっても、数多くある中からどの幼稚園にしたらよいか迷うところです。それぞれのご家庭に合ったポイントを見極めて、絞り込んでいきましょう。ご両親の希望だけでなく、お子さんに適した幼稚園を選ぶことが大切です。

保育・行事に関すること

文部科学省の「幼稚園教育要領」には、ねらいとして健康、人間関係、環境、言葉、表現への取り組みが掲げられています。幼稚園はそれを基本として、知・情・体をバランスよく育て、人としての基礎をつくる、生活体験を通して活動への意欲や力を身につけるなど、さまざまな教育目標を挙げています。保育の形態は大きく分けて、同年齢の子どもたちに歌、造形、体操などを先生が指導しながら行う一斉保育と、子どもたちが自発的に遊びを選び、それを先生が支える自由保育があります。また、年齢別保育と縦割り保育があります。年齢別に分けられた集団で行う保育と、異年齢の子どもたちを一つの集団にして活動する保育です。縦割り保育では、小さい子に対する思いやりなど人間関係の基礎、社会性が養われ、活動の多様性が期待されます。モンテッソーリ教育を取り入れている幼稚園では、縦割り保育を行うことが多いようです。年間行事としては、代表的なものとして、もちつき、豆まき、遠足、七夕、いも掘り、運動会、クリスマスなどがあります。このような行事をベースに、幼稚園ごとに四季折々の独自の行事が考えられ、さまざまな体験ができます。また、宗教法人を母体とした幼稚園では、これら一般的な行事のほかに、宗教関連の行事も行われています。

施設・設備に関すること

幼稚園を選ぶ際には、園舎・園庭の広さはもちろんのこと、園内の遊具・玩具、トイレやエアコン、手洗い場や水飲み場などの施設・設備もポイントになってきます。園舎・園庭の見た目がきれいかどうかだけでなく、きちんと掃除や手入れがされているかどうかを見て決めることが重要です。園舎では床や階段の素材、窓の位置など、園庭では地面の素材（土、砂、人工素材など）や広さ、自然の多さ、安全面などまで、保護者自身の目でしっかり確認しておくことも大切です。園庭の大型遊具やプール、室内の遊具や玩具にどのようなものがあるのかも同様です。小さいものも忘れずに見ておきたいもの。積み木、おままごと道具、お絵描き道具、絵本など、子どもの年齢に合っているものかどうか、安全性に配慮しているかどうかを確認しておきましょう。そのほか幼児にとっては、毎日の手洗いやうがい、用便の練習のために、トイレや手洗い場も重要ポイントです。幼稚園を見学する際に、トイレは教室から近い場所にあるか、数は園児数に対して足りているかなど、忘れずにチェックしておきましょう。洋式トイレしか使ったことがない子が、外で和式のものしかないときに困らないように、和式トイレを残している園もあります。外遊び後や食事の前など、一日に何度も手洗いやうがいをする手洗い場の清潔さや、せっけんなど備品の確認も必要です。

入園準備の基礎知識

入園までのモデルスケジュール

幼稚園の入試日程や手続き、入試の形式は、それぞれの園によって異なります。この表を目安に園に問い合わせるなどして、各ご家庭で予定を組んでください。

時期	項目	内容
入試前年の11月～	情報収集 体験入園	志望園について詳しい知識がない場合は、ガイドブックなどで概要をチェックしましょう。その幼稚園が近所であれば、普段の様子を見に行くのもよいでしょう。幼稚園のホームページや知り合いからの口コミも有力な情報源です。ご近所のママやお友達に評判を聞くなどしてできるだけ多くの情報を集め、志望園を絞り込んでいきましょう。体験入園を実施している場合は、参加するのもお勧めです。
5月～	幼稚園見学	志望園の候補が決まったら、次は幼稚園見学です。特別に見学の日を設けている幼稚園がほとんどですので、日程を確認し、必要であれば事前予約をしましょう。園児たちの遊ぶ姿を見ることが、その幼稚園の教育や雰囲気を知る一番よい方法です。随時見学できる園もあります。その場合は、園児たちが園になじんできて、行事も少なめな6～7月ごろに見学するのがお勧めです。
6月～	入園説明会	入園説明会は、公式な幼稚園紹介の場です。園長先生や普段保育にあたっている先生が、教育方針や園生活などについて話します。私立幼稚園は、建学の精神や宗教教育などカラーがはっきりしている園が多いので、お子さんの性格やご家庭の教育方針が合致するかよく確認しましょう。5～7月に主に幼稚園の概要や教育の特色を説明する入園説明会を、9月に入試情報が中心の入試説明会を行う園もあります。
10月～	願書受付 入園試験	願書の提出が事実上の受験園決定です。記入した願書に考査料を添えて幼稚園の窓口に提出、または郵送で提出する場合と、Ｗｅｂ出願があります。提出日が１日しかない園、郵送受付期間の決まっている園などもあるので、注意が必要です。提出した日にすぐ面接や考査を行う園も多く、事前の準備は欠かせません。そのほか、願書提出時に考査日時を指定する園、選考に抽選を取り入れている園もあります。
	合格発表	合否の通知方法は、後日郵送、窓口で書面交付、掲示発表、Ｗｅｂ発表などです。試験終了後にその場で、あるいは電話で通知というケースもあります。複数の幼稚園を併願するご家庭も多いと思いますが、幼稚園によって考査方法や手続きが違うだけでなく、ごく短い時間に限られた発表や、第二次試験の発表の後、第三次の抽選をしてまた発表という形もあります。十分に把握し臨んでください。
	入園手続き	面接直後に合格発表を行い、そのまますぐに入園手続きをしなければならない幼稚園もありますが、それ以外は後日に手続きする園が多いようです。窓口で手続きする園では、合格通知書を渡され、入園料や施設費などを支払います。これで入園手続きは完了です。園によっては、制服の採寸やその後の日程に関する説明会などが行われることもありますので、気を抜かずに準備を行うことが大切です。

入園試験の種類

幼稚園に入園するにあたり、集団生活を送れる子どもであるか、また、そのように子どもを育てている保護者であるかを確認するために行うのが入園試験です。幼稚園によって形式が違うので、よく調べ、入念な準備をしましょう。

面接

ほとんどの幼稚園で、子どもと保護者あるいは保護者のみの面接を行っています。保護者の面接中に、子どもを一人遊びさせるところや、集団面接を行うところもあります。テストを受けるのは２～４歳の幼児なので、合否に占める保護者面接の比重は大きく、幼稚園受験成功の鍵は「子ども２：保護者８」ともいわれます。面接では親の育児に対する姿勢と子どもを取り巻く環境、日常生活での様子などが問われます。

行動観察テスト

おままごと、積み木、ブロック、絵本、ぬいぐるみ、お絵描きの道具、すべり台などの玩具や遊具が用意された部屋で自由に遊ぶ様子、行動する様子を観察します。集団で行う場合、集団活動への適応力、年齢相応の生活習慣、社会性、協調性が備わっているかを見ます。個別で行う場合には、遊びの様子を観察するほか、絵を見せたりお話を聞かせたりした後、それに関する質問をすることもあります。これらの方法で、言語能力や知的能力の発育が年齢相応かどうかを見ます。

リズムや運動のテスト

先生の指示に従って、体を動かしたり歌を歌ったり、手遊びやリズム遊びなどをしたりします。運動は平均台を渡る、マットの上に寝てゴロゴロ転がる、片足立ち、ケンパーをする、台の昇降、などがあります。２～４歳児にふさわしい運動機能が発達しているかを判定すると同時に、先生の指示通りに行動できるかを見ます。

親子テスト

面接や子どもの行動観察を行うほか、親が一緒に課題に取り組み、その様子を観察する親子テストを取り入れている幼稚園もあります。単に子どもの作業を手伝えばよいというわけではなく、日ごろの親子のかかわり方や育児に対する姿勢が問われます。

アンケート・健康診断・抽選

願書のほかに、面接資料やアンケートの提出が必要な幼稚園もあります。提出のタイミングは出願時、出願前や出願後の指定日、入試当日など。内容は、質問事項に対し記述式や選択式で答えるものや、作文課題などです。面接ではこれらに基づいて質問されることが多いので、丁寧にしっかりとした回答を記入したいものです。また、幼稚園によっては、健康診断書や発育状態を確認する書類の提出が必要なところや、国立大学附属幼稚園のように、募集定員を上回った場合に抽選を行うところもあります。

Chapter 1-6

入園準備の基礎知識

幼稚園はこんな子を求めている

各幼稚園に関する情報をしっかり調べて、受験する側から幼稚園を選ぶことも大切ですが、幼稚園側から選ばれるということを意識するのも重要です。幼稚園は、下記のような子どもたちを求めて考査を行い、入園児を決めているのです。

幼稚園が求める子とは

自分で考えて正しく判断し、進んで行動する子、情操の豊かな子、健康で気力と体力が充実し、意志の強い子が理想として求められています。別の言葉で言い換えれば、基本的な生活習慣が身についている子、優しく素直に自分を表現でき、我慢のできる子、遊びの上手な子などが挙げられます。しかし、実際に望まれるのは、小さいときから訓練されている子どもではなく、日常生活の中で、両親という生きたお手本をかがみとし、愛情を持って育てられた子ども、年齢にふさわしく基本的な生活習慣が身についた子どもです。まだ完全ではなくても、ある程度基本的なことができる子ども、そして明るく素直で、生き生きとしている子どもが望まれます。

幼稚園は入試で子どもの能力だけを見て、合否を判定するわけではありません。親の役割も大変大きく、面接や親子テスト、願書や面接資料などの提出書類を総合的に見て合否を判定しています。親と子が一体となって受験対策をする中で心掛けたいのは、元気よくあいさつができ、名前を呼ばれたときにはっきりと返事ができること、集団で遊んでいるときには、お友達と仲よく積極的に工夫して楽しむこと、お友達から何かしら干渉を受けたときに、自分の意見も言いながら出過ぎず、殻に閉じこもらず、積極性を持って人の言い分もよく聞くこと、などです。急いで立派な子どもにしようとせず、できることから一つずつ積み重ね、親自身も成長していくことが重要となるでしょう。テスト当日に親のもとを離れて会場へ向かうと、それまで不安でいっぱいだった子どもたちも、先生方の優しい誘導で遊び始めます。このとき、子どもたちに普段の表情が表れます。厳しい目で観察する先生方の選考をクリアできるかどうかは、ご両親の努力次第です。

入園準備の基礎知識

歓迎されない親のタイプ

子どもに対しての教育は、優し過ぎても厳し過ぎてもいけません。人としてバランスのとれた教育を心掛け、子どもとともに親自身も成長していきましょう。下に５つの親のタイプを挙げましたので、ご自身にあてはまるところはないか、普段の言動をふり返ってみてください。

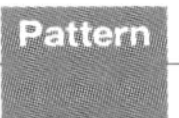

Pattern 01 過保護型

あまりにも世話を焼き過ぎると、引っ込み思案で、依頼心が強く、忍耐力がない子になってしまいます。自分から行おうとする意欲がないと、生活習慣もしっかり身につかず、集団生活への適応力に疑問符をつけられてしまいます。

Pattern 02 知育偏重型

子どもの発育段階を無視して能力以上の高い要求をすると、頭が混乱して自信のない子になってしまいます。極端に失敗を恐れるようになり、自分から積極的に何かに取り組もうとする意欲が表れにくくなります。

Pattern 03 過干渉型

行動を始終親に監視されているような、命令・禁止・抑制の多い環境では、自立心や意欲に欠ける子になります。親や他人から指示をされないと、何もしようとしない、何もできない、何をするにも親の顔色をうかがう子になりがちです。

Pattern 04 自己中心型

子どもの目の前でも何かにつけて間違いを他人のせいにし、自分では責任を取ろうとしない親がいます。そのような親の姿を見ていると、社会性・協調性に欠けるようになり、無責任な行動を取って集団から孤立する子になってしまいます。

Pattern 05 溺愛型

親にかわいがられ過ぎてわがままが通ることに慣れてしまうと、ほかの人に対してもわがままが出て、子ども同士でのトラブルが起きやすくなります。親の前ではよい子でも、ほかの子となじめなかったり、弱い子をいじめたりする子になりかねません。

合格準備ファイル

Chapter 2

合格は親子で決まる

合格は親子で決まる

Chapter 2-1

合格する6つのポイント

試験に合格するには、日ごろの努力の積み重ねが大切なのはもちろんですが、正しい情報を入手してそれを分析し、順序よく練習していくことが肝心です。まことしやかなうわさ話に振り回されず、親子が一つの方向に向かっていく心構えが大切です。

正しい情報の獲得

幼稚園側が、具体的にどのような内容の試験を、どのようなねらいで実施しているのかを理解することが基本です。まずは志望する幼稚園のホームページなどを参考に、課題テスト、行動観察における重要性の比重を確認します。課題テストを重視する園は、小学校受験を意識しているようです。行動観察を重視する園は系列・附属に多く、人格のバランスを意識しています。うわさ話も多いため、不確かな情報には注意してください。

夏に向けて実力アップ

子どもが今できること、できないことは何かを確認するところから始めます。①課題テストでの筆記用具や玩具・教具の扱い、長い話を静かに聞けるか、②個別テストでは大人の前で話や作業がきちんとできるか、③行動観察では集団の中でトラブルなく上手に遊べるか、④運動能力や持久力、⑤日常生活での習慣やお手伝い、⑥お絵描きや手作業など、それぞれの能力を知り、足りないところは根気強くほめながら教えていきましょう。

願書・面接対策

願書は早めに取り寄せ、コピーを取って下書きします。提出用は鉛筆で薄く線を引き、指定の筆記用具で丁寧に真っすぐに書きます。説明会には必ず出席し、新しい情報を得たうえで面接対策を行いましょう。子どもが練習通りに行儀よく人前で話せるか、両親はお互いの教育方針が一致し、子どもの生活や考えを理解しているかなどを確認します。幼児教室が作る子ども用、両親用チェックシートを使うのも有効です。

テストのシミュレーション

初めて受ける試験で、幼児が指示を一度で聞き取るのは困難なことです。聞き取るタイミングがずれると、すべてがわからなくなります。テストのシミュレーションを行うなど、聞き取ることに慣れておくことが大切です。また、聞こえていても緊張のために固まってしまい、返事ができなくなることもあります。初めての場所や相手、聞き慣れない言い回しは慣れるしかないので、子どもを緊張させないよう努めましょう。

モチベーションの持続

テスト会場では、子どもはチェックされている視線を気にして、居心地が悪くなります。親子面接以外は他人に囲まれるので、視線によってさらに緊張します。緊張状態が続くと、何もできなかったり、泣いたりする結果になります。普段からほめる教育を心掛け、自信をつけさせて意欲を持たせましょう。しかって教えると一時的には伸びても、慣れてくるとやらなくなります。ほめ続ければ、自学自習の姿勢が身についていきます。

当日のコンディション

直前になって慌てないように、園から近い駅や公園のトイレを確認しておきましょう。また、園への早過ぎる到着に注意しましょう。早く着き過ぎ、待ちくたびれて騒ぎだす子もいます。もちろん、集合時間ギリギリの到着もよくありません。落ち着いて待てるような時間に行き、読書や折り紙などをしながら待ちます。爪や鼻水、耳あかをチェックし、子どもにはハンカチ、ティッシュペーパーを入れたポケットも必ず確認させましょう。

夏休みの有効な使い方

受験前の夏休みは、無駄に過ごすことがあってはいけません。子どもが遊びたくて仕方ない季節にこそ、長期計画を立てていろいろな体験をさせ、自信を持たせる努力をしましょう。親子そろって自然に親しみ、実体験を重ねていくことで、子どもの心に残る家族との思い出がつくられ、日常生活で必要となる習慣も身についていきます。夏休み中に弱点補強を完了させれば、秋からの行事に多く参加することができるので、学習スケジュールはきちんと立てておくことが肝心です。早起きで始まるタイムスケジュールに沿って生活リズムを整え、夏休み中にはしっかりと自立させることを目指してください。

Chapter 2-2 合格は親子で決まる

願書の書き方入門

入園願書を書く前に考えておくことは、志望理由や家庭の教育方針、子どもの性格やどのように育ってほしいかなどです。記入内容がまとまったら実際に書き始めますが、その際にも気をつけることがあります。下記の5点を頭に入れておきましょう。

願書は早めに入手

幼稚園入試は、まず願書を提出することから始まります。その記入は、受験を志望する子どもの保護者にとっての最初の関門です。保護者の中には「願書の記入は簡単」「提出日の前日にでも書けば……」と考えている方もいるようですが、甘く見ると失敗しかねません。同時に提出する書類や写真の手配、記入には、細心の注意が必要です。願書は幼稚園側が家庭の教育方針や子どもの発育状態を知る手掛かりとなり、面接の参考資料にもなります。「たかが願書」と考えず、早めに取り寄せ、万全の準備をしてください。

記入欄、記入例を確かめる

願書は文字通り「お願いの書」ですから、間違いのないよう丁寧に書く必要があります。そのためには、募集要項と記入の方法をよく確認することです。欄外、または別紙に注意書きをつけて、記入方法についてわかりやすく説明している幼稚園や、記入例を書類として渡す幼稚園もあるので、そちらを参考にしましょう。願書には志願者の写真のほか、家族の写真や住民票の写しなどの添付を求める幼稚園もあるので、不備がないよう、入念に準備を進めてください。

コピーを取り下書きする

よい印象を与える願書を書くには、まずは記入方法や記入例をよく確認することです。願書は2通求めておくか、下書き用にコピーを取っておきましょう。志願者の氏名、生年月日、現住所、電話番号、保護者の氏名、保育歴、家族の氏名と年齢などの欄はほとんどの幼稚園の願書にあり、これらの記入は特に難しくはありません。ただし、「志望理由」「志願者の性格」などの記入時に悩んで書き損じてしまうことがあるため、願書の予備を持っておくと安心です。

文字や文体に注意

願書記入のポイントを挙げてみます。

- 募集要項、記入方法を再確認し、その指示に従いましょう。
- 筆記用具の指定がある場合は、それに従い、指定のない場合は、原則として黒インク、または黒のボールペンで書きます。
- 文字は楷書で一点、一画を丁寧に書き、表現にもよく気を配りましょう。
- 誤字、脱字、当て字に注意しましょう。
- 文体は「…だ。…である」より、「…です。…ます」と書くほうが望ましいでしょう。

保存して読み返す

願書はもとより、入試関連の提出書類は、書き終わったら必ず読み返しましょう。両親が別々に読み、間違いのないことを確認してから幼稚園に提出するようにします。提出書類は、すべてコピーを取っておくことが大切です。面接の際、記入された内容に基づいて幼稚園側が質問するケースが多く、書いた内容と答えに食い違いがあると疑問に思われることがあるからです。両親のどちらが質問を受けてもきちんと答えられるように、何度も読み返して内容を確認しておきましょう。

願書の書き方 - 参考例

忘れずに捺印する。

条件に合うものを貼付。白黒・カラーどちらでも可という幼稚園が多い。スナップ写真でもよい園や家族写真を指定する園もある。

「長男」「二女」などと記入。

通園時間を制限する園もある。国立大学附属幼稚園のほとんどは区域指定がある。

自宅から園までの通園方法を、「JR山手線○○駅から△△駅まで」のように具体的に書く。徒歩は子どもの足でかかる時間、交通機関は実際の通園時間帯の所要時間を記入する。

短所は親の愛情が伝わる表現で書く。

「会社員」「会社役員」「小学校教諭」のように記入する。

「○○株式会社総務部人事課」「○○病院内科」「○○商店経営」など具体的に記入する。

特別に何を書くようにという指示はほとんどないが、一般的には、最終学歴、在学校名（学年）などを書く。海外在住経験があれば、それを具体的に書いてもよい。

園の教育方針と家庭の教育方針が一致するように記入する。

記入日ではなく提出日を記入する。

「実父」「義父」のように記入させる幼稚園もある。

園側が記入する。

入園願書

受験番号 ＊

令和　年　月　日

幼稚園長殿

貴園に入園を許可されたくお願いいたします。

保護者氏名（本人との関係　）　印

（写真）
最近3か月以内
上半身・正面・脱帽
4.5cm×3.5cm

本人			
氏名	ふりがな	年　月　日生	父母との関係　男・女
現住所	〒		通園時間
		電話（　）　-	通園方法
保育歴			
健康状態	良好	普通	病気がち
性格（長所・短所）			
既往症			
特異体質			
身長・体重	身長	体重	月　日現在

保護者			
氏名	ふりがな	年　月　日生	職業
			勤務先
住所	〒	電話（　）　-	

保護者・家族も記入	続柄	氏名	年齢	生年月日	備考
	父				
	母				

志望理由	ご家庭の教育方針

罫線のない場合は、鉛筆で薄く線を引き、記入後に線を消すと、字がそろってきれいに見える。

筆記用具は、原則として黒インクまたは黒ボールペンを使用する。

ふりがなは、ひらがなで表記してある場合はひらがな、カタカナの場合はカタカナで書く。氏名は戸籍の記載通りに。

住民登録し、住んでいるところ。

保育施設名、そのほか幼児教室名、絵画・音楽・体操教室などを記入。

該当するところに○をつける。

正直に記入する。記載事項が事実と異なる場合は、入園を取り消されることもある。

受験者の氏名を記入させる幼稚園もある。

スペースの狭い園が多い。簡潔明瞭にまとめることが大切。

Chapter 2

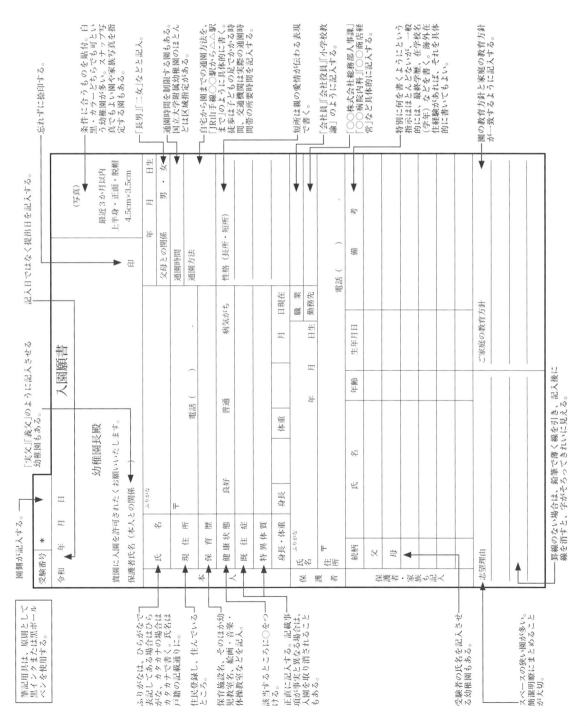

面接資料の書き方-参考例 青山学院幼稚園

※テスト番号は幼稚園で記入します

テスト番号	

項目の表記と同様にカタカナで書きましょう。

書き忘れのないようにしましょう。

資料1：家庭のようす（20××年度）

青山学院幼稚園

志願者本人について				
1 フリガナ	あおやま せいこ	性別	2 生年月日	西暦 0000年 0月 0日
志願者氏名	青山 聖子			
3 フリガナ	あおやま たろう		4 志願者との続柄	志願者の 父
保護者氏名	青山 太郎			
5 現住所	〒 − 東京都 目黒区 000−0			
6 集団生活 習い事等	① ＿＿幼稚園 ○○ 保育園	0000年 4月入園 週 5回 20××年第1学期の 出席日数（35日）欠席日数（5日）		
	② ＿＿研究所 ピアノ 教室	週 2回		
	③ 教会学校に通っている場合は教会名	○○ 教会		
	④ その他（習い事等）	水泳・英会話		
7 通園する場合の利用交通機関と乗降駅	所要時間 約 30分			
自宅 —— 目黒駅——渋谷駅——バス —— 青山学院幼稚園				

郵便番号も忘れずに正確に書きましょう。

住民票の記載通りに書きましょう。

ここは幼児教室の欄です。ピアノは④の欄に書きます。

自宅徒歩目黒駅JR山手線渋谷バス青山学院前徒歩青山学院幼稚園
というように、願書等提出書類記入上の注意に従って書きましょう。

家族について				
8	フリガナ		フリガナ	
氏名	父 青山 太郎（40歳）		母 青山 花子（37歳）	
9 職業	会社員		主婦	
10 勤務先	○○株式会社 ○○部			
11 出身校	○○大学 商学部		○○大学 社会学部	
同居家族	12 氏名	13 年齢	14 続柄	15 職業等（学生生徒は学校名・学年）
	青山 太郎	40	父	会社員
	青山 花子	37	母	主婦
	青山 さくら	1	妹	
16 備考				

（裏面もご記入ください）

フリガナを忘れずに記入しましょう。

学科なども書けるとよいですね。

願書等提出書類記入上の注意として、父母、本人以外の同居家族を記載するよう指示があります。注意書きをよく確認のうえ記入しましょう。

保護者の海外勤務、転居の予定など特記すべきことや、家族で通っている教会名などを記入するよう指示があります。同学院出身の縁者についてふれてもよいでしょう。

Chapter 2-5 合格は親子で決まる

面接資料の書き方-参考例　雙葉小学校附属幼稚園

ふりがな欄にはふりがなを正しく書きましょう。

◎参考にいたしますから、下記の事項にご記入の上、考査票を受け取る日にご提出ください。

考査番号	※	ふりがな 志願者氏名	四谷ふたば	記入者氏名	四谷葉子

Ⅰ．本園を選ばれた理由は？

キリスト教の教えを通じて感謝の心を育み、周りの人を大切に思う優しい子どもに成長してほしい、そして将来は人の役に立つことに喜びを感じる女性になってほしいと願い、志望いたしました。

Ⅱ．ご家族の教育方針をお書きください。

まずは「ありがとう」や「ごめんなさい」をきちんと言うことができ、正しいことと間違ったことの分別がつけられるよう、しつけを心掛けております。また、挨拶や早寝早起き、身の回りのことを自分でするなど、基本的な生活習慣を身につけることも第一にしております。

○ ここに家族全員の写真をおはりください。

○ 3ヵ月以内のもので、顔のはっきり見え…スナップ写真でもかまいません。（写真屋さんの写したものでなくてもかま…

○ 写真の大きさ（型）は多少大きくても、…かまいません。

右の欄に、上の写真の人物の略図をかき本人との続柄を記入してください。
（例）父　母　本人

Ⅲ．その他幼稚園側で伺っておいた方がよいとお考えの点がありましたら、ご記入ください。

特にございません。

簡潔に書かれていますがほかにもキリスト教教育の幼稚園はありますので、雙葉小学校附属幼稚園を知ったきっかけや同園ならではの特色などにもふれ、どうしてよいと思ったのかが伝わるよう工夫しましょう。

家庭での親の姿勢を見せることが大切です。何をどう心掛けているのかを具体的に書くことで、子どもと真剣に向き合っている様子が伝わりやすくなります。

せっかくの記入欄なので活用し、入園への熱意を示しましょう。志望理由や教育方針には盛り込めなかったお子さんのよさを伝えたり、アレルギーの有無、母親が仕事をしている場合の送迎のサポートなど、幼稚園生活に向けた家庭の準備態勢などをお知らせするのもよいでしょう。

◎下記太枠内の記入は任意です。

	本人との続柄	氏　名	年齢	備　考
家	父	四谷伸夫	40	○○株式会社□□部、○○大学経済学部卒業
	母	四谷葉子	38	△△大学文学部卒業
	兄	四谷一郎	7	□□小学校2学年在学中
	妹	四谷芽衣	1	
族				

志願者本人も含めるかどうかなど、注意事項をよく確認して記入しましょう。

※印は記入しないこと。

◎本参考用紙は入園考査のみの為に使用し、他に転用はいたしません。

Chapter 2-6 合格は親子で決まる

知ってて安心・当日の心構え

入試が近づいて両親が神経質になってくると、子どもは気持ちが不安定になります。親の不安感は子どもに伝わりますから、子どもには普段と変わらない態度で接することが大切です。落ち着きがあって明るく優しい、頼れる親が理想です。

緊張をほぐし自信を持とう

面接時に限らず、入試当日の朝は受験ファッションに身を包んだ親子が大勢集合するために、子どもはいつもと違う雰囲気を感じ取って不安な気持ちになります。親としては、入試が終わるまでその不安を和らげる努力が必要です。幼児教室での模擬試験や模擬面接でやってきたことを思い出して、親子で自信を持ちましょう。また、下ろしたての服を当日初めて着るのではなく、何度か袖を通しておくのもよいでしょう。子どもは敏感に親の緊張を感じ取ります。入試当日はできるだけ笑顔を見せて、いつも通り家を出られるようにします。朝、家を出る時間については、途中で交通機関のトラブルなどがあっても差し支えないよう余裕を持つようにしてください。遅延などがあっても時間内に着けるように、前もって複数のアクセス方法を調べておき、どのルートになっても迷わないよう、試しに一度行ってみるのもよいことです。

入試当日の心構え

1. 募集要項を丁寧に読み返し、持参する書類を再点検しましょう。
2. いつもと変わらない朝を迎えましょう。
3. 服装は動きやすく着慣れたものを。
4. 遅刻は認められません。
5. 幼稚園に着いたら、所定の手続きを一つひとつ慎重に。
6. 試験の前には必ず用便を済ませておきましょう。
7. 「楽しく遊んでいらっしゃい」と普段の笑顔で考査会場へ送り出しましょう。
8. 万一の病気に備える配慮も必要です。

入試当日の持ち物

幼稚園ごとに持ち物をそろえるのではなく、どのような状況でも対応できる下記のようなリストの「受験セット」をあらかじめ用意しておいたほうが、安心感があります。

「当日の持ち物リスト」チェックシート

❑	受験票	これがないと受験できません。
❑	幼稚園からの指示があるもの	募集要項をくり返し読んでおきましょう。
❑	ハンカチ・ティッシュペーパー	基本的なエチケットです。
❑	着替え（靴下・下着など）	雨天やおもらしなど、いざというときに。
❑	ビニール袋	ぬれたものを入れるなど何かと重宝します。
❑	雨具（傘・レインコートなど）	傘を入れるビニール袋もあると便利。
❑	飲み物	温かい飲み物は緊張をほぐしてくれます。
❑	チョコレートなどのお菓子	甘いものを食べると落ち着きます。
❑	ばんそうこう	履き慣れない靴で靴ずれすることも。
❑	折り紙・絵本	待ち時間が長いときのために。
❑	願書など提出物のコピー	何度も読み直して確認を。
❑	上履き	親子とも持参が基本。記名の可否も確認を。
❑	安全ピン・ソーイングセット	ボタンが取れることもあります。
❑	メモ帳・筆記用具	掲示や園内放送などは必ずメモを。

Chapter 2-7 合格は親子で決まる

知ってて安心・面接のマナー

ごく当たり前の質問と回答でも、緊張する面接時には答えるべき大事なことを忘れがちです。焦って頭が真っ白になってしまうと、落ち着きを取り戻すのは難しいものです。普段から両親で協力し合い、回答に一貫性を持たせましょう。

面接で注意すること

よく聞かれる質問については、その場で答えに詰まらない程度に準備はしておくとしても、冗舌過ぎては好感を持たれません。口数が少なくてもしっかり前を向き、落ち着いて真剣に自分の言葉で話していれば、面接官の印象に残ります。多少緊張感を持ったうえで、自信を持って誠実に受け答えをしましょう。逆に、普段から話し好きな人は要注意です。話し過ぎてしまう人は、質問には簡潔に答え、長々と話さないようにすることです。また、自分の質問ばかりに気を取られて、子どもや配偶者への質問を聞き逃さないようにしましょう。急に自分に振られて、冷や汗をかくことにもなりかねません。そして、願書に記入した内容と質問の答えが矛盾しないように、コピーに目を通して一つひとつ家庭で確認しておくことも大切です。

面接の様子で家庭がわかる

親子面接では、父親がドアを軽くノックし、応答があったら父親がドアを開けます。「失礼いたします」と言って会釈し、３人とも部屋に入ったら最後に母親がドアを閉めます。部屋の中を面接官の前まで進んで、３人がそれぞれのいすの下座側に立って礼をし、「どうぞ」と言われてから腰を下ろします。面接が終わったら、立ち上がって３人が丁寧に礼をし、父親、子ども、母親の順に外へ出て、母親がドアを閉めます。回答内容だけでなく３人の態度からも家庭環境がわかりますので、幼稚園内では気をつけて行動しましょう。一部の幼稚園ではドアのないところもあります。どちらにしても当日の幼稚園からの指示に注意しましょう。

言葉遣いは正しく丁寧に

面接での言葉遣いは、とても重要なポイントです。正しく丁寧に話すことは当然ですが、必要以上に丁寧過ぎて不自然な言い方にならないよう注意しましょう。両親は「失礼いたします」「わたくし」「○○でございます」のような言葉の使い方をします。子どもが両親を呼ぶときは「お父さん」「お母さん」が一般的です。また、「こんにちは」「ありがとう」と自然にあいさつができる子からは、明るくきちんとした家庭の雰囲気が伝わります。言葉遣いは、面接の直前になって教えても身につくものではありません。日ごろから丁寧な言葉遣いで話すようにしましょう。子どもにとって目上の人と話をするときの言葉遣いは、面接時に限らず将来も役立つので、この機会に正しておいてください。

Chapter 2-8 合格は親子で決まる

知ってて安心・控え室のマナー

面接が始まる前の控え室から、すでに試験は始まっています。皆さんが待機している姿も試験の一部として見られているのです。たとえ自由に動き回る子どもがいたとしても、惑わされることなく、静かに落ち着いた態度で待ちましょう。

控え室も大事な面接の一場面

控え室で待つことも面接の一部です。子どもが静かに待てるように、日ごろからけじめをつけることの大切さを教えておきましょう。幼稚園に志願者用の玩具などが用意されていない場合も多いので、待っている間に飽きないよう、子どもの好きな絵本や折り紙などを用意していく心遣いも必要です。また、控え室でも子どもの態度に気をつけなければなりません。絵本を読んだり、折り紙をしたりして静かに待つことができればよいのですが、はしゃぎ始めたほかの子につられてしまい、一緒になって動き回るという例も多くあるようです。そのとき「静かにしなさい」と厳しく注意するより、子どもが心身ともに落ち着ける状態にし、親のほうを向く方法を見つけておくことがポイントです。さらに、よその子に文句を言われたり、手を出されたりしても動じず、毅然とした態度で構えていられるように練習を重ねておきましょう。控え室で待っている間に、先生が説明などで来られた場合は、親子ともにいすから立って迎え、その先生に「どうぞ、おかけください」と言われてから、腰を下ろして話を聞くのも大切なマナーの一つです。

Chapter 2-9 合格は親子で決まる

知ってて安心・服装のマナー

面接には気合を入れて臨むにしても、派手な服装は禁物です。服装は控えめにし、両親と子どもがアンバランスにならないようにします。落ち着いた服装は相手に好印象を与え、また自分自身も引き締まった気持ちになれるのです。

面接に適した服装は

父親は、紺やグレー系などの落ち着いた色で、ごく一般的なデザインのスーツが基本です。母親は、スーツかワンピースでシックな色合いのものを選び、まじめなお母さんらしい雰囲気を出しましょう。子どもは、子どもらしい印象を与える服装にすることが大切です。運動テストでの動きやすさも考えて選んでください。両親が率先して背筋を伸ばし、堂々とした姿勢で試験に臨むことを心掛けましょう。

面接に適さない服装は

父親は、色合いの違うジャケットとパンツや、ノータイなどのカジュアルな服装は避けたほうがよいでしょう。母親は、黒のスーツやワンピースを選ぶのは好ましくありません。アクセサリーも派手にならないようにします。子どもには、派手な色やデザインの服はふさわしくありません。また、新品の服を当日初めて着せ、「今日はお行儀よくしましょうね」などとプレッシャーを与えて、緊張させることのないようにしましょう。

Chapter 2-10 合格は親子で決まる

親子面接20の心得

01

志望理由、家庭の教育方針、子どもの長所・短所など、質問されることの多い事項を両親でよく話し合っておきましょう。

02

丁寧語がよいとはいえ、子どもに「…です。…ます」と言うよう強要しないこと。子どもらしさをなくし、不自然な印象を与えます。

03

持参する書類（受験票、願書など）を確認しましょう。記入項目に漏れがないか、チェックも忘れないようにしましょう。

04

待ち時間を考えて、子どもが飽きないように絵本、折り紙などを用意しましょう。玩具の持ち込みは避けたほうが無難です。

05

幼稚園側から特別な指示がない場合、指定された時刻より15～20分の余裕を持って行きます。駆け込みは絶対にやめましょう。

06

幼稚園への交通手段は公共の交通機関を使い、自家用車の利用は避けましょう。駐車場の問題もあり、車での来園を断る園がほとんどです。

07

遅刻は厳禁です。ほとんどの幼稚園では、いかなる理由でも受験資格を失います。面接の時刻に合わせて所要時間を調べましょう。

08

上履き持参かどうかを確かめ、持参する場合は靴をしまう袋を用意します。雨の日は、ビニール袋を持っていくと便利です。

09

子どもは初めての場所では緊張して口を閉ざすこともあるので、事前に受験する幼稚園に連れて行き、見せておくとよいでしょう。

10

当日、子どもに着せる洋服は、前もって何度か袖を通しておく配慮も必要です。子どもは、初めて着る服に緊張することが多いものです。

11

入退室のときに、子どもがあいさつをしなかったからといって、頭を押さえるなど、礼儀を強要しないでください。

12

保護者は子どもがきちんと座れたかを確かめてから、面接の先生方に軽く会釈して座る心配りを忘れないでください。

13

質問に気を取られ、子どもへの配慮を忘れてはなりません。子どもが不安な様子をしていたら、笑顔を見せる余裕を持ちましょう。

14

子どもが答えに詰まっても、保護者はイライラしないことです。保護者の緊張が顔に出ると、子どもは敏感に反応します。

15

子どもが質問に答えられないからといって、保護者が横から答えを教えるのはよくありません。面接官の次の質問を待ちましょう。

16

子どもが間違った答えを言ったときは、訂正せずに優しく応じてあげましょう。幼稚園側は保護者の反応にも注目しています。

17

無口な父親が、必ずしも印象が悪いわけではありません。一方、母親が口を出し過ぎると、悪い印象を与えることにもなりかねません。

18

父親が子どもの予防接種の時期などを言い間違えても、母親は不快な顔をしないでください。非難より事前の確認が大事です。

19

幼稚園によっては、答える時間が短い場合もあります。子どものことや教育方針を簡潔明瞭に言えるようにしておきましょう。

20

幼稚園側は、経済的な基盤が確立し、堅実で明るい家庭の子どもを求めています。このことをよく踏まえて面接に臨みましょう。

お受験Q&A

早生まれの子は不利になりますか？

幼児の成長は、月齢によって大きく変わってきますので、ご両親も不安になることでしょう。一部の私立幼稚園では、早生まれを考慮して、統計的な処理をするところもあります。国立幼稚園の一部では、誕生月を4ヵ月ごとに分けて選考し、成長の差が合否の判定に影響しないようにしています。中には月齢に関係なく選考する幼稚園もありますので、詳しいことは説明会に参加して確認しておくことが大切です。

いつごろから入園に備えればよいでしょうか？

厳密には、受験はお子さんが生まれたときから始まっているといえます。ご両親のどちらかが出身の幼稚園であれば、園が望む子ども像はわかっていますから、誕生直後から受験を意識した育て方ができるかもしれません。中には、お子さんの首の据わらない時期から幼児教室に通わせているご家庭もあるくらいです。一般的には、お子さんがハイハイして動けるようになったころと考えてよいようです。

両親の姓が違う場合、キリスト教系の幼稚園に入園できないのでしょうか？

日本の場合、宗教上の理由だけで入園できないということはなく、また、ご両親の姓が違うという理由だけで入園を認めないことはありません。合否の判定基準はご両親の考え方や人柄が大きく、合格したご家庭は幼稚園が歓迎してくれるだろうと思える要素を持っていることが感じられます。それぞれご家庭の事情もあると思いますので、気になる方は幼稚園へ早いうちに相談されるとよいでしょう。

お受験Q&A

面接の模範回答はあるのでしょうか？

このような質問をする保護者の方が、面接の時期には増えてきます。もし模範回答があって、皆さんが同じ答えで応じたら、面接する先生方はさぞ驚かれることと思います。言葉遣いや服装、装飾品、化粧など、表面的なことを気にする方は多くいますが、幼稚園としては普段のご家庭の在り方を見たいのです。模範回答などはありませんから、お子さんに対する接し方や教育方針をもう一度確認してください。

志望する園の関係者が周りにいないと不利でしょうか？

受験を前にすると、このようなうわさが絶えないのが幼稚園受験の特徴でしょうか。保護者の方の間では、いつの時代でもこの種のうわさが流れているようです。基本的に試験の合否基準には、関係者や紹介者の存在は無関係と考えてください。ただし、志望する園に関しての理解度が、関係者がいる方より低いと思われるかもしれません。しっかり園について調べ、熱意を持って試験に臨みましょう。

兄や姉が入園していると弟や妹が合格しやすいのですか？

兄や姉が入園していると、弟や妹が合格する率は高いといえます。兄や姉のときに行ったご両親の面接の印象は変わりませんし、家庭の教育方針が同じであるのも強みでしょう。ただし、幼稚園との相性は個人差がありますし、下の子に合っていると思えたとしても、兄や姉が受験したときとは合格基準が変わっているかもしれません。それらを考えると、ただ「きょうだいだから」というだけの理由で合格できるとは限りません。

お受験Q&A

数や形の認識がまだまだなのですが、受験はできますか？

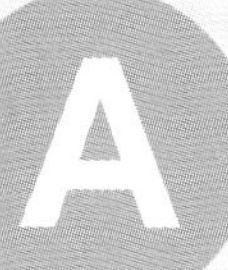

試験には、数や形の理解を見るといった考査のほか、行動観察や面接なども含まれますので、それだけを理由に不合格になることはありません。しかし、年齢相応の数や図形への理解があったほうが望ましいのも事実です。3年保育では3、4くらいの数、図形では、○、△、□、2年保育では5くらいまでの数、図形では大きさの違う○、△、□の認識、また、具体物の類型化などができることが目安となります。

言葉の発達が遅いのですが、受験はできますか？

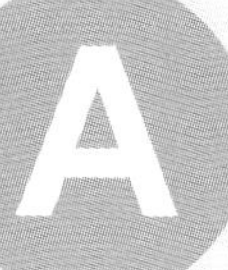

心配し過ぎる必要はないと思いますが、入試の本番でも全く言葉が出てこないのでは困ります。面接で先生の質問に答えられないようでは、多くの子どもたちと一緒に過ごす集団生活に対する適応力が乏しいと思われてしまい、なかなか合格はできないものです。入試の日までに、ご両親と一緒にいろいろな経験や刺激を増やしていくようにし、言語能力をできるだけ高めておきたいものです。

人見知りするのですが、受験はできますか？

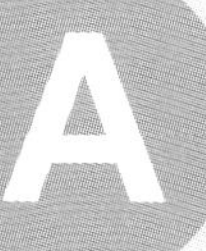

人見知りの原因として、圧倒的に多いのが経験不足です。知らない人と話した経験が少ないと自信がない、自信がないから不安になる、不安で口を開かない、という悪循環に陥りやすくなります。ただ、初対面の人に対して子どもが構えるのは当然なので、ご両親が安心させてあげることが大切です。「この人は大丈夫だから話してもいいよ」と伝えて安心させ、少しでも話すことができたらほめるという基本をくり返すことが大事です。

お受験Q&A

親から離れられないのですが、受験に不利ですか？

親から離れられないのは子どものほうではなく、むしろ親自身が心配で離せないでいるケースが圧倒的に多いのです。いくらかわいくて心配に思っていても、成長の過程でいつかは思い切って手を離していかなければなりません。親と離れていても心配はない、楽しいこともある、ということをどれだけ経験しているかがポイントです。受験で不利にならないよう、親から離れることにお子さんを慣れさせましょう。

一貫教育の園で上級学校に進学せず、途中で外部に出ることは可能でしょうか？

一貫教育の幼稚園から系列校ではなく外部の小学校に行くことは、基本的に不可能ではありません。しかし、系列の上級学校への内部進学の権利を保有したまま他校を受験することは、ほとんどの一貫教育の園では認められていません。内部進学の権利を放棄したうえで他校を受験するということであれば可能と思われますが、この点については幼稚園ごとに条件が違いますので、事前に調べておきましょう。

親が志望園以外の出身だと、子どもの合格は難しいのでしょうか？

そういうことは全くありません。たとえ親が志望園以外の出身でも配偶者との出会いや人とのかかわりなど、さまざまなきっかけでそれまでとは異なる価値観が芽生えることもあり、特に問題視されることはありません。ご自身の出身園のことはあまり気にせず、堂々と受験に向かっていくべきでしょう。ただし、合格させたい一心で、志望園と比較して出身園のことを悪く言うようなことがあると、悪い印象を与えかねません。

Prestigious
Kindergartens

5

有名５幼稚園の入試情報ガイド

お茶の水女子大学附属幼稚園
東京学芸大学附属幼稚園小金井園舎
東京学芸大学附属幼稚園竹早園舎
埼玉大学教育学部附属幼稚園
千葉大学教育学部附属幼稚園

＊幼稚園からはテストの内容が発表されていませんので、多くの方から寄せられたアンケートや幼稚園発行のパンフレット、募集要項、入園説明会資料などを参考にわかりやすくまとめました。
＊2023年度は新型コロナウイルスの影響により、行事や考査関連の日程が変更になる可能性があります。行事への参加や受験を希望される方は、最新の情報を幼稚園のＨＰでご確認いただくか、直接幼稚園の窓口にお問い合わせください。

お茶の水女子大学附属幼稚園

http://www.fz.ocha.ac.jp/fy/　E-mail ochayou@cc.ocha.ac.jp

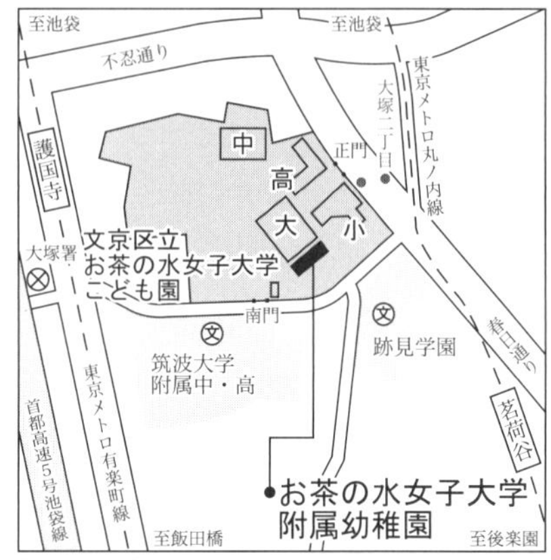

［所在地］　〒112-8610 東京都文京区大塚2-1-1
TEL 03-5978-5881　FAX 03-5978-5882

［アクセス］
●東京メトロ丸ノ内線【茗荷谷】より徒歩7分
●東京メトロ有楽町線【護国寺】より徒歩8分

幼稚園情報

［園　長］　小玉 亮子
［園児数］　男女計154名

沿　革　明治9年に東京女子師範学校附属幼稚園として現在の文京区湯島1丁目に開園。大正12年の関東大震災で園舎焼失、お茶の水の仮園舎に移転し、昭和7年、現園舎に移転。昭和27年、お茶の水女子大学文教育学部附属幼稚園と改称。昭和55年には附属学校部ができ、お茶の水女子大学附属幼稚園となり現在に至る。

教育方針　幼児の教育と同時に、大学附属の研究・教育機関として、幼児教育の理論および実際に関する研究と、学生の保育・教育実習を目的とする。教育目標は「自分のことを大切にする」「周りの人を大切にする」「環境を大切にする」。子どもには自ら育つ力があり、ありのままの自分を大切にされることで、自分と向き合い、人や身近な環境にかかわろうとすることを踏まえながら、心身の発達を援助する。

特　色　幼児期の生活の中心は遊ぶことにあり、幼児は遊びを通して多くを学んでいくため、子どもたちがやりたいことを見つけて自分から人や物、環境にかかわって遊ぶことを重視する。一人ひとりに合わせた指導を行い、興味や意欲、自ら考えて行動しようとする姿勢を育てている。教師との信頼関係を基盤に友達とかかわり、気持ちを伝え合い、仲間と生活する楽しさや充実感を味わえるよう図る。

保育日・保育時間

【3歳児】お弁当のある日 9:00～13:00
　　　　お弁当のない日 9:00～11:00
※入園当初の特別期間をのぞく
【4歳児】お弁当のある日 9:00～13:15
　　　　お弁当のない日 9:00～11:15
※入園当初の特別期間をのぞく
【5歳児】お弁当のある日 9:00～13:30
　　　　お弁当のない日 9:00～11:30

年間行事予定

月	行 事 名(抜粋)
4	入園式、親子で遊ぶ日（4歳）
5	こどもの日の集い、親子遠足、親子で遊ぶ日（3・5歳）
6	じゃがいも掘り（5歳）、ふれあい動物園
7	終業式
8	夏休み
9	始業式
10	運動会、いも掘り（5歳）、親子で遊ぶ日（4歳）
11	創立記念の集い
12	終業式
1	始業式、春を祝う会、親子体操、親子で遊ぶ日（3歳）
2	豆まき、親子で遊ぶ日（5歳）
3	ひな祭り、お楽しみ会（5歳）、卒業式
	毎月：誕生会、避難訓練

Kindergarten Information　※濃い色で示したアイコンはこの幼稚園に該当するものです

東京　国立　共学　お　お茶の水女子大学附属幼稚園

入試データ　下記の資料は2023年度入園児用**（2022年秋実施済み）**です

募集要項　※下記は前年度のデータです

募集人員	３年保育…男女計約40名　２年保育…男女計約20名		
応募資格	平成30年４月２日～令和２年４月１日生まれ		
入園説明会	――		
願書配付期間	Ｗｅｂ公開のみ		
願書受付期間	10月19日（０時）～28日（17時） ※ＨＰの指示に従ってＷｅｂ出願		
提出書類	第一次検定　・第一次検定受検票 第二次検定　・第二次検定受検票 ・第二次検定志望書 ・住民票の写し（世帯全員記載のもの） ・健康チェック表 ※受検票、健康チェック表は考査日に持参		
受験票交付	考査料決済後、自宅やコンビニエンスストアなどで各自印刷		
受験番号付番	願書受付順	月齢考慮	あり
選抜方法 考査日	第一次検定（抽選）：11月３日 第二次検定（行動観察、親子面接）： ３歳女児…11月14日／３歳男児…11月15日 ４歳女児…11月16日／４歳男児…11月17日 第三次検定（抽選）：11月18日 ３歳児…９時～ ４歳児…10時30分～		
考査料	第一次検定：700円　第二次検定：900円 （いずれも決済方法はＨＰを確認）		
合格発表	11月18日		
入園手続	11月18日		
課外教室	なし		
公開行事	なし		
付記	・指定の地域（幼稚園から半径およそ３km内）に保護者とともに在住しており、徒歩か公共の乗り物で通園できる者に限る		

学費

……… 入園手続時納付金 ………

入園料	31,300円

………… 年間納付金 …………

保育料・年額	73,200円
教育後援会入会金	1,000円
教育後援会会費・年額	1,000円
新学期用品代	5,250円
諸費用・年額	約30,000円
教育後援会運営基金１口 （２口以上、任意）	20,000円

※上記金額は諸事情等で変更の場合あり

制服

制服なし

昼食

お弁当
３歳児：①火／②火木／③火木金
４歳児：①火木／②③火木金
５歳児：①火木金／②③月火木金
※①１学期／②２学期／③３学期

進学情報

［小学校への進学状況］
【お茶の水女子大附属】内部進学制度あり
［中学校への進学状況］
【お茶の水女子大附属】約60％が内部進学

［系列校］
お茶の水女子大学・大学院、お茶の水女子大学附属高等学校・附属中学校・附属小学校

※上記募集要項は幼稚園公表分と伸芽会教育研究所調査を併せたデータです。詳細は幼稚園ＨＰでご確認ください

考査ガイド

考査日程　抽選を含めて３日
受験番号付番　第一次検定：願書受付順　第二次検定：生年月日順
選抜方法　第一次検定：年齢、男女別に園長が若干名の立会人のもと抽選を行う。抽選結果は合否照会サイトにて発表する
【抽選方法】１～100の数字が書いてある玉を抽選器に入れる。抽選器を回し、たとえば、11が出たら、11、111、211……の受験者が第二次検定に進む。３歳児男女は各約40人、４歳児男女は各約30人に達するまで抽選を行う
第二次検定：第一次検定の通過者対象。子どもは左胸と背中に、保護者は左胸に番号札をつけ、約10人１グループで集団テスト、親子面接を受ける
第三次検定：第二次検定合格者を対象に抽選を行う
【抽選方法】第二次検定通過者数より１つ多い番号札の入った抽選箱から、保護者が札を引いていき、最後に園長が引く。園長が引いた番号の次の番号より３歳児男女は各約20人、４歳児男女は各約10人が入園候補者となる
考査内容　集団テスト、親子面接
所要時間　第二次検定：約１時間30分

過去の出題例

集団テスト

■行動観察（自由遊び・親子遊び）
・２年保育は子どものみ、３年保育は親子一緒に考査室へ入り、おままごと、お人形、ペットボトルのマラカス、積み木、トンネルなどで自由に遊ぶ。２年保育は途中から保護者１人が入室し、親子で遊ぶ。

■歌・リズム
・「やきいもグーチーパー」を歌いながら、手遊びをする。

■読み聞かせ
・絵本『がたん ごとん がたん ごとん』などの読み聞かせを聞き、質問に答える。

▲行動観察（自由遊び・親子遊び）

※考査ガイドの抽選方法は2021年度入試用の情報です

面接ガイド

親子面接 第二次検定当日に、保護者１人と本人へ「書類の確認」という形で受験番号順に行う
所要時間 約10分
<面接資料／アンケート> 子どもの考査中に、アンケートに記入して提出する

過去の質問例

本人への質問

・お名前を教えてください。何歳ですか。
・朝ごはんは何を食べましたか。
・好きな食べ物を教えてください。
・好きな遊びは何ですか。
・今通っている幼稚園（保育園）では何組ですか。
・（２年保育）お誕生日はいつですか。

保護者への質問

・お子さんの名前、生年月日、住所、電話番号、家族構成を教えてください。
・本園は他園とは異なり、幼児教育の研究施設でもありますが、ご理解・ご協力いただけますか。
・今日はどのようにして来られましたか。本園までの所要時間を教えてください。
・どのようなお子さんですか。
・お子さんは、保育園に週何日通っていますか。
・保育園に通っている理由をお聞かせください。
・子育てにおいて大切にしていることを、一言でお話しください。
・お子さんの一日の生活の流れを教えてください。
・お子さんは習い事をしていますか。
・通園の送迎はどなたがされますか。
・送迎をサポートしてくれる人はいますか。
・下にお子さんがいらっしゃいますが、行事には参加できますか。
・本園のＨＰに掲載している資料の中で、一番印象に残っているものは何ですか。

面接の配置図

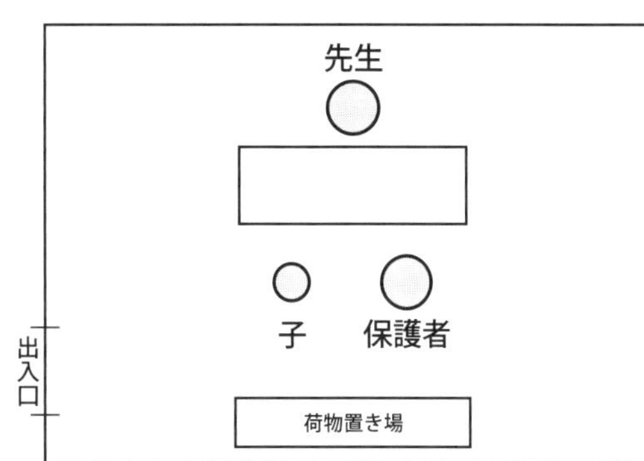

※考査当日に記入するアンケートには、以下のような項目がある。
「子どもの起床・就寝時間」「子どもとよく遊ぶ場所（選択式）」「育児について相談できる人は誰か（選択式）」「育児について悩んでいること（自由記入）」

Interview [voice clip]

子どもが泣き出しても落ち着いて対応を

・考査までの待ち時間は、親子で絵本を読んでいるご家族が多かったです。わが家は折り紙も絵本も忘れてしまったので、メモ帳にお絵描きをしたりお話をしたりして過ごしました。
・控え室から考査室へ向かうとき、誘導係の先生方が子どもたちに「楽しいことをしましょうね」などと優しく声をかけて、緊張をほぐしてくださいました。温かい配慮がありがたかったです。
・控え室や考査中に泣き出したお子さんがいましたが、先生方は特に何もされず、親がどのように対処するかを見ていらっしゃいました。慌てないで落ち着いて対応することが大切だと思いました。
・面接中、子どもが親のひざの上に座りたがり焦りましたが、先生は「どうぞ、抱っこしてください」と優しく言ってくださいました。子どもらしい行動はほほ笑ましく見てくださっているようで、ホッとしました。

※考査ガイド、面接ガイドは伸芽会教育研究所によるデータです

参考資料

書類見本

指定地域コード番号表

	荒川区	北区	新宿区	新宿区	千代田区	台東区	豊島区	文京区	
	A	B	C	D	E	F	G	H	
01	西日暮里4	滝野川1・3・5～7	赤城下町	津久戸町	飯田橋1～4	池之端2	池袋1～4	大塚1～6	01
02		田端1～5	赤城元町	筑土八幡町	神田猿楽町2	谷中1～5	池袋本町1・4	音羽1～2	02
03		中里1～3	揚場町	天神町	神田神保町2・3		上池袋1～4	春日1～2	03
04		西ヶ原1・3・4	市谷加賀町1～2	戸塚町1	神田駿河台2		北大塚1～3	小石川1～5	04
05			市谷甲良町	戸山1～3	神田三崎町1～3		駒込1～7	後楽1～2	05
06			市谷砂土原町1～3	中里町	北の丸公園		巣鴨1～5	小日向1～4	06
07			市谷左内町	中町	九段北1～4		雑司が谷1～3	水道1～2	07
08			市谷台町	納戸町	九段南1～4		高田1～3	関口1～3	08
09			市谷鷹匠町	西五軒町	五番町		西池袋1～5	千石1～4	09
10			市谷田町1～3	二十騎町	西神田1～3		西巣鴨1～4	千駄木1～5	10
11			市谷長延寺町	西早稲田1～3	富士見1～2		東池袋1～5	西片1～2	11
12			市谷仲之町	馬場下町			南池袋1～4	根津1～2	12
13			市谷八幡町	払方町			南大塚1～3	白山1～5	13
14			市谷船河原町	原町1～3			目白1～4	本駒込1～6	14
15			市谷本村町	東榎町				本郷1～7	15
16			市谷薬王寺町	東五軒町				向丘1～2	16
17			市谷柳町	百人町4				目白台1～3	17
18			市谷山伏町	袋町				弥生1～2	18
19			岩戸町	弁天町				湯島4	19
20			榎町	南町					20
21			大久保2・3	南榎町					21
22			改代町	南山伏町					22
23			神楽坂1～6	山吹町					23
24			神楽河岸	矢来町					24
25			片町	横寺町					25
26			河田町	余丁町					26
27			喜久井町	四谷坂町					27
28			北町	若松町					28
29			北山伏町	若宮町					29
30			細工町	早稲田町					30
31			下落合1～3	早稲田鶴巻町					31
32			下宮比町	早稲田南町					32
33			白銀町						33
34			新小川町						34
35			新宿6・7						35
36			水道町						36
37			住吉町						37
38			高田馬場1～4						38
39			箪笥町						39
40			築地町						40

書類見本

※

※

2023年度　第2次検定志望書

<table>
<tr><td>フリガナ</td><td></td><td>性別
いずれかに〇印</td><td colspan="3">男児　女児</td></tr>
<tr><td>幼児氏名</td><td></td><td>生年月日
（西暦）</td><td colspan="3">年　月　日生</td></tr>
<tr><td>現住所</td><td colspan="5">〒
区
2022年1月1日以降に転居した場合は以下に前住所をご記入ください
より転居（ 2022年　月）</td></tr>
<tr><td>電話</td><td colspan="5">（ 固定 ・ 父携帯 ・ 母携帯 ）　－　－</td></tr>
<tr><td>フリガナ
保護者氏名</td><td></td><td>コード番号</td><td></td><td>—</td><td></td></tr>
<tr><td>通園方法</td><td colspan="5">自宅 徒歩 ――
（ 例）自宅 徒歩 ―― 巣鴨駅 JR ―― 大塚駅 都バス ―― 大塚2丁目 徒歩 ―― 幼稚園 ）</td></tr>
</table>

家族氏名（幼児本人を含む）	幼児との続柄	生年月日（西暦）	年齢	通園・通学先の名称（本人および兄弟姉妹）
	本人			
	父			
	母			

保護者署名

東京学芸大学附属幼稚園小金井園舎

http://www.u-gakugei.ac.jp/~kinder/

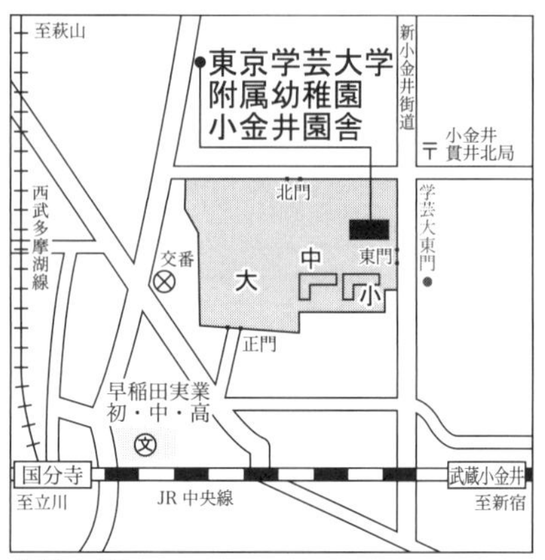

［所在地］　〒184-8501　東京都小金井市貫井北町4-1-1
TEL　042-329-7812　FAX　042-329-7814

［アクセス］
●JR中央線【武蔵小金井】より徒歩20～25分／京王バス【学芸大東門】下車徒歩３分

幼稚園情報

［園　長］　朝野 浩行
［園児数］　男女計150名

沿　革　明治37年、東京府女子師範学校の附属幼稚園として開設。昭和18年、東京第一師範学校女子部附属幼稚園と改称。昭和26年、東京学芸大学附属幼稚園となる。昭和32年、大学の小金井移転統合に伴い、幼稚園の一部を移し小金井園舎を開設。以後、竹早・小金井の２園舎体制となる。

教育方針　幼稚園生活で育みたい３つの資質・能力および園として育てたい幼児像（身近な人や環境にかかわりながら、心を動かし、さまざまな感情を味わい、自分のしたいことや周囲の人の思いを感じられる子ども。豊かな体験とさまざまな考えにふれることを重ねながら、試行錯誤を深める子ども。自分のしたいことに取り組むと同時に、他者とのかかわりの中ですべきことにも目を向けて行動する子ども）を踏まえて、幼稚園教育要領に即した教育課程・内容を実施する。

特　色　大学の附属学校園としての使命を達成するために竹早園舎や大学と連携を取り、幼児研究および幼児教育研究を行っている。幼児一人ひとりの個性を生かし、社会性の芽生えを培うため、発達の特性を踏まえて環境を通して行う教育を基本とし、幼児の主体的な活動を中心とした総合的指導を行う。また、家庭、地域社会との連携を図りながら、障害のある幼児の受け入れと育ち合う教育を進める。

保育日・保育時間

8:50～13:40(月・火・木・金)
8:50～11:40(水)

年間行事予定

月	行　事　名(抜粋)
4	入園式、定期健康診断
5	田植え
6	プール開き、じゃがいも掘り
7	七夕
8	夏休み
9	教育実習
10	運動会、園外保育、稲刈り
11	親子観劇会
12	子ども会、もちつき
1	バザー
2	節分
3	お別れ会、修了証書授与式
	毎月：誕生会、避難訓練、健康調査

Kindergarten Information

入試データ

下記の資料は2023年度入園児用**（2022年秋実施済み）**です

募集要項　※下記は前年度のデータです

募集人員	3年保育…男女計約50名 （うち若干名は障害のある幼児とし、選考は別枠で実施）		
応募資格	平成31年4月2日〜令和2年4月1日生まれ		
入園説明会	8月31日／9月7・14・21・28日　14〜15時（施設見学あり）		
願書配付期間	8月31日／9月7・14・21・28日／10月5・12日 13時〜15時30分 9月5・12・26日／10月3日 9時30分〜12時		
願書受付期間	10月12・13日　10〜15時　窓口受付		
提出書類	・入園願書 ・住民票の写し（世帯全員記載のもの。本籍の記載は不要。発行日より3ヵ月以内） ・入園検定料納入済票または収納証明書 ・幼児状況調査票（任意）		
受験票交付	願書受付時に手渡し		
受験番号付番	願書受付順	月齢考慮	——
選抜方法 考査日	第一次検定（抽選）：10月24日 第二次検定（行動観察、保護者面接）：10月25日		
考査料	1,600円		
合格発表	10月26日　13時30分〜　掲示発表		
入園手続	指定日		
課外教室	なし		
公開行事	園庭開放：8月31日／9月7・14・21・28日／10月5・12日		
付記	・願書出願時点で住民票のある住居に保護者とともに居住する者。徒歩、公共の交通機関または自転車で、保護者または代わりの人がつき添い60分程度までで通園できる者に限る		

学　費

……… 入園手続時納付金 ………

入園料	31,200円
入園準備金	10,000円

………… 年間納付金 …………

保育料・月額	6,100円
教材費・月額	2,000円
ＰＴＡ会費・月額	500円
後援会入会金（任意）	30,000円
後援会運営会費・年額（任意）	3,000円
後援会寄付金1口 （30口以上、任意）	1,000円

※上記金額は諸事情等で変更の場合あり

制　服

制服なし

セキュリティ

警備員常駐／防犯カメラ設置／保育時間中の門施錠／インターホン対応／保護者入構証／避難訓練実施／防災訓練実施／養護教諭常勤／緊急通報システム／学校110番／ＡＥＤ設置／災害用品備蓄

昼　食

お弁当（週4回）

進学情報

［小学校への進学状況］

【東京学芸大附属小金井】内部進学制度なし。一般と同様に受験。抽選はない

［中学校への進学状況］

【東京学芸大附属小金井】約62％が内部進学

［系列校］

東京学芸大学・大学院、東京学芸大学附属高等学校・附属小金井中学校・附属小金井小学校など

※上記募集要項は幼稚園公表分と伸芽会教育研究所調査を併せたデータです。詳細は幼稚園ＨＰでご確認ください

東京学芸大学附属幼稚園竹早園舎

http://www.u-gakugei.ac.jp/~takesyo/you.html

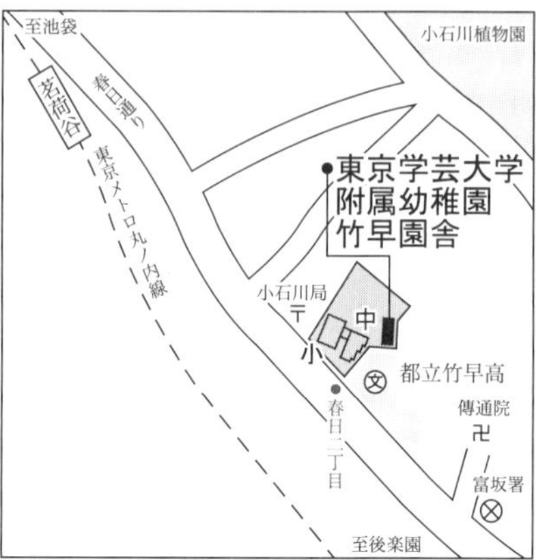

［所在地］　〒112-0002　東京都文京区小石川4-2-1
TEL　03-3816-8951～2　FAX　03-3816-8953

［アクセス］
●東京メトロ丸ノ内線【茗荷谷】より徒歩12分、【後楽園】より徒歩15分
●都営バス【春日二丁目】下車徒歩１分

幼稚園情報

［園　長］　鎌田 正裕
［園児数］　60名（男児30名、女児30名）

沿　革　明治37年、東京府女子師範学校の附属幼稚園として開設。昭和18年、東京第一師範学校女子部附属幼稚園と改称。昭和26年、東京学芸大学附属幼稚園となる。昭和32年、大学の小金井移転統合に伴い、幼稚園の一部を移し小金井園舎を開設。以後、竹早・小金井の２園舎体制となる。

教育方針　一般の幼稚園と同様に幼稚園教育を行うほか、教員養成を目的とする大学附属幼稚園として教育理論と実践に関する研究・実証および学生の教育実習実施の使命を持つ。幼児が主体的に周囲の環境にかかわり、自発性・自律性を育めるよう豊かな教育を展開し、健康明朗な人格を培う。「自分なりのやり方で一生懸命取り組む子」「友達と共感しあう子」「自分の役割を最後まで果たそうとする子」の育成を教育目標としている。

特　色　大学の附属学校園としての使命を達成するために、小金井園舎や大学と連携を取り、共同で、または自主的に幼児研究および幼児教育研究を行う。また、隣接する東京学芸大学附属竹早小学校・中学校と教育の目標や内容について密接な連絡を図り、幼・小・中の連携教育について研究している。早期教育は行わず、子どもたちが心身ともに総合的に成長することをねらう。

保育日・保育時間

【４歳児】
9:10～13:40（月・火・木・金）
9:10～11:40（水）
【５歳児】
9:00～13:30（月・火・木・金）
※３学期は14:00まで
9:00～11:30（水）

年間行事予定

月	行　事　名（抜粋）
4	入園式、健康診断
5	災害時引き取り訓練
6	水遊び、遠足（５歳）
7	水遊び、七夕、夏祭り
8	夏休み
9	教育実習（10月まで）
10	フェスティバル、親子遠足（５歳）
11	竹早祭（小学校と合同）、親子遠足（４歳）
12	子ども会（５歳）、お楽しみ会
1	遠足（４・５歳）
2	豆まき、子ども会（４歳）
3	お別れ会、卒園を祝う会、卒園式
	毎月：誕生会、体重測定、避難訓練・安全指導

Kindergarten Information

※濃い色で示したアイコンはこの幼稚園に該当するものです

入試データ

下記の資料は2023年度入園児用**（2022年冬実施済み）**です

募集要項 ※下記は前年度のデータです

募集人員	2年保育…男女計30名		
応募資格	平成30年4月2日～平成31年4月1日生まれ		
入園説明会	なし		
願書配付期間	Ｗｅｂ公開のみ		
願書受付期間	Ｗｅｂ出願：11月11日（9時）～16日（23時59分） 書類提出：11月14～17日（消印有効） 郵送 ※ＨＰの指示に従ってＷｅｂ出願後に書類提出		
提出書類	・調査票 ・調査票（幼稚園提出用） ・住民票の写し（世帯全員記載のもの） ・保護者入構票 ※調査票、保護者入構票は考査日に持参		
受験票交付	考査料決済後、自宅やコンビニエンスストアなどで各自印刷		
受験番号付番	願書受付順	月齢考慮	あり
選抜方法 考査日	第一次検定（発育総合調査）： 男児…12月20日 女児…12月21日 第二次検定（抽選）：12月23日		
考査料	1,600円（決済方法はＨＰを確認）		
合格発表	12月23日		
入園手続	指定日		
課外教室	なし		
公開行事	なし		
付記	・入園願書提出の時点で、指定の区域（東京都23区内）に保護者とともに居住し、幼児が徒歩または公共の交通機関を使って35分程度までで通園できる者で、入園後もこの区域内に保護者とともに居住する者に限る		

学費

……… 入園手続時納付金 ………

入園料 31,300円

………… 年間納付金 …………

保育料・月額 6,100円
竹園会（後援会）会費・年額 20,000円
エマージェンシーコール登録料・利用料・年額 5,000円
空調整備費 40,000円
※上記金額は諸事情等で変更の場合あり

制服

制服なし

セキュリティ

警備員常駐／防犯カメラ設置／保育時間中の門施錠／インターホン対応／避難訓練実施／防災訓練実施／安否確認システム

昼食

お弁当（週4回）

進学情報

［小学校への進学状況］
【東京学芸大附属竹早】内部進学制度あり
［中学校への進学状況］
【東京学芸大附属竹早】約85％が内部進学

［系列校］
東京学芸大学・大学院、東京学芸大学附属高等学校・附属竹早中学校・附属竹早小学校など

※上記募集要項は幼稚園公表分と伸芽会教育研究所調査を併せたデータです。詳細は幼稚園ＨＰでご確認ください

考査ガイド

考査日程 抽選を含めて２日
受験番号付番 願書受付順（考査は男女別、生年月日順で各１日）
選抜方法 第一次検定：竹早小学校にて発育総合調査と親子面接（親子遊びあり）。子どもは調査票、保護者は保護者入構票を左胸につける。子どもは約15人単位で調査室に入室し、集団テストを行う。その後、面接室前の廊下へ親子で移動し、面接を行う
第二次検定：第一次検定合格者を対象に抽選を行う
【抽選方法】合格者数より１つ多い数の番号札が入ったつぼから受付番号順に引く。残った数の次の番号から男女各15人を選出する
考査内容 個別テスト、集団テスト、親子面接
所要時間 第一次検定：約１時間

過去の出題例

集団テスト

■身体表現・行動観察
・約15人ずつ調査室に入り、３つのグループに分かれる。魔法使い姿の先生がモニターに映し出されルールの説明をする。子どもたちは魔法をかけられ、リス、ウサギ、ネズミ、キリン、ヘビなどグループごとにさまざまな動物に変身する。赤い線を踏んではいけない、などのお約束がある。

■歌・リズム
・先生と一緒に「グーチョキパーでなにつくろう」を歌いながら、手遊びをする。

個別テスト ※面接時に実施

■行動観察（親子遊び）
※男女や回によって内容が異なる。
・空のお弁当箱、細長いスポンジやパタンブロック、緑のフェルト、オレンジ色や白の毛糸が入ったトレー、レジャーシートが入ったバッグが用意されている。「お弁当を作ってお出かけしましょう」などと書かれた指示書通りに行う。

▲身体表現・行動観察

◀行動観察（親子遊び）

面接ガイド

親子面接 第一次検定当日に、保護者１人と本人へ面接を行う。その後、親子遊びを行う
所要時間 ３～５分
<面接資料／アンケート>子どもの考査中に、質問票（アンケート）に記入して提出する

過去の質問例

本人への質問

※立ったまま２問程度質問を受けた後、親子遊びのエリアに行き、さらに質問を受ける。
・お名前を教えてください。何歳ですか。
・今日はここまで誰とどうやって来ましたか。
・お父さんやお母さんと何をして遊びますか。
・何をして遊ぶのが好きですか。
・好きな絵本は何ですか。それはどうしてですか。

保護者への質問

・本園の概要はお読みになりましたか。教育実習や研究活動が多い園ですが、理解されていますか。
・概要に書かれている通り保護者のボランティア活動がありますが、ご協力いただけますか。
・自主性を重んじるのが本園の方針ですが、そのことについてどのようにお考えですか。
・本園の教育にどのようなことを望まれますか。
・お子さんの長所を教えてください。
・子育てではどのようなことを心掛けていますか。
・普段、お子さんとどのように遊んでいますか。
・お友達がお子さんの玩具を取ってしまったら、どのように対応しますか。
・お子さんの食べ物の好き嫌いを、どのように克服させようと思いますか。

面接の配置図

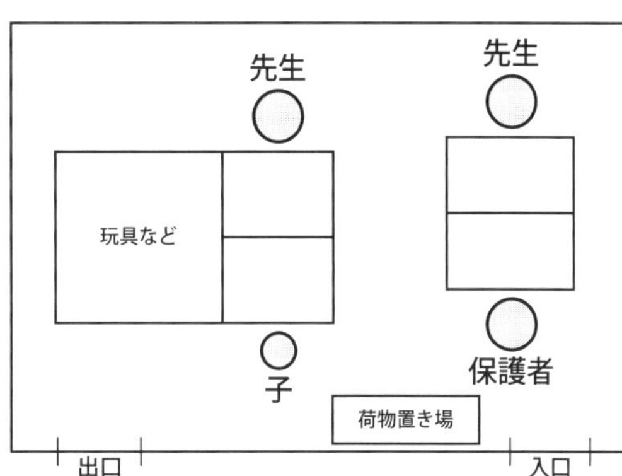

※親子一緒に入室し、先に子どもが立ったまま質問を受ける。子どもだけ親子遊びのエリアに移動し、さらに質問を受ける。親は面接が終わったら子どものところへ移動し、親子遊びをする。終了時間になったら片づける

・通園の送迎はどなたがされますか。
（そのほかアンケート内容について質問される）

※考査当日に記入するアンケートには、以下のような項目がある。
①考査番号、受検者氏名、保護者氏名と続柄
②最近、子どもが怒ったこと（喜んだこと、失敗したこと）

Interview [voice clip]

子どもにはマスク着脱の練習も

・第一次検定のつき添いは保護者１人との指定がありました。つき添いは父親で、母親は校門まで同行というご家庭が多かったようです。パンツスーツ姿の母親も見られました。
・わが家は受付時間より早く幼稚園に到着しました。子どもがトイレに行きたがりましたが、受付後まで使用できなかったので、到着前に済ませておけばよかったです。
・第一次検定の誘導係は竹早小学校の６年生でした。トイレのお世話をすることもあるので、子どもが申し出られるようにしておいてほしい旨、事前に案内がありました。
・面接では、子どもがマスクを外して顔を見せるように言われました。質問を受けた後は自分で着用するよう指示されましたが、普段は親が手伝っているので手間取りました。一人でできるよう練習しておくべきでした。

埼玉大学教育学部附属幼稚園

http://www.kinder.edu.saitama-u.ac.jp/

［所在地］　〒330-0061　埼玉県さいたま市浦和区常盤8-13-1
TEL　048-833-6288　FAX　048-831-2010

［アクセス］
●JR京浜東北線【北浦和】より徒歩15分
●JR埼京線【南与野】より徒歩17分

幼稚園情報

［園　長］　関 由起子
［園児数］　80名

沿　革　昭和7年、埼玉県女子師範学校附属幼稚園として開園。昭和18年、埼玉県女子師範学校、埼玉県師範学校、埼玉県青年師範学校統合に伴い、埼玉師範学校附属幼稚園と改称。昭和26年、埼玉大学教育学部附属幼稚園と改称。昭和58年、現園舎に移転し現在に至る。

教育方針　一般の幼稚園と同じように学校教育法に基づいて幼児教育を行うほか、教員養成学部の附属幼稚園として、幼児教育の実践と研究・実証、学生の教育実習ならびに研究の指導、他の附属学校との交流を通して教育・保育内容の充実を図っている。幼児の健やかな成長のために適当な環境を与えて「子どもの自ら伸びる力を育てる」ことを教育目標に置く。子どもたちの自ら伸びる力を信じて待ち、自由な遊びなどを通して自発性を育て「やさしさ、かしこさ、たくましさ」を育むことを目指している。

特　色　大学や研究団体、ほかの幼稚園との共同研究や情報交換を行い、学生が幼稚園に来て観察、保育活動、研究のための調査もする。幼児教育の理論、方法などの研究発表をする公開研究会を行い、園の教員はさまざまな研究会などで会場として園施設の提供や参観に応じたり、講師を務めたりするなど、地域の幼児教育の振興・発展に寄与している。

保育日・保育時間

【3歳児】9:00～13:20(月・火・木・金)
9:00～11:20(水)
※1学期の月・火・木・金曜日は9:00～13:00
【4歳児】9:00～13:30(月・火・木・金)
9:00～11:30(水)
【5歳児】9:00～13:40(月・火・木・金)
9:00～11:40(水)

年間行事予定

月	行　事　名(抜粋)
4	入園式、新入園児歓迎会、発育測定
5	遠足（5歳）、子ども会
6	遠足（4歳）、子ども会
7	子ども会
8	夏休み
9	サッカー教室（5歳）、発育測定、子ども会
10	運動会、遠足（3・4歳）、かけっこ教室（5歳）
11	遠足（5歳）、子ども会
12	美術館見学（5歳）、子ども会
1	発育測定、子ども会
2	子ども会、なかよし発表会、生活発表会
3	お別れ会、お別れ遠足（5歳）、修了証書授与式

Kindergarten Information

登園開始　制服　通園区域・時間　通園バス　お弁当　アレルギー対応　課外教室　預かり保育　未就園児クラス　洋式・和式　セキュリティ　小学校　中学　大学

※濃い色で示したアイコンはこの幼稚園に該当するものです

入試データ

下記の資料は2023年度入園児用**（2022年冬実施済み）**です

募集要項 ※！2024は次年度のデータです

募集人員	３年保育…男女計約22名 ２年保育…男女計約８名		
応募資格	平成30年４月２日～令和２年４月１日生まれ		
入園説明会	！2024　８月29日		
願書配付期間	！2024　11月１～17日　平日10～15時（８・14日、土：休み）		
願書受付期間	11月16・17日　窓口受付		
提出書類	・入園願書（写真貼付） ・収納証明書貼付用紙 ・受付票 ・写真票（志願者とつき添う保護者が写っている写真） ・受付票返送用封筒（切手を貼付）		
受験票交付	郵送		
受験番号付番	生年月日順	月齢考慮	あり
選抜方法 考査日	第一次検定（心身の発育状況の検査、親子面接）： 12月19～22日のうち２日 第二次検定（抽選）：12月23日		
考査料	1,600円		
合格発表	12月23日		
入園手続	指定日		
課外教室	なし		
公開行事	！2024　子育ておはなし会：５月30日／６月28日／９月12日／10月19日／２月１日		
付記	・令和５年２月１日現在、さいたま市内の指定区域内に保護者と在住する者で、保護者または代わりの者がつき添い、徒歩で通園できる者に限る		

学　費

……… 入園手続時納付金 ………

入園料	31,200円

………… 年間納付金 …………

保育料・年額	73,200円
学級費など・月額	約4,000円
ＰＴＡ会費・月額	400円

※寄付金（任意）あり
※上記金額は諸事情等で変更の場合あり

制　服

制服なし

セキュリティ

警備員常駐／防犯カメラ設置／保育時間中の門施錠／インターホン対応／保護者名札着用／赤外線センサー設置／避難訓練実施／防災訓練実施／防犯訓練実施／養護教諭常駐／緊急通報システム／安否確認システム／ＡＥＤ設置／災害用品備蓄／防犯ブザー配付

昼　食

お弁当（週４回）

進学情報

[小学校への進学状況]【埼玉大教育学部附属】希望者は全員進学可能。他小学校受験者はその資格を失う

[中学校への進学状況]【埼玉大教育学部附属】希望者は全員進学可能。他中学校受験者はその資格を失う

[系列校]
埼玉大学・大学院、埼玉大学教育学部附属中学校・附属小学校

※上記募集要項は幼稚園公表分と伸芽会教育研究所調査を併せたデータです。詳細は幼稚園ＨＰでご確認ください

考査ガイド

考査日程　抽選を含めて３日
受験番号付番　年長者より生年月日順
選抜方法　第一次検定：１日目に集団テスト、２日目に親子面接が行われる。１日目は控え室でアンケートに記入し、親子で教室に移動して集団テストを行う（例年は個別テストもあるが、令和４・５年度入試では実施なし）
第二次検定：第一次検定合格の入園候補者のみ抽選をし、入園予定者を決定する
考査内容　集団テスト、親子面接
所要時間　第一次検定：約１時間20分

過去の出題例

個別テスト

■行動観察（親子遊び）
・ソファに座り、子どもに絵本を読み聞かせる。読み終わったら積み木、ぬいぐるみ、おままごとなどで自由に遊ぶ。

■指示行動
・橋に見立てた２本の線の間を通り、サルのぬいぐるみにおだんごをあげる。

集団テスト

■行動観察（親子遊び）
・おままごと、積み木、お人形などで、自由に遊ぶ（５～７組単位）。

■読み聞かせ
・親子でマットに座り紙芝居を見る。

■運　動
（２年保育）
・平均台を渡り、スロープを上ってジャンプする。
（３年保育）
・ケンケンやジャンプをしながら進む。

参考資料

応募資格

				2年保育・4歳児	3年保育・3歳児
年齢				平成30年4月2日から平成31年4月1日までに生まれた者	平成31年4月2日から令和2年4月1日までに生まれた者
通園区域	さいたま市	浦和区	常盤	1丁目～10丁目	
			仲町	1丁目～4丁目	
			東仲町	全	
			高砂	1丁目～4丁目	
			北浦和	1丁目～5丁目	
			本太	2丁目～5丁目	
			元町	1丁目～3丁目	
			岸町	3丁目、4丁目、6丁目、7丁目	
		南区	別所	1丁目1～14、3丁目、4丁目、5丁目1～13	
			鹿手袋	1丁目、2丁目1～10	
		桜区	西堀	1丁目、8丁目、9丁目、10丁目	
		中央区	大戸	1丁目～6丁目	
			新中里	1丁目～2丁目	
			鈴谷	1丁目、2丁目、5丁目	
上記の通園区域内に、令和5年2月1日現在、保護者と同居していて、保護者または代わりの者がつき添い、徒歩で通園できる者					

▲行動観察（親子遊び）

▲読み聞かせ

面接ガイド

親子面接 第一次検定2日目に、保護者1人と本人へ行う
所要時間 約10分
<面接資料／アンケート> 考査当日に、アンケートに記入して提出する

過去の質問例

本人への質問

・お名前を教えてください。お年はいくつですか。
・お誕生日はいつですか。
・今日はここまでどうやって来ましたか。
・朝ごはん（お昼ごはん）は何を食べましたか。
・誰と何をして遊ぶのが好きですか。
・最近、楽しいと感じたことは何ですか。
・お母さんのお料理で好きなものは何ですか。
・絵本は好きですか。好きな絵本は何ですか。
・お母さんにはどんなときにしかられますか。

保護者への質問

・考査でのお子さんの様子は普段と違いましたか。
・アンケートにはお母さまと似ているところが書かれていますが、お子さんとご主人が似ているところはありますか。
・（アンケートの答えを踏まえて）似てほしくなかったのに、お子さんがご自身に似てしまったところはありますか。
・幼稚園選びについてご夫婦で話し合いましたか。どのような観点から園選びをしましたか。
・子育てで大変だと思うことはありますか。
・卒園するとき、お子さんにはどのように成長していてほしいですか。

面接の配置図

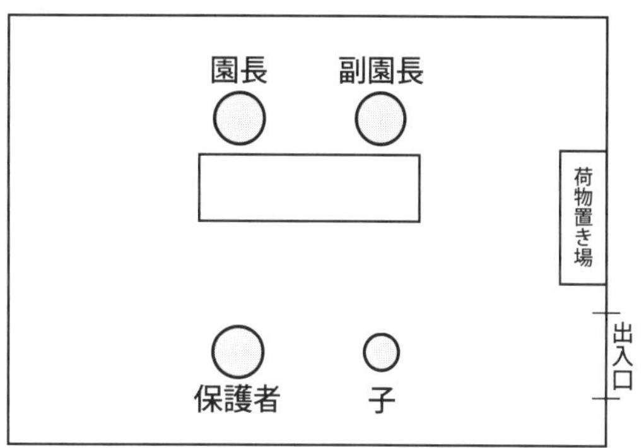

・お子さんの幼稚園生活を通して、親はどのように成長すると思いますか。
・子育てをサポートしてくれる人はいますか。
・通園区域外にお住まいですが転居はできますか。

※考査当日に記入するアンケートには、以下のような項目がある。
①アレルギーの有無
②ホームページなどへの写真掲載の可否
③子どもと自身が似ているところ
④子どもが生まれる前と後で自身が変化したこと

Interview [voice clip]

控え室の防寒対策もしっかりと

・第一次検定1日目は、入室したらすぐにアンケートを書くことを考慮し、手がかじかまないように手袋をしていきました。控え室は肌寒く、カイロも持参しておいてよかったです。
・控え室に入室すると、まず園長先生のごあいさつと副園長先生から考査の流れの説明がありました。その後、親は約15分間でアンケートに記入し、子どもは隣で折り紙などをしながら静かに待っていました。
・親子遊びの間、先生方はずっとメモを取られていました。娘がほかのお子さんの積み木をほめたときに先生方が一斉に注目したので、親子の様子だけでなく、お友達とのかかわり方も見られていると実感しました。
・面接では、先生方が子どもにしっかりと目線を合わせて優しく語りかけてくださいました。「お話しが上手だね」「きちんと待っててえらいね」とほめてくださったので、息子も緊張せず普段通りに臨めたと思います。

※考査ガイド、面接ガイドは伸芽会教育研究所によるデータです

千葉県千葉市／共学　2年保育＋3年保育

千葉大学教育学部附属幼稚園

http://kdg.e.chiba-u.jp

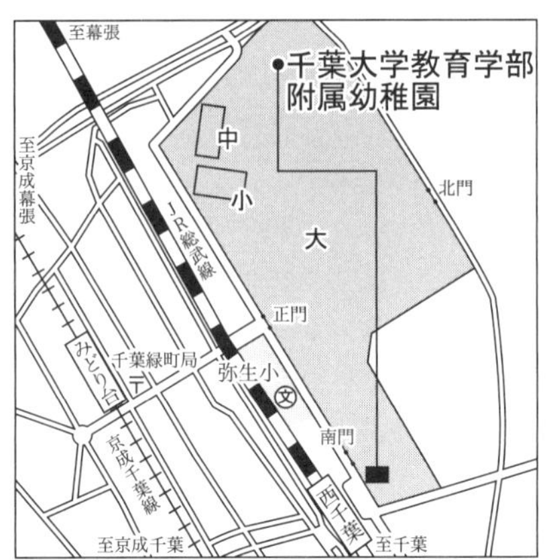

［所在地］　〒263-8522　千葉県千葉市稲毛区弥生町1-33
TEL＆FAX　043-251-9001

［アクセス］
●JR総武線【西千葉】より徒歩２分
●京成千葉線【みどり台】より徒歩10分

幼稚園情報

［園　長］　大和 政秀
［園児数］　140名（男児70名、女児70名）

沿　革　明治36年６月に千葉幼稚園として県教育会が創立。昭和18年、文部省に移管され千葉師範学校附属幼稚園となる。昭和26年、千葉大学教育学部附属幼稚園に改称。昭和41年、現在の西千葉キャンパスに移転。幼児が通園しやすいよう、キャンパス内でもJR西千葉駅近くに位置する。

教育方針　公立・私立の幼稚園と同じように幼児を教育するとともに、千葉大学教育学部の附属幼稚園として幼児教育の実証的研究、教育実習ならびに研究の指導、幼児教育振興への協力を行う使命を持つ。恵まれた自然環境の中で「うごく」「かんじる」「かんがえる」を教育目標とし、子どもが自分のやりたい遊びに主体的に取り組む保育をしている。また毎年２回、幼児教育研究会を開き、研究テーマに基づいた保育実践の公開などを行っている。

特　色　幼児教育の考え方や在り方、教育内容、指導法などの研究、新しい教育理論の適用・実証を行う。園内だけでなく大学や他団体と共同研究もしている。教育実習では、学生が幼稚園に来て観察・指導し、研究のための調査も行っている。また、幼児教育の理論・方法の研究を発表する公開研究会、新規採用教員の指導や他園の研究・研修の指導、県教育委員会の研修の協力や指導にもあたる。

保育日・保育時間

9:00～13:30（月・火・木）
9:00～11:30（水・金）

年間行事予定

月	行　事　名（抜粋）
4	入園式、新入園児歓迎会
5	定期健康診断、教育実習、災害時園児引取訓練
6	開園記念式典、遠足、ふれあいの日
7	終業式、公開研究会
8	夏休み
9	始業式、教育実習
10	運動会
11	ふれあいの日、いも掘り・焼きいも会
12	わくわく発表会１（５歳）、終業式
1	始業式、学生ミュージカル公演
2	わくわく発表会２（３・４歳）、公開研究会
3	小学校見学、お別れ会、卒園式、修了式
	毎月：誕生会、避難訓練

Kindergarten Information

※濃い色で示したアイコンはこの幼稚園に該当するものです

入試データ

下記の資料は2023年度入園児用（**2022年秋実施済み**）です

募集要項 ※ ! 2024 は次年度のデータです

募集人員	3年保育…男女計約28名 2年保育…男女計約28名		
応募資格	平成30年4月2日～令和2年4月1日生まれ		
入園説明会	! 2024 9月2日		
願書配付期間	10月18～20日　14時～16時30分		
願書受付期間	10月24～26日　14時～16時30分　窓口受付		
提出書類	・調査票（写真、検定料の振込証明を貼付） ・住民票の写し（世帯全員記載のもの）		
受験票交付	願書受付時に手渡し		
受験番号付番	願書受付順	月齢考慮	あり
選抜方法 考査日	第一次検定（発達調査、親子面接）： 4歳児…11月7日　9時～（男児）／13時～（女児） 3歳男児…11月8日　9時～または13時～ 3歳女児…11月9日　9時～または13時～ 第二次検定（抽選）：11月11日 3歳男児…9時～　3歳女児…11時～ 4歳男児…13時～　4歳女児…14時30分～		
考査料	1,600円		
合格発表	11月11日		
入園手続	1月11日　13時～		
課外教室	なし		
公開行事	────		
付記	・令和4年10月24日現在、千葉市内の指定区域内に保護者とともに居住し、保護者または代わりの人がつき添い、公共の乗り物と徒歩で通園できる者に限る ・2024年度の募集については8月1日の公示で確認		

学費

……… 入園手続時納付金 ………	
入園料*	────
………… 年間納付金 …………	
保育料*	────
教材費・月額	1,500円
ＰＴＡ会費・月額	1,500円
安全対策費・年額	1,500円
あさのみ会（後援会）会費・年額（任意）	3,000円
あさのみ会寄付金1口（5口以上、任意）	5,000円

＊幼児教育無償化により納付なし
※園服・帽子・保育用品代など別途納付
※上記金額は諸事情等で変更の場合あり

制服

制帽、スモックのみ

セキュリティ

警備員常駐／防犯カメラ設置／保育時間中の門施錠／インターホン対応／保護者名札着用／避難訓練実施／防災訓練実施／養護教諭常駐／緊急通報システム／緊急地震速報装置／ＡＥＤ設置／災害用品備蓄

昼食

お弁当（週3回）

進学情報

［小学校への進学状況］
【千葉大教育学部附属】内部進学制度あり
［中学校への進学状況］
【千葉大教育学部附属】希望者は全員内部進学可能

［系列校］
千葉大学・大学院、千葉大学教育学部附属中学校・附属小学校など

※上記募集要項は幼稚園公表分と伸芽会教育研究所調査を併せたデータです。詳細は幼稚園ＨＰでご確認ください

考査ガイド

考査日程　抽選を含めて２日
受験番号付番　願書受付順
選抜方法　第一次検定：園長が引いた受験番号を起点として、個別テスト、集団テスト、親子面接を行う
第二次検定：第一次検定合格者のみ抽選をし、合格者を決定する
考査内容　個別テスト、集団テスト、親子面接（グループ面接）
所要時間　第一次検定：約30分

過去の出題例

個別テスト

■指示行動
・「リンゴを１個持ってきてください」「同じ積み木を持ってきてください」などと指示される。

集団テスト

■行動観察（自由遊び）
・車、絵本、積み木、すべり台、平均台、トランポリン、三輪車、おままごとなどで自由に遊ぶ。

面接ガイド

グループ面接　第一次検定当日に、保護者１人と本人へ４組ごとに行う　**所要時間**　10～15分

過去の質問例

本人への質問

・お名前は何といいますか。何歳ですか。
・（２年保育）お昼ごはんは何を食べましたか。
・（３年保育）好きな食べ物は何ですか。

保護者への質問

・志望理由を聞かせてください。
・子育てで気をつけていることは何ですか。
・買う予定ではなかったものを、お子さんがねだってぐずった場合、どのように対応しますか。
・お子さんにはどのように成長してほしいですか。

面接の配置図

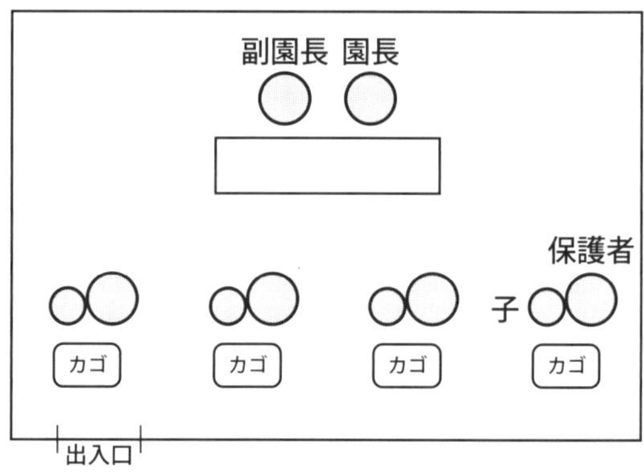

Interview [voice clip]

面接での答えは簡潔にまとめること

・考査の控え室は暖房がなく、窓も開放されていたので肌寒かったです。子どもには半袖を着せていましたが、カーディガンをはおらせて考査に向かわせました。
・考査・面接の控え室はどちらもいすだけだったので、机がなくても遊べるものを用意するとよいと思います。わが家はシール、絵本、おやつ、お茶を持参しました。
・考査が終わったらすぐに移動して面接でした。子どもは考査が楽しかったらしく、かなり興奮しており、面接までに落ち着かせるのに苦心しました。このようなケースも想定しておくべきでした。
・グループ面接では、話の長い保護者がいらっしゃいました。子どもたちが飽きてしまって騒ぎ始めたので焦りました。子どもの集中力を切らさないためにも、答えは簡潔にまとめるべきだと痛感しました。

※考査ガイド、面接ガイドは伸芽会教育研究所によるデータです

Prestigious
Kindergartens

45

有名45幼稚園の入試情報ガイド

青山学院幼稚園
学習院幼稚園
川村幼稚園
暁星幼稚園
国立音楽大学附属幼稚園
国立学園附属かたばみ幼稚園
国本幼稚園
光塩女子学院幼稚園
晃華学園マリアの園幼稚園
品川翔英幼稚園
淑徳幼稚園
聖徳幼稚園
昭和女子大学附属昭和こども園
白百合学園幼稚園
聖学院幼稚園
成城幼稚園
聖セシリア喜多見幼稚園
聖ドミニコ学園幼稚園
星美学園幼稚園
清明幼稚園
玉川学園幼稚部
田園調布雙葉小学校附属幼稚園
東京都市大学二子幼稚園
桐朋幼稚園
東洋英和幼稚園
新渡戸文化子ども園
日本女子大学附属豊明幼稚園
雙葉小学校附属幼稚園
文教大学付属幼稚園
宝仙学園幼稚園
武蔵野東第一幼稚園・武蔵野東第二幼稚園
明星幼稚園
鎌倉女子大学幼稚部
カリタス幼稚園
認定こども園 相模女子大学幼稚部
湘南学園幼稚園
湘南白百合学園幼稚園
聖セシリア幼稚園
洗足学園大学附属幼稚園
桐蔭学園幼稚園
森村学園幼稚園
横浜英和幼稚園
昭和学院幼稚園
聖徳大学附属幼稚園
日出学園幼稚園

＊幼稚園からはテストの内容が発表されていませんので、多くの方から寄せられたアンケートや幼稚園発行のパンフレット、募集要項、入園説明会資料などを参考にわかりやすくまとめました。
＊2023年度は新型コロナウイルスの影響により、行事や考査関連の日程が変更になる可能性があります。行事への参加や受験を希望される方は、最新の情報を幼稚園のＨＰでご確認いただくか、直接幼稚園の窓口にお問い合わせください。

青山学院幼稚園

http://www.kinder.aoyama.ed.jp/

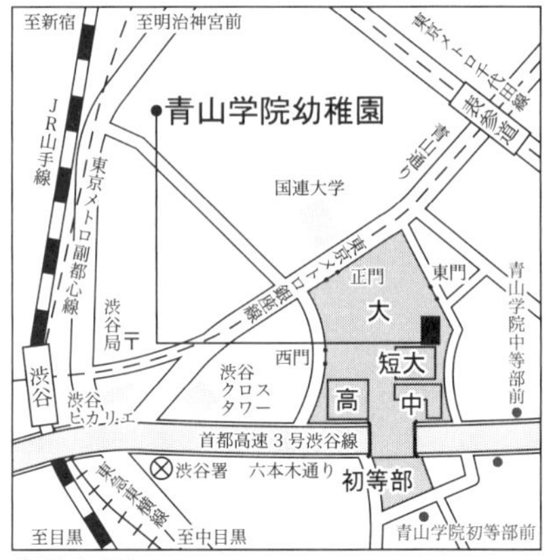

［所在地］　〒150-8366　東京都渋谷区渋谷4-4-25
TEL　03-3409-6935　FAX　03-3400-0343

［アクセス］
●東京メトロ銀座線ほか【表参道】より徒歩7分
●JR山手線ほか【渋谷】より徒歩15分／都営バス【青山学院中等部前】下車徒歩２分

幼稚園情報

［園　長］　山本 与志春
［園児数］　男女計120名

沿　革 明治７年、アメリカのメソジスト監督教会から派遣されたドーラ・E・スクーンメーカーが、麻布に開校した女子小学校を起源とする。その後、青山に移転し青山学院と改称。幼稚園は、昭和12年に校内に別法人の青山学院緑岡幼稚園が設立されたが、東京大空襲により全焼して廃園となる。昭和36年、新たに青山学院幼稚園が設立された。

教育方針 青山学院の一貫教育の中で運営され、その教育方針に従ってキリスト教信仰に基づく保育理念をもって毎日の園生活が営まれている。教職員も園児もともに主イエス・キリストに現された神の愛のもとで、毎日祈りをもって育てられる。一人ひとりの子どもの個性を大事にしながら、明るい子どもらしさを失わせることなく、楽しく思いやりのある共同生活ができることを目指す。

特　色 創立以来、保育の土台として大切にしてきたのは神様への礼拝。子どもたちは礼拝を通して、神様の存在を感じ、神様を信頼するようになる。教師は子どもたちを神様から預かった大切な存在としてかかわり、一人ひとりの成長を支えている。また一貫教育の面では、特に初等部との連携を密にし、１・２年生と園児が交流する「一緒に遊ぼう会」などの活動を行っている。

保育日・保育時間

【年少】 9:00～11:30(月～金)
※火曜日は１月、水曜日は６月、金曜日は９月より9:00～13:30
【年中】 9:00～13:45(火・水・金)
9:00～11:45(月・木)
※木曜日は１月より9:00～13:45
【年長】 9:00～14:00(火～金)
9:00～12:00(月)

年間行事予定

月	行　事　名(抜粋)
4	始業礼拝、入園式、イースター礼拝
5	春の遠足、母の日礼拝
6	ファミリーデー、こどもフェスタ、一緒に遊ぼう会
7	終業礼拝
8	――
9	キャンプ（年長）、おじいさまおばあさまと一緒に過ごす会
10	運動会、秋の遠足
11	収穫感謝礼拝、クリスマス・ツリー点火祭
12	アドヴェント礼拝、クリスマス礼拝
1	始業礼拝、おもちつき
2	――
3	卒園礼拝、終業礼拝、卒園式

毎月：誕生会、会食

Kindergarten Information

※濃い色で示したアイコンはこの幼稚園に該当するものです

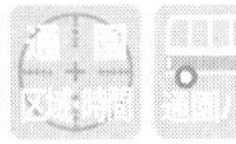

登園開始 / 制服 / 区域制限 / 通園バス / お弁当 / アレルギー対応 / 課外教室 / 預かり保育 / 未就園児クラス / 洋式・和式 / セキュリティ / 小学校 / 中学・高校 / 大学 / プロテスタント

東京 私立 共学 あ 青山学院幼稚園

入試データ

下記の資料は2023年度入園児用**（2022年秋実施済み）**です

募集要項 ※!2024は次年度のデータです

募集人員	3年保育…男女各20名、計40名		
応募資格	平成31年4月2日～令和2年4月1日生まれ		
入園説明会	!2024 7月22日　14時～　青山学院講堂にて		
願書配付期間	7月25日～9月20日　平日9～17時 （8月の土、8月3～5・8・9日：休み）		
願書受付期間	Web出願：9月1日（10時）～20日（16時） 郵送出願：9月5～20日（消印有効）　書留速達で郵送 ※HPの指示に従ってWeb出願後に郵送出願		
提出書類	・入園願書 ・家族写真、受験票、志願者写真 ・資料1（家庭のようす） ・資料2（健康について） ・茶封筒2枚		
受験票交付	速達で郵送（10月18日　15時までに送付）		
受験番号付番	生年月日順	月齢考慮	あり
選抜方法 考査日	適性テスト：11月1・2・4・5・7～9日のうち1日 親子面接：11月2・4・5・7～10日のうち1日 （いずれも日時は郵送で通知）		
考査料	35,000円（クレジットカード、コンビニまたはペイジー決済）		
合格発表	11月24日　15時までに速達で通知		
入園手続	11月28日　15～16時		
課外教室	なし		
公開行事	――		
付記	――		

セキュリティ

警備員常駐／防犯カメラ設置／保育時間中の門施錠／インターホン対応／保護者IDカード／避難訓練実施／防災訓練実施／看護師常駐／緊急通報・安否確認システム／緊急地震速報装置／AED設置

学費

……… 入園手続時納付金 ………

入園料	350,000円
施設設備料	550,000円

………… 年間納付金 …………

保育料・年額	650,000円
教材費・年額	25,000円
保健料・年額	10,000円
冷暖房料・年額	20,000円
後援会会費・年額	25,000円

※上記金額は諸事情等で変更の場合あり

制服

昼食

お弁当…月1回会食あり
年少：6・7月は週1回、9月から週2回、1月から週3回
年中：4～12月は週3回、1月から週4回
年長：週4回

進学情報

[小学校への進学状況]
【青山学院】ほぼ全員が推薦により進学
[中学校への進学状況]
【青山学院】原則として推薦により進学

[系列校]
青山学院大学・大学院・女子短期大学・高等部・中等部・初等部

※上記募集要項は幼稚園公表分と伸芽会教育研究所調査を併せたデータです。詳細は幼稚園HPでご確認ください

考査ガイド

考査日程 面接を含めて２日

受験番号付番 生年月日順（年長順）

選抜方法 １日目：当日までに子ども、保護者とも上履きに受験番号を縫いつけておく。当日は、番号札を保護者は左胸に、子どもは左肩に留める。親子約10組ずつ入室する。約15分間親子遊びをした後、保護者は周囲のいすに座り、約15分間子どものみで自由遊びを行う。保護者は必要に応じて子どものところへ行ってもよい（例年は遊んでいる最中に先生が子どもに質問するが、令和４・５年度入試では実施なし）。自由遊びの後は親子で片づけをし、絵本の読み聞かせとリズム遊び、指示行動などを行う

２日目：親子面接が行われる

考査内容 集団テスト、親子面接

所要時間 １日目：約１時間　２日目：約10分

過去の出題例

個別テスト

■常識・言語

・「今日はどうやって来ましたか」「朝ごはんは何を食べましたか」「今、何をしていましたか」「いつも何をして遊んでいますか」などと質問される。

・大、中、小のお茶わんや日用品が描かれた絵本を見せられ、「この小さいお茶わんは誰のだと思いますか」「歯磨きは誰としますか」などと質問される。

・洗濯物干し、ブランコなどのカードをめくり「何をしているところかな」「ブランコは好きですか」「いつも何をして遊びますか」などと質問される。

・窓や扉が開くバスの絵があり、中に動物などが描かれている。「中には誰がいるかな」「（その動物は）何と鳴くの」などと質問される。

・こぐまちゃんシリーズやミッフィーシリーズの絵本を見せられ、「何をしているところですか」「お風呂は誰と入っていますか」などと質問される。

・遊んでいた玩具を示され「これは何ですか」「何色が好きですか」などと質問される。

・おにぎりの絵を示され「これは何ですか」「おにぎりの中身は何だと思いますか」「どれが好きですか」などと質問される。

・四角形、チューリップ、キノコなどの絵の枠はめパズルを見せられ、「お家にもパズルがありますか」「お家で誰にバイバイしてきましたか」「お家で何をして遊びますか」などと質問される。

▲行動観察（親子遊び）

過去の出題例

集団テスト

■行動観察（親子遊び）

・おままごと、トンネル、お絵描きコーナー、段ボール紙製の船、魚釣りの玩具などがあり自由に遊ぶ。

・自動販売機を模した遊具、木の実や木製の玉を転がすスロープトイ、丸や三角、四角などの穴が開けられたパネル、おままごと、すべり台、マットなどがあり自由に遊ぶ。

■歌・リズム

・オリジナルの歌に合わせてリズム遊びをする。

■読み聞かせ

・先生が絵本の『ペンギンたいそう』『くろねこさん しろねこさん』『おでかけのまえに』『もりのおふろ』『おおきなかぶ』などを読み聞かせる。

■指示行動

・先生の周りに親子で輪になって座る。お話を聞いた後、親子でマツボックリを取りにいき、先生の前に置かれた箱に入れる。親は子どもをひざの上に乗せ、先生が歌う「まつぼっくり」に合わせて、足をすべり台のようにして子どもをすべらせる。

・音楽に合わせて、ペンギンのように親の足の甲に子どもを乗せて歩き回る。

・オリジナルの歌に合わせて親子で握手をしたり離れたりをくり返す。ほかの親子とも行う。

▲行動観察（親子遊び）

面接ガイド

親子面接　考査後の指定日時に、両親と本人へ受験番号順で行う
所要時間　約10分
<面接資料／アンケート> 出願時に家庭のようす（面接資料。p.22参照）を提出する

過去の質問例

本人への質問

・お名前を教えてください。何歳ですか。
・ここまでどうやって来ましたか。

父親への質問

・本園を志望された理由は何ですか。
・本園を知ったきっかけを教えてください。
・本園の受験を決めたのはいつごろですか。
・お仕事の内容をお聞かせください。
・どのようなお子さんですか。
・普段、お子さんとどのようにかかわっていますか。
・どのようなときにお子さんの成長を感じますか。
・ご自身が子どものころに熱中したことは何ですか。

母親への質問

・考査終了後、お子さんは何と言っていましたか。
・お子さんには幼稚園の３年間でどのように成長してほしいですか。
・お子さんの一日の様子をお聞かせください。
・しつけで気をつけていることは何ですか。
・お子さんとごきょうだいの関係はいかがですか。
・お仕事の勤務形態を教えてください。
・お仕事をされていますが、送迎はできますか。行事への参加はできますか。

面接の配置図

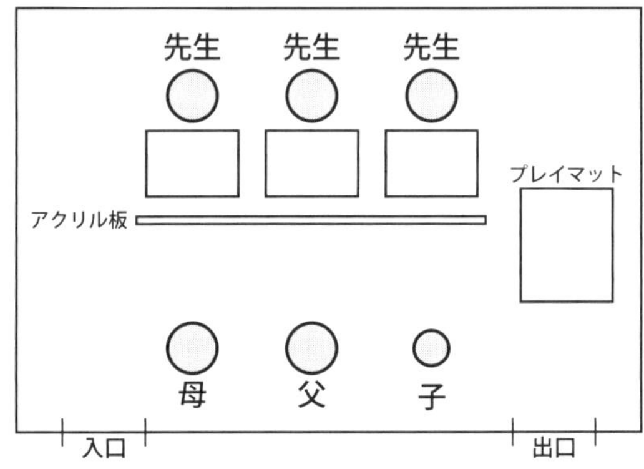

※両親が面接を受けている間、子どもはプレイマットの上で、ビー玉転がしや電車とレールの玩具などで遊びながら待つ

※出願時に提出する面接資料の裏面には、以下のような記入項目がある。
①子どもが大人になるころの社会、または子ども自身の将来を考えるうえで、青山学院で学ぶ意味はどのようなところにあると考えるか
②青山学院幼稚園の遊びを中心とした保育に期待すること
③子育てが楽しいと感じたエピソードと子育てが難しいと感じたエピソード

Interview [voice clip]

面接中の一人遊びはスムーズに切り上げること

・考査の子どもだけの自由遊びでは、先生が何人も会場内を回り、メモを取られていました。考査の内容がとても充実しており、子どもたちはとても楽しそうで、親も満たされた気持ちになりました。
・令和５年度入試の面接では、子どもへの質問はなく、入室するとすぐに玩具で遊ぶよう誘導されました。先生方は親への質問の間も、子どもが遊んでいる様子をご覧になっていたと思います。
・親への面接では、願書や面接資料について深掘りする質問もありました。面接の前に両親はともにしっかりと読み直し、改めて考えをまとめておく必要があると感じました。
・面接終了後、子どもがなかなか玩具から離れようとせず、苦心しました。また園庭を通って帰るため、遊具で遊びたがりぐずってしまいました。事前によく言い聞かせておけばよかったです。

※考査ガイド、面接ガイドは伸芽会教育研究所によるデータです

書類見本

※テスト番号は幼稚園で記入します

テスト番号	

青山学院幼稚園　2023年度

入　園　願　書

2022年　　月　　日

青山学院幼稚園園長殿

青山学院幼稚園に入園を志願いたします。

フリガナ ＿＿＿＿＿＿＿＿

志願者氏名 ＿＿＿＿＿＿＿＿　性別 ＿＿

生年月日　西暦　　年　　月　　日生

フリガナ ＿＿＿＿＿＿＿＿

保護者氏名 ＿＿＿＿＿＿＿＿ ㊞

郵便番号 ＿＿＿－＿＿＿

保護者現住所 ＿＿＿＿＿＿＿＿

電　話　＿＿（　　）＿＿

緊急連絡先　＿＿（　　）＿＿（父携帯・

※氏名は戸籍に記載のとおりご記入ください。

※テスト番号は幼稚園で記入します

テスト番号	

家　族　写　真

志願者氏名 ＿＿＿＿＿＿＿＿ 男・女　　青山学院幼稚園（2023年度）

家族写真貼付

○写真の裏面全面に糊をつけて貼付してください。

○カラー・白黒どちらでも結構です。（縦8cm ×横12cm）

○2022年6月以降に撮影した写真をお貼りください。

○右の枠内に家族写真説明（続柄）をご記入ください。

記入例（父）（本人）（母）（姉）

写真内の人物説明（続柄）をご記入ください。

（2022年　　月　撮影）

（切り離さずにご提出ください）

受　験　票　2023年度

※テスト番号は幼稚園で記入します

テスト番号	

フリガナ		性別
志願者氏名		

適性テストおよび面接日に、必ずご持参ください。

青山学院幼稚園

（切り離さずにご提出ください）

2023年度

※テスト番号は幼稚園で記入します

テスト番号	

志願者写真

志願者写真貼付

○写真の裏面全面に糊をつけて貼付してください。

○カラー・白黒どちらでも結構です。（縦7cm ×横5.5cm）

○2022年6月以降に撮影した写真をお貼りください。

性別	

フリガナ	
志願者氏名	

青山学院幼稚園

学習院幼稚園

https://www.gakushuin.ac.jp/kinder/

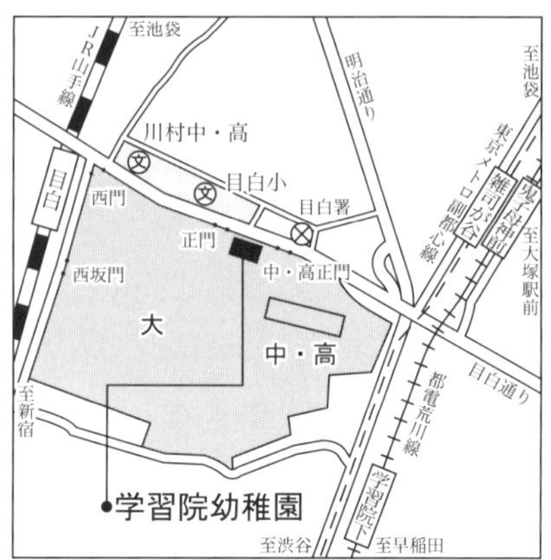

［所在地］　〒171-8588　東京都豊島区目白1-5-1
TEL　03-5992-9243　FAX　03-5992-9244

［アクセス］
●JR山手線【目白】より徒歩５分
●東京メトロ副都心線【雑司が谷】より徒歩７分

幼稚園情報

［園　長］　髙橋 朗子
［園児数］　104名（男児52名、女児52名）

沿　革　明治27年４月、華族女学校の敷地内に設けられた幼稚園に始まる。明治39年４月、学習院女学部幼稚園、大正７年９月、女子学習院幼稚園となる。昭和19年７月に休園し、昭和22年３月、官立を離れて幼稚園は廃止。昭和38年４月、目白に学習院幼稚園として再開園した。

教育方針　幼稚園から大学までの一貫教育の出発点として、次の事柄を心掛けている。①正直で思いやりのある心：正直を尊重して、お互いが思いやりと尊敬の気持ちを持つ。②正しい生活の習慣と態度：身につけるべき礼儀を知り、正しい生活習慣、態度を身につける。③自ら育とうとする力：緑豊かな環境で五感のすべてを使って遊び、自ら育とうとする力を導く。④社会性の基礎づくり：人とのかかわりの中で、人の心を感じ、周りのことに気づく気持ちを持つ。

特　色　緑の木々に囲まれ、四季折々移り変わる豊かな自然に恵まれた環境で、子どもらしく生き生きと遊び、生活をする。明るく自由でのびのびとした雰囲気の中にも、集団生活の規律や、その年齢なりの礼儀が身につくように心掛け、「品格あるおおらかさ」を大切にしている。新しいものを取り入れながらも、時代に流されず、子どもの心身の豊かさを育む教育を目指している。

保育日・保育時間

【年少】9:30～13:30（火・木・金）
　　　　9:30～11:30（月・水）
【年長】9:30～13:40（月・火・木・金）
　　　　9:30～11:40（水）

年間行事予定

月	行　事　名（抜粋）
4	入園式、オール学習院の集い、健康診断
5	こどもの日の集い、春季遠足、避難訓練
6	歯科検診、園外保育、絵本に親しむ会
7	七夕、交通安全の会、お泊まり保育
8	夏休み
9	敬老の日の集い、避難訓練
10	運動会、秋季遠足（いも掘り）
11	園外保育（動物園）
12	おもちつき、音楽鑑賞会、クリスマス会
1	人形劇鑑賞会、避難訓練
2	豆まき、お楽しみ会
3	ひな祭り、お別れ遠足、卒業式
	毎月：誕生会、発育測定

Kindergarten Information

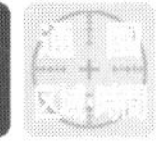

入試データ

下記の資料は2024年度入園児用 **（2023年秋実施予定）** です

募集要項

募集人員	2年保育…男女各26名、計52名		
応募資格	平成31年4月2日～令和2年4月1日生まれ		
入園説明会	9月9日　10時30分～（園庭、保育室、遊戯室の見学あり）		
願書配付期間	9月1～25日　平日10～15時（土：休み）		
願書受付期間	Ｗｅｂ出願：9月15日（10時）～21日（15時） 書類提出：10月1～3日（消印有効）　簡易書留速達で郵送 ※ＨＰの指示に従ってＷｅｂ出願後に書類提出		
提出書類	※Ｗｅｂ出願となるため、詳細は要確認		
受験票交付	※Ｗｅｂ出願となるため、詳細は要確認		
受験番号付番	――	月齢考慮	――
選抜方法 考査日	保護者面接：10月下旬のうち1日 考査：11月5～10日のうち1日		
考査料	30,000円（Ｗｅｂ出願となるため、詳細は要確認）		
合格発表	11月13日　10時～　Ｗｅｂ発表		
入園手続	11月16日		
課外教室	なし		
公開行事	園舎見学会：5月27日		
付記	・新入園児保護者会：入園前に2回あり **【園からのメッセージ】** 木々に囲まれた四季折々の豊かな自然の中で、ゆったりとした自由感を味わいながら遊び楽しみ、温かく見守られている中で夢中になって過ごした経験が、いつの日か大きくなったときに、大切なよりどころの一つとして心の中に残るようにと願います。		

学費

……… 入園手続時納付金 ………

入園料	300,000円
維持費（初年度分）	288,000円

………… 年間納付金 …………

保育料・年額	760,000円
教材費・年額	17,000円
父母会会費、輔仁会会費・年額	6,000円
寄付金1口 （5口以上、任意）	100,000円

※上記金額は諸事情等で変更の場合あり

制服

セキュリティ

警備員常駐／防犯カメラ設置／保育時間中の門施錠／インターホン対応／保護者通園証／避難訓練実施／防災訓練実施／看護師常駐／緊急通報システム／安否確認システム／緊急地震速報装置／学校110番／ＡＥＤ設置／災害用品備蓄／教職員の防犯・防災訓練実施

昼食

お弁当（年少：週3回、年長：週4回）…午前保育の日は牛乳あり

進学情報

［小学校への進学状況］

【学習院】全員が内部進学

［中学校への進学状況］

【学習院、学習院女子】男子は約90％、女子はほぼ全員が内部進学

［系列校］

学習院大学・大学院、学習院高等科・中等科・初等科、学習院女子大学・大学院、学習院女子中・高等科

※上記募集要項は幼稚園公表分と伸芽会教育研究所調査を併せたデータです。詳細は幼稚園ＨＰでご確認ください

考査ガイド

考査日程　面接を含めて２日
受験番号付番　———
選抜方法　１日目：受験番号順に保護者のみの面接を行う。受付で番号札を受け取り、父親の右胸に貼る
２日目：番号札を左胸に貼り、２人ずつ誘導され個別テストと集団テストを受ける
考査内容　個別テスト、集団テスト、保護者面接
所要時間　１日目：５～10分　２日目：20～30分

過去の出題例

個別テスト

■数

・バナナ４本とリンゴ３個が描かれた絵を示され、「いくつありますか」「どちらが多いですか」「全部でいくつですか」などと質問される。

・時計の玩具の丸いものが３つ、四角いものが２つ、三角のものが１つある。「時計をよく交ぜてください。一番多いのはどの形ですか」などの質問に答える。時計と同じ形の箱に戻す。

■常　識

・鍋、自転車、しゃもじ、虫捕り網、掃除機、砂遊び用シャベルなどが描かれた絵カードを示され、遊ぶときに使うもの３つを答える。

■記　憶

・カエル、ウサギ、クマ、リス、キツネが描かれた絵、紙製の家５個が用意されている。先生が絵を示し、それぞれの動物の上に紙製の家を置いて隠した後、「ここはどの動物のお家ですか」などと質問する。

■構　成

・枠はめパズルをする。三角、四角、ドーナツ、電車などの形がある。

■指示行動

・皿に入った赤、青、ピンクの模擬のチョコレートのうち、ピンクだけをスプーンで別の皿に移す。

・先生がクマとウサギの絵カードを並べたら、クマとウサギのぬいぐるみを並べる。

■話の理解

・紙に大、小のイヌとネコが描かれている。「はなこさんのお家では小さいイヌを飼っています。たろう君のお家では大きいネコを飼っています。はなこさん（たろう君）のお家にいるのはどれですか」などの質問に答える。

■言　語

・先生の質問に答える。「お誕生日はいつですか」「どこに住んでいますか」「今日はどうやって来ましたか」「お名前を教えてください」「何歳ですか」「幼稚園（保育園）の名前は何ですか」「お友達はいますか」「何をして遊ぶのが好きですか」「好きなテレビ番組は何ですか」「好きな食べ物は何ですか」「お手伝いはしますか」「何人家族ですか」「きょうだいとけんかをしますか」「お父さんやお母さんと何をして遊びますか」

過去の出題例

集団テスト

■行動観察

・4人1組でカード取りゲームをする。イヌ、ネコ、ウサギ、クマなどの絵カードがあり、「緑の靴を履いて笑っているクマを取ってください」などと指示されたカードを取る。

■歌・リズム

・「チューリップ」「むすんでひらいて」を歌いながら、手遊びをする。

・「大きな栗の木の下で」の歌に合わせて子どもが歩き、先生が1回手をたたいたら1人でしゃがむ。2回手をたたいたら、3人で手をつなぎ丸くなってしゃがむ。

■行動観察（自由遊び）

・おままごと、お人形、ベビーカー、積み木、電車、車、恐竜の玩具、ボールなどで自由に遊ぶ。

■運　動

・ケンパーをする。

・先生と一緒に風船をつく。

・キリン、ウサギ、ゾウなど動物のパネルに向かってボールを転がす。

・片足バランスをする。

■身体表現

・先生が、子どもたちにウサギ、ワニ、ライオン、ペンギンなど動物のまねをして見せる。「先生と同じようにやってみましょう」という掛け声に合わせ、子どもたちも先生と同じように動物のまねをする。

▶歌・リズム

◀運動

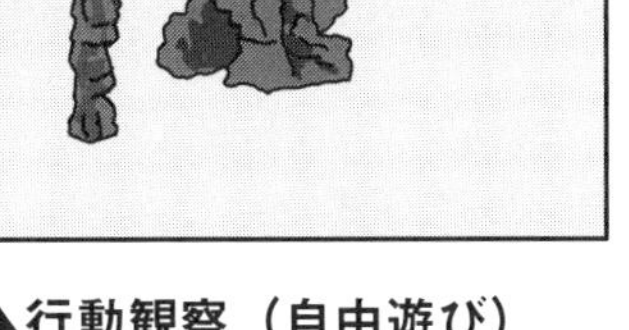

▲行動観察（自由遊び）

◀身体表現

面接ガイド

保護者面接 考査日前の指定日時に行う
所要時間 5～10分
＜面接資料／アンケート＞出願時に面接資料を提出する

過去の質問例

父親への質問

・本園を希望する一番の理由をお聞かせください。
・本園に期待することは何ですか。
・（きょうだいが在園の場合）ごきょうだいが本園に入園して、印象は変わりましたか。
・父親の役割をどのようにお考えですか。
・どのような性格のお子さんですか。
・普段、お子さんとどのような会話をしていますか。
・今、お子さんが興味を持っていることは何ですか。
・どのようなときにお子さんの成長を感じますか。
・お子さんにどのように育ってほしいですか。
・普段、お子さんについてご夫婦で話し合う時間はどのくらいありますか。

母親への質問

・今通っている幼稚園（保育園）を選んだ理由をお聞かせください。
・子育てで大切にしていることは何ですか。
・お子さんが言うことを聞かない場合、どのように対処していますか。
・お子さんが苦手なことについて、どのようにかかわっていますか。
・ご自身が子どものころにしてもらったことで、お子さんにしてあげたいことは何ですか。

面接の配置図

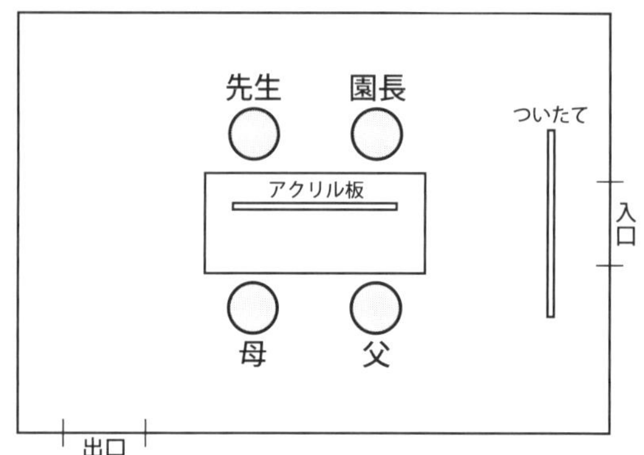

・どのようなときにお子さんに我慢をさせますか。
・お子さんとごきょうだいとでは、子育てに違いはありますか。
・幼稚園受験に向けて準備したことは何ですか。
・お子さんの食事面で気になることはありますか。
・お仕事をされていますが、送迎はできますか。

※出願時に提出する面接資料には、以下のような記入項目がある。
①幼児氏名、生年月日、性別、保育歴、住所など
②志望の理由など（自由記述）

Interview [voice clip]

面接では話していないときでも気を抜かずに

・面接時、園長先生から「面接資料をしっかり書いていただき、ありがとうございました」というお言葉をいただきました。面接自体はあっという間だったので、面接資料に思いを盛り込むことをお勧めします。
・面接官の先生方は真剣な表情で話を聞いてくださったので、安心して話せました。両親のどちらかが話しているときは、もう一人の表情もご覧になっていたようでした。
・面接は終始和やかな雰囲気で進みましたが、親の答えが長くなったときに、先生の表情が少し険しくなったような気がしました。簡潔に話すべきだったと反省しました。
・考査への誘導時は、先生が「探検に行こう！」と子ども２人ずつに声をかけ、手をつないで向かいました。先生方がとても優しい雰囲気だったので、息子も安心して試験に臨めたようです。

※考査ガイド、面接ガイドは伸芽会教育研究所によるデータです

書類見本

入 園 願 書

（2023（令和５）年度入園選考）

選考番号	

学習院幼稚園長 殿

2022 年 10 月　　日

保護者氏名　　　　　　　　　　　　　　　　印

下記の者入園を希望いたします。

ふりがな		平成　年　月　日生		性別
幼児氏名		保護者との関係		
現住所	〒			
電話	自宅　　（　　）	保護者携帯1（ ）　－　－		
		保護者携帯2（ ）　－　－		

	幼児との関係	氏名	生年月日	備考
保護者	ふりがな		Ⓢ Ⓗ　年　月　日	
	ふりがな		Ⓢ Ⓗ　年　月　日	

下記の欄の記入は任意です。

	幼児との関係	氏名	生年月日	備考
兄弟姉妹	ふりがな		Ⓗ Ⓡ　年　月　日	
	ふりがな		Ⓗ Ⓡ　年　月　日	
	ふりがな		Ⓗ Ⓡ　年　月　日	

現住所が国外・遠隔地等の場合、確実な連絡先（都内もしくは東京近郊）を記入してください。

氏名	（幼児との関係　　　）
住所	電話　　（　　　）

黒色のペン又はボールペンで記入してください。

東京都豊島区／共学　2年保育＋3年保育＋満3歳児保育

川村幼稚園

https://www.kawamura.ac.jp/youchien/

［所在地］　〒171-0031　東京都豊島区目白2-20-24
TEL　03-3984-8321(代)/03-3984-7707(入試)
FAX　03-3984-9132

［アクセス］
●JR山手線【目白】より徒歩7分
●東京メトロ副都心線【雑司が谷】より徒歩6分
●JR山手線ほか【池袋】より徒歩11分

幼稚園情報

［園　長］　川村 正澄
［園児数］　80名（女児68名、男児12名）

沿　革　大正13年、川村女学院が創設される。昭和2年に付属幼稚園、昭和7年に初等部を開設。昭和22年に初等部、翌23年に付属幼稚園を廃止。昭和26年、学校法人川村学園に改称し、川村小学校を開設。昭和27年、川村幼稚園開設。平成13年4月、自然豊かな広い園庭を持つ、全館床暖房を備えた園舎が完成した。

教育方針　学園の建学の精神に『感謝の心』『女性の自覚』『社会への奉仕』を掲げ、幼稚園から大学までの女子一貫教育を行う。幼稚園では、豊かな「こころ」、のびやかな「からだ」、工夫する「あたま」の育成を教育目標としている。

特　色　閑静な住宅街に位置し、安全面に十分配慮した環境の中、豊かな心と主体性が育つようきめ細かな保育を目指している。制作や歌、専門講師が発達段階に合わせて指導する「体操教室」などを通して、思いのままにのびのびと表現することの楽しさを覚えながら、バランス感覚も身につける。一方で季節の行事や自由遊びも大切にし、友達とのかかわりの中で相手を思いやる心の育ちを見守っていく。また、安全・安心な食材を第一に考えた給食の提供や、学びは遊びから始まるという視点から、園児が遊びを満喫できるよう、週4日の預かり保育なども行っている。

保育日・保育時間

【満3歳児】
9:30～13:30（月～金）
【年少】9:30～13:40（月～金）
【年中】9:30～13:50（月～金）
【年長】9:30～14:00（月～金）

◇預かり保育「にじ組」（月～木）
16:00まで

年間行事予定

月	行　事　名（抜粋）
4	入園式
5	母の日参観、春の遠足
6	土曜参観、お料理教室（年長）
7	夏祭り、蓼科修養会（年長）、プール教室
8	夏休み
9	キンダーファミリーパーティー（運動会）
10	秋の遠足、ハロウィンパーティー
11	鶴友祭（学園祭）
12	クリスマス親子観劇会、お料理教室（年長）
1	おもちつき
2	豆まき、お別れ園外保育、発表会
3	ひな祭り、お別れ会食会、卒園式

毎月：誕生会

Kindergarten Information

※濃い色で示したアイコンはこの幼稚園に該当するものです

  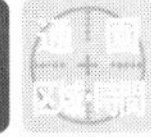            

登園開始 制服 通園区域・時間 通園バス 両方あり アレルギー対応 課外教室 預かり保育 未就園児クラス 洋式 セキュリティ 小学校 中学・高校 大学

入試データ

下記の資料は2024年度入園児用**（2023年秋実施予定）**です

募集要項

募集人員	3年保育…男女計30名　2年保育…男女計10名		
応募資格	平成31年4月2日～令和3年4月1日生まれ		
入園説明会	7月17日／9月2日		
願書配付期間	募集要項配付：4月15日～　川村学園本部にて		
願書受付期間	Ｗｅｂ出願：9月1日～11月4日 書類提出：郵送… 9月4日～10月27日（簡易書留・消印有効） 持参…11月5日 ※ＨＰの指示に従ってＷｅｂ出願後に書類提出		
提出書類	・入園願書　・受験票　・受験票（幼稚園控え） ・母子手帳のコピー　※受験票は考査日に持参		
受験票交付	考査料決済後、自宅やコンビニエンスストアなどで各自印刷		
受験番号付番	願書受付順	月齢考慮	あり
選抜方法 考査日	親子面接：考査日前に実施 心身の発育状態等からの総合審査：11月1・5日のうち1日（希望日を選択可） ※11月5日に書類提出をする場合、考査・面接は当日実施		
考査料	20,000円（クレジットカード、コンビニまたはペイジー決済）		
合格発表	考査当日　Ｗｅｂ発表		
入園手続	合格通知時		
課外教室	英語／制作活動／バレエ／ダンス／水泳／リトミック		
公開行事	園舎見学：4月13日～7月14日／9月1日～10月31日／1月15日～3月18日 幼稚園であそぼう：5月26日／6月3・14・24日／7月5日／8月24日／9月6・16日／10月7・18日 鶴友祭：11月11・12日		
付記	**【満3歳児募集要項】** 対象児：令和2年4月2日～令和3年3月上旬生まれ 募集人員：男女計10名　入園日：3歳の誕生日以降		

学費

……… 入園手続時納付金 ………

入園料	200,000円

………… 年間納付金 …………

保育料・月額	29,000円
施設費・月額	3,000円
維持費・月額	10,000円
諸会費等・月額	3,800円
冷暖房費・月額	2,000円
給食費・月額	4,000円

※上記金額は諸事情等で変更の場合あり

制服

男児も制服あり

セキュリティ

警備員常駐／防犯カメラ設置／保育時間中の門施錠／インターホン対応／保護者入構証・名札着用／避難訓練／防災訓練／緊急通報システム／安否確認システム／緊急地震速報装置／学校110番／ＡＥＤ設置／災害用品備蓄／親子交通安全教室／豊島区安全・安心メール

昼食

給食（週4回）、お弁当（週1回、水曜日）

進学情報

[小学校への進学状況]

【川村】希望する全員が内部進学可能

[中学校への進学状況]【川村】70％以上が内部進学。東京学芸大附属世田谷、女子学院、慶應中等部、青山学院など

[系列校]

川村学園女子大学・大学院・附属保育園、川村中学校・高等学校、川村小学校

※上記募集要項は幼稚園公表分と伸芽会教育研究所調査を併せたデータです。詳細は幼稚園ＨＰでご確認ください

考査ガイド

考査日程 面接を含めて２日
受験番号付番 願書受付順
選抜方法 １日目：親子面接が行われる（令和４・５年度入試はオンライン面接）
２日目：受験番号が書かれたシールを子どもの胸につけ、控え室で待機。同じ階にある部屋に子どもたちだけ移動し、５～８人単位で集団テスト、その途中で個別テストを受ける
考査内容 個別テスト、集団テスト、親子面接
所要時間 １日目：約15分　２日目：40分～１時間

過去の出題例

個別テスト

■言　語
・集団テストの途中で先生に「お名前は」「何歳ですか」「今日は誰と来ましたか」「今日の朝は何を食べましたか」などと質問される。

■常　識
・野菜や動物の絵カードを見て、名称や鳴き声などを答える。

■指示行動
・「ジャンプしてください」「赤いボールを持ってきてください」などと指示される。
・おままごとの中で、「いちごを２個取ってください」「大きいお皿を取ってください」などと指示される。

集団テスト

■行動観察（自由遊び）
・畳に上がり、おままごと、積み木、お人形、ぬいぐるみ、ボール、ブロックなどで、先生と自由に遊ぶ。

■歌・リズム
・「げんこつ山のたぬきさん」や「大きな栗の木の下で」を歌ったり、手遊びをしたりする。

■読み聞かせ
・先生が紙芝居を読み聞かせる。

▲行動観察（自由遊び）

面接ガイド

親子面接 考査日前の指定日時に、両親と本人へ行う（令和４・５年度入試は考査当日の場合あり）
所要時間 約15分

過去の質問例

本人への質問

・お名前を教えてください。お年はいくつですか。
・お誕生日はいつですか。
・お家からここまでどうやって来ましたか。
・お父さんやお母さんと何をして遊びますか。
・きょうだいはいますか。お名前を言えますか。
・お母さんの作るお料理で好きなものは何ですか。
・お母さんのお手伝いはしますか。
・好きな動物は何ですか。
・「幼稚園であそぼう」や園庭開放に何度か参加してくれましたが、この幼稚園は好きですか。

父親への質問

・お仕事の内容を教えてください。
・本園をどのようにして知りましたか。
・志望理由を教えてください。
・（男児の場合）本園は男児が少ないですが、どうお考えですか。
・普段お子さんとどのようにかかわっていますか。
・お子さんはきょうだいげんかをしますか。
・お子さんの名前の由来を教えてください。
・お子さんの長所と短所を教えてください。
・今、お子さんが興味を持っていることは何ですか。
・お子さんは習い事をしていますか。
・本園へのご質問はありますか。

面接の配置図

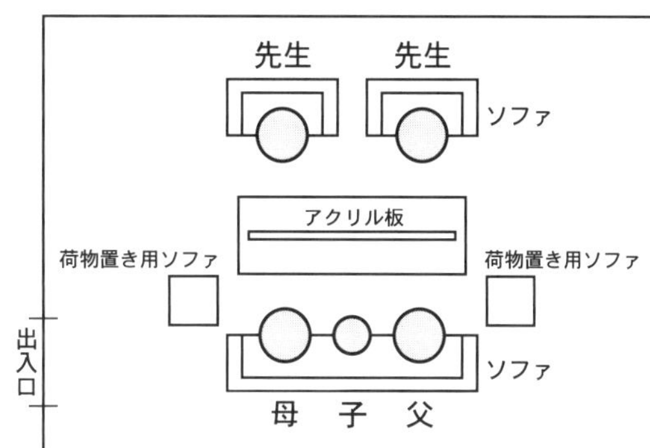

※面接図は令和３年度入試の例

母親への質問

・お子さんはどのような性格ですか。
・お子さんにどのような力をつけてほしいですか。
・お子さんのどのようなところを伸ばしたいですか。
・お子さんは集団生活の経験はありますか。
・お子さんはアレルギーや好き嫌いがありますか。
・お子さんはお手伝いをしていますか。
・しつけでは何を大切にしていますか。
・通園方法と所要時間を教えてください。
・お仕事はされていますか。
・通園の送迎はどなたがされますか。

Interview [voice clip]

万全の体調で面接に臨めるよう調整を

・令和４年度入試同様、令和５年度も面接はオンラインでした。わが家は15時過ぎに始まりましたが、子どもは公園で遊んだ後だったので疲れており、途中で寝転んでしまいました。昼寝をさせておけばよかったです。
・考査当日の注意事項として、子どもだけの考査になることを、あらかじめ子どもに伝えるよう指示がありました。娘は園庭開放に何度か参加していたので、すんなり母子分離でき考査も楽しめたようです。
・考査の控え室にはペットボトルの飲料が用意され、自由に飲むことができました。途中、先生が飲み物はあるか確認に来られるなど、女子校系列らしいこまやかな配慮に気持ちが和みました。
・考査室で泣いてしまって考査を受けられないお子さんは、控え室に戻されていましたが、先生方が何度もいらしてお声掛けなさっていました。子どもに寄り添ってくれる温かい幼稚園だと感じました。

※考査ガイド、面接ガイドは伸芽会教育研究所によるデータです

暁星幼稚園

http://www.gyosei-k.ed.jp/

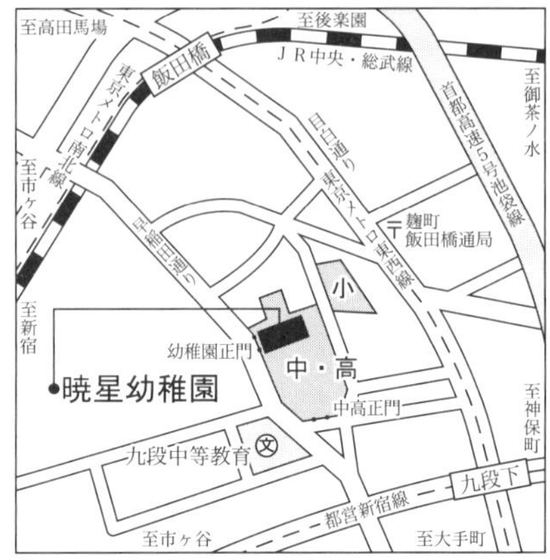

［所在地］　〒102-8133　東京都千代田区富士見1-2-5
TEL 03-3264-5875　FAX 03-3264-5889

［アクセス］
●JR中央・総武線ほか【飯田橋】より徒歩10分
●東京メトロ東西線・半蔵門線・都営新宿線【九段下】より徒歩10分

幼稚園情報

［園　長］　柿山 隆
［園児数］　男女計100名

沿　革　明治21年、カトリックマリア会の５名の宣教師によって、東京・京橋区築地に設立された学校が始まり。130年以上の歴史と伝統を持つ。小学校が明治23年に、中学校が明治32年に、高等学校が昭和23年に設立された。その後、昭和44年に幼稚園が設立され、現在の幼・小・中・高の一貫教育を開始。平成12年９月には新園舎が完成した。

教育方針　キリスト教的「愛」の教育の中で、教師や友達とのふれ合いを通し、子ども自身が生命の尊さを学び、子どもらしい感性を育み、物事を深くとらえ、主体的に行動できる力を育てる。幼児が主体的に環境にかかわり合いながら自立心、責任感を育て、友達の気持ちに気づき、人を大切にする心を養う。自然や美しいものに感動する柔らかな感性、神を信じ、神に守られていることに気づき、祈る心を育む。

特　色　暁星学園の建学の精神は、キリスト教の理念に基づく教育によって、人格の完成と社会の福祉に貢献する人間を育成することにある。神様の恵みをいただいて、一人ひとり輝きを放って生きている子どもたちを尊重し、丁寧に子どもと向き合って導く教育を目指す。キリスト教の精神に基づいて神を敬い、人を大切にし、感謝の心を育んで心豊かな幼児期を過ごすことができるようにする。

保育日・保育時間

【年少】9:15～13:20（月・火・木・金）
9:15～11:20（水）
【年長】9:15～13:30（月・火・木・金）
9:15～11:30（水）

年間行事予定

月	行　事　名（抜粋）
4	入園式、復活祭の集い
5	親子遠足、マリア祭
6	年長児遠足（日本丸見学）、ファミリーデー
7	高校生とのプール、終業式
8	夏休み
9	始業式
10	運動会、遠足（いも掘り）
11	創立記念日、七五三
12	星の子コンサート、クリスマスの集い
1	シャミナード記念日
2	年少児親子劇遊びの日、年長児お楽しみの日
3	ひな祭り会、お別れ会、修了式
	毎月：誕生会

※濃い色で示したアイコンはこの幼稚園に該当するものです

入試データ

下記の資料は2024年度入園児用**（2023年秋実施予定）**です

募集要項

募集人員	２年保育…男児40名、女児10名、計50名		
応募資格	平成31年４月２日～令和２年４月１日生まれ		
入園説明会	幼稚園説明会：６月７日 入試説明会：９月７日		
願書配付期間	９月７～14日　平日14～16時（土：休み）		
願書受付期間	Ｗｅｂ出願：９月11～15日 書類提出：９月26～29日（必着）　簡易書留で郵送 ※ＨＰの指示に従ってＷｅｂ出願後に書類提出		
提出書類	・入園願書　・写真票 ・宛名シール　・受験票 ※受験票は考査日に持参		
受験票交付	考査料決済後、自宅やコンビニエンスストアなどで各自印刷		
受験番号付番	生年月日順	月齢考慮	あり
選抜方法 考査日	個別テスト：11月３～５日のうち１日 親子面接：10月14・16・21・22・28・30・31日、 11月１日のうち１日		
考査料	25,000円（クレジットカード、コンビニまたはペイジー決済）		
合格発表	11月６日　15時～　Ｗｅｂ発表		
入園手続	11月７日　15時締切		
課外教室	なし		
公開行事	園舎見学会：７月12日		
付記	・女児に限り、定員に満たない場合は二次募集を実施（11月下旬） **【園からのメッセージ】** 恵まれた環境の中で夢中になって遊ぶことを通して、豊かな幼児期を過ごしてほしいと願っています。遊び・生活を丁寧に見つめ、基本的な生活習慣をしっかり身につけさせ、一人ひとりを大切に育んでまいります。		

学　費

……… 入園手続時納付金 ………

入園料	300,000円

………… 年間納付金 …………

保育料・月額	36,000円
教材費・月額	3,000円
維持費・月額	12,000円
施設費・年額	125,000円
後援会会費・年額	60,000円
寄付金１口	100,000円

（３口以上、任意）

※上記金額は諸事情等で変更の場合あり

制　服

セキュリティ

警備員常駐／防犯カメラ設置／保育時間中の門施錠／インターホン対応／保護者ＩＤカード／避難訓練実施／防災訓練実施／交通指導員配置／緊急通報システム／ＡＥＤ設置／災害用品備蓄

昼　食

お弁当（週４回）

進学情報

［小学校への進学状況］
男子：非公表
女子：筑波大附属、お茶の水女子大附属、学習院、雙葉、聖心女子、白百合学園、東洋英和、横浜雙葉、光塩女子
［中学校への進学状況］非公表

［系列校］
暁星中学・高等学校、暁星小学校

※上記募集要項は幼稚園公表分と伸芽会教育研究所調査を併せたデータです。詳細は幼稚園ＨＰでご確認ください

考査ガイド

考査日程　面接を含めて２日

受験番号付番　年少者より生年月日順

選抜方法　１日目：親子面接が行われる
２日目：ゼッケンをつけ、８人単位で誘導され個別テスト、集団テストを行う（例年考査は２日間の日程で母子課題やアンケートもあるが、令和５年度入試では実施なし）

考査内容　個別テスト、集団テスト、親子面接

所要時間　１日目：約15分　２日目：30～40分

過去の出題例

【１日目】

集団テスト

■行動観察（母子課題）

・各机に袋があり、紙コップ２個、茶色のモール２本、黒のクーピーペン、マスキングテープ、茶色・黒・グレー各１枚の折り紙が入っている。そのほかにカゴ、はさみ、説明書が用意されている。説明書に従い、お手本の写真を参考にゾウとネズミの玩具を作る。形、色、大きさはお手本と同じでなくてもよい、はさみは大人が使うなどの注意事項がある。作品が完成したら、着席したまま親子で遊ぶ。制作と遊びで10分。遊びが終了したら作品と残りの材料をカゴに入れる。クーピーペンとマスキングテープは袋に入れて持ち帰る。

◀系列完成

▲行動観察（母子課題）

◀生活習慣・指示行動

過去の出題例

【２日目】

個別テスト

■言　語

・「お名前は何ですか」「何歳ですか」「今日はどうやって来ましたか」などと質問される。

■観察力・記憶

・それぞれ異なる色の風船を持った動物の絵カードを見た後、隠される。それぞれの動物が持っていた風船の色や数を答える。

■系列完成

・台紙のマス目に数種類の印や果物などが描かれている。空いているマス目に入るものを、皿に置いてある絵カードなどから選んで置く。

■構　成

・三角形の積み木４個を使い、大きい三角形や大きい四角形になるように置く。

■数

・指示された数になるように、数種類の果物の絵カードを取る。

■常　識

・いろいろな動物が描かれた絵の中から、『あかずきん』に出てくる動物を選ぶ。

・ティッシュペーパーやコップなどの絵を見て、名前と使い方を答える。

■生活習慣・指示行動

・先生の指示通りに、２段の棚の下の方からコップを取って巾着袋に入れ、黒いかばんの中にしまう。

・裏返しになっているＴシャツを表にしてたたむ。

・（面接中に実施）ガラスボウルに入った３種類の豆を、別の３つのガラスボウルに種類ごとに分けて移す。

集団テスト

■読み聞かせ

・紙芝居や絵本の読み聞かせを聞いた後、質問に答える。

■行動観察（自由遊び）

・積み木、おままごとなどで自由に遊ぶ。

■歌・リズム

・「ひげじいさん」を歌いながら手遊びをする。

・「さんぽ」を歌いながらみんなで先生について歩き、曲がやんだら止まる。

・「あたま・かた・ひざ・ポン」「バスごっこ」などを、先生の振りつけをまねしながら歌う。

■身体表現

・音楽に合わせて歩き、先生の「ニワトリの卵になーれ」の掛け声で卵になり、コツコツたたかれたらヒヨコが出てくる様子を表現する。

・みんなで手をつないで輪になり、先生の「大きくなーれ」「小さくなーれ」の掛け声に合わせて、輪を大きくしたり、小さくしたりする。

■運　動

・ピアノの音に合わせて、チョウチョになったつもりでフープの周りを歩く。先生がウッドブロックをたたいたら、周りにある小さいフープの中にそれぞれ入る。

・線が２本引いてあり、線に沿ってケンケン、グーパー、ハイハイをする。

・花畑の絵に向かって玉を投げる。

▲運動

面接ガイド

親子面接 考査日前の指定日時に、両親と本人へ受験番号順で行う
所要時間 約15分

過去の質問例

本人への質問

・お名前を教えてください。お年はいくつですか。
・朝（昼）ごはんは何を食べましたか。
・好きな食べ物と嫌いな食べ物を教えてください。
・お母さんの作るお料理で好きなものは何ですか。
・お父さんやお母さんと何をして遊びますか。
・お手伝いはしていますか。何をしますか。
・どんな絵本を読むのが好きですか。
・好きな動物は何ですか。
・（転園の場合）幼稚園の名前を教えてください。クラスと先生の名前も言えますか。
・幼稚園にお友達はいますか。何をして遊びますか。
・幼稚園は給食ですか、お弁当ですか。
・お弁当に何が入っているとうれしいですか。

父親への質問

・本園を知ったきっかけを教えてください。
・志望理由をお聞かせください。
・出身校はどちらですか。
・どのようなお仕事をされていますか。
・普段、お子さんとどのようにかかわっていますか。
・父親の役割についてどのようにお考えですか。
・どのようなときにお子さんの成長を感じますか。
・ご家庭の教育方針を教えてください。
・（暁星出身者の場合）暁星のどこが好きですか。

面接の配置図

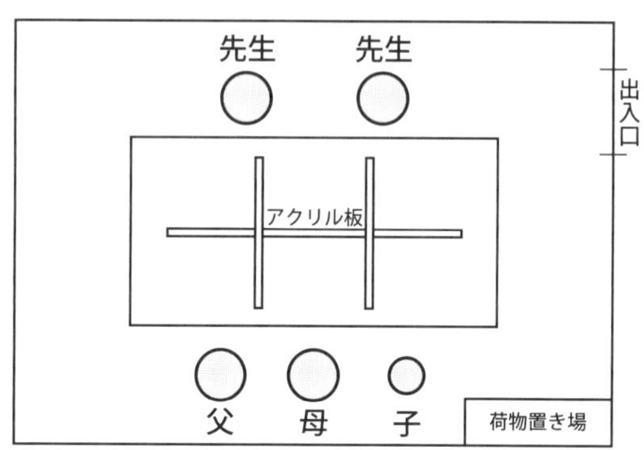

母親への質問

・出身校はどちらですか。
・お仕事はされていますか。送迎はできますか。
・子育てで大切にしていることは何ですか。
・子育てで大変なことは何ですか。
・最近、子育てで喜びを感じたことは何ですか。
・お子さんが生まれて、ご自身が変わったことはありますか。
・お子さんの長所と短所を教えてください。
・どのようなときにお子さんに我慢をさせますか。
・幼稚園でトラブルがあったらどう対処しますか。

Interview [voice clip]

面接中の子どもの課題は集中力が大切

・例年、子どもの考査中に記入していたアンケートは令和５年度入試では実施しない旨、説明会でお話がありました。また、考査のつき添いは母親指定でしたが、両親のどちらでもつき添えるようになりました。
・面接当日は受付がなく、事前の案内と掲示に従って面接室に向かいました。面接時刻の10分前にロビーに入り、３分前に面接室前に移動という指示でした。自分で考え行動する力を求められていると感じました。
・面接では両親が質問を受けている間、子どもは３種類の豆を３つのお皿に分けるよう指示がありました。先生方は、子どもの集中力はもちろん、お行儀や姿勢のよさも見られていると感じました。
・考査への誘導の際、子どもたちは手をつなぐように言われましたが、急に言われて驚いたのか「いやだ！」と泣き出したお子さんがいました。事前に、話しておくとよいと思いました。

※考査ガイド、面接ガイドは伸芽会教育研究所によるデータです

書類見本

受験番号	

令和5年度入園生　**入 園 願 書**

暁星幼稚園　園長様

令和　　年　　月　　日

志願者	ふりがな		性別	志願者写真貼付 (4㎝×3㎝) カラー・白黒可 1カ月以内のもの 胸より上 無帽 裏面に氏名を明記
	氏名		男・女	
	生年月日	平成　　年　　月　　日生（満　　歳）		
	現住所	〒 TEL　　（　　　）		
	これまでの教育	現在通っている教育機関（幼稚園・保育園・その他）		
	通園経路	自宅 徒歩（　）分　徒歩（　）分 暁星幼稚園 ※使用路線、乗換時間を含めた時間をお書きください。 （飯田橋駅・九段下駅から幼稚園までは10分と致します。） （総所要時間・約　　分）		
	特記事項	入園選考に際し配慮すべき点をご記入ください。		

保護者	ふりがな		志願者との続柄
	氏名	印	
	現住所	※志願者と同じ場合は、「同上」とお書きください。 〒 TEL　　（　　　）	
	緊急時連絡先	父・母・（　　）の携帯電話・勤務先　○をおつけください TEL　　（　　　）	

同居している家族（本人を含む）	続柄	氏名	年齢	本学園在籍、卒業等ご自由にお書きください。
備考				

（個人情報保護の為、願書は入園選考以外の目的では使用致しません。）

東京 私立 共学 き 暁星幼稚園

東京都国立市／共学　1年保育＋2年保育＋3年保育

国立音楽大学附属幼稚園

http://onyo.ed.jp

［所在地］　〒186-0004　東京都国立市中1-8-25
TEL　042-572-3533　FAX　042-573-9977

［アクセス］
●JR中央線【国立】より徒歩３分

幼稚園情報

［園　長］　林 浩子
［園児数］　111名（男児50名、女児61名）

沿　革　昭和25年、まだ武蔵野の雑木林が茂る中、国立幼稚園として開園。当時、幼児人口が急増し、多くの父母らの要請、教育関係者らの協力などにより、国立市で初めて誕生した幼稚園であった。昭和50年、国立音楽大学附属幼稚園に改称し、平成12年、創立50周年記念式典を挙行。令和２年、創立70周年を迎えた。

教育方針　『窓ぎわのトットちゃん』の先生として有名な当園の創設者・小林宗作は「保育は芸術なり。音楽、舞踊などの芸術より一段と高い偉大なる芸術なり」という言葉にある通り、保育の仕事に高い価値を置いた。「仲良くあそぼう」「元気にうたおう」を教育目標に、明るく、自由に、のびのびとした環境の中で、豊かな感性を育み、個性が輝く教育を行い、子どもの気持ちに添いながらの保育を大切にしている。

特　色　人間の生涯の中で「はじめにリズムありき」として、自然に根ざしたリトミックによるユニークな教育法を実践。心身の感覚や機能が最も発達する幼児期に、リトミックによって音やリズムに対する感覚を培うだけでなく、音楽の表現力、精神の集中力、機敏な動作、仲間との協調性なども身につける。また自然の風景、昆虫の生態、草花の生長などにふれ、生きるために必要な「知」を育む。

保育日・保育時間

【年少】9:00～13:30(月・火・木・金)
※４・５月は短縮保育
　9:00～11:30(水)
【年中】9:00～13:45(月・火・木・金)
　9:00～11:30(水)
【年長】9:00～14:00(月・火・木・金)
　9:00～11:45(水)

◇預かり保育(月・火・木・金)
16:30まで

年間行事予定

月	行　事　名(抜粋)
4	入園式、保育参加
5	親子遠足、こどもの日の集い
6	創立記念の集い、プール開き
7	七夕の集い、夏のコンサート、宿泊保育（年長）
8	夏休み、夏休み園庭開放
9	秋の散歩、音小運動会
10	運動会、引き取り訓練
11	焼きいも会、遠足
12	表現の集い、子ども会、冬のコンサート
1	もちつき会
2	豆まきの集い、造形展、修了遠足
3	ひな祭りの集い、修了祝い会、修了式

毎月：誕生会、避難訓練

Kindergarten Information

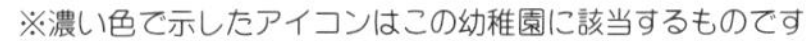

※濃い色で示したアイコンはこの幼稚園に該当するものです

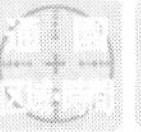

入試データ

下記の資料は2024年度入園児用 **（2023年秋実施予定）** です

募集要項

募集人員	3年保育…男女計35名 2年・1年保育…各男女若干名		
応募資格	平成30年4月2日～令和3年4月1日生まれ		
入園説明会	6月28日／9月6日　13時30分～14時30分		
願書配付期間	10月16～31日　平日9～16時（土：休み）		
願書受付期間	10月16～31日 郵送（簡易書留・必着）、または持参（平日9～16時。土：休み）		
提出書類	・入園願書（写真貼付） ・検定料振込通知書 ・結果通知用封筒		
受験票交付	―――		
受験番号付番	―――	月齢考慮	あり
選抜方法 考査日	行動観察、面接：11月1日 3年保育…9～12時 2年・1年保育…13～14時		
考査料	11,000円		
合格発表	11月2日発送　速達で通知		
入園手続	11月6日		
課外教室	ピアノ／バイオリン		
公開行事	園庭開放：5月10日／10月25日／3月21日 たんぽぽクラス：5～7・9・10月の指定日 保育見学：9月7・8日		
付記	・近隣駐車場を利用のうえ、自家用車での送迎可		

学費

……… 入園手続時納付金 ………

入園料	160,000円
保育料・4月分	37,500円

………… 年間納付金 …………

保育料・月額	37,500円

※入園辞退者（3月末日までに申し出）には4月分の保育料を返還
※上記金額は諸事情等で変更の場合あり

制服

制服なし

セキュリティ

防犯カメラ設置／保育時間中の門施錠／インターホン対応／保護者入構証／避難訓練実施／防災訓練実施／緊急通報システム／緊急地震速報装置／学校110番／AED設置／災害用品備蓄

昼食

お弁当（週4回）…希望制給食あり

進学情報

［小学校への進学状況］
【国立音大附属】例年30～50％が内部進学。推薦入試制度あり
［中学校への進学状況］
【国立音大附属】約60％が内部進学。東京学芸大附属小金井、桜蔭、雙葉、成蹊、成城、穎明館、大妻中野、カリタス女子など

［系列校］
国立音楽大学・大学院、国立音楽大学附属高等学校・中学校・小学校

※上記募集要項は幼稚園公表分と伸芽会教育研究所調査を併せたデータです。詳細は幼稚園HPでご確認ください

東京都国立市／共学　1年保育＋2年保育＋3年保育

国立学園附属かたばみ幼稚園

http://www.kunigaku.ac.jp/kindergarten/

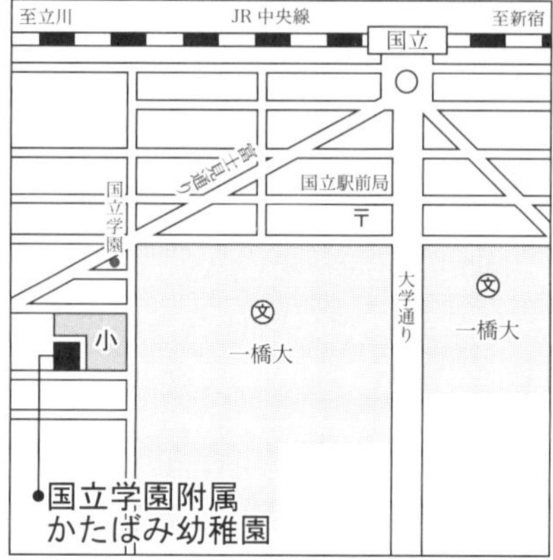

［所在地］　〒186-0004　東京都国立市中2-6
TEL　042-572-4776　FAX　042-571-2467

［アクセス］
●JR中央線【国立】より徒歩12分
●立川バス【国立学園】下車徒歩２分

幼稚園情報

［園　長］　佐藤 純一
［園児数］　男女計83名（男児42名、女児41名）

沿　革　創立者の堤康次郎は、早くから教育におよぼす環境の重要性を認識し、国立の地に文教学園都市の建設を企画した。大正15年、国立学園小学校を開校、昭和26年、学校法人国立学園として認可される。昭和29年、国立学園附属かたばみ幼稚園設立。令和６年、創立70周年を迎える。

教育方針　教育理念に『豊かな人間性を培う』を掲げる。教育目標で目指す具体的な子ども像として、「気づき、考え、行動する子ども」を設定。その目標のために「自ら考えて学ぶ子ども」「友と助け合って活動する子ども」「元気いっぱいに遊ぶ子ども」の育成に取り組んでいる。園名は道端に咲くカタバミの花に由来する。愛らしい花を咲かせ人を和ませるカタバミの花のように、優しく輝く心を備えた子どもに成長するようにとの願いが込められている。

特　色　自由遊びでは、広い敷地内でクラスや年齢の枠を取り払い、思い思いに遊ぶ。友達を求め、遊びを創造し、ルールを守り、多くのことを体験する過程で、譲り合う心、年下をかばう心、年上から学ぶ心が育つ。また、課題遊びでは、発達段階に応じた工作、作業、運動などの課題に取り組みながら、その過程で生じる問題に対して、子どもたちが自ら考え、行動し、解決していく力を養う。

保育日・保育時間

9:00～14:00(月・火・木・金)
9:00～12:30(水)

◇預かり保育「きらきらクラブ」(月～金)
7:30～9:00
保育終了後～18:30
※長期休業中は7:30～18:30

年間行事予定

月	行　事　名(抜粋)
4	入園式、春の遠足
5	節句の会
6	プール開き
7	七夕、年長お泊まり遠足
8	夏休み
9	運動会
10	いも掘り遠足
11	――
12	お遊戯会
1	観劇会
2	豆まき、春待ちレストラン、作品展
3	ひな祭り、卒園遠足、卒園式

毎月：誕生朝会・誕生集会

Kindergarten Information

※濃い色で示したアイコンはこの幼稚園に該当するものです

入試データ

下記の資料は2024年度入園児用 **(2023年秋～冬実施予定)** です

募集要項

募集人員	A日程：3年保育…男女計約20名　2年保育…男女計約10名 B日程：3年保育…男女計約12名　2年保育…男女計約10名 1年保育…男女計約５名
応募資格	平成30年４月２日～令和３年４月１日生まれ
入園説明会	６月３日／９月２日（体験保育、施設見学あり）
願書配付期間	募集要項配付：６月上旬～
願書受付期間	A：10月12～19日　B：11月20日～12月５日 ※HPの指示に従ってWeb出願
提出書類	・考査票 ※考査日に持参
受験票交付	考査料決済後、自宅やコンビニエンスストアなどで各自印刷
受験番号付番	出願順　｜　月齢考慮　｜　あり
選抜方法 考査日	親子面接：A…10月26・27日のうち１日　B…12月６日 考査（言語、生活習慣、運動、集団行動）： A…11月１・２日のうち１日　B…12月６日
考査料	15,000円（クレジットカード、コンビニまたはペイジー決済）
合格発表	A：11月３日 B：12月７日
入園手続	A：11月３日 B：12月７日
課外教室	体操クラブ／サッカークラブ／ECCジュニア英会話教室
公開行事	見学日：６月８・９・12・13・15日／10月４～６・10・11日 体験保育：７月１日／10月14日 運動会：９月30日　作品展：２月23日 園庭開放：日程はHPで確認
付記	・近隣駐車場を利用のうえ、自家用車での送迎可 ◇２歳児クラス「いちご組」（親子参加）を実施 火曜日コース／木曜日コース／金曜日コース（各約８組）

学費

……… 入園手続時納付金 ………

入園料　200,000円

………… 年間納付金 …………

保育料そのほか・年額

（年少）522,000円

（年中・年長）498,000円

※クラス費、後援会会費など別途納付

※上記金額は諸事情等で変更の場合あり

制服

セキュリティ

防犯カメラ設置／保育時間中の門施錠／インターホン対応／保護者名札着用／避難訓練実施／防災訓練実施／緊急通報システム／緊急地震速報装置／学校110番／AED設置／災害用品備蓄

昼食

お弁当（週５回）…希望者は給食の注文可

進学情報

[小学校への進学状況]

【国立学園】約70%が内部進学。早稲田実業、学習院、成蹊など

[中学校への進学状況]

男子：筑波大駒場、開成、麻布、駒場東邦、武蔵、早稲田、桐朋、聖光など

女子：桜蔭、女子学院、雙葉、豊島岡、鷗友、吉祥女子、浦和明の星など

[系列校]

国立学園小学校

※上記募集要項は幼稚園公表分と伸芽会教育研究所調査を併せたデータです。詳細は幼稚園HPでご確認ください

考査ガイド

考査日程 面接を含めて２日（Ａ日程）
受験番号付番 願書受付順
選抜方法 １日目：受験番号順に親子面接が行われる（令和４・５年度入試ではオンラインのみ）
２日目：ゼッケンをつけ、３人単位で個別テストと集団テストを受ける
考査内容 個別テスト、集団テスト、親子面接
所要時間 １日目：約５分　２日目：約25分

過去の出題例

個別テスト

■指示行動
・模擬の果物がいくつか用意されている。「イチゴを２つ取ってきてください」などと指示される。

■指示行動・巧緻性
・色が異なる数本のひもと、穴の開いたブロックが用意されている。指定された色のひもにブロックをたくさん通す。
・折り紙を半分（三角形）に折り、はさみで切る。

■生活習慣
・考査の初めに５つのボタンがついているスモックを着る。一連の考査が終わったら脱ぐ。

■読み聞かせ
・絵本の読み聞かせを聞いた後、質問に答える。
・動物がたくさん登場する紙芝居を見た後に、出てきた動物の名前を答える。

集団テスト

■構　成
・お手本と同じように、積み木（ブロック）でお家やロケットを作る。

■歌・リズム
・「グーチョキパーでなにつくろう」「大きな栗の木の下で」を歌いながら、手遊びをする。

■行動観察（自由遊び）
・積み木、ブロック、車などで自由に遊ぶ。

■運　動
・鉄棒にぶら下がる。
・クマ歩きをする。
・平均台を渡ってジャンプで降り、ケンケンをする。

◀指示行動・巧緻性

▲運動

面接ガイド

親子面接　A日程は考査日前の指定日時に、B日程は考査当日に、両親と本人へ行う
所要時間　約5分

過去の質問例

本人への質問

・お名前を教えてください。
・お年はいくつですか。
・今日はここまでどのようにして来ましたか。
・何をして遊ぶのが好きですか。
・（おもちゃと答えると）何のおもちゃですか。
・一人でトイレに行けますか。
・自分で服を着替えられますか。
・一人で靴を履けますか。
・好きな（嫌いな）食べ物は何ですか。
・お家でお手伝いをしますか。どんなことをしていますか。

父親への質問

・本園を志望された理由をお聞かせください。
・本園を知ったきっかけを教えてください。
・どのようなお仕事をされていますか。
・どのようなお子さんですか。
・どのようなときにお子さんの成長を感じますか。
・通園方法を教えてください。送り迎えはどなたがされますか。

母親への質問

・お子さんの性格を一言で表してください。
・幼稚園にはどのようなことを希望されますか。

面接の配置図

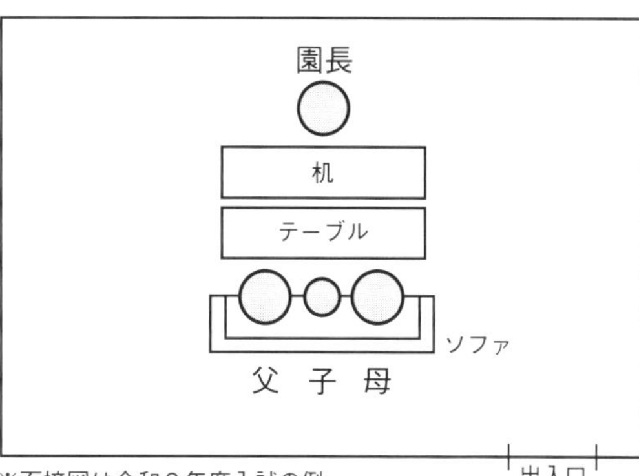

※面接図は令和３年度入試の例

・体験保育や公開行事には参加されましたか。そのときの印象をお聞かせください。
・いちご組（2歳児クラス）に参加されて、お子さんに変化は見られましたか。
・お子さんは、着替え、ボタンのかけ外し、食事、トイレは一人でできますか。
・お子さんはおはしを使えますか。
・ベビーカーを使っていますか。
・お子さんのおむつは外れていますか。
・お仕事をされていますが、預かり保育は利用されますか。
・育児をサポートしてくれる人はいますか。

Interview [voice clip]

考査日は園内の移動も気を抜かずに

・９月に行われた説明会では、卒園生の保護者が数名出席されており、参加者が自由に質問できる時間が設けられていました。実際の通園を想定した情報を得られるので、とてもありがたかったです。
・令和４年度入試同様、令和５年度もＡ日程の面接はオンラインでした。接続から終了まで５分程度で、面接官は園長先生だけでした。自宅でしたので親子ともあまり緊張せず、わが家らしさを伝えられたと思います。
・毎年面接で、基本的な生活習慣が身についているかを確認されるようです。考査当日は園内の移動時にも階段の上り下りができるか、先生とお話しできるかなどを見られていたように感じました。
・わが家は２歳児クラス「いちご組」に参加していて子どもは園に慣れていたので、考査もいちご組のような感覚で楽しめたと話していました。社会性や自立心も育ったので、参加してよかったです。

※考査ガイド、面接ガイドは伸芽会教育研究所によるデータです

国本幼稚園

https://www.kunimoto.ac.jp/kindergarten/

［所在地］　〒157-0067　東京都世田谷区喜多見8-15-33
TEL　03-3416-4724(直)/03-3416-4721(学園事務室)
FAX　03-6411-0125

［アクセス］
●小田急小田原線【喜多見】より徒歩２分

幼稚園情報

［園　長］　岩村 きよみ
［園児数］　男女計250名

沿　革　昭和17年、国本高等女学校第１回入学式が狛江小学校において行われる。幼稚園は昭和28年３月、国本女子高等学校の併設幼稚園として創立。昭和33年３月、園舎が落成し、昭和45年４月には鉄筋２階建てとなり、昭和49年３月に屋外プール、その後、遊戯室などが増設された。

教育方針　創立者の有木春来が目指した「子どもらしさ、明るさ、素直さの中に自立心の強い、のびのびとした子に育てます」を保育方針としている。一人ひとりが集団の中で自分らしさを発揮し、物事に積極的にかかわりながら、考えたり、工夫したり、表現したりする力を育てる。さらに集団の中で我慢しようとする気持ちを育み、人への思いやりを育てている。愛情を込め、手塩にかけて子どもを育てるという創立者の教育理念が脈々と受け継がれている。

特　色　友達との遊びの中で丈夫な体、強い心、つくり出す喜び、協調する態度を培っていく。幼稚園、小学校、女子中学校、女子高等学校からなる総合学園として、一貫教育を続けている。一つのキャンパスに幅広い年代の児童・生徒たちが日々集い、ごく自然に世代を超えたふれ合いが生まれている。和気あいあいと、優しい心を育み合いながら、互いに成長していく最適な環境が用意されている。

保育日・保育時間

8:30～14:00(月・火・木・金)
8:30～11:30(水)

◇預かり保育「にじ組」(月～金)
18:00まで
※夏・冬・春休みは8:30～16:30

年間行事予定

月	行事名(抜粋)
4	入園式、春の親子遠足（年少・年中）
5	春の親子遠足（年長）、老人ホーム訪問（年長）
6	じゃがいも掘り、保育参観、ファミリーデー
7	七夕祭り、スペシャルデー（年長）
8	夏休み
9	引き取り訓練
10	運動会、記念祭
11	秋の遠足
12	発表会、クリスマス会
1	お正月あそび、お楽しみ会、保育参観
2	豆まき、お店屋さんごっこ
3	ひな祭り、お別れ会、卒園式

毎月：誕生会、避難訓練

Kindergarten Information ※濃い色で示したアイコンはこの幼稚園に該当するものです

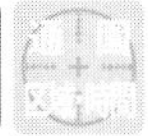

入試データ

下記の資料は2024年度入園児用**（2023年秋実施予定）**です

募集要項

募集人員	3年保育…男女計80名　2年・1年保育…各男女若干名		
応募資格	平成30年4月2日〜令和3年4月1日生まれ		
入園説明会	10月13・14日（園舎見学あり）		
願書配付期間	10月13〜25日		
願書受付期間	Ｗｅｂ登録：10月16〜26日 出願：11月1日　窓口受付 ※ＨＰの指示に従ってＷｅｂ登録後に出願		
提出書類	・入園願書　・受験票 ※すべて考査日に持参		
受験票交付	考査料決済後、自宅やコンビニエンスストアなどで各自印刷		
受験番号付番	願書受付順	月齢考慮	なし
選抜方法 考査日	行動観察、親子面接：11月1日		
考査料	6,000円（クレジットカード、コンビニまたはペイジー決済）		
合格発表	11月1日　Ｗｅｂ発表		
入園手続	11月1・2日		
課外教室	ピアノ／造形／幼児体操／サッカー／英語で遊ぼう／キッズチアクラブ／えんぴつ教室		
公開行事	ぴよっこ会：5月15日／6月5日／7月10日／9月11日 園庭開放：5月22日／6月26日／7月20日／9月4日／10月16日／11月13日／3月18日 見学説明会：6月22・27日／7月22日／8月25日／9月5日 運動会：10月7日　記念祭：10月21・22日		
付記	◇2歳児クラスを週2回実施 **【園からのメッセージ】** 幼稚園は楽しいと心から思える豊かな経験と、人と人のつながりを通して、人への思いやりや礼儀を大切にする心と正義感を重んじる心を育てています。		

学費

……… 入園手続時納付金 ………

入園料	（3保）130,000円
	（1・2保）120,000円
施設費	50,000円

………… 年間納付金 …………

保育料・月額	30,000円
維持費・月額（年少・年中）	7,000円
（年長）	5,000円
給食費・月額	約3,000円
母の会会費・年額	7,000円
通園バス代（利用者のみ）・月額	4,500円
創立者著書『おむすび』	1,000円

※給食費は学年により異なる
※制服代、学年費など別途納付
※上記金額は諸事情等で変更の場合あり

制服

セキュリティ

警備員常駐／防犯カメラ設置／保育時間中の門施錠／インターホン対応／保護者証着用／避難訓練実施／防災訓練実施／養護教諭常駐／緊急通報システム／安否確認システム／緊急地震速報装置／学校110番／ＡＥＤ設置／災害用品備蓄／通園バス位置情報システム

昼食

給食（週3回）、お弁当（週1回）

進学情報

［小学校への進学状況］
【国本】、早稲田実業、学習院、青山学院、暁星、白百合学園、日本女子大附属豊明、立教女学院、成城学園、晃華学園、桐蔭学園、カリタスなど
［中学校への進学状況］男子：開成、麻布、駒場東邦、早稲田、海城など
女子：【国本女子】、筑波大附属、鷗友、吉祥女子、白百合、広尾学園など

［系列校］
国本女子高等学校・中学校、国本小学校

※上記募集要項は幼稚園公表分と伸芽会教育研究所調査を併せたデータです。詳細は幼稚園ＨＰでご確認ください

東京都杉並区／共学　1年保育＋2年保育＋3年保育＋満3歳児保育

光塩女子学院幼稚園

https://www.koenyouchien.ed.jp/

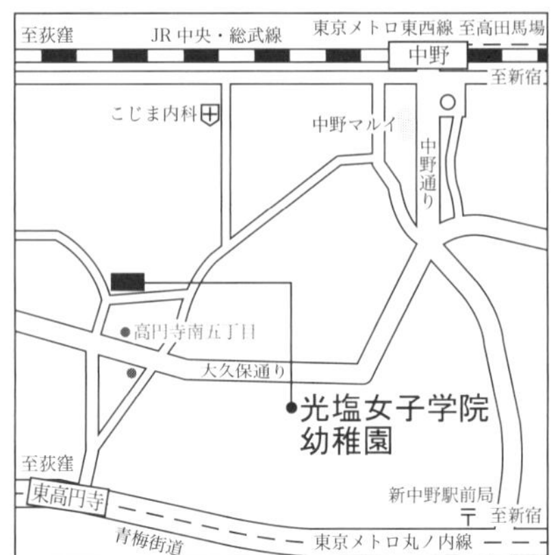

［所在地］　〒166-0003 東京都杉並区高円寺南5-11-35
TEL 03-3315-0512　FAX 03-3315-0527

［アクセス］
●東京メトロ丸ノ内線【東高円寺】より徒歩５分
●JR中央線・総武線・東京メトロ東西線【中野】より徒歩10分

幼稚園情報

［園　長］　清澤 好美
［園児数］　男女計約130名

沿　革　スペインを発祥とするカトリック・メルセス宣教修道女会を設立母体とし、昭和６年２月、東京・高円寺に５年制の光塩高等女学校を発足、４月に開校した。昭和22年、光塩女子学院と改称し、初等科、中等科、高等科を置く。幼稚園は昭和30年に設立された。

教育方針　キリスト教的世界観を土台とし、自己に厳しく他人に優しい人間性を養う。校名のごとく「世の光、地の塩として社会に貢献できる」人間形成を、幼児期から行うことを目的としている。自主性を重んじ、正しい判断力と強い意志力を培い、自己の行為に責任を持つことのできる人間を目指す。同時に、感謝の心を持ち、情緒豊かな温かい人間として育つよう、家庭的雰囲気を尊び、幼児と教師、家庭と園が一体となって努力している。

特　色　一斉活動と自由遊びをバランスよく取り入れ、けじめのある生活を身につけられるよう指導している。また、宗教・祈りを通して敬愛の心、感謝の心を育み、自他に関する理解を深めるため、愛と奉仕を実践する機会を設けている。歌唱指導や体操教室はそれぞれ専門講師、英語教室では外国人講師による指導を行う。また宗教の時間には、メルセス会シスターによる神様についてのお話がある。

保育日・保育時間

【満３歳児・年少・年中】
9:15～13:45(月・火・木・金)
9:15～11:15(水)
【年長】 9:15～14:00(月・火・木・金)
9:15～11:30(水)
◇預かり保育(月～金)　16:00まで
※保護者の就労、通院、介護などやむを得ない理由のある場合は7:30からおよび18:00まで

年間行事予定

月	行　事　名(抜粋)
4	入園式、親子遠足（年少・年中・年長）
5	マリアさまのお祝い日
6	個人面談
7	宿泊保育（年長）
8	夏休み
9	創立記念日、運動会
10	いも掘り遠足（年中・年長）、引き取り訓練
11	七五三子ども祝福式
12	学芸会（年長）、クリスマス祝会
1	――
2	園外保育（年長）、お別れ会、発表会
3	園外保育（満３歳児・年少・年中）、卒園式

毎月：誕生会

Kindergarten Information

※濃い色で示したアイコンはこの幼稚園に該当するものです

登園開始 制服 送迎・時間 通園バス 両方あり アレルギー対応 課外教室 預かり保育 未就園児クラス 洋式・和式 セキュリティ 小学校 中学・高校 大学 カトリック

入試データ

下記の資料は2024年度入園児用 **(2023年秋実施予定)** です

募集要項

募集人員	3年・2年・1年保育…男女計約90名（1次、2次合わせて）		
応募資格	平成30年4月2日～令和3年4月1日生まれ		
入園説明会	6月1日／7月5日／8月5日／9月7日／10月19日		
願書配付期間	10月16～31日　平日9～17時（土：休み）		
願書受付期間	1次：11月1日　8時30分～14時 2次：11月16日　9～14時 窓口受付		
提出書類	・入園願書（志願者と保護者の写真を貼付）		
受験票交付	メールで通知		
受験番号付番	願書受付順	月齢考慮	あり
選抜方法 考査日	遊びによる簡単なテスト、親子面接： 1次：11月2日　2次：11月18日		
考査料	10,000円（出願時に窓口で提出）		
合格発表	考査後に通知　書面交付		
入園手続	合格通知時		
課外教室	サッカー教室／英語教室／体操教室／チアダンス／造形教室		
公開行事	おひさまキッズ：6月17日／10月21日 園庭開放：6月19日／7月11日／9月11日／10月6・26日／1月19日／2月16日／3月5日		
付記	・専任講師による指導：英語、体操、歌唱、宗教講話など ◇満2歳からの未就園児クラス「そら組」を週1回実施 **【満3歳児募集要項】** 対象児：令和2年4月2日～令和3年3月上旬生まれ 募集人員：男女計約20名 **【園からのメッセージ】** 保護者との連携を大切に、子どもたちの成長を見守り、育んでいます。温かい雰囲気は、神様からいただいた大きな恵みです。		

学費

……… 入園手続時納付金 ………

入園料（3保・満3歳児）	120,000円
（1・2保）	100,000円
施設設備資金	30,000円

………… 年間納付金 …………

保育料・月額	29,000円
教育充実費・月額	3,000円
給食費・月額	4,500円
あけぼの会（保護者会）会費・月額	1,000円
寄付金1口（2口以上、任意）	10,000円

※上記金額は諸事情等で変更の場合あり

制服

ブレザー着用は自由

セキュリティ

警備員常駐／防犯カメラ設置／保育時間中の門施錠／インターホン対応／保護者名札着用／赤外線センサー設置／避難訓練実施／防災訓練実施／緊急通報システム／安否確認システム／緊急地震速報装置／学校110番／ＡＥＤ設置／災害用品備蓄

昼食

給食（週2回）、お弁当（週2回）…満3歳児保育はお弁当（週4回）。希望者は給食の注文可

進学情報

[小学校への進学状況]
【光塩女子学院】女子の40～60％が内部進学。東京学芸大附属小金井、早稲田実業、学習院、青山学院、成蹊、聖心女子、白百合学園、日本女子大附属豊明、立教女学院、洗足学園、カリタス、星美学園、新渡戸文化など

[中学校への進学状況]【光塩女子学院】約84％が内部進学

[系列校]
光塩女子学院高等科・中等科・初等科・日野幼稚園、萩光塩学院高等学校・中学校・幼稚園（認定こども園）、廿日市聖母マリア幼稚園

※上記募集要項は幼稚園公表分と伸芽会教育研究所調査を併せたデータです。詳細は幼稚園ＨＰでご確認ください

考査ガイド

考査日程　1日
受験番号付番　願書受付順
選抜方法　受付後番号札をつけ、1組ずつ個別テストと親子面接を行う（例年は集団テストもあるが、令和3～5年度入試では実施なし）
考査内容　個別テスト、親子面接
所要時間　約30分

過去の出題例

個別テスト

■行動観察（親子遊び）
・ボール、トンネル、玉入れなどで自由に遊ぶ。

■常識・言語　※面接時に実施
・動物が登場する絵本のページを示され、「なぜウサギさんは泣いていると思いますか」「なぜライオンさんは怒っていると思いますか」「なぜネコさんたちはけんかをしていると思いますか」などと質問される。

■巧緻性
・指定された色のクレヨンで、お手本と同じように山の絵を描く。
・ボタンで留められているフェルトの花の花びらが1枚外れている。ボタンを留めて完成させる。

■指示行動
・ウサギとクマのぬいぐるみが置かれ、クマの前にケーキがある。「クマさんにお食事で使うものを渡してください」などと指示される。
・テーブルの上に模擬の果物が置かれている。「バナナとリンゴをバスケットに入れてきてください」などと指示される。

■生活習慣
・通園かばんを開閉する。
・裏返しになっているスモックを表に返してたたむ。

集団テスト

■行動観察（親子遊び）
・親子で向き合い、手でグーパー、ジャンプ、ケンケンなどをする。
・親子で手をブラブラさせる、拍手をする、手をつないで歩くなど体操をする。
・先生の「動物になります」の掛け声で、親が子どもを抱っこしてコアラごっこ、親が子どもを足の上に乗せてペンギンごっこなどをする。
・袋に入った風船を出し、先生も一緒に投げるなどして遊ぶ。終わったら袋に戻す。

■読み聞かせ
・紙芝居の読み聞かせの後、質問に答える。

■リズム
・「ひげじいさん」を歌いながら手遊びをする。
・輪になって座り、ピアノの音に合わせてボールを隣の人に渡す。音が止まったらやめる。

■運　動
・ケンケンをする→両足ジャンプをする→歩いて台を2つ越える→終わったら体操座りをして、全員が終わるのを待つ。

▲行動観察（親子遊び）

◀生活習慣

面接ガイド

親子面接 考査当日に、両親と本人へ受験番号順で行う
所要時間 約15分

過去の質問例

本人への質問

・お名前を教えてください。お年はいくつですか。
・ここまで誰と来ましたか。
・今日の朝ごはんは何を食べましたか。
・朝ごはんのときはどんなごあいさつをしますか。
・ごはんは誰が作りますか。
・好きな遊びは何ですか。
・幼稚園で楽しみなことは何ですか。
・お父さんはお家で何をしていますか。

父親への質問

・志望理由をお聞かせください。
・本園を知ったきっかけを教えてください。
・本園にどのような印象をお持ちですか。
・本園にどのようなことを望みますか。
・カトリックについてどう思われますか。
・集団生活についてどのようにお考えですか。
・どのようなお仕事をされていますか。
・お子さんの得意なこと、苦手なことは何ですか。
・休日はお子さんとどのように過ごしますか。
・お子さんの好きな絵本は何ですか。
・どのようなときにお子さんの成長を感じますか。
・子育てを通して学んだことは何ですか。
・父親の役割をどのようにお考えですか。
・お子さんにどのように育ってほしいですか。

面接の配置図

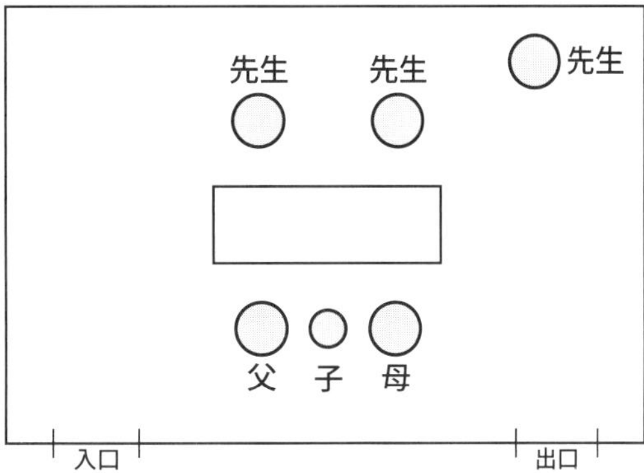

母親への質問

・どのようなお子さんですか。
・お子さんが生まれて、ご自身はどのように変わりましたか。
・子育てで気をつけていることは何ですか。
・お子さんにどのように成長してほしいですか。
・お子さんは、食べ物の好き嫌いはありますか。
・集団生活と家庭の違いは何だと思いますか。
・お仕事をされていますが、送迎はできますか。
・急な面談やイベント時には対応できますか。
・子育てをサポートしてくれる人はいますか。
・入園前にどのようなことを準備しますか。

Interview [voice clip]

園庭開放に参加して雰囲気に慣れておこう

・園庭開放が年間に何度か行われるので参加をお勧めします。わが家は毎回参加していたので、考査のときに先生が覚えていてくださり、親子とも落ち着いて試験に臨めました。
・願書には出願理由と本人の性格を記入する欄がありました。罫線がないので何文字程度書けばよいか悩み、最終的に質問項目と同様のサイズの文字で読みやすい行数に収まるよう注意して記入しました。
・考査当日は受付を済ませると講堂で遊びながら待つよう指示されました。その後は親子面接だったので、待機中が実質的な考査でした。受付から最後まで１家族に先生が１人つき添ってくださいました。
・考査は１組ずつで、合格発表の書面交付の時間も指定されていたため、ほかのご家族にはほとんど会いませんでした。感染対策が十分にされていて、安心して受験できました。

※考査ガイド、面接ガイドは伸芽会教育研究所によるデータです

東京都調布市／共学　2年保育＋3年保育

晃華学園マリアの園幼稚園

https://maria.kokagakuen.ac.jp/

［所在地］　〒182-8550　東京都調布市佐須町5-28-1
TEL　042-485-0040(直)/042-482-8952(学園事務室)
FAX　042-482-8038

［アクセス］
●京王線【つつじヶ丘】よりバス【晃華学園】、またはJR【三鷹】よりバス【晃華学園東】下車徒歩５分

幼稚園情報

［園　長］　須崎 奈穂美
［園児数］　161名（男児56名、女児105名）

沿　革　汚れなきマリア修道会を母体として、昭和25年４月、暁星学園付属マリアの園幼稚園が開園。昭和32年に小学校開校。昭和36年、暁星学園より法人分離し、学校法人晃華学園として独立した。昭和38年４月、中学校高等学校を開校し、幼稚園から高等学校までを併設する総合学園となる。

教育方針　学園の教育方針は、カトリック精神に基づく教育を施し、真理への探究心を養い、情操豊かな人間形成を重んじ、国際的視野に立てる子女を育てることとしている。幼稚園では「すべてのことに感謝し、他者のために祈ることができる子ども」「自ら考え行動し、ねばり強くやり抜く子ども」「自然と共存し、命を大切にできる子ども」「多様性を受け入れ、互いの違いを認め合う子ども」「困難に立ち向かい、乗り越え、たくましく生きる子ども」の育成を目指している。

特　色　一生の基礎を培う幼児期に、他者をも幸せにする力を養う。自然豊かなキャンパスで動植物の四季の変化を感じながら、価値ある自由遊びと精選した課題活動を行う。神様の愛をいっぱいに感じる宗教教育をはじめ、蔵書１万冊超の図書室、モンテッソーリ教育を基にしたお仕事体験、体育あそび、英語あそび、学園小・中・高の児童・生徒との交流などが、園児の日常となっている。

保育日・保育時間

9:30～13:40(月・火・木・金)
9:30～11:30(水)
※月～水曜日は課外活動あり

◇預かり保育(月～金)
「めざめの園」
8:00～8:40
「にこにこクラブ」
保育終了後～18:00

年間行事予定

月	行　事　名(抜粋)
4	入園式
5	子どもの日の集い、親子遠足、マリア祭
6	ひとみ座人形劇、ファミリーデー
7	参観日、夏まつり、お楽しみ会（年長）
8	夏休み
9	防災訓練（学園合同）
10	運動会、縦割りチーム遠足、おいも掘り
11	ひとみ座人形劇、七五三、宗教・体育参観
12	クリスマス会
1	参観日
2	ひとみ座人形劇、こどもまつり
3	お別れパーティー、卒園式

隔月：誕生会

Kindergarten Information

※濃い色で示したアイコンはこの幼稚園に該当するものです

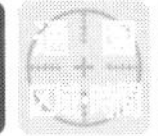

入試データ

下記の資料は2023年度入園児用**（2022年秋実施済み）**です

募集要項　※下記は前年度のデータです

募集人員	3年保育…男女計約50名　2年保育…男女計約10名		
応募資格	平成30年4月2日～令和2年4月1日生まれ		
入園説明会	6月7日／9月15日／10月15日		
願書配付期間	Ｗｅｂ公開のみ		
願書受付期間	Ｗｅｂ出願：10月15～28日 書類提出：10月17～28日（必着）簡易書留で郵送 ※ＨＰの指示に従ってＷｅｂ出願後に書類提出		
提出書類	・選考票　・入園志願票（写真貼付） ・健康チェック表 ・面接資料（家族写真を貼付） ※選考票、入園志願票、健康チェック表は考査日に持参		
受験票交付	自宅やコンビニエンスストアなどで各自印刷		
受験番号付番	願書受付順	月齢考慮	あり
選抜方法 考査日	小集団テスト、親子面接：11月1日 ※原則として親子面接は両親同伴		
考査料	6,000円（クレジットカード、コンビニまたはペイジー決済）		
合格発表	11月1日　18時～　Ｗｅｂ発表		
入園手続	11月3日		
課外教室	スポーツクラブ／サッカークラブ		
公開行事	つぼみサークル：月2回（5・6・9・10・1・2月） 園庭開放：5月～翌年3月（6・8・11・12月をのぞく） 分散公開保育：6月8～10日／9月26～30日 運動会：10月9日		
付記	・近隣駐車場を利用のうえ、自家用車での送迎可 ・海外帰国子女、転居者編入枠あり ◇2歳児対象の親子教室「星の子組」（前期・後期）を実施 水曜コース／木曜コース／金曜コース（各25組）※水曜コースは前期のみ		

学費

……… 入園手続時納付金 ………

入園料	（3保）150,000円
	（2保）100,000円

………… 年間納付金 …………

保育料・月額	（年少）34,000円
	（年中・年長）31,000円
維持費・月額	7,000円
冷暖房費・年額	10,000円
施設費・年額	42,000円
加算費（教材、消耗品）・年額	34,000円
愛晃会費（保護者会）・年額	20,000円
寄付金1口（1口以上、任意）	100,000円

※愛晃会費は兄姉が在園の場合、免除
※上記金額は諸事情等で変更の場合あり

制服

セキュリティ

警備員常駐／防犯カメラ設置／保育時間中の門施錠／インターホン対応／保護者入構証／避難訓練実施／防災訓練実施／交通指導員配置／緊急通報システム／緊急地震速報装置／学校110番／ＡＥＤ設置／災害用品備蓄

昼食

お弁当（週4回）…希望者はお弁当の注文可

進学情報

[小学校への進学状況]
【晃華学園】原則として内部進学可能。推薦制度あり

[中学校への進学状況]
男子：暁星、秀明、静岡聖光（以上3校推薦制度あり）、東星学園など
女子：【晃華学園】約82％が内部進学。桐朋、吉祥女子、成蹊、横浜雙葉など

[系列校]
晃華学園中学校高等学校、晃華学園小学校、晃華学園暁星幼稚園

※上記募集要項は幼稚園公表分と伸芽会教育研究所調査を併せたデータです。詳細は幼稚園ＨＰでご確認ください

考査ガイド

考査日程　1日
受験番号付番　願書受付順
選抜方法　名札を胸につけ、約10人単位で集団テストを行う。その後、親子面接がある
考査内容　集団テスト、親子面接
所要時間　30分～1時間

過去の出題例

集団テスト

■行動観察（親子遊び）

・両親の間に子どもが入り、「くっついた」の歌に合わせてくっついたり離れたりする。

・親子でお散歩ごっこをする。手をつないで歩き、途中でウサギ、ゾウ、コアラなど指示された動物のまねをする。

■行動観察（自由遊び）

・おままごと、お絵描き、スポンジブロック、パズル、絵本、電車、折り紙などで自由に遊ぶ。

■読み聞かせ

・先生が絵本の『だるまさんが』を読み聞かせる。親は先生の後ろのいすに座って見守る。

■指示行動

・お買い物ごっこをする。先生に示されたものと同じ模擬の野菜や果物をカゴから取り、レジで買うまねをする。その後、別の先生のところにある鍋に買ったものを入れる。

・模擬の野菜や果物を見せられ、「同じ色の折り紙を持ってきてください」などと指示される。

■言　語

・考査の途中で、先生が「朝ごはんは何を食べましたか」「好きな食べ物は何ですか」「普段はどのような遊びをしていますか」などと質問する。

■歌・リズム

・「グーチョキパーでなにつくろう」「ひげじいさん」などを歌いながら、手遊びをする。

■運　動

・一本線の上を歩き、フープの中でウサギのようにジャンプする。

◀行動観察（親子遊び）

◀運動

▲指示行動

面接ガイド

親子面接 考査当日に、両親と本人へ受験番号順で行う
所要時間 約10分
＜面接資料／アンケート＞出願後に面接資料を提出する

過去の質問例

本人への質問

・お名前を教えてください。お年はいくつですか。
・今日は誰とどのようにして来ましたか。
・何をして遊ぶのが好きですか。
・公園では誰と遊びますか。
・好きな食べ物（動物）は何ですか。

父親への質問

・これまで本園にいらしたことはありますか。
・本園を志望する一番の決め手となったものを教えてください。
・お仕事内容と勤務形態を教えてください。
・普段、お子さんにどのように接していますか。
・どのようなときにお子さんの成長を感じますか。
・父親の役割をどのようにお考えですか。

母親への質問

・お子さんにはどのように育ってほしいですか。
・子育てで大事にしていることは何ですか。
・お子さんは保育園にいつから通っていますか。園では何をしていますか。
・入園にあたり不安なことはありますか。
・入園に向けて何か準備をしていますか。
・お仕事をされていますが行事に参加できますか。

面接の配置図

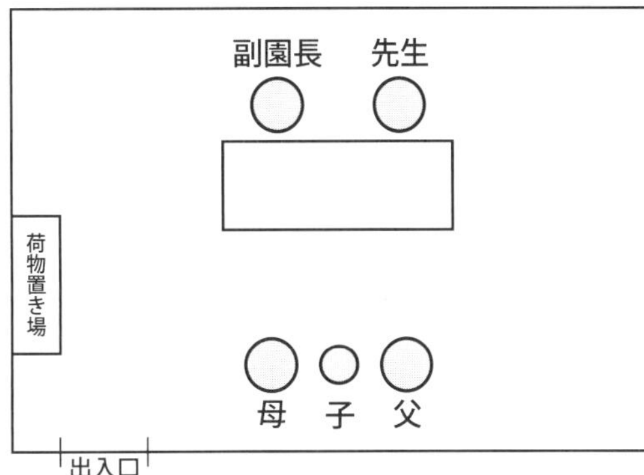

※出願後に提出する面接資料には、以下のような記入項目がある。家族写真を貼付する。
①受験者氏名、生年月日、保護者、現住所、電話番号、携帯電話番号、出生地、生育地、家族構成
②家庭のしつけ・教育方針
③園とのかかわり、カトリック教会とのかかわり
④志望理由　⑤健康（病歴や現在ある病気）
⑥主に子どもの世話をしている人
⑦母親の就業の有無　⑧保育歴
⑨預かり保育利用予定の有無
⑩通園時間と通園方法

Interview [voice clip]

考査当日の流れは事前に確認を

・令和５年度入試からＷｅｂ出願になり、面接資料の提出も持参ではなく郵送になりました。考査当日は特に一日の流れについて説明はないため、出願後に配付される書類を事前に確認しておくことが大切です。
・面接資料の志望理由欄が小さく、伝えたいことをすべて記入するにはどうしたらよいか苦心し、資料作成に時間がかかってしまいました。入園への思いを簡潔にまとめる練習が必要だと思いました。
・控え室では家庭ごとに絵本が用意されていました。受付のタイミングによっては待ち時間が長くなるので、家からも何か持参することをお勧めします。わが家はモールを持参しました。
・考査は親子で会場に入り、別々の席に座りました。母子分離ができないときは親が近くにいてもよいという指示でした。その後点呼があり、返事と挙手ができるか見られていたようです。

※考査ガイド、面接ガイドは伸芽会教育研究所によるデータです

品川翔英幼稚園

http://shinagawa-shouei.ac.jp/kindergarten/index.html　E-mail kinder@shinagawa-shouei.ac.jp

［所在地］　〒140-0015　東京都品川区西大井1-6-13
TEL　03-3774-1151（代）/03-3774-1158（直）

［アクセス］
●JR横須賀線ほか【西大井】より徒歩６分
●JR京浜東北線・東急大井町線・りんかい線【大井町】より徒歩13分

幼稚園情報

［園　長］　小野 時英
［園児数］　男女計約350名

沿　革　教育の基本は人をつくることで、中でも幼児期は人格形成に最も大切な時期。心身ともに健やかな子どもを育てることを目的に、昭和23年10月、大井幼稚園を設立。昭和24年４月に開園した。昭和32年４月、小野学園幼稚園と改称。令和２年４月、品川翔英幼稚園と改称。

教育方針　人間の形成に重要な幼児期に、幼児が本来持っている自分から伸びようとする力を助長するための正しい環境づくりをして、心身の総合的発達を促し、子どもの可能性を信じながら、たくましく生きる子どもたちに育てる。健やかに（心も体も健康な明るい子ども）、おおらかに（思いやりがあり、友達と仲よく協力して遊ぶ子ども）、たくましく（正しい判断力を持ち、自分から行動する意欲を持つ子ども）育てることを教育方針にしている。

特　色　教育内容の充実（年間・月間・週間カリキュラムの計画内容の充実。その周知協力のため、週間カリキュラムを家庭へ配付）、施設・設備の充実（体育館、温水プール、各種遊具・教育器具、山中湖セミナーハウス）、特別教育活動（水泳、体操、美術、花まる学習会、ＥＣＣジュニア英会話、キッズバレエの６コースの特別活動を保育時間の後に実施）を挙げている。

保育日・保育時間

9:00～13:00（月～金）
※年数回、土曜日に行事あり

◇預かり保育（月～金）
17:00まで（最長18:00）
※夏・冬・春休みは8:00～18:00

年間行事予定

月	行　事　名（抜粋）
4	入園式、歓迎会
5	春の遠足
6	映画会、保育参観
7	七夕会、盆踊り、林間保育
8	夏期保育
9	引き渡し訓練
10	文化祭、運動会、秋の遠足
11	保育参観
12	お店屋さんごっこ、クリスマス会
1	お楽しみ会
2	豆まき、ひな祭り発表会
3	お別れ会、卒園式

毎月：誕生会

Kindergarten Information 

※濃い色で示したアイコンはこの幼稚園に該当するものです

入試データ

下記の資料は2024年度入園児用（**2023年秋実施予定**）です

募集要項

募集人員	３年保育…男女計140名 ２年・１年保育…各男女若干名		
応募資格	平成30年４月２日～令和３年４月１日生まれ		
入園説明会	６月17日／９月９日　10時～（要申込）		
願書配付期間	Ｗｅｂ公開のみ		
願書受付期間	11月１日（０～14時） ※ＨＰの指示に従ってＷｅｂ出願		
提出書類	・面接票　・写真票 ・面接資料書 ※すべて考査日に持参		
受験票交付	考査料決済後、自宅やコンビニエンスストアなどで各自印刷		
受験番号付番	願書受付順	月齢考慮	あり
選抜方法 考査日	発育状況調査、保護者面接：11月１日 （応募者多数の場合は２日も実施） ※保護者面接は父母いずれか１名のみ ※日時は出願時に通知。考査当日は印刷し記入した「面接資料書」を持参。内容は、志願者の氏名、生年月日、住所、保護者の氏名、職業、志望理由、通園方法、健康状態など		
考査料	10,000円（クレジットカード、コンビニまたはペイジー決済）		
合格発表	11月２日　20時～　Ｗｅｂ発表		
入園手続	指定日		
課外教室	体操教室／美術教室／水泳教室など		
公開行事	園内見学会：６～９月の月・水・金曜日　10～11時 （祝日、行事の日、８月をのぞく。要申込） 文化祭：10月７・８日　運動会：10月22日		
付記	**【園からのメッセージ】** 説明会の際、園の教育方針・教育内容についてお話しいたします。よくご理解のうえ、出願していただきたいと思います。		

学費

……… 入園手続時納付金 ………

入園料	160,000円
教材費（入園時のみ）	20,000円
防災用品費	6,000円

………… 年間納付金 …………

保育料・月額	28,000円
教育維持費・月額	6,000円
父母の会会費・月額	1,500円
後援会会費・月額	1,000円
積立金・月額	1,500円
送迎バス維持費（利用者のみ）・月額（往復）	6,000円
（片道）	3,000円

※後援会会費は兄姉が在校（園）の場合、一家族１人分の納入
※上記金額は諸事情等で変更の場合あり

制服

セキュリティ

警備員常駐／防犯カメラ設置／保育時間中の門施錠／インターホン対応／保護者ＩＤカード・保護者証／避難訓練実施／防災訓練実施／防犯訓練実施／看護師常駐／緊急通報システム／学校110番／ＡＥＤ設置／災害用品備蓄／緊急用浄水処理装置

昼食

お弁当（週５回）…希望者は週２回給食の注文可（１食410円）

進学情報

[小学校への進学状況]
【品川翔英】内部進学可能。お茶の水女子大附属、東京学芸大附属竹早、慶應幼稚舎、暁星、聖心女子、東京女学館、サレジアン国際学園目黒星美など

[中学校への進学状況]
【品川翔英】、筑波大駒場、桜蔭、攻玉社、青山学院、渋谷幕張、東京女学館など

[系列校]
品川翔英高等学校・中学校・小学校

※上記募集要項は幼稚園公表分と伸芽会教育研究所調査を併せたデータです。詳細は幼稚園ＨＰでご確認ください

東京都板橋区／共学　**3年保育**

淑徳幼稚園

https://www.daijo.shukutoku.ac.jp/kindergarten/

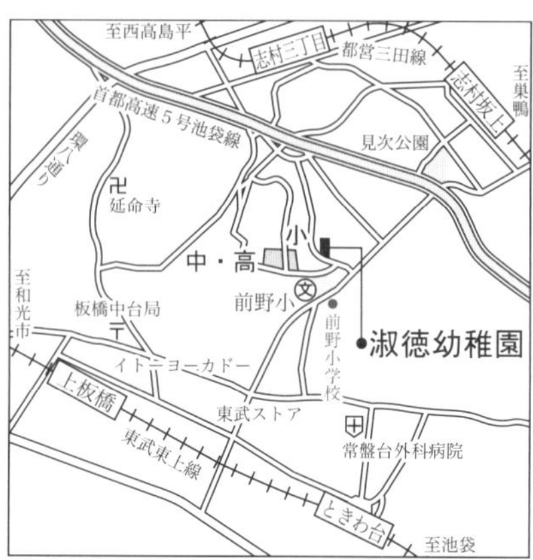

[所在地]　〒174-0063　東京都板橋区前野町5-32-8
TEL　03-5392-8877　FAX　03-5392-8870

[アクセス]
●東武東上線【ときわ台】より徒歩15分／国際興業バス【前野小学校】下車徒歩２分
●都営三田線【志村三丁目】より徒歩15分

幼稚園情報

[園　長]　菊地 悦子
[園児数]　男女計約105名

沿　革　明治25年、淑徳女学校として創立。昭和23年、淑徳中学校、淑徳高等学校に改称する。同年、淑徳幼稚園を設立。学校法人大乗淑徳学園は、幼稚園から小学校、中学校、高等学校、短期大学部、大学を擁し、一貫教育を進める。

教育方針　大乗仏教精神と大脳生理学に基づく幼児期の教育を目指す。知育・徳育・体育の調和を柱とし、数々の経験・体験を通して心身の発達を図り、宗教的情操の芽生えを育む。互いの個性を認め、尊重し合い、自分らしさを発揮する中で、集団におけるルールを覚え、協力すること、人とともに生きることの大切さ、素晴らしさを体得させる。幼児の発達に応じ無理なく無駄なく教育する。

特　色　心を育み、全人格的な発達を願う人間教育を基本とし、仏教行事を通して仏教情操教育の充実を図る。「ことば」「リズム」「からだ」を育む活動を積極的に行い、子どもの主体性を重視した教育を実践する。子どもたちの体の発達を見極め、無理のない段階を追った指導を行う。心身のバランスがとれている子ども、興味や関心を広げて未知への挑戦心と意欲が持てる子ども、広い心が持てる子どもになるように、また、やり遂げたことによる自信や達成感が持てるよう工夫した環境づくりを行っている。

保育日・保育時間

9:00～13:30(月～金)
※学年、季節によって多少の変更あり

◇預かり保育「なでしこクラブ」(月～金)
17:00まで
※夏・冬・春休みは9:00～17:00
(指定日のみ)

年間行事予定

月	行　事　名(抜粋)
4	入園式、２歳児クラス入会式、花まつり
5	親子遠足
6	保育参観
7	みたままつり、夏祭り、お楽しみ会(年長)
8	――
9	引き取り訓練
10	運動会、園外保育
11	観劇会、消防署見学（年長）
12	成道会、おもちつき
1	修正会
2	涅槃会、節分会、発表会、卒園参拝
3	卒園式

毎月：誕生会

Kindergarten Information

※濃い色で示したアイコンはこの幼稚園に該当するものです

登園開始 / 制 服 / 送迎・保護 / 通園バス / 給 食 / アレルギー対応 / 課外教室 / 預かり保育 / 未就園児クラス / 洋 式 / セキュリティ / 小学校 / 中学・高校 / 大 学 / 仏 教

入試データ

下記の資料は2023年度入園児用**（2022年秋実施済み）**です

募集要項　※下記は前年度のデータです

募集人員	3年保育…男女計35名（2歳児クラスからの内部進学者含む）		
応募資格	平成31年4月2日～令和2年4月1日生まれ		
入園説明会	6月16日／7月14日／9月15日／10月13日		
願書配付期間	10月17～31日　平日8時30分～17時（土：休み）		
願書受付期間	11月1日　窓口受付		
提出書類	・入園願書（写真貼付）、受験票 ・検定料納入票 ・面談資料（写真貼付）		
受験票交付	願書受付時に手渡し		
受験番号付番	願書受付順	月齢考慮	あり
選抜方法 考査日	行動観察、親子面接：11月1日		
考査料	10,000円（出願時に窓口で提出）		
合格発表	11月1日　電話で通知		
入園手続	11月2日		
課外教室	ＥＣＣジュニア英語教室／ナカムラチャイルドスポーツ体操クラブ		
公開行事	――		
付記	・近隣駐車場を利用のうえ、自家用車での送迎可 ◇2歳児クラス「つくし組」を実施 週2回コース（月・木／火・金）／週5回コース（月～金） 9時～13時30分（慣れ保育期間：～11時30分） **【園からのメッセージ】** 幼児期は、人としての基盤がつくられる最も大切な時期です。教育環境を整え、一人ひとりのお子さんの生きる力を見守り、励まし、応援してまいります。		

学　費

……… 入園手続時納付金 ………

入園料	200,000円

………… 年間納付金 …………

保育料・月額	33,600円
施設維持費・月額	4,250円
教材費・月額	2,100円
冷暖房費・月額	1,050円
給食費・月額	7,600円
寄付金1口 （2口以上、任意）	20,000円

※上記金額は諸事情等で変更の場合あり

制　服

セキュリティ

警備員巡回・登降園時常駐／防犯カメラ設置／保育時間中の門施錠／インターホン対応／保護者入構証／避難訓練実施／防災訓練実施／緊急通報システム／安否確認システム／学校110番／ＡＥＤ設置／災害用品備蓄

昼　食

給食（週5回）…園の厨房で調理した給食を提供。アレルギーには提供可能な代替食でのみ対応可

進学情報

[小学校への進学状況]

【淑徳】約70％が内部進学

[中学校への進学状況]

【淑徳、淑徳巣鴨、淑徳与野】、駒場東邦、桜蔭、女子学院、豊島岡、早稲田、早大学院、学習院、学習院女子など

[系列校]

淑徳大学・大学院・短期大学部・高等学校・中学校・小学校、淑徳巣鴨高等学校・中学校、淑徳与野高等学校・中学校・幼稚園など

※上記募集要項は幼稚園公表分と伸芽会教育研究所調査を併せたデータです。詳細は幼稚園ＨＰでご確認ください

聖徳(しょうとく)幼稚園

https://kg.shotoku.ed.jp/　E-mail eoffice@shotoku.com

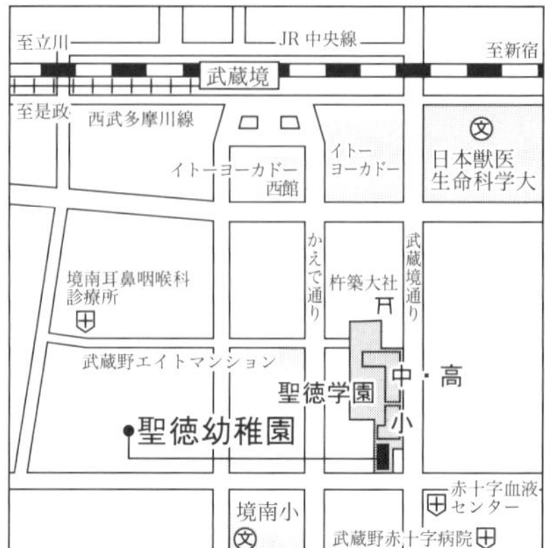

［所在地］　〒180-8601　東京都武蔵野市境南町2-11-8
TEL　0422-31-3839　FAX　0422-31-0152

［アクセス］
●JR中央線・西武多摩川線【武蔵境】より徒歩5分

幼稚園情報

［園　長］　和田 知之
［園児数］　男女計165名

沿　革　『和をもって貴しとなす』――聖徳太子の「和」の教えを建学の精神として昭和2年、聖徳学園を創立。昭和25年に幼稚園を開園、翌26年に小学校を開校し、初等教育を実践する。その後、一人ひとりの個性の伸長と知能教育を基本とする一貫した教育体制の学園として発展してきた。

教育方針　豊かな環境と教育内容を整えて、その中で子どもたちを自由にのびのびと活動させることを目標としている。「自由あそび」と「カリキュラムあそび」を通して、①一人ひとりの子どもの個性を育てる、②知能を伸ばし、創造性豊かな人間性を育てる、③正しい心、優しい心、たくましい心を育てることを目指して教育活動を行っている。また、進路については家庭の教育方針、両親の希望で決定し、優先的に聖徳学園小学校への入学が許可される。

特　色　知育・徳育・体育のバランスをとるため、自由遊び以外に知能・体育・リトミック・造形・英語・理科の6つのカリキュラムに基づいた遊びの時間を設定。子どもたちが自由に選択できる活動もあり、個性を伸ばすとともに判断力が育成される。また、お釈迦様の誕生日を祝う花祭り、お釈迦様が悟りを開いた日の成道会など、さまざまな行事を通して徳のある人間を育てている。

保育日・保育時間

9:30～14:00(月・火・木・金)
9:30～13:30(水)

◇預かり保育(月～金)
8:00～8:45
保育終了後～18:30

年間行事予定

月	行　事　名(抜粋)
4	入園式
5	花祭り、親子遠足、おすもうさんとのお楽しみ会
6	公開研究発表会
7	七夕祭り、自然体験教室（年長）
8	夏休み
9	―――
10	運動会（幼・小合同）、園外保育
11	いも掘り（収穫体験）
12	おもちつき会、成道会、おゆうぎ会
1	芸術鑑賞会
2	豆まき会
3	ひな祭り会、卒園式

Kindergarten Information

※濃い色で示したアイコンはこの幼稚園に該当するものです

登園開始　制服　通園区域制限　通園バス　両方あり　アレルギー対応　課外教室　預かり保育　未就園児クラス　洋式　セキュリティ　小学校　中学・高校　大学

入試データ

下記の資料は2024年度入園児用**（2023年秋実施予定）**です

募集要項

募集人員	3年保育…男女計約56名　2年・1年保育…男女計約10名		
応募資格	平成30年4月2日～令和3年4月1日生まれ		
入園説明会	9月22日／10月16日（保育参観あり）		
願書配付期間	10月16日～11月1日　8時30分～17時（11月1日：～11時）		
願書受付期間	10月31日　8時30分～16時 11月1日　8時30分～11時　窓口受付		
提出書類	・入園願書（写真貼付）、考査票 ・面接資料書		
受験票交付	願書受付時に手渡し		
受験番号付番	願書受付順	月齢考慮	あり
選抜方法 考査日	知能検査、遊びの観察、保護者面接： 3年保育…11月1日 2年・1年保育…11月2日		
考査料	20,000円（出願時に窓口で提出）		
合格発表	3年保育…11月1日　17～18時　書面交付 2年・1年保育…11月2日　15～16時　書面交付		
入園手続	3年保育…11月1・2日　2年・1年保育…11月2・3日		
課外教室	英才教室／剣道教室／レゴ教室／ＥＣＣジュニア英語教室		
公開行事	園庭開放：4月26日／5月31日／6月28日／10月18日／11月22日 体験入園：5月20日／7月1日／9月9日 英才教育公開研究発表会：6月17日 運動会：10月7日　おゆうぎ会：12月9日 親子で楽しむ集い：1月24日		
付記	・近隣駐車場を利用のうえ、自家用車での送迎可 ◇2歳児対象の「おひさま組」を4～12月に全7回実施 **【園からのメッセージ】** 考える力を伸ばし、一生の財産にする。		

学費

……… 入園手続時納付金 ………

入園料	150,000円
施設費	120,000円

………… 年間納付金 …………

保育料・月額	36,200円
教材費・月額	2,000円
図書・玩具費・月額	500円
給食費・月額	（3保）4,630円 （2保）5,010円 （1保）4,980円
バス通園費（利用者のみ）・月額	6,000円
ＰＴＡ会費・年額	6,000円
保健衛生費・年額	6,000円
冷暖房費・年額	10,000円

※上記金額は諸事情等で変更の場合あり

制服

セキュリティ

警備員常駐／防犯カメラ設置／保育時間中の門施錠／インターホン対応／保護者入構証／赤外線センサー設置／避難訓練実施／防災訓練実施／看護師常駐／交通指導員配置／緊急通報システム／安否確認システム／緊急地震速報装置／学校110番／ＡＥＤ設置／災害用品備蓄

昼食

給食（週4回）、お弁当（週1回）

進学情報

[小学校への進学状況]【聖徳学園】22名。東京学芸大附属（大泉、小金井）、早稲田実業、成蹊、立教女学院、国立学園、宝仙、晃華学園、新渡戸文化など

[中学校への進学状況]

【聖徳学園】、筑波大駒場、開成、麻布、駒場東邦、早大学院、渋教渋谷、海城、桐朋、吉祥女子、学習院、國學院久我山、都立武蔵高附属など

[系列校]

聖徳学園中学・高等学校、聖徳学園小学校

※上記募集要項は幼稚園公表分と伸芽会教育研究所調査を併せたデータです。詳細は幼稚園ＨＰでご確認ください

東京都世田谷区／共学　3年保育

昭和女子大学附属昭和こども園

http://kodomo.swu.ac.jp　E-mail kodomo@swu.ac.jp

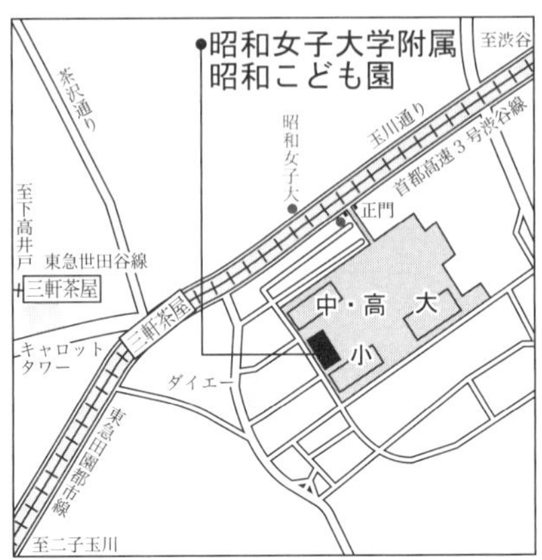

［所在地］　〒154-8533 東京都世田谷区太子堂1-7-57
TEL 03-3411-5113　FAX 03-3411-5903

［アクセス］
●東急田園都市線【三軒茶屋】より徒歩７分
●JR山手線ほか【渋谷】より東急バス【昭和女子大】下車

幼稚園情報

［園　長］　北村 秀人
［園児数］　男女計231名（２号・３号認定含む）

沿　革　人見圓吉・緑夫妻が、偉大な教育者でもあったロシアの文豪トルストイのヒューマニズムに満ちた教育観に共鳴して本学園を創立。トルストイの精神を受け継ぎ、愛と理解と調和に満ちた人間を育てたいという想い、世のため人のために尽くしながら社会で明るく輝く人間を育てたいという想いが、『世の光となろう』という言葉に込められている。

教育方針　学園の建学の精神である『世の光となろう』という大きなテーマに向かって、からだ・こころ・知恵のバランスがとれた成長を図り、将来のための土台を形づくっていく。「あそぶ」「かんじる」「かんがえる」「はなす」の４つを通して、全人的な教育を実践。「地球のこども」として自立してたくましく、豊かな感性を持ち、他者と協力して生きていけるよう、その基礎を培う。

特　色　昭和こども園は、職場や家庭でそれぞれ務めを果たす保護者とともに、子どもたちに教育と保育を一体的に提供する保育施設である。昭和女子大学附属のメリットを生かし、隣接する小学校との連携を密にしている。また、園舎は広い学園キャンパスの一角に位置するため、都心とは思えないほど緑に恵まれた環境の中で、のびのびと楽しく過ごしながら成長することができる。

保育日・保育時間

9:00～14:00(月～金)
※年数回、土曜日に行事あり

◇預かり保育(月～金)
7:30～9:00
保育終了後～19:00

年間行事予定

月	行　事　名(抜粋)
4	入園式
5	親子遠足、昭和っ子の運動会
6	水遊び・プール、宿泊保育（年長）
7	プラネタリウム、夏祭り
8	夏休み
9	敬老の日の集い、引き取り訓練
10	おいも掘り、運動会、合同避難訓練、ハロウィン
11	昭和祭、感謝の日の行事
12	クリスマスお楽しみ会、相撲大会
1	こま回し大会
2	豆まき、お茶会（年長）、発表会
3	ひな祭り、お別れ会、卒園式

毎月：誕生会

Kindergarten Information

※濃い色で示したアイコンはこの幼稚園に該当するものです

入試データ

下記の資料は2024年度入園児用 **(2023年秋実施予定)** です

募集要項

募集人員	3年保育…男女計42名		
応募資格	令和2年4月2日～令和3年4月1日生まれ		
入園説明会	6月10日　10時30分～12時		
願書配付期間	10月14～25日　平日10時～18時30分（土：～16時）		
願書受付期間	10月14～26日（必着）　簡易書留で郵送		
提出書類	・入園志願票（志願者の上半身の写真を貼付） ・受験票　・振込控貼付票 ・受験票送付用封筒　・家族写真貼付票（任意）		
受験票交付	10月30日　速達で発送		
受験番号付番	――	月齢考慮	あり
選抜方法 考査日	親子面接、子どもの姿：11月3・4日のうち1日		
考査料	10,000円		
合格発表	11月7日発送　速達で通知		
入園手続	11月16・17日		
課外教室	ダンス／バレエ／体育／システム教育／アクロバチックアーツ		
公開行事	園舎見学：6・7・9・10月の指定日 ①9時30分～　②10時45分～ （各回10組まで、要申込。一家族2回まで見学可） 昭和祭：11月11・12日		
付記	・上記は1号認定の情報。2号・3号については要問い合わせ **【園からのメッセージ】** いくつかの園の見学をお勧めします。それぞれの教育方針とその実践方法を十分ご検討ください。本園は、2015年8月に新園舎が完成し、2016年に認定こども園になりました。関心のある方はＨＰをご覧いただくか直接園までお問い合わせください。		

学費

……… 入園手続時納付金 ………

入園準備金	80,000円

………… 年間納付金 …………

保育料・月額	市区町村税額によって算定された金額
教育充実費・月額	7,500円
施設充実費・月額	7,000円
特別教材費・月額	2,000円
給食費・月額	約10,000円
諸経費・年額	約10,000円
父母会会費・年額	8,400円
卒園対策費（年中・年長）・年額	50,000円

※上記金額は諸事情等で変更の場合あり

制服

制服なし

セキュリティ

警備員常駐／防犯カメラ設置／保護者通行証着用／避難訓練実施／防災訓練実施／看護師常駐／パニックボタン園舎内設置／緊急地震速報装置／学校110番／ＡＥＤ設置／災害用品備蓄

昼食

給食（週5回）…行事によってお弁当の日あり

進学情報

[小学校への進学状況]
【昭和女子大附属昭和】内部進学可能

[中学校への進学状況]
男子：非公表
女子：【昭和女子大附属昭和】約84％が内部進学

[系列校]
昭和女子大学・大学院、昭和女子大学附属昭和高等学校・昭和中学校・昭和小学校など

※上記募集要項は幼稚園公表分と伸芽会教育研究所調査を併せたデータです。詳細は幼稚園ＨＰでご確認ください

考査ガイド

考査日程 1日

受験番号付番 ―――

選抜方法 子どもは番号札を左肩につけ、子どもが個別テストと集団テストを行う間に、保護者はアンケートに記入する。その後親子面接が実施される

考査内容 個別テスト、集団テスト、親子面接

所要時間 約1時間

過去の出題例

個別テスト

■**言　語**

・課題の途中で質問を受ける。「お名前は何といいますか」「何歳ですか」「この幼稚園の名前を知っていますか」「朝ごはんは何を食べましたか」「今日は誰と来ましたか」など。

■**指示行動**

・クレヨンでロボットのごはんの絵を描き、ロボットに食べさせる。

■**数**

・バナナ2本、リンゴ3個が描かれた絵を見て、どちらが多いか答える。

■**構　成**

・パズルを完成させる。

■**お絵描き**

・ウサギ、ネコ、ネズミ、ゾウ、カメなど、先生のお手本と同じ絵を描く。

■**生活習慣**

・スモックを着脱し、たたむ。

集団テスト

■**行動観察（自由遊び）**

・おままごと、ブロック、積み木、電車、お人形、ぬいぐるみ、恐竜の玩具、すべり台、砂場などで自由に遊ぶ。

■**歌・リズム**

・先生のピアノ伴奏に合わせて、輪になって走ったり、止まったり、歩いたりする。

・「グーチョキパーでなにつくろう」「ドコノコノキノコ」「むすんでひらいて」などを歌いながら手遊びをする。

■**運　動**

・すべり台をすべり、平均台を渡り、乗り物に乗って競走する。

・「ヨーイ、ドン」でかけっこをする。

・ジャンプをする。

■**読み聞かせ**

・先生が絵本や紙芝居を読み聞かせる。

▶お絵描き

◀行動観察（自由遊び）

面接ガイド

親子面接　考査当日に、両親と本人へ行う
所要時間　5～10分
<面接資料／アンケート>子どもの考査中に、父母それぞれがアンケートに記入して提出する

過去の質問例

本人への質問

・お名前を教えてください。何歳ですか。
・今日の朝ごはんは何を食べましたか。
・お母さんのお料理で好きなものは何ですか。
・（考査では）どんな遊びをしましたか。
・お父さんと何をして遊ぶのが好きですか。
・お父さんにどんな絵本を読んでもらいますか。

父親への質問

・志望理由をお聞かせください。
・（子どもの答えを受けて）今のお子さんのお話を聞いていかがですか。
・お子さんがお友達にけがをさせた場合、どのように対処しますか。
・お子さんと接するうえで大切にしていることは何ですか。
・園との連携についてどのようにお考えですか。

母親への質問

・本園に望むことは何ですか。
・今朝起きてから本園に到着するまでのエピソードを1つ教えてください。
・お子さんが、嫌なことがあって幼稚園に行きたくないと言ったらどのように対応しますか。

面接の配置図

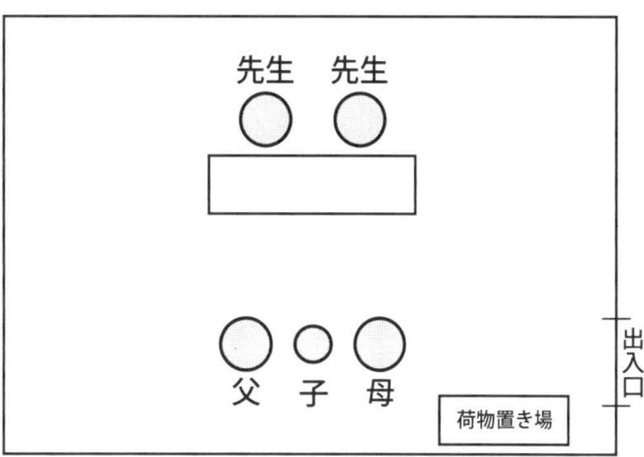

・子育てで大切にしていることは何ですか。
・お仕事をされていますが、お子さんとの時間をどのようにつくっていますか。

※考査当日に記入するアンケートには、以下のような項目がある。
①子ども、保育教諭、保護者が一体となって園をつくり上げていくために何が必要だと考えるか
②昭和こども園の教育理念と家庭の教育方針が一致しているかどうかについての考え
ほかに、「入園に際しての了承事項」の確認

Interview [voice clip]

アンケート対策は両親で入念に相談を

・考査当日は考査開始前までに必ず子どものトイレを済ませること、という注意がありました。待ち時間が少なくトイレから戻るとすぐ考査室に誘導されたので、早めに行ったほうがよいと思いました。
・考査の控え室は教室で、手作りの大きな恐竜が展示してありました。子どもが触りたがり、気をそらせるのに大変でした。園のものには勝手に触らないよう、事前に言い聞かせておけばよかったです。
・子どもの考査中、約15分でアンケートに記入しました。辞書やメモなどの参照は不可でした。両親がそれぞれ書くため、家庭でよく話し合い、統一した考えを自分たちの言葉で表現することが大切だと思います。
・面接の後半、「これから3つ質問をします。ご両親のどちらが答えてもよいですが、必ず1問ずつは答えてください」と言われました。わが家は交互に答えるようにしました。

※考査ガイド、面接ガイドは伸芽会教育研究所によるデータです

白百合学園幼稚園

http://www.shirayuri.ed.jp/kindergarten/

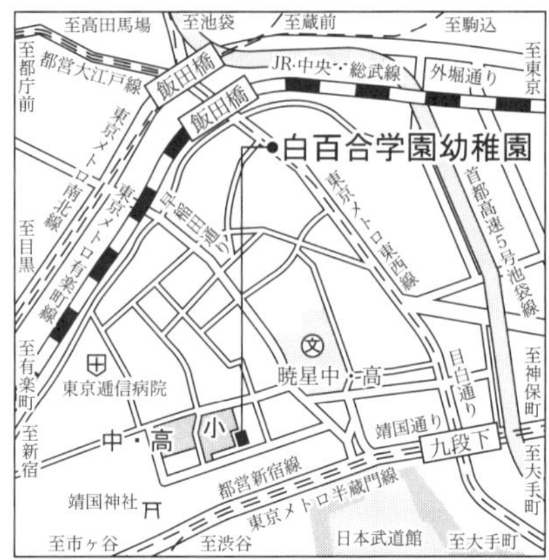

［所在地］　〒102-8185　東京都千代田区九段北2-4-1
TEL　03-3234-6663

［アクセス］
●東京メトロ各線ほか【九段下】より徒歩10分
●JR中央線・総武線・東京メトロ・都営地下鉄各線【飯田橋】より徒歩10分

幼稚園情報

［園　長］　広嶋 育子
［園児数］　女児160名

沿　革　白百合学園は、ローマに本部を置くシャルトル聖パウロ修道女会を設立母体としている。日本で活動を始めたのは、明治11年と歴史が古く、明治14年に東京・神田猿楽町に修道院と学校を設立。幼稚園は明治37年に設置され、昭和2年に九段に移転。平成19年には学園創立125周年記念式典を挙行、令和6年には幼稚園創立120周年を迎える。

教育方針　キリスト教精神に基づいて宗教的・道徳的教育を与え、幼稚園より大学までの一貫した方針をもって、真の人間教育を行うことを目的としている。園児一人ひとりの健全な人格形成のために努力し、開かれた心で手を取り合い尽くし合える平和社会の建設者を育てることを目指す。互いの立場を尊重し合い、自由、責任、思いやり、自他との調和などを体得し、共同生活に必要な規律を理解できるようにする。

特　色　モンテッソーリ教育を導入。日常生活の練習を通し、基本的生活習慣を身につける。感覚教育では、感覚で得た印象を知性によって分類、比較、段階づけ、整理、関連づけをさせる。また、数教育では数学的環境の中で数のメカニズムを知り、統合的考察や処理能力を養う。言語教育では言葉を通したコミュニケーション力、文化教育では平和のために世界の多様な文化を教え、豊かな心、愛の心を育てる。

保育日・保育時間

9:00～13:30（月・火・木・金）
9:00～11:00（水）

年間行事予定

月	行　事　名（抜粋）
4	入園式、春の遠足（父子）
5	運動会
6	身体測定、学園記念日、保育参観
7	七夕
8	夏休み
9	――
10	――
11	七五三祝福式、親子体操、保育参観
12	待降節、クリスマス会
1	保育参観
2	卒園感謝のミサ、テーブルマナー
3	ひな祭り、卒園式
	毎月：誕生会、宗教講話、保護者会

Kindergarten Information

入試データ

下記の資料は2023年度入園児用**（2022年秋実施済み）**です

募集要項　※下記は前年度のデータです

項目	内容		
募集人員	3年保育…女児約45名　2年保育…女児約15名		
応募資格	平成30年4月2日～令和2年4月1日生まれ		
入園説明会	――		
願書配付期間	9月6～16日（土日：休み）		
願書受付期間	Ｗｅｂ出願：9月15日（10時）～26日（15時） 郵送出願：9月15～26日（必着）　書留速達で郵送 ※ＨＰの指示に従ってＷｅｂ出願後に郵送出願		
提出書類	・入園願書　・幼児調査票（志願者写真、家族写真を貼付） ・検定料振込票　・面接票、考査票、結果通知受取票 ・面接票送付用封筒（切手を貼付） ・第一次結果通知送付用封筒（切手を貼付） ・健康診断票　・歯科検査表		
受験票交付	書留速達で郵送		
受験番号付番	生年月日順	月齢考慮	あり
選抜方法 考査日	第一次（考査、親子面接）：10月11～22日のうち1日 ※原則として親子面接は両親同伴 第二次（考査）：10月26～28日のうち1日 ※第一次合格者が対象。つき添いは母親のみでも可		
考査料	25,000円（クレジットカード、コンビニまたはペイジー決済）		
合格発表	第一次：10月24日発送　書留速達で通知 第二次：11月1日　10時～10時30分　書面交付		
入園手続	11月2日　9時～（入金は11月1日）		
課外教室	なし		
公開行事	体験保育：7月20～22日／9月1・2日		
付記	・届出のうえ、自家用車での送迎可 **【園からのメッセージ】** カトリックの教えに基づく教育理念と方針を理解し、子どもとともに、共感・共歩する姿勢を持たれることを望みます。		

セキュリティ

警備員常駐（小中高連携）／防犯カメラ設置／保育時間中の門施錠／インターホン対応／保護者ＩＤカード／赤外線センサー設置（夜のみ）／避難・防災訓練実施／交通指導員配置／緊急通報・安否確認システム／緊急地震速報装置／学校110番／ＡＥＤ設置／災害用品備蓄

学費

……… 入園手続時納付金 ………

入園料	300,000円

………… 年間納付金 …………

保育料・年額	444,000円
施設設備費・年額	336,000円
雑費・年額	10,000円

※上記金額は諸事情等で変更の場合あり

制服

昼食

お弁当（週4回）

進学情報

[小学校への進学状況]
【白百合学園】ほぼ全員が内部進学
[中学校への進学状況]
【白百合学園】ほぼ全員が内部進学

[系列校]
白百合女子大学・大学院、白百合学園中学高等学校、白百合学園小学校など

※上記募集要項は幼稚園公表分と伸芽会教育研究所調査を併せたデータです。詳細は幼稚園ＨＰでご確認ください

考査ガイド

【第一次考査】

考査日程　1日

受験番号付番　年少者より生年月日順

選抜方法　名札をつけ親子面接を受ける。面接の途中で子どもは個別テストを受ける（例年は集団テストもあるが、令和4、5年度入試では実施なし）

考査内容　個別テスト、親子面接

所要時間　約20分

過去の出題例

個別テスト

■言　語

・「お名前は」「何歳ですか」などの質問に答える。

■常　識

（3年保育）

・日用品などの絵カードを見て何の絵か答える。おたま、包丁などがある。

・ブドウの絵を示され色を聞かれる。

■記　憶

（2年保育）

・模擬の野菜、果物、魚などを見せられた後、隠される。何があったか答える。

■指示行動

（2年保育）

・「カードの数字と同じ数だけコインを置いてください」「お手本と同じように、カードの数字と同じ数だけクリを並べてください」

（3年保育）

・「黄色の星を3個ください」「イヌに首輪をつけお家に入れてください」「お皿に果物を置いてください」「お花の真ん中の部分をつけて、お花を完成させてください」「トレイにある水色、ピンク、黄色のビーズを、同じ色のお皿に分けて入れてください」などと指示される。

■構　成

（3年保育）

・ブロックで車を作る。

・お手本と同じように積み木を積む。

■比　較

（2年保育）

・大、小のぬいぐるみのどちらが大きいかを答える。

■お絵描き

（2年保育）

・クレヨンで好きな絵を描く。

■巧緻性

（2年保育）

・三角形と長方形の折り紙をそれぞれ半分に切り、切ったもので家を2個作る。

・黄色、オレンジ色、緑の折り紙でボールを折る。

（3年保育）

・魚の絵をクレヨンで塗る。

・ひも通しをする。

・おはじきをトングで移し替える。

■生活習慣

（2年保育）

・開いてある傘を閉じてたたむ。

集団テスト

■行動観察（自由遊び）

・おままごと、お人形などで自由に遊ぶ。

■運　動

（3年保育）

・ボールを持って線の上を歩く。

・線の上を走る。

◀指示行動

考査ガイド

【第二次考査】

考査日程　1日

受験番号付番　幼稚園の指定順

選抜方法　第一次考査合格者を対象に行われる。子どもは左胸に名札をつけ、親は番号札を首から下げ、教室で親子課題を行う。母親は控え室に戻り、子どもは個別テスト、集団テストを受ける

考査内容　個別テスト、集団テスト

所要時間　約45分

過去の出題例

個別テスト

■言　語

・「お名前は」「何歳ですか」「好きな野菜／果物は何ですか」「どんなおもちゃで遊びますか」「朝ごはんに何を食べましたか」などの質問に答える。

■指示行動

（3年保育）

・「お人形に服を着せてください」「サルにエビフライを、リスにサンドイッチを届けてください」「ネコに大きい三角の積み木、ウサギに小さい三角の積み木を届けてください」などと指示される。

■巧緻性

（3年保育）

・赤いスタンプを2個、青いスタンプを3個押す。

・クレヨンで塗り絵をする。

■記　憶

（2年保育）

・わたし、お父さん、お母さん、お姉さんなど家族が出てくるお話を聞き、家族が好きな食べ物などの質問に答える。

▲行動観察（親子課題）

集団テスト

■行動観察（親子課題）

（2・3年保育共通）画用紙、折り紙、クーピーペン、のり、ウエットティッシュが用意されている。制作時間は5分。終了後は机の上に貼られている台紙をはがしてたたんで捨てる。

（2年保育）

・用意されているものを自由に使い、水族館、お店屋さんなどテーマに沿って制作する。

（3年保育）

・母親がクーピーペンでケーキ、朝ごはん、花束、プレゼント、果物などテーマに沿った絵を描いた後、子どもと一緒に折り紙を使って作品を完成させる。

■運　動

（3年保育）

・部屋を走り、合図に従ってたくさん置かれているフープの中にジャンプして入る。

■歌・リズム

・「いとまきのうた」「グーチョキパーでなにつくろう」「あたま・かた・ひざ・ポン」「手をたたきましょう」「むすんでひらいて」「どんぐりころころ」を先生と歌いながら手遊びをする。

◀運動

面接ガイド

親子面接　第一次考査当日に、両親と本人へ年少者より生年月日順で行う
所要時間　約10分
<面接資料／アンケート>出願時に幼児調査票（面接資料）を提出する

過去の質問例

本人への質問

・お名前を教えてください。お年はいくつですか。
・今日はどうやって来ましたか。
・好きな食べ物は何ですか。
・朝ごはんは誰と何を食べましたか。
・お母さんの作るお料理では何が好きですか。
・きょうだいはいますか。今日はどこにいますか。けんかをすることはありますか。
・お父さんとは何をして遊びますか。
・お家ではどのようなお手伝いをしますか。
・（転園の場合）幼稚園はお弁当ですか、それとも給食ですか。
・お弁当に何が入っているとうれしいですか。

面接の配置図

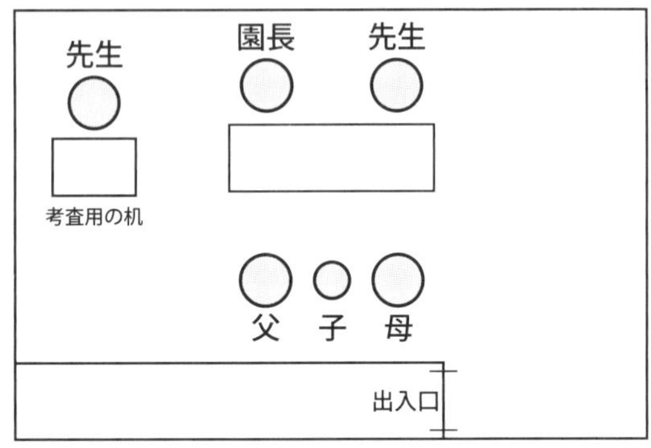

※子どもは面接を受けた後、別の机に誘導され、個別テストを受ける

父親への質問

・志望理由を教えてください。
・本園をどのようにして知りましたか。
・お仕事についてお話しください。
・キリスト教教育についてどう思われますか。
・普段どのようにお子さんにかかわっていますか。
・お子さんが言うことを聞かないときは、どのように対応しますか。
・父親の役割についてどのようにお考えですか。
・お子さんにはどのように成長してほしいですか。

母親への質問

・体験保育に参加されていかがでしたか。
・どのようなお子さんですか。
・モンテッソーリ教育についてどう思われますか。
・子育てで気をつけていることは何ですか。
・（卒業生の場合）本学園で学んでいかがでしたか。
・子育てで困ったことがあるときはどうしますか。
・どのようなお仕事をされていますか。
・急なお迎えや行事には対応できますか。
・子育てをサポートしてくれる人はいますか。

Interview [voice clip]

親が余裕を持つことが一番大切

・面接の待機時間は、わが家は50分近くかかり、想定していたよりも長かったです。持参した絵本も読み終わって子どもが飽きてしまい、対応に困りました。もっと遊べるものを持参しておけばよかったです。
・面接では子どもへの質問のテンポが速く、娘は緊張のあまり途中で固まってしまいました。先生は優しく促してくださいましたが、会話形式の練習をしておくべきだったと反省しました。
・第二次考査の親子課題では最初に先生から説明がありましたが、緊張してしまい、正確に聞き取るのに必死でした。親の緊張は子どもに伝わるので、親が余裕を持つことが一番大切だと実感しました。
・親子課題は折り紙などを使った制作で、制限時間は５分でした。折り紙は切ってもよいとのことでしたが、はさみは用意されていなかったので、わが家は手でちぎってのりで貼りました。

※考査ガイド、面接ガイドは伸芽会教育研究所によるデータです

幼児調査票

3・2年保育(保育年数を○で囲んでください)

受付番号

ふりがな		家庭での呼び名	生年月日
氏　名 (戸籍通りに)			西暦　　年 月　　日生
現住所	(〒　　－　　　)	自宅電話番号(　　　)　　－ 父　携帯電話番号 父　氏名	
ふりがな		幼児との関係	母　携帯電話番号 母　氏名
保護者 氏　名			
入園前の 教育状況	①　＿＿＿幼稚園 ＿＿＿保育園　　　年　　月入園　週　　回 4月から8月末日までの出席日数(　　日)　欠席日数(　　日)		
	②　＿＿＿研究所 ＿＿＿教　室　　　週　　回(　　才より)		
	その他		
家庭における躾・教育			
志望理由			

食　事	食　欲	さかん　・　ふつう　・　むらがある　・　ない	※該当する項目に○印をつけ、( )内はご記入下さい。
	好き嫌い	ない　・　少し　・　多い 好きなもの(　　　)　・　嫌いなもの(　　　)	
	食事に要する時間	30分以内　・　1時間以内　・　1時間以上	
言　葉	正しく発音できる　・　赤ちゃん言葉が残っている　・　よく話をする　・　あまり話さない		
	意味のある言葉を言い始めた時期　(　　年　　ヶ月)		
利き手	右利き　・　左利き　・　両利き　・　左利きを右利きになおした		
通園順路	自宅から園まで通う方法と所要時間をお書き下さい		
今後引っ越しなさる場合の住所			

家族その他(お書きになりたい方はご自由に何でもお書きください。)	続柄	名前	備考
	父		
	母		
	本人		

※事実と異なる記入が判明した場合は入園を取り消す場合もあります。

本人写真
(4.5cm×4.5cm)
ここに貼付してください

家族写真
(9cm×12cm)
ここに貼付してください。

聖学院幼稚園

https://kinder.seigakuin.ed.jp/　E-mail kinda@kind.seigakuin.ac.jp

［所在地］　〒114-8574　東京都北区中里3-13-2
TEL 03-3917-2725　FAX 03-3917-1739

［アクセス］
●JR山手線・東京メトロ南北線【駒込】より徒歩6分
●JR京浜東北線【上中里】より徒歩12分

幼稚園情報

［園　長］　田村 一秋
［園児数］　男女計113名

沿　革　明治45年、中里幼稚園として創立。昭和15年、女子聖学院附属幼稚園となる。太平洋戦争のため、昭和19年11月に閉鎖されたが、昭和24年４月に再開された。昭和40年、聖学院幼稚園に改称。平成25年１月には新園舎が竣工した。令和４年、創立110周年を迎えた。

教育方針　キリスト教保育を土台として「よく遊ぶ　よく祈る」を教育目標に掲げる。子どもたちが毎日楽しく遊び、集団生活を通しての経験を重ねて、一人ひとりの力やよさを発揮していけるよう、年齢に合わせた保育を行っている。クラス、学年の活動とともに縦割り保育も行い、異年齢でかかわり育ち合う時間としている。

特　色　各学年２クラスで、１クラスは20名前後。少人数制の質にこだわった保育で、一人ひとりの個性や能力を伸ばす。保育内容は自由遊びと一斉活動を組み合わせたもの。好きなことを見つけて友達と一緒に遊ぶことにより、人とのかかわり方を覚え、交流の輪を広げていけるようにしている。週１回の体操の時間やハンドベルの時間（年長）、音楽の時間（年中）など学年別の活動をはじめ、運動会、クリスマス会などの行事を通して、みんなで心を合わせ一つのものをつくり上げる楽しさを知る。

保育日・保育時間

【年少】9:00～13:40(月・火・木・金)
9:00～11:20(水)
【年中】9:00～13:50(月・火・木・金)
9:00～11:30(水)
【年長】9:00～14:00(月・火・木・金)
9:00～11:40(水)

◇預かり保育(月～金)
8:00～8:45
保育終了後～18:00

年間行事予定

月	行　事　名(抜粋)
4	入園式、こどもの日お楽しみ会
5	母の日礼拝、春の遠足
6	花の日礼拝、ファミリーデー
7	お泊まり保育（年長）、お楽しみ会
8	夏休み
9	聖学院フェア
10	運動会、秋の遠足、創立記念礼拝
11	お店屋さんごっこ、収穫感謝礼拝、点火式
12	クリスマス会
1	おもちつき、音楽会
2	豆まき、参観日、お楽しみ会（観劇）、お別れ遠足（年長）
3	お別れ会・会食、卒園式

Kindergarten Information

※濃い色で示したアイコンはこの幼稚園に該当するものです

  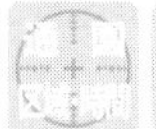           

入試データ

下記の資料は2024年度入園児用 **(2023年秋実施予定)** です

募集要項

募集人員	3年保育…男女計約40名 2年保育…男女若干名
応募資格	平成31年4月2日～令和3年4月1日生まれ
入園説明会	5月24日　14～15時
願書配付期間	10月13～26日　平日8～16時（土：休み）
願書受付期間	10月27日　8～12時　窓口受付
提出書類	・入園願書、入園検定料領収証控、入園検定料領収証、受験票（写真貼付）
受験票交付	願書受付時に手渡し
受験番号付番	願書受付順　／　月齢考慮：あり
選抜方法 考査日	行動観察、保護者面接：10月30日
考査料	10,000円（出願時に窓口で提出）
合格発表	10月31日　8～12時　Ｗｅｂ発表
入園手続	10月31日　9～12時
課外教室	キッズイングリッシュ／クラフト教室／スポーツクラブ／サッカークラブ
公開行事	第1回公開保育：6月15・22日 体験入園：7月24～26日 第2回公開保育：9月5・12日 聖学院フェア：9月23日 運動会：10月7日
付記	・自家用車での送迎可 **【園からのメッセージ】** 本園は2022年に創立110周年を迎えました。この間、戦争や震災もありましたが、多くの方に支えられ、止まることなく教育を続けてきました。子どもたちは互いのかかわりの中で協調性や社会性を培い、他者に思いをはせ、その人のために祈る心を育んでいます。

学費

……… 入園手続時納付金 ………

入園料	150,000円
施設拡充費	50,000円
寄付金1口（1口以上、任意）	100,000円

………… 年間納付金 …………

保育料・月額	29,000円
施設費・月額	6,000円
保護者会会費・月額	2,000円
給食費・月額	（年少）約3,700円
	（年中）約3,800円
	（年長）約3,900円

※災害共済保険費、園外保育費、用品代など別途納付
※上記金額は諸事情等で変更の場合あり

制服

制帽のみ

セキュリティ

警備員常駐／防犯カメラ設置／保育時間中の門施錠／インターホン対応／保護者入構証／避難訓練実施／防災訓練実施／緊急通報システム／安否確認システム／緊急地震速報装置／学校110番／ＡＥＤ設置／災害用品備蓄／緊急連絡用一斉配信メール／優良防火対象物認定

昼食

給食（週3回）、お弁当（週1回）

進学情報

[小学校への進学状況]
【聖学院】約70%が内部進学

[中学校への進学状況]
【聖学院、女子聖学院】男子は約41%、女子は約47%が内部進学。筑波大附属、駒場東邦、早稲田、攻玉社、学習院、学習院女子、広尾学園、浅野など

[系列校]
聖学院大学・大学院、聖学院中学校・高等学校、女子聖学院中学校・高等学校、聖学院小学校、聖学院みどり幼稚園

※上記募集要項は幼稚園公表分と伸芽会教育研究所調査を併せたデータです。詳細は幼稚園ＨＰでご確認ください

考査ガイド

考査日程 1日
受験番号付番 願書受付順
選抜方法 受付後、子どもは番号札を胸につけて個別テスト、集団テストを行い、その間に保護者は面接を受ける
考査内容 個別テスト、集団テスト、保護者面接
所要時間 約30分

過去の出題例

個別テスト

■言　語
・「お名前は何といいますか」「何歳ですか」「朝ごはんは何を食べましたか」「お父さんやお母さんと何をして遊びますか」などと質問される。

■数
・用意された積み木から先生に言われた数だけ取り、指示に従って置く。

■構　成
・車のパズルを完成させる。

◀読み聞かせ

集団テスト

■読み聞かせ
・絵本の読み聞かせの後、先生の質問に答える。

■指示行動
・テーブルに赤と白の花が置いてあり、指示されたほうの色の花をかばんに入れ、先生へ届ける。
・青と黄色のボールを持ってくる。

◀指示行動

■常　識
・キリン、ゾウ、シマウマ、ライオンのぬいぐるみを見て、たくさん並べてある動物カードの中から同じ動物を選び、その動物の名前を答える。

■行動観察（自由遊び）
・おままごと、ブロック、積み木、電車、折り紙、お茶会ごっこなどで自由に遊ぶ。

■歌・リズム
・「とんとんとんとんアンパンマン」「まつぼっくり」「大きな栗の木の下で」などを歌いながら、手遊びをする。

■運　動
・玉入れをする。
・平均台を渡る。
・マットの上でクマ歩きをする。
・ラインの上を歩く。トンネルをくぐる。

▲運動

面接ガイド

保護者面接　子どもの考査中に、受験番号順で行う
所要時間　約10分

過去の質問例

父親への質問

・志望理由をお聞かせください。
・どのようにして聖学院を知りましたか。
・本園に望むことは何ですか。
・どのようなお仕事をしていますか。
・キリスト教教育を理解されていますか。
・お子さんの名前の由来を教えてください。
・普段お子さんはどのような様子ですか。
・ご家庭での教育で大切にしていることは何ですか。
・最近、育児で困ったことはありますか。
・父親と母親それぞれの役割とは何だと思いますか。
・朝食はご家族そろってとっていますか。
・普段、お子さんとどのようにコミュニケーションをとっていますか。
・休日はお子さんとどのように過ごしていますか。
・どのようなときにお子さんの成長を感じますか。
・お子さんの健康状態についてお聞かせください。
・お子さんは健康面で配慮が必要ですか。

母親への質問

・本園を知ったきっかけを教えてください。
・どのようなお子さんですか。
・お子さんの長所を教えてください。
・子育てで一番大切にしていることは何ですか。
・子育てで難しいと思うことは何ですか。

面接の配置図

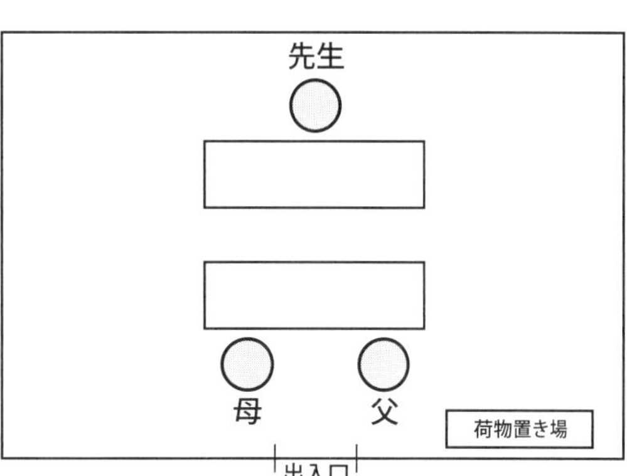

・お子さんは普段、何をして遊んでいますか。
・最近、お子さんはどのようなことに興味を持っていますか。
・お子さんにどのように育ってほしいですか。
・お子さんは集団生活の経験がありますか。
・園生活を送るうえで心配なことはありますか。
・お子さんは、母子分離はできますか。
・お子さんは、食べ物の好き嫌いはありますか。
・お子さんは、アレルギーや持病はありますか。
・お仕事はしていますか。行事に参加できますか。
・育児をサポートしてくれる人はいますか。
・入園にあたり園に伝えたいことはありますか。

Interview [voice clip]

不慣れな場所で子どもを落ち着かせる工夫を

・令和５年度入試では出願時の提出物に面接資料はなく、入園願書の中に志望動機と家庭での様子を記入する欄がありました。記入スペースが狭く、ポイントを絞ってまとめる必要がありました。
・控え室はホールで、テーブルの間隔がゆったりととられ、過ごしやすかったです。絵本と折り紙が用意されており、ほとんどの方が利用されていました。
・子どもは考査への誘導の際に泣き出してしまいました。先生が「大丈夫です。心配しないで」と連れて行ってくださいましたが、不慣れな場所では子どもを安心させるための声掛けが必要だと痛感しました。
・面接では、父親、母親とも同じ質問をされました。内容が食い違わないように気をつけるのはもちろん、それぞれがどのように答えるか、あらかじめ話し合っておいたほうがよいと思いました。

※考査ガイド、面接ガイドは伸芽会教育研究所によるデータです

成城幼稚園

http://www.seijogakuen.ed.jp/yochien/

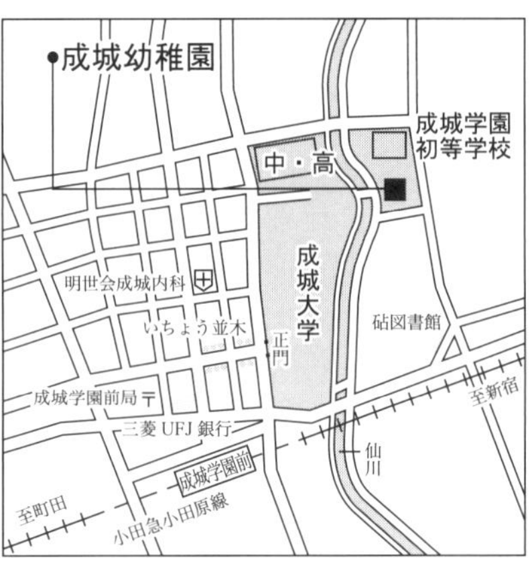

［所在地］　〒157-0072　東京都世田谷区祖師谷3-52-38
TEL　03-3482-2108　FAX　03-3482-5506

［アクセス］
●小田急小田原線【成城学園前】より徒歩10分

幼稚園情報

［園　長］　国府 君江
［園児数］　120名（男児60名、女児60名）

沿　革　澤柳政太郎が、大正６年に成城小学校を創立。大正14年に小林宗作が主任となって、成城幼稚園を創設。平成27年、幼稚園創設90周年。平成29年、学園創立100周年記念事業として、自然豊かな園庭施設が完成。学園全体で「第２世紀プラン」に基づく教育改革を進めている。

教育方針　創立者の掲げた『個性尊重の教育』『自然と親しむ教育』『心情の教育』『科学的研究を基とする教育』の四綱領を継承する。園児一人ひとりの天分を伸ばせるよう、教師はそれを見守り、見極め、引き出す。心身ともに健全で、自分の信ずる道を自分で開いていく社会人として、時代を担える人を育てることを目標とする。

特　色　都心においては希有な、四季を五感で味わうことのできる恵まれた自然環境と、豊かな住環境のもとで、子どもたちがゆったりと生活できるよう心掛けている。これは、１クラス20名という少数定員制ならではのこと。その中で教師は、子どもの自主性を重んじ、その声に耳を傾け、受け入れ、きめ細かで行き届いた保育を実現している。学園創立100周年を機に「第２世紀ビジョン」と銘打って、新たなる教育の指針を設けるとともに、伝統に磨きをかけ、未来を切り開いていける人づくりが始まっている。

保育日・保育時間

8:45～13:30（月・火・木・金）
8:45～11:30（水）

年間行事予定

月	行　事　名（抜粋）
4	入園式
5	お節句、遠足、春の運動会
6	健康診断、宿泊保育（年長）
7	七夕、演劇鑑賞会
8	夏休み
9	遠足
10	秋の運動会（初等学校と合同）
11	文化祭（全学園）、さつまいも掘り
12	焼きいも、音楽鑑賞会、クリスマス会
1	もちつき、学園音楽祭
2	豆まき（節分）
3	ひな祭り、卒園遠足（年長）、お別れ会、卒園式
	毎月：誕生会

Kindergarten Information

※濃い色で示したアイコンはこの幼稚園に該当するものです

登園開始 / 制服 / 通園区域・時間 / 通園バス / お弁当 / アレルギー対応 / 課外教室 / 預かり保育 / 未就園児クラス / 洋式 / セキュリティ / 小学校 / 中学・高校 / 大学

入試データ

下記の資料は2024年度入園児用**（2023年秋実施予定）**です

募集要項

募集人員	3年保育…男女計40名		
応募資格	令和2年4月2日～令和3年4月1日生まれ		
入園説明会	4月22日		
願書配付期間	Ｗｅｂ公開のみ		
願書受付期間	Ｗｅｂ出願：10月1～5日（書類提出あり） ※ＨＰの指示に従ってＷｅｂ出願後に書類提出		
提出書類	・志望理由書 ・受験児健康調査書 ・受験票 ※受験票は考査日に持参		
受験票交付	考査料決済後、自宅やコンビニエンスストアなどで各自印刷		
受験番号付番	願書受付順	月齢考慮	あり
選抜方法 考査日	考査、親子面接：11月5～11日のうち1日		
考査料	30,000円（クレジットカード、コンビニまたはペイジー決済）		
合格発表	11月13日　9～12時　Ｗｅｂ発表		
入園手続	11月13～17日		
課外教室	―――		
公開行事	春の運動会：5月13日 園庭園舎見学会：5月26日		
付記	・成城学園初等学校を受験する兄姉がいる場合、受験日程を考慮 ・2024年度入園希望者を対象にした園長面談（幼稚園の教育内容の説明および子育て・入試についての相談）を、5月1日～9月30日までオンラインにて実施。30分程度、原則保護者のみ（要申込）		

学費

……… 入園手続時納付金 ………

入園金	250,000円

………… 年間納付金 …………

保育料・年額	730,000円
施設維持費・年額	300,000円
父母の会会費・年額	6,000円
空調費・年額	10,000円
クラス費・年額	1,500円
教材費・年額	8,500円

※上記金額は諸事情等で変更の場合あり

制服

制服なし

セキュリティ

警備員常駐／防犯カメラ設置／保育時間中の門施錠／インターホン対応／保護者ＩＤカード／避難訓練実施／防災訓練実施／看護師常駐（学園内）／交通指導員配置／緊急通報システム／安否確認システム／緊急地震速報装置／学校110番／ＡＥＤ設置／災害用品備蓄

昼食

お弁当（週4回）

進学情報

［小学校への進学状況］

【成城学園】ほぼ全員が内部進学

［中学校への進学状況］

【成城学園】ほぼ全員が内部進学

［系列校］

成城大学・大学院、成城学園中学校高等学校、成城学園初等学校

※上記募集要項は幼稚園公表分と伸芽会教育研究所調査を併せたデータです。詳細は幼稚園ＨＰでご確認ください

考査ガイド

考査日程　1日
受験番号付番　願書受付順
選抜方法　母親と子ども約8組単位で考査会場に入り、親子遊びを行う。遊びの途中で個別に呼ばれ、個別テストを受ける。途中で母親は退席し（父親の待つ控え室へ）、子どものみで集団テストを受ける。その後、親子面接が行われる
考査内容　個別テスト、集団テスト、親子面接
所要時間　約1時間40分

過去の出題例

個別テスト

■指示行動（親子課題）
・（母親は渡されたカードに描かれている折り紙の折り方を覚える）折り紙が2枚渡され、初めに母親が折って折り方を子どもに教え、その後子どもが同じように折る。子どもが折り始めたら声をかけてはいけない。課題に対する質問は受けつけられず、時間が計られ、2分以内で行う。

■常識・記憶・数
・何匹かの動物が中にいる家と、外で風船を持っているウサギが描かれた絵を見せられる。風船を示して「何色ですか」「これは何ですか」、家を示して「中に動物は何匹いますか」「この中で空を飛ぶものはどれですか」などと質問される。

■言　語
・親子遊びの最中に、質問を受ける。「お名前は」「（年齢は）いくつですか」「今日はどうやって来ましたか」など。
・絵カードを見ながら、先生が言う物や動物の名前を復唱する。

集団テスト

■行動観察（親子遊び）
・先生がぬいぐるみを持ちお手本を見せる。親子で手をつなぎぐるぐる回る。しゃがんで小さくなり、立ち上がって手足を大きく広げてジャンプし脱力、回って好きなポーズ、をくり返す。
・ブロック、サイコロ、電車、ボール、積み木、すべり台、巧技台、おままごとなどで、親子で自由に遊ぶ。時間がきたら片づける。

■行動観察（自由遊び）
・子どものみでお絵描き、積み木、お人形、おままごとなどで自由に遊ぶ。

■読み聞かせ
・先生が『ぴょーん』『ねずみくんのチョッキ』などの絵本を読み聞かせる。

■歌・リズム
・先生に合わせ歌いながら手遊びをする。

■運　動
・走ってクマのぬいぐるみに触って戻る。
・円柱形のソフト積み木の上を渡る。

▶指示行動（親子課題）

◀行動観察（親子遊び）

面接ガイド

親子面接　考査当日に、両親と本人へ行う
所要時間　5～10分
＜面接資料／アンケート＞出願時に志望理由書（面接資料）を提出する

過去の質問例

本人への質問

・お名前を教えてください。
・お年を教えてください。
・今日は（考査は）何が一番楽しかったですか。
・好きな食べ物は何ですか。
・いつも誰と何をして遊んでいますか。
・お母さんにどのようなときにほめられますか。

父親への質問

・志望理由を教えてください。
・成城教育にどのようなことを期待されますか。
・最近、お子さんが成長したと感じられる点を、父親の観点から教えてください。
・子育てを通してご自身に変化はありましたか。
・普段お子さんにどのように接していますか。
・子育てをしていてよかったこと、がっかりしたことを教えてください。
・子育てにおいて、奥さまに「こうしてほしい」という希望や直してほしいところはありますか。

母親への質問

・子育てで難しいと思うことは何ですか。
・最近、お子さんが成長したと感じられる点を、母親の観点から教えてください。

面接の配置図

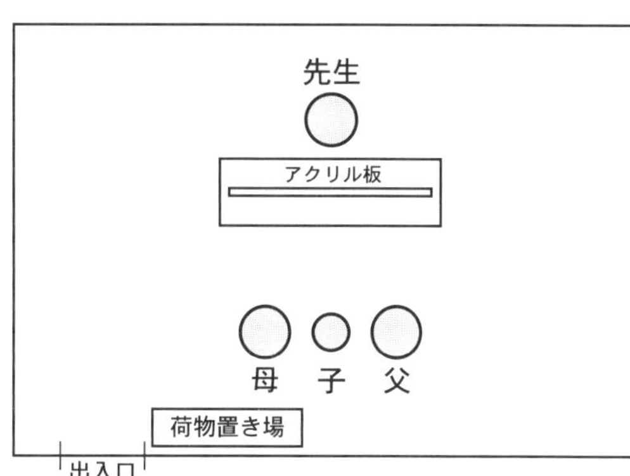

・お子さんの成長について、次のステップだと考えていることを教えてください。
・お子さんの直したいと思う点はどこですか。
・お子さんと信頼関係をどのように築いていますか。
・子育てをしていて、ご主人に対して「さすが」と思ったことを教えてください。

※出願時に提出する面接資料には、以下のような記入項目がある。
①受験児氏名、生年月日
②志望の主な理由

Interview [voice clip]

園長面談で相互理解を深めよう

・成城幼稚園では毎年５～９月に園長面談を行っています。入試当日の面接時間は短いので、伝えたいことや気になることがあるときは利用をお勧めします。子育てのアドバイスもいただけます。
・考査から面接までの待機時間が長いため、絵本を数冊とシール帳を持参しました。それでも子どもが飽きてしまったので、パズルのように長く取り組めるものがあったほうがよいかもしれません。
・考査では、先生方が優しく子どもたちに話しかけていたのが印象的でした。不安を払拭し意欲を高めるような言葉掛けで子どもたちも楽しんでいたので、母子分離になるときも安心して離れられました。
・面接の質問は父→母→子の順番でした。面接官は園長先生でしたが、メモは取らず、回答に対して終始笑顔で感想を述べてくださいました。面接というより、会話を楽しむような雰囲気でした。

聖セシリア喜多見幼稚園

http://www.cecilia.ac.jp/kitami/

［所在地］　〒157-0067　東京都世田谷区喜多見9-9-5
TEL　03-3480-1936　FAX　03-3480-9138

［アクセス］
●小田急小田原線【喜多見】より徒歩3分

幼稚園情報

［園　長］　原 信江
［園児数］　男女計90名

沿　革　昭和4年、カトリック精神に基づく教育を建学の精神として、モニカ伊東静江により大和学園創設。昭和10年、大和学園喜多見幼稚園開設。昭和54年、学園創立50周年を迎えたのを機に、翌年校称を聖セシリアと改める。平成16年、聖セシリア喜多見幼稚園に改称した。

教育方針　神を識り人を愛し、奉仕する心をもって広く社会に貢献できる、知性を持った人間の育成こそ社会的な使命であると考える。カトリックの精神に基づいて、「信じ　希望し　愛深く」を心の糧とし、きめ細かな指導によって、知育・徳育・体育の調和のとれた総合教育を目指す。

特　色　先生や友達とのかかわり合いの中で、自分が愛されていることを感じながら他者への愛と信頼を育む。お互いに認め合い、協調性や思いやりの心を、日々の保育や行事を通して培う。自然、音楽リズム、絵画制作や遊びを通して、感受性・創造力・知恵などを養う。学年やクラス、時には縦割りで保育し、集団活動の中であいさつや感謝する心、基本的な生活習慣を無理なく身につける。「ありがとう」「ごめんなさい」「お願いします」「よかったね」を大切にし、集団の中でのルールや善悪を判断できる社会性を育てる。週に1回、専任講師による英語の時間と体育活動がある。

保育日・保育時間

9:00〜14:00(月・火・木・金)
9:00〜11:30(水)

◇預かり保育(月〜金)
7:30〜9:00
保育終了後〜18:30
※時間により条件あり。
水曜日はお弁当持参
※夏・冬・春休みも実施

年間行事予定

月	行　事　名(抜粋)
4	入園式
5	マリア祭、ピクニック
6	じゃがいも掘り、セシリアキッズフェスティバル
7	サマーキャンプ
8	夏休み
9	――
10	運動会、ピクニック
11	七五三ミサ、聖セシリアの祝日、秋の遠足
12	クリスマス遊戯会、ハッピークリスマス
1	おもちつき
2	人形劇観賞、ひな祭り遊戯会
3	卒園遠足（年長）、卒園式

※濃い色で示したアイコンはこの幼稚園に該当するものです

入試データ

下記の資料は2024年度入園児用**（2023年秋実施予定）**です

募集要項

募集人員	3年保育…男女計35名　2年保育…男女計10名 1年保育…男女計5名		
応募資格	平成30年4月2日～令和3年4月1日生まれ		
入園説明会	9月1日／10月4日		
願書配付期間	10月16～31日　平日10～16時（土：休み）		
願書受付期間	入園志願者面接票提出：10月16～31日　平日14時30分～16時（土：休み）　窓口受付 願書提出：11月1日　9～12時　窓口受付		
提出書類	・入園願書（写真貼付）　・入園志願者面接票		
受験票交付	願書受付時に手渡し		
受験番号付番	願書受付順	月齢考慮	あり
選抜方法 考査日	グループによる自由遊び、親子面接：11月1日		
考査料	5,000円		
合格発表	11月1日発送　速達で通知		
入園手続	11月6日		
課外教室	体操		
公開行事	園庭・保育室開放：4月7・28日／5月9・18・30日／6月6・15・27日／7月4・19日／9月5・12日 セシリアキッズフェスティバル：6月10日 体験保育：6月24日／7月22日／9月16日 保育見学会：6月30日／7月4・6日／9月21・22日／10月17・20日 運動会：10月15日 クリスマスイベント：12月20日 ※幼稚園見学は随時受付（要電話申込）		
付記	・自家用車での送迎可 ◇未就園児保育「マリア組」（親子参加型保育）を実施 月3、4回（5月～翌年1月）※入園希望者対象		

学費

……… 入園手続時納付金 ………

入園料	100,000円
施設援助費	50,000円

………… 年間納付金 …………

保育料・月額	30,000円
空調費・年額	10,000円

※上記金額は諸事情等で変更の場合あり

制服

セキュリティ

防犯カメラ設置／保育時間中の門施錠／インターホン対応／保護者IDカード／避難訓練実施／防災訓練実施／緊急通報システム／安否確認システム／学校110番／AED設置／災害用品備蓄

昼食

お弁当（週4回）…希望者は週2回サンドイッチ給食の注文可

進学情報

[小学校への進学状況]
【聖セシリア】、東京学芸大附属世田谷、慶応横浜初等部、田園調布雙葉、光塩女子、成城、東京都市大付属、聖ドミニコ

[中学校への進学状況]
男子：外部へ　女子：【聖セシリア女子】内部進学あり

[系列校]
聖セシリア女子中学校・高等学校、聖セシリア小学校、聖セシリア幼稚園、モニカ保育園

※上記募集要項は幼稚園公表分と伸芽会教育研究所調査を併せたデータです。詳細は幼稚園HPでご確認ください

聖ドミニコ学園幼稚園

http://www.dominic.ed.jp/kindergarten/ E-mail youchien@dominic.ed.jp

［所在地］ 〒157-0076 東京都世田谷区岡本1-10-1
TEL 03-3700-0017 FAX 03-5716-6580

［アクセス］
●東急田園都市線【用賀】、東急田園都市線・大井町線【二子玉川】より徒歩20分
●小田急線【成城学園前】などよりスクールバス

幼稚園情報

［園 長］ 續 一成
［園児数］ 男女計180名

沿 革 来日した聖ドミニコ女子修道会の5名の修道女が昭和25年、駒場に修道院を設立。昭和29年、学校法人聖ドミニコ学園設置認可、小学校を開校し、昭和33年、池尻教会より聖イメルダ幼稚園の経営を継承する。昭和37年、中学高等学校を開校、幼稚園を聖ドミニコ学園幼稚園と改称した。

教育方針 カトリックの修道会を母体とするため、キリスト教の世界観・人間観の上に立つ教育をしている。「あかるく、つよく、ただしく」をモットーに、園児の個性を尊重し、最適な環境を与えて、心身ともに健康で調和のとれた発達を促す。神の似姿である人間として、基本的な生活習慣を育て、自分を大切にし、他人をもいたわる健全な心身の基礎を培う。さらに、日常生活の中で言葉を注意深く聞き、心を開いて話すことで、言葉に対する感覚を養っていく。

特 色 モンテッソーリ教育を取り入れて、子どもが本来持っている自発性を引き出す。子どもたちは教具を自分で選び、責任を持って作業し片づける「お仕事」を通して、真の自由が「選ぶ自由」であることを知り、同時に自由には責任が伴うことを理解していく。また、異年齢混合クラスで縦割り保育を行い、相手を思いやり、譲り合うことのできる優しい子どもを育む。

保育日・保育時間

9:00～13:35(月・火・木・金)
9:00～11:30(水)

◇預かり保育「ドミニコプラス＋」(月～金)
17:00まで

年間行事予定

月	行 事 名(抜粋)
4	入園式
5	春の遠足、マリア祭、プレイデー
6	じゃがいも掘り（年長）、保育参観
7	お泊まり保育（年長）
8	夏休み
9	学園祭
10	運動会、秋の遠足、後援会親睦の集い
11	七五三のお祝い、勤労感謝の集い、秋の収穫
12	クリスマス発表会、クリスマス礼拝会
1	―――
2	卒園感謝ミサ（年長）
3	お別れ会、卒園式

毎月：誕生会

Kindergarten Information

※濃い色で示したアイコンはこの幼稚園に該当するものです

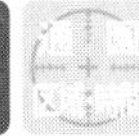

登園開始 / 制服 / 送迎 / 通園バス / お弁当 / アレルギー対応 / 課外教室 / 預かり保育 / 未就園児クラス / 洋式 / セキュリティ / 小学校 / 中学・高校 / 大学 / カトリック

東京　私立　共学　せ　聖ドミニコ学園幼稚園

入試データ

下記の資料は2024年度入園児用**（2023年秋実施予定）**です

募集要項

募集人員	3年保育…男女計約60名		
応募資格	令和2年4月2日～令和3年4月1日生まれ		
入園説明会	5月13日／9月1日 6月10日（幼・小・中・高合同）		
願書配付期間	Ｗｅｂ公開のみ		
願書受付期間	Ｗｅｂ登録：10月1日（9時）～31日（12時） 出願：11月1日　窓口受付 ※ＨＰの指示に従ってＷｅｂ登録後に出願		
提出書類	・受験票 ※考査日に持参		
受験票交付	自宅やコンビニエンスストアなどで各自印刷		
受験番号付番	願書受付順	月齢考慮	あり
選抜方法 考査日	簡単な発育テスト、保護者面接：11月1日		
考査料	25,000円（考査日に窓口で提出）		
合格発表	11月2日　10時～　Ｗｅｂ発表		
入園手続	11月2日　10～16時		
課外教室	体操教室／キッズチアクラブ／英語教室／プログラミング教室		
公開行事	見学日：6月16・19・20・22日／ 9月7・8・12日／10月16・17日 未就園児プレ保育：6月21日／10月11日 運動会：10月7日		
付記	・自家用車での送迎可 **【園からのメッセージ】** カトリックの精神を基に、健全な心身の発達、生活習慣、態度を育み、豊かな心情・思考力を養い、意欲や思いやりのある子どもに育てます。		

学費

……… 入園手続時納付金 ………

入園料	103,000円
施設拡充費	51,500円

………… 年間納付金 …………

保育料・月額 （年少）	32,000円
（年中・年長）	30,000円
維持費・月額	3,000円
設備費・月額	5,000円
後援会入会金	30,000円
後援会会費・月額	5,000円
後援会特別災害費・年額	3,000円

※スクールバス維持費（利用者のみ）を別途納付
※上記金額は諸事情等で変更の場合あり

制服

セキュリティ

警備員常駐／防犯カメラ設置／保育時間中の門施錠／インターホン対応／保護者ＩＤカード／避難訓練実施／防災訓練実施／緊急通報システム／緊急地震速報装置／学校110番／ＡＥＤ設置／災害用品備蓄／職員は上級救命技能認定講習を受講

昼食

お弁当（週4回）

進学情報

[小学校への進学状況]
【聖ドミニコ】推薦入学制度あり

[中学校への進学状況]
男子：明大明治、國學院久我山、成城学園、聖学院など
女子：【聖ドミニコ】約79％が内部進学。お茶の水女子大附属、慶應湘南藤沢など

[系列校]
聖ドミニコ学園中学高等学校、聖ドミニコ学園小学校

※上記募集要項は幼稚園公表分と伸芽会教育研究所調査を併せたデータです。詳細は幼稚園ＨＰでご確認ください

考査ガイド

考査日程　1日
受験番号付番　願書受付順
選抜方法　受付後、子どもは番号札をつけて集団テスト、保護者は面接を受ける
考査内容　集団テスト、保護者面接
所要時間　約40分

過去の出題例

集団テスト

■読み聞かせ
・先生が絵本を読み聞かせる。

■言　語
・「お名前を教えてください」「何歳ですか」「今日はどうやって来ましたか」「何色が好きですか」などと質問される。

■行動観察（自由遊び）
・おままごと、ぬいぐるみ、積み木、ボールなどで自由に遊ぶ。

■歌・リズム
・音楽に合わせ歌いながら手遊びをする。
・「大きな栗の木の下で」などを歌いながら、手遊びをする。

■運　動
・白線の上でジャンプする。
・ボールを投げる。
・平均台を渡る。

◀行動観察（自由遊び）
▶歌・リズム
▲運動

面接ガイド

保護者面接 子どもの考査中に行う
所要時間 5 ~10分

過去の質問例

父親への質問

・志望理由をお聞かせください。
・本園をどのようにして知りましたか。
・本園に望むことはありますか。
・どのようなお子さんですか。
・キリスト教教育についてどのようにお考えですか。
・宗教行事に抵抗はありませんか。
・お子さんは先ほど考査に向かうとき、泣きませんでしたか。
・どのようなお仕事をされていますか。
・ご家庭の教育方針をお話しください。
・普段お子さんとどのようにコミュニケーションをとっていますか。
・お子さんの長所を教えてください。それをどのように伸ばしていきたいですか。
・お子さんは最近、どのような遊びに夢中になっていますか。
・育児において心掛けていることはありますか。
・父親の役割は何だと思いますか。

母親への質問

・受験を決めたのはいつごろですか。
・本園のプレ保育には参加されましたか。どのような印象を持たれましたか。
・本園に期待することは何ですか。
・お子さんには幼稚園の3年間で、どのようなことを学んでほしいですか。
・普段お子さんとどのように過ごしていますか。一日の様子を教えてください。
・お子さんは何をして遊ぶのが好きですか。
・子育てで気をつけていることは何ですか。
・子育てについて、ご主人にはどのように相談していますか。
・幼稚園でお子さんがトラブルに巻き込まれたら、どのように対処しますか。
・幼稚園生活で心配なことや、園に伝えておきたいことはありますか。

面接の配置図

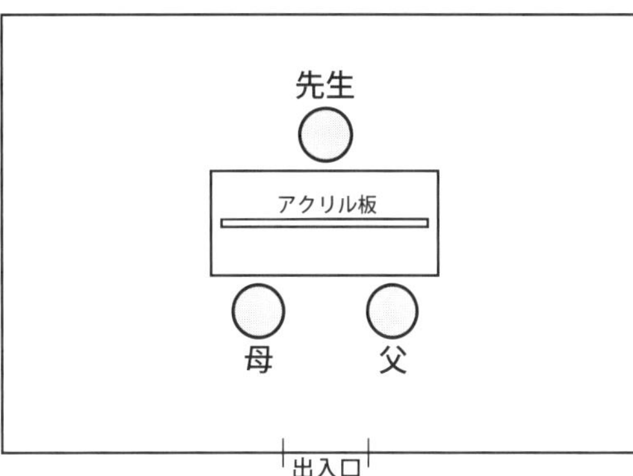

Interview [voice clip]

待機時間用のグッズは多めに用意を

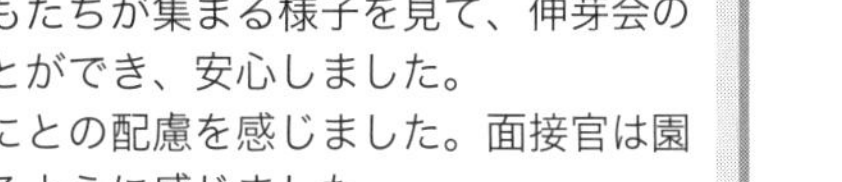

・受付後、考査への誘導までは持参した絵本を見ながら待ちましたが、待機時間が長く、子どもが飽きてしまいました。控え室はいすのみでしたので、机なしで遊べるものをもっと用意すべきでした。
・考査への誘導時、娘が泣きそうになりましたが、先生のところに子どもたちが集まる様子を見て、伸芽会の教室と同じだと思ったようです。気持ちを切り替えて泣かずに臨むことができ、安心しました。
・面接室はテーブルの上に花が生けられており、リラックスできるようにとの配慮を感じました。面接官は園長先生でしたが、メモを取ることはなく、両親の雰囲気を見られているように感じました。
・考査当日は同じ時間に集合したのは12組で、自分たちの面接が終わっても全組が終えるまで待機しなければなりませんでした。終了後、子どもを考査会場に迎えにいき、解散という流れでした。

星美学園幼稚園

https://www.seibi.ac.jp/ki/

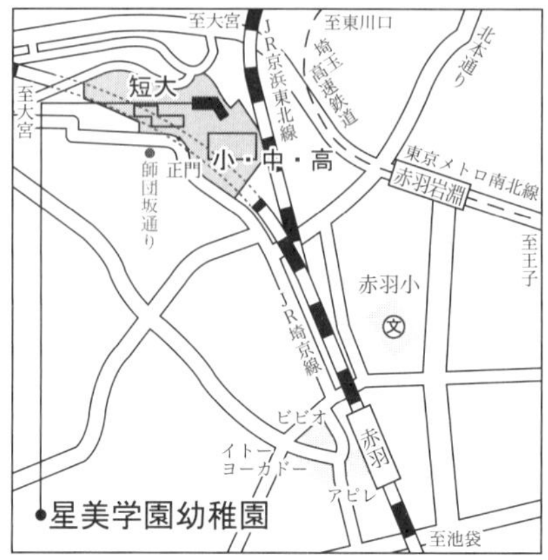

[所在地]　〒115-8524 東京都北区赤羽台4-2-14
TEL 03-3906-0052　FAX 03-5993-1601

[アクセス]
●東京メトロ南北線【赤羽岩淵】より徒歩８分
●JR京浜東北線ほか【赤羽】より徒歩10分
●国際興業バス【師団坂通り】下車徒歩１分

幼稚園情報

[園　長]　見城 澄枝
[園児数]　男女計215名

沿　革　サレジアン・シスターズと呼ばれる女子修道会が、昭和15年に星美学園を創設。幼稚園は昭和28年に開設された。カトリック・ミッションスクールで、創立者ドン・ボスコの教育理念に基づいた全人間教育が主軸になっている。恵まれた教育環境のもと、家庭的な雰囲気の中で教育を行う。

教育方針　ドン・ボスコの教育理念（理性、宗教、慈愛）による「生きる力を育む教育」に基づいて、将来の「神と人に開かれた善良で誠実な社会人」の育成を目指す。保育目標は、心の広い思いやりのある豊かな子ども、よいことを自ら選んで行う素直で正直な子ども、創造性と思考力に富むたくましい子どもを育てることにある。きれいな心の明るい子ども、神と人の前に裏表のない善良で誠実な子どもに成長させるべく、教育に努めている。

特　色　今の時代に一番大切なことは、自己教育力を身につけることであり、その土台を育成することに主眼を置いている。人間を超えた方の存在を意識し、自分と人の命の重みを感じ取れる子ども、命あるすべてのものと深くかかわりながら生きる子どもの教育を目指す。子どもたちが明るく、のびのびとした園生活を展開するための環境を整備し、心の教育を超えた、魂の教育に取り組んでいる。

保育日・保育時間

9:00～14:00（月～金）
※年長は14:15まで

◇預かり保育「いちご組」（月～金）
8:00～8:30
保育終了後～18:00
※夏・冬・春休みも実施

年間行事予定

月	行　事　名（抜粋）
4	入園式、春の親子遠足
5	聖母祭
6	プール遊び、ファミリーデー
7	デイキャンプ（年長）
8	夏休み
9	運動会
10	バザー、秋の遠足
11	七五三のお祝い
12	クリスマス会、キャンドルサービス
1	ドン・ボスコのお祝い
2	そうぞう展、お別れお楽しみ会（年長）
3	お別れ会、卒園式

Kindergarten Information

登園開始 制服 通園区域制限 通園バス 両方あり アレルギー対応 課外教室 預かり保育 未就園児クラス 洋式 セキュリティ 小学校 中学・高校 大学 カトリック

※濃い色で示したアイコンはこの幼稚園に該当するものです

入試データ

下記の資料は2024年度入園児用 **(2023年秋実施予定)** です

募集要項

募集人員	3年保育…男女計72名　2年保育…男女若干名		
応募資格	平成31年4月2日～令和3年4月1日生まれ		
入園説明会	9月16日／10月15日		
願書配付期間	10月16～31日 平日9時30分～16時（土：休み）		
願書受付期間	11月1日　8～11時　窓口受付		
提出書類	・入園願書（写真貼付） ・家庭調査書（家族写真を貼付）　・健康診断書 ・受験票、受験料領収証　・所定の封筒		
受験票交付	願書受付時に手渡し		
受験番号付番	願書受付順	月齢考慮	なし
選抜方法 考査日	親子面接：11月1日 ※両親同伴が困難な場合、いずれか1名でも可		
考査料	5,000円（出願時に窓口で提出）		
合格発表	11月1日　15時30分～16時　書面交付		
入園手続	11月1日		
課外教室	音感教室		
公開行事	星の子会：4月22日／5月20日／6月17日／7月1日／9月2・30日 幼稚園見学：9月4日～10月13日（土日祝をのぞく）		
付記	・自家用車での送迎可 **【園からのメッセージ】** 幼児期の重要性を意識し、おおらかでのびのびと明るい子どもに育ててください。何よりも親子のコミュニケーション、ふれ合いをたくさんしてください。ぜひ幼稚園に足をお運びください。		

学費

……… 入園手続時納付金 ………

入園料	85,000円

………… 年間納付金 …………

保育料・月額	28,000円
教育充実費・月額	2,500円
施設設備費（初年度のみ）	50,000円
年間諸経費・年額	約40,000円
父母の会入会金	5,000円

※兄や姉が在園している場合は減免措置あり
※上記金額は諸事情等で変更の場合あり

制服

セキュリティ

警備員常駐／防犯カメラ設置／保育時間中の門施錠／インターホン対応／保護者入構証／避難・防災訓練実施／看護師常駐（小学校内）／緊急通報・安否確認システム／緊急地震速報装置（同敷地内の中高に設置）／学校110番／ＡＥＤ設置／災害用品備蓄／さすまた常備

昼食

給食（週5回）、お弁当（週5回）、または給食（週3回）とお弁当（週2回）の選択制

進学情報

[小学校への進学状況]
【星美学園】進学希望者は、「内部生のためのテスト」を受験

[中学校への進学状況]
【サレジアン国際学園】、武蔵、桜蔭、豊島岡、慶應（中等部、普通部）、早大学院、海城、巣鴨、吉祥女子、頌栄、立教池袋、学習院、立教女学院など

[系列校]
星美学園短期大学、サレジアン国際学園中学校高等学校、星美学園小学校など

※上記募集要項は幼稚園公表分と伸芽会教育研究所調査を併せたデータです。詳細は幼稚園ＨＰでご確認ください

清明幼稚園

http://www.seimei-gakuen.ed.jp/kindergarten/

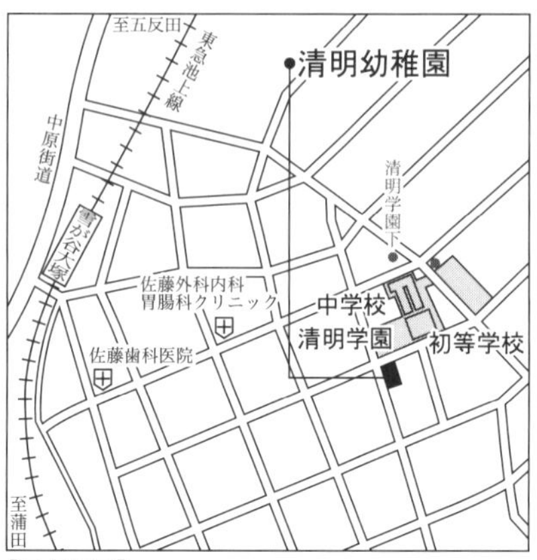

［所在地］　〒145-0066　東京都大田区南雪谷3-17-19
TEL＆FAX　03-3720-5569

［アクセス］
●東急池上線【雪が谷大塚】より徒歩７分
●東急バス【清明学園下】下車徒歩３分

幼稚園情報

［園　長］　濱野 道子
［園児数］　男女計約80名

沿　革　昭和５年、創立者・濱野重郎は、教育改革の先駆者・澤柳政太郎博士の志を継ぎ、義務教育の改善を目指して清明学園を創立した。昭和８年には幼稚園を設立し、昭和32年に初等部、中等部一貫の９年制教育（全員が中等部に進学）を実施。令和２年、学園創立90周年を迎えた。

教育方針　幼児期は、好奇心、感性、集中力、想像力、思いやりなど、人間の最も大事な根を育てる時期。楽しい生活や遊びを通して、友達との上手なつき合い方や社会性を身につける。「のびのびと自己を表現できる子ども」「自分で考えて行動する子ども」「思いやりの心を持った子ども」という３つの保育目標を掲げ、自発的な気持ちを尊重し、発達段階に合わせ、子どもに寄り添った保育を行っている。

特　色　子ども一人ひとりの成長に応じた保育を実践するために、活動の期間を時間単位ではなく日単位で設定。教師の意図を押しつけず、意欲を引き出す。全学年で週１回、音楽、運動、英語の時間を取り入れているほか、年長児は金曜日に選択活動も実施。昭和46年から続く伝統的な活動で、木工、運動、科学、料理、粘土遊びなどから好きなものを選び参加する。想像力や考えを十分に発揮できる環境をつくり、自分で考えて行動する力がつくようにしている。

保育日・保育時間

9:00～14:00（月・火・木・金）
9:00～11:30（水）
9:15～10:00
（第１・３・５土。オンライン保育）

◇預かり保育「スマイル」（月～金）
8:00～9:00
保育終了後～17:00
※夏・冬・春休みは8:00～17:00

年間行事予定

月	行　事　名（抜粋）
4	入園式
5	春の遠足
6	夏祭り
7	――
8	――
9	清明祭
10	運動会、個人面談
11	秋の遠足、おみせごっこ
12	クリスマス観劇会
1	――
2	ふたばの会（劇の会）
3	修了式

隔月：誕生会　年２回：保育参観日

Kindergarten Information

※濃い色で示したアイコンはこの幼稚園に該当するものです

登園開始 / 制服 / 通園区域時間 / 通園バス / お弁当 / アレルギー対応 / 課外授業 / 預かり保育 / 未就園児クラス / 洋式 / セキュリティ / 小学校 / 中学 / 大学

入試データ

下記の資料は2024年度入園児用 **(2023年秋実施予定)** です

募集要項

募集人員	3年保育…男女計約45名　2年保育…男女計約20名 1年保育…男女若干名
応募資格	平成30年4月2日～令和3年4月1日生まれ
入園説明会	6月19日　10～11時 10月16日　10～11時
願書配付期間	10月16～31日　平日9～16時（土：休み）
願書受付期間	11月1日　8時30分～10時30分　窓口受付
提出書類	・入園願書（写真貼付）
受験票交付	願書受付時に手渡し
受験番号付番	願書受付順　／　月齢考慮：あり
選抜方法 考査日	親子面接：11月1日　8時30分～（受付順に開始）
考査料	5,000円（出願時に窓口で提出）
合格発表	11月1日　考査終了後
入園手続	11月1日
課外教室	なし
公開行事	園庭開放：6月1・21日／7月4日／9月20・27日／10月4・26日 体験保育：6月14・28日／7月5日／9月6日／10月18日 夏祭り：6月23日　公開保育：9月12～14日（要申込） 清明祭：9月30日　運動会：10月21日
付記	・自家用車での送迎可 ◇2歳児保育「ちょうちょ組」（保護者同伴）を月4回実施 **【満3歳児募集要項】** 募集人員：男女計約15名　願書受付・面接日：11月1日 入園日：満3歳の誕生日の前日 **【園からのメッセージ】** 子ども一人ひとりが持つ素晴らしい「宝物＝個性」を生かし、想像力や創造力を育てていく保育を行っています。

学費

……… 入園手続時納付金 ………

入園料	
（3保・満3歳児）	120,000円
（1・2保）	110,000円
後援会入会金	10,000円
寄付金1口	30,000円
（1口以上、任意）	

………… 年間納付金 …………

保育料・年額　（年少）	324,000円
（年中・年長）	300,000円
設備費・年額	51,000円
冷暖房費・年額	3,000円
教材費・月額	1,000円
後援会会費・年額	24,000円

※満3歳児の保育料（29,000円）、設備費（4,250円）、後援会会費（2,000円）は月額
※上記金額は諸事情等で変更の場合あり

制服

制服なし

セキュリティ

警備員常駐／防犯カメラ／保育時間中の門施錠／インターホン対応／保護者入構証／赤外線センサー／避難訓練実施／防災・防犯訓練実施／緊急通報システム／緊急地震速報装置／学校110番／ＡＥＤ設置／災害用品備蓄／登降園時の職員園周辺巡回／職員防犯ブザー携帯

昼食

お弁当（週4回）

進学情報

[小学校への進学状況]
【清明学園】約半数が内部進学。希望者は推薦入学制度あり
[中学校への進学状況]
【清明学園】全員が内部進学

[系列校]
清明学園中学校、清明学園初等学校

※上記募集要項は幼稚園公表分と伸芽会教育研究所調査を併せたデータです。詳細は幼稚園ＨＰでご確認ください

玉川学園幼稚部

https://www.tamagawa.jp/academy/kindergarten/　E-mail k12admit@tamagawa.ed.jp

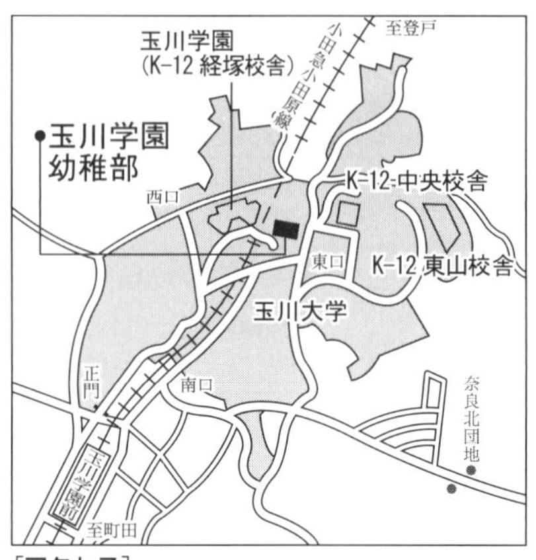

[所在地]　〒194-8610　東京都町田市玉川学園6-1-1
TEL　042-739-8931　FAX　042-739-8929

[アクセス]
●小田急小田原線【玉川学園前】より徒歩10分
●東急田園都市線【青葉台】より東急バス17分【奈良北団地】下車徒歩10分

幼稚園情報

[園　長]　小原 芳明
[園児数]　104名（男児45名、女児59名）

沿　革　昭和４年、小原國芳が『全人教育』を教育理念に掲げ、総合学園を構想して開校した。約61万m²の校地を持ち、そこに幼稚部から大学院までの校舎が点在する。創立時から受け継がれる12の教育信条のもと、平成18年より幼稚部から高等部までを一つの学校としてとらえた一貫教育に取り組んでいる。

教育方針　幼稚園は、子どもたちが出会う初めての「学校」であり、それは義務教育に連続する教育機関であることを意味している。義務教育につながる「生きる力」が一人ひとりに十分芽生えるよう、唯一無二の個性に視点を据えながら、同時に『全人教育』という学園共通の価値観のもとで、意図的に、組織的に、効果的に教育を行う。そして子ども・親・学校の「三位一体の教育」を実践している。

特　色　３～９歳の時期の育ちを一つの流れとして幼・小の連携を深めている。「遊びは学び」との視点で日常の保育活動をとらえ、学問につながる系統性、基礎的な経験、必然性のある体験、情操的な感性などを育てるため、各年齢に応じたカリキュラムを編成し教育する。全学年で日本語（国語）と英語のバイリンガル教育を展開。希望者を対象に、放課後の「延長教育プログラム（ＥＳ）」も実施。

保育日・保育時間

【年少・年中】
9:30～13:45(月～金)
※年少の１学期水曜日は11:30まで
【年長】 9:30～14:30(月～木)
9:30～13:45(金)
※１学期の月～木曜日は14:00まで

◇預かり保育
「延長教育プログラム(ＥＳ)」(月～金)
13:45～18:00

年間行事予定

月	行事名(抜粋)
4	入園式、春のファミリーデー
5	春の丘めぐり
6	参観日、体験活動（年長）
7	夏の収穫
8	夏休み
9	体育祭練習、防災訓練
10	玉川学園体育祭、幼稚部運動会
11	秋の丘めぐり、秋のファミリーデー
12	幼・小音楽祭、クリスマス礼拝
1	――
2	こども会WEEK
3	卒園式

毎月：誕生会

Kindergarten Information

※濃い色で示したアイコンはこの幼稚園に該当するものです

入試データ

下記の資料は2024年度入園児用 **（2023年秋実施予定）** です

募集要項

募集人員	３年保育…男女計35名 ２年保育…男女若干名		
応募資格	平成31年４月２日～令和３年４月１日生まれ		
入園説明会	Ｗｅｂ説明会：５月13日／９月16日　10～11時		
願書配付期間	４月17日～		
願書受付期間	10月11～20日（消印有効）　簡易書留で郵送		
提出書類	・入園志願書・面接資料（志願者写真、家族写真を貼付） ・受験票、入園検定料振込金通知書 ・受験票返送用封筒（切手を貼付）		
受験票交付	10月24日　速達で発送		
受験番号付番	願書受付順	月齢考慮	あり
選抜方法 考査日	行動観察、保護者同伴による面接：11月１・２日のうち１日（希望日を選択可）		
考査料	30,000円		
合格発表	11月２日　18～24時　Ｗｅｂ発表		
入園手続	入園手続書類交付：11月３日　10～12時 入園手続受付：11月８日（消印有効）　郵送		
課外教室	なし		
公開行事	Primary幼稚部見学会：５月11・18・25日／６月１・８・15・22・29日／９月11～29日 プレキンダー体験教室：５月24・26・31日／６月２・７・９・14・16・21・23・28・30日 玉川学園体育祭：10月14日		
付記	・自家用車での送迎は要相談 ・年長児は９月以降、月～木曜日にチャレンジプログラムを実施		

学　費

……… 入園手続時納付金 ………

入園金	200,000円

………… 年間納付金 …………

授業料・年額	（年少）	795,000円
	（年中）	802,000円
	（年長）	809,000円
教育諸料・年額		129,500円
施設設備金・年額		130,000円
父母会会費・年額		7,200円
寄付金１口 （２口以上、任意）		100,000円

※上記金額は諸事情等で変更の場合あり

制　服

制帽のみ

セキュリティ

警備員常駐／防犯カメラ設置／保育時間中の門施錠／インターホン対応／保護者入構証／赤外線センサー設置／避難訓練実施／防災訓練実施／看護師常駐／交通指導員配置／学校110番／ＡＥＤ設置／災害用品備蓄

昼　食

お弁当（週５回）

進学情報

［小学校への進学状況］

【玉川学園】ほぼ全員が内部進学。推薦制度あり

［中学校への進学状況］

【玉川学園】約90％が内部進学。慶應中等部、東京都市大付属など

［系列校］

玉川大学・大学院、玉川学園高等部・中学部・小学部

※上記募集要項は幼稚園公表分と伸芽会教育研究所調査を併せたデータです。詳細は幼稚園ＨＰでご確認ください

考査ガイド

考査日程　1日
受験番号付番　願書受付順
選抜方法　親子とも名札を胸につけ、集団テスト（5人単位）、親子面接を行う
考査内容　集団テスト、親子面接
所要時間　約1時間30分

過去の出題例

集団テスト

■歌・リズム
・「むすんでひらいて」「げんこつ山のたぬきさん」を歌いながら、手遊びをする。

■読み聞かせ
・絵本の読み聞かせの後、質問に答える。

■行動観察（自由遊び）
・おままごと、ブロック、電車、粘土、ボール、クレヨン、すべり台などで自由に遊ぶ。

■言　語
・自由遊びの最中に先生に質問される。「お名前は何ですか」「お年はいくつですか」「今日はこの幼稚園に来て楽しかったですか」など。

■運　動
・平均台を渡る。

▲行動観察（自由遊び）　▲読み聞かせ

面接ガイド

親子面接 考査当日に、両親と本人へ行う
所要時間 約10分
<面接資料／アンケート>出願時に面接資料を提出する

過去の質問例

本人への質問

（本人への質問は集団テストの中で行われ、親子面接では両親への質問が中心）
・お年はいくつですか。
・公園では何をして遊びますか。

父親への質問

・志望理由をお聞かせください。
・本園をどのようにして知りましたか。
・どのようなお仕事をされていますか。
・公開行事に参加されてどう思われましたか。
・普段、どのようにお子さんに接していますか。
・お子さんが生まれて、ご自身にはどのような変化がありましたか。
・今、お子さんが一番好きな遊びは何ですか。
・お子さんには本園での３年間で、どのように成長してほしいですか。

母親への質問

・本園に期待することは何ですか。
・本園のどのようなところがお子さんに合うと思いますか。
・最近、どのようなときにお子さんの成長を感じましたか。具体的なエピソードをお聞かせください。

面接の配置図

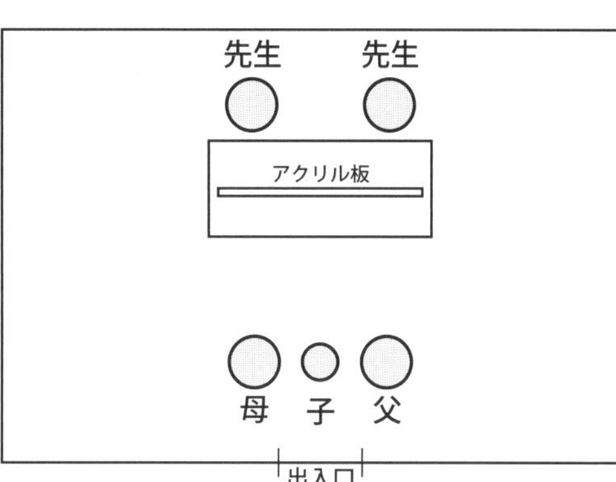

・最近、お子さんは何に興味を持っていますか。
・お仕事はされていますか。お弁当や送迎などが毎日ありますが、対応は可能ですか。
・お仕事をされていますが、育児との両立はどのようにされていますか。

※出願時に提出する面接資料には、以下のような記入項目がある。
①玉川学園を志望した理由
②家庭教育での留意点
③子どもの性格（長所と短所）について

Interview [voice clip]

園の公開行事には積極的に参加を

・受験日は指定された２日間のうち１日で、希望順位を指定できました。ただし試験定員があり受験日は受付順に決まるので、早めに出願したほうがよいと思います。
・考査の控え室には家庭ごとに長テーブルと、その上に折り紙と大学の冊子が用意されていました。試験の順番は男女で異なり、男児は面接が先で考査が後、女児は考査が先で面接が後でした。
・わが家はプレキンダー体験教室や見学会などの公開行事に参加していたため、先生方が覚えてくださっていました。息子も先生方を覚えていたので、面接の間も落ち着いて座っていられました。
・控え室や面接室への動線には、必ず職員の方が立っていて、丁寧に案内してくださいました。皆さん、とても誠実かつ温かい印象で、玉川学園の魅力を改めて感じました。

※考査ガイド、面接ガイドは伸芽会教育研究所によるデータです

田園調布雙葉小学校附属幼稚園

http://www.denenchofufutaba.ed.jp/kindergarten/

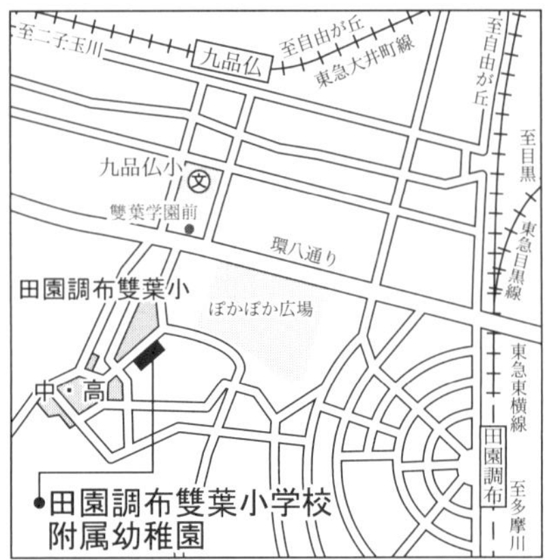

［所在地］　〒158-8511　東京都世田谷区玉川田園調布1-20-9
TEL　03-3721-5112　FAX　03-3721-7177

［アクセス］
●東急大井町線【九品仏】より徒歩10分
●東急東横線・目黒線【田園調布】より徒歩15分

幼稚園情報

［園　長］　筒井 三都子
［園児数］　女児120名

沿　革 学園の設立母体は、明治５年に来日した幼きイエス会である。幼きイエス会は17世紀に、ニコラ・バレ神父によってフランスに設立されたカトリック修道会で、日本において横浜、静岡、東京・四谷、福岡と順次、雙葉学園を開いた。田園調布には昭和16年12月に小学校を開校。昭和24年に中学校と幼稚園を、昭和27年に高等学校を開き、今日に至る。

教育方針 自由活動と一斉活動を組み合わせ、日常の経験とキリスト教にふれる機会を統合した毎日の幼稚園生活を通して、祈る心・温かい心、自分を素直に表現すること、意欲・考える力を一人ひとりの子どもの中に育て、保護者とともに人間形成の土台をつくりたいと願っている。また、独自性、相互性、自由性を身につけ、人間尊重の社会を目指し、勇気を持って根気強く進む人間に育つよう努める。

特　色 幼きイエス会の教育理念に基づき、校訓『徳においては純真に　義務においては堅実に』を人間形成の指針として、幼稚園から高校までの長い時間をかけて、一人ひとりの成長を見守り、導くことのできる一貫校の実現に力を尽くす。また、園庭にみなぎる陽光、空、雲、樹木、草花は、子どもたちに四季の移り変わりを教え感情を育み、健やかな成長を助けている。

保育日・保育時間

9:30～13:30(月・火・木・金)
9:30～12:30(水)
※水曜日は月１、２回午前保育
（11:30まで）

年間行事予定

月	行　事　名(抜粋)
4	入園式、親子遠足、歓迎会
5	保育参観
6	父の日の集い、親子観劇会、じゃがいも掘り
7	夏祭り
8	夏休み
9	引き取り訓練
10	運動会、遠足
11	勤労感謝の集い
12	学園感謝の集い、クリスマス会
1	おもちつき、小松菜とり
2	豆まき
3	お別れ遠足、お別れ会、卒園式
	毎月：防災訓練

Kindergarten Information

※濃い色で示したアイコンはこの幼稚園に該当するものです

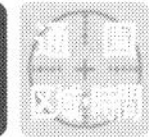

登園開始 制服 通園区域・時間 通園バス お弁当 アレルギー対応 課外教室 預かり保育 未就園児クラス 洋式・和式 セキュリティ 小学校 中学・高校 大学 カトリック

入試データ

下記の資料は2023年度入園児用（**2022年秋実施済み**）です

募集要項　※下記は前年度のデータです

募集人員	２年保育…女児約60名		
応募資格	平成30年４月２日～平成31年４月１日生まれ		
入園説明会	９月14日		
願書配付期間	Ｗｅｂ公開のみ		
願書受付期間	Ｗｅｂ出願：９月15日～10月11日 書類提出：10月８～11日（消印有効）　簡易書留速達で郵送 ※ＨＰの指示に従ってＷｅｂ出願後に書類提出		
提出書類	・入園願書 ・「本園志望にあたって」（家族写真を貼付） ・受験票 ※受験票は考査日に持参		
受験票交付	考査料決済後、自宅やコンビニエンスストアなどで各自印刷		
受験番号付番	生年月日順	月齢考慮	あり
選抜方法 考査日	親子面接：10月28～31日のうち１日 考査：11月５～７日のうち１日		
考査料	25,000円（クレジットカード、コンビニまたはペイジー決済）		
合格発表	11月９日（９時）～10日（９時）　Ｗｅｂ発表		
入園手続	11月10日　10～13時　小学校にて		
課外教室	なし		
公開行事	なし		
付記	**【園からのメッセージ】** 田園調布雙葉小学校附属幼稚園は、高校卒業までの14年間にわたる一貫教育の最初の２年間として位置づけられています。園と家庭の愛に包まれ思う存分遊べる時代、先生と保護者は園の「保育の願い」を心において、子どもたちの心身の成長を見守っています。小さな幼稚園ですが、園庭の大きな樹木、色とりどりの草花、泥んこ遊びをする広い砂場、野菜を育てるささやかな場など、自然を身近に感じられる健康的な環境だと思っております。		

学費

……… 入園手続時納付金 ………

入園金	250,000円
施設拡充費	150,000円
寄付金１口 （３口以上、任意）	100,000円

………… 年間納付金 …………

保育料・年額	426,000円
施設拡充費・年額	165,000円
冷暖房費・年額	8,000円
後援会会費・年額	6,000円

※寄付金は、入園手続後に納付
※上記金額は諸事情等で変更の場合あり

制服

セキュリティ

警備員常駐／防犯カメラ設置／保育時間中の門施錠／インターホン対応／保護者名札着用／避難訓練実施／防災訓練実施／交通指導員配置／緊急通報システム／緊急地震速報装置／学校110番／ＡＥＤ設置／災害用品備蓄／飛散防止フィルム付き窓ガラス

昼食

お弁当（週５回。月１、２回の午前保育の日をのぞく）

進学情報

[小学校への進学状況]
【田園調布雙葉】原則として内部進学可能

[中学校への進学状況]
【田園調布雙葉】ほぼ全員が内部進学

[系列校]
田園調布雙葉中学高等学校、田園調布雙葉小学校など

※上記募集要項は幼稚園公表分と伸芽会教育研究所調査を併せたデータです。詳細は幼稚園ＨＰでご確認ください

考査ガイド

考査日程 面接を含めて2日

受験番号付番 年長者より生年月日順

選抜方法 1日目：子どもは番号札を胸と背中に、親は胸につけて親子面接を行う
2日目：子どもは番号札を胸と背中につけ、約10人単位で誘導ロープに1人ずつつかまって考査室に向かい、集団テストを行う。途中、1人ずつ呼ばれ、個別テストを行う

考査内容 個別テスト、集団テスト、親子面接

所要時間 1日目：約10分　2日目：約30分

過去の出題例

個別テスト

■巧緻性

・紙に描かれたテントウムシ、チョウチョ、花、アメの絵にある丸に合わせて、決められた色の丸シールを貼る。

■数・指示行動

・人形が何体か用意されている。「お人形を2つ選んで、それぞれ赤と黄色のお家に届けてください」などと指示される。

・模擬の野菜、フライパン、フライ返し、しゃもじ、おたま、お弁当箱などが用意されている。「混ぜるときに使うものを選んでカレーを作り、お弁当箱に入れて黄色のお家に持っていってください」などと指示される。

・模擬の果物からイチゴ4個、オレンジ3個を取る。

・用意されたおはじきから好きな色を3個取る。

■比　較

・クレヨンを見て一番長いのは何色か答える。

■系列完成

・赤、緑、黄色の順に並んでいるとき、空いているところに何色が入ればよいか答える。

■常識・言語

・遊んでいる最中に「お名前を教えてください」「好きな色は何ですか」「好きな食べ物は何ですか」「いつも誰と遊びますか」などと質問される。

・絵を見て悪いことをしている人にバツ印のシールを貼る。

・人形が貼りつけてある道路の絵がある。「(人形が) 横断歩道を2つ通ってピンクの家に帰る」など、先生に指定されたルートを示す。

・野菜や果物の絵を見て、「酸っぱいものはどれですか」「『ト』がつくものはどれですか」などの質問に答える。

集団テスト

■行動観察（自由遊び）

・おままごと、ブロック、積み木、ぬいぐるみ、お人形、ベビーカー、電話、ビー玉転がしなどで自由に遊ぶ。途中で個別テストに呼ばれる。

■読み聞かせ

・先生が紙芝居を読み聞かせる。

■歌・リズム

・「はじまるよ」「むすんでひらいて」「グーチョキパーでなにつくろう」「あたま・かた・ひざ・ポン」などを歌いながら手遊びをする。

■運　動

・ウサギのまねをしてピョンピョン跳ぶ。

・ヘビのまねをしてクネクネした線の上を歩く。

面接ガイド

親子面接 考査日前の指定日時に、両親と本人へ第一面接と第二面接を受験番号順で行う
所要時間 各５分
<面接資料／アンケート> 出願時に「本園志望にあたって」（面接資料。p.134、135参照）を提出する

過去の質問例

本人への質問

・お名前を教えてください。何歳ですか。
・朝ごはんは何を食べましたか。
・好きな食べ物は何ですか。
・お料理のお手伝いはしますか。何をしますか。
・お家では何をして遊びますか。
・お外では何をして遊びますか。
・好きな遊びは何ですか。
・公園には誰と行きますか。何をしますか。
・絵本は好きですか。誰に読んでもらいますか。

父親への質問

・志望の決め手となったことを教えてください。
・どのようにして本園をお知りになりましたか。
・カトリック教育についてどのようにお考えですか。
・本学園の14年女子一貫教育について、どのようにお考えですか。
・普段お子さんとどのようにかかわっていますか。
・最近、どのようなことでお子さんをほめましたか。
・お仕事のやりがいをお聞かせください。

母親への質問

・ご自身は一貫教育を受けた経験はありますか。出身校を教えてください。
・お子さんの志望園がご自身の出身校でなくてよいですか。
・お子さんとご自身が似ている点はどこですか。
・最近、どのようなことでお子さんをしかりましたか。
・ご主人のどのようなところがよいと思いますか。
・ご自身はお子さんから見てどのような母親だと思いますか。
・中学、高校時代の教育で、現在のご自身に影響をおよぼしていることは何だと思いますか。
・現在お仕事はされていますか。勤務形態を教えてください。お子さんの送迎はできますか。

面接の配置図

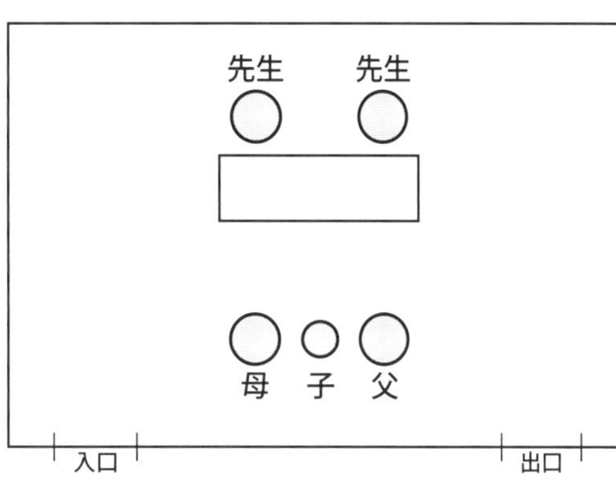

Interview [voice clip]

子どもの面接は会話形式の練習を

・令和５年度入試からＷｅｂ出願になりました。写真館で撮影した顔写真のデータが大きすぎてアップロードできず、容量を小さくする必要があり、出願に手間取りました。余裕を持って準備をしておくべきでした。
・第一面接の面接官は園長先生と副園長先生で、子どもへの質問はありませんでした。母親への質問は、自身の学生時代や職歴のことが多く、女性の教育や生き方を重視していることがうかがえました。
・第二面接での子どもへの質問は、答えを受けて発展していく形式でした。答えの内容ではなく、子どもの普段通りの姿を見られていると感じました。会話形式の練習をしておくとよいと思います。
・考査の控え室には絵本と折り紙が用意され、スクリーンでは園児たちのクリスマス会の映像が流れていました。室内に先生はいらっしゃらず、皆さんリラックスして過ごされていました。

※考査ガイド、面接ガイドは伸芽会教育研究所によるデータです

参考資料

書類見本

本園志望にあたって

2023

田園調布雙葉小学校附属幼稚園

受験番号	※幼稚園使用欄

記入上の注意

○記入はペン書きとし、数字は算用数字でお書きください。

○氏名は戸籍に基づいた楷書でお書きください。

本人	ふりがな			生年月日	年　月　日
	氏名	姓	名		
	現住所	〒(　　－　　)　TEL(　　－　　－　　)			
	保育歴	集団生活の経験（1・2いずれかに○をつける）　1. ある…名称（　　）　2. ない			
保護者	ふりがな			連絡先	たとえば勤務先など
	氏名	姓	名		
	現住所	本人と異なるときのみ記入			

本人を含む家族構成	本人との続柄	氏名	年齢	自宅から本園までの経路	（記入例）自宅 —徒歩 5分— 二子玉川駅 —大井町線 10分— 九品仏駅 —徒歩 12分— 幼稚園
					自宅から本園までの平均所要時間（駅での待ち時間を含む）…………（　　）分

受験に際し幼稚園に知らせておきたいことがあれば自由にお書きください。

1/2

書類見本

本園志望にあたって

田園調布雙葉小学校附属幼稚園

受験番号	※幼稚園使用欄

本人	姓	名

ここに家族全員の写真をお貼りください。
3か月以内のものでスナップなどで結構です。
写真のデータを貼っていただいても構いません。

写真説明

2/2

東京都市大学二子幼稚園

http://www.tcu-futako.ed.jp

［所在地］　〒158-0094　東京都世田谷区玉川2-17-10
TEL　03-3708-0104　FAX　03-3700-0897

［アクセス］
●東急田園都市線・大井町線【二子玉川】より徒歩5分

幼稚園情報

［園　長］　荒屋 勝壽
［園児数］　男女計210名

沿　革　創立者は五島慶太（東急グループ創業者）。昭和14年、東横商業女学校を開校。昭和30年、学校法人五島育英会を設立し、東横学園と武蔵工業大学を経営する。同年前身である東横学園二子幼稚園を開園。平成16年、現在地に移転、新園舎建設。平成21年、東横学園と武蔵工業大学の校名変更統一で東京都市大学グループ誕生。東京都市大学二子幼稚園に名称変更。

教育方針　建学の精神である『健康・知性・風格・自立・感動と畏敬』に基づき、「あそび」を通して学びに向かう力、豊かな心、たくましい体を育てる。「課題あそび」「自由あそび」、そしてさまざまな行事など、幼児期で最も大切な体験の積み重ねを重視する。良質な教育の提供を心掛け、知・徳・体の成長がはっきりとわかる教育活動を実践する。

特　色　①きれいで安全な園舎、②運動会や夕涼み会、もちつきなど伝統的な季節行事、③多摩川や砧公園などにて自然にふれる教育、④園庭や二子玉川ライズの菜園で野菜栽培と収穫・調理、⑤外国の文化にふれる教材や毎日10分間の英語活動、⑥N響や劇団を招き本物にふれる鑑賞教室、⑦蔵書数3000冊の図書室、⑧中・高の教員や生徒の科学体験教室、ネイティブ教員とのふれ合いなど都市大グループの力。

保育日・保育時間

【年少】9:00～13:40（月・火・木・金）
9:00～11:40（水・土）
【年中】9:00～13:50（月・火・木・金）
9:00～11:50（水・土）
【年長】9:00～14:00（月・火・木・金）
9:00～12:00（水・土）
※土曜日は月1回程度登園

◇預かり保育（月～金）
17:00まで　※年少組は2学期から

年間行事予定

月	行　事　名（抜粋）
4	入園式
5	遠足、こどもの日のお祝い
6	観劇会、プラネタリウム見学（年長）
7	夕涼み会、お泊まり保育（年長）
8	夏期保育（下旬に3日間）
9	敬老の日の集い
10	運動会、いも掘り
11	歩き遠足、移動動物村
12	子どもの発表会、もちつき、クリスマス会
1	たこあげ、マラソン大会、N響音楽会
2	子どもの音楽会
3	お別れ会、お別れ遠足（年長）、卒園式
	毎月：誕生会、避難訓練

Kindergarten Information

登園開始　制服　送迎　通園バス　両方あり　アレルギー対応　課外教室　預かり保育　未就園児クラス　洋式　セキュリティ　小学校　中学・高校　大学

※濃い色で示したアイコンはこの幼稚園に該当するものです

入試データ

下記の資料は2024年度入園児用 **（2023年秋実施予定）** です

募集要項

募集人員	3年保育…男女計70名		
応募資格	令和2年4月2日～令和3年4月1日生まれ		
入園説明会	7月29日／8月2・4・5日／10月16日		
願書配付期間	Web公開のみ		
願書受付期間	10月23日（6～15時） ※HPの指示に従ってWeb出願		
提出書類	受験票 ※考査日に持参		
受験票交付	考査料決済後、自宅やコンビニエンスストアなどで各自印刷		
受験番号付番	願書受付順	月齢考慮	あり
選抜方法 考査日	行動観察（集団遊び、指示行動）、親子面接：11月1日		
考査料	10,000円（クレジットカード、コンビニまたはペイジー決済）		
合格発表	11月2日　Web発表		
入園手続	11月4日　15時30分締切		
課外教室	サッカーあそび／ミュージカルあそび		
公開行事	保育見学会：6月30日／7月3・14日／9月11・21日／10月3日 運動会：10月7日（雨天時は8日に実施）		
付記	・自家用車での送迎可 **【園からのメッセージ】** 幼児期の「躾（しつけ）」は字のとおり美しさを身につけることです。本園ではその基本はあいさつにあると考え、毎日登・降園時に元気に「おはようございます」「さようなら」とあいさつを交わします。笑顔と元気があふれる幼稚園です。		

学費

……… 入園手続時納付金 ………

入園料	180,000円

………… 年間納付金 …………

保育料・月額	（年少）32,000円
	（年中・年長）30,000円
教材料・月額	2,500円
維持料・月額	3,000円
施設設備料・年額	30,000円
諸経費・年額	約46,000円～約79,000円

※上記金額は諸事情等で変更の場合あり

制服

制帽のみ

セキュリティ

警備員常駐／防犯カメラ設置／保育時間中の門施錠／インターホン対応／保護者名札着用／避難・防災訓練／交通指導員配置／緊急通報・安否確認システム／緊急地震速報装置／学校110番／AED設置／災害用品備蓄／防犯訓練／不審者対策／固定遊具の周囲にマット設置

昼食

給食（週2回）、お弁当（週2回）

進学情報

［小学校への進学状況］

【東京都市大付属】約20％が内部進学。推薦制度あり

［中学校への進学状況］

【東京都市大付属、等々力】、筑波大駒場、開成、駒場東邦、桜蔭、慶應（中等部、普通部）、渋教渋谷など

［系列校］

東京都市大学・大学院、東京都市大学付属中学校・高等学校、東京都市大学等々力中学校・高等学校、東京都市大学付属小学校など

※上記募集要項は幼稚園公表分と伸芽会教育研究所調査を併せたデータです。詳細は幼稚園HPでご確認ください

考査ガイド

考査日程　1日
受験番号付番　願書受付順
選抜方法　子どもは番号札を左胸につけ、集団テストを受ける。その後、親子面接を受ける
考査内容　個別テスト、集団テスト、親子面接
所要時間　1時間～1時間30分

過去の出題例

集団テスト

■行動観察（自由遊び）
・おままごと、積み木、ブロックなどで自由に遊ぶ。

■読み聞かせ
・先生が絵本を読み聞かせる。

個別テスト ※面接室で行う

■構　成
・枠はめパズルをする。

■常　識
・バナナの絵を見てそれが何か答える。

▶行動観察（自由遊び）

▲構成

面接ガイド

親子面接 考査当日に、両親と本人へ受験番号順で行う
所要時間 5～10分

過去の質問例

本人への質問

・お名前を教えてください。
・お年はいくつですか。
・いつも誰とどんな遊びをしていますか。
・好きな食べ物は何ですか。
・（バナナの絵カードを見せられて）これは何ですか。食べたことはありますか。
・（傘の絵カードを見せられて）これは何ですか。自分の傘は持っていますか。一人でさせますか。
・（ゾウの絵カードを見せられて）これは何ですか。
・（果物の絵カードを見せられて）これは何ですか。
・（三角や四角などの型をはめるパズルを渡され）パズルをして、終わったら片づけてください。

面接の配置図

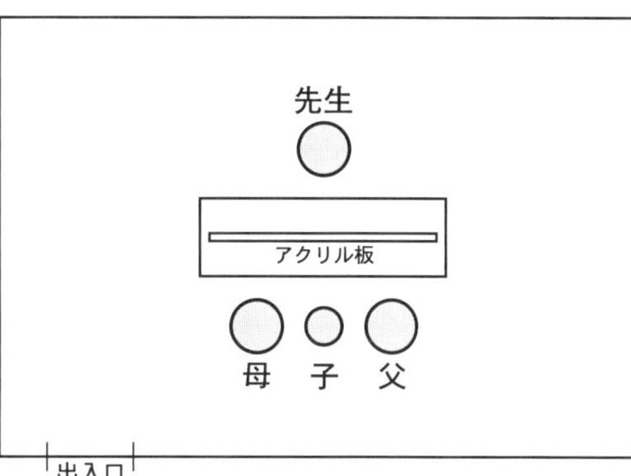

父親への質問

・志望理由を教えてください。
・本園に期待することは何ですか。
・入園後、園とご家庭の教育方針に相違を感じた場合、どうしますか。
・お子さんにはどのような幼稚園生活を送ってほしいですか。
・お子さんにはどのように成長してほしいですか。
・子育てで気をつけていることはありますか。
・お子さんの発育で気になることはありますか。
・小学校受験についてお考えをお聞かせください。

母親への質問

・お子さんの長所と短所を教えてください。
・お子さんの短所を改善するために取り組んでいることはありますか。
・お子さんは集団生活の経験はありますか。
・お子さんは習い事をしていますか。
・お子さんは一人でトイレに行けますか。
・子育てで困っていることはありますか。
・卒園するとき、お子さんはどのように成長していると思いますか。
・お子さんの健康状態を教えてください。

Interview [voice clip]

どんないすでも子どもが落ち着いて座れるよう練習を

・令和５年度入試はＷｅｂ出願でした。志望理由や子どもの様子などを詳しく入力する項目がなかったため、面接で質問されると思い、簡潔に答えられるよう準備をしておきました。
・考査への誘導時、子どもと保護者１人が控え室のステージ前に受験番号順に並び、子どもはアルコール消毒を行いました。マスクの着用は任意で、７割くらいのお子さんが外していました。
・面接のいすは親子ともパイプいすでした。子どもは足がつかず、途中から足をぶらつかせたり、立ち歩いたりしてしまいました。パイプいすにおとなしく座っていられるよう練習しておくべきでした。
・面接での親への質問は、父親と母親どちらが答えてもよい形式でした。過去の質問例を参照し、前もって役割分担を決めておくとよいと思います。

※考査ガイド、面接ガイドは伸芽会教育研究所によるデータです

桐朋幼稚園

https://yochien.toho.ac.jp/

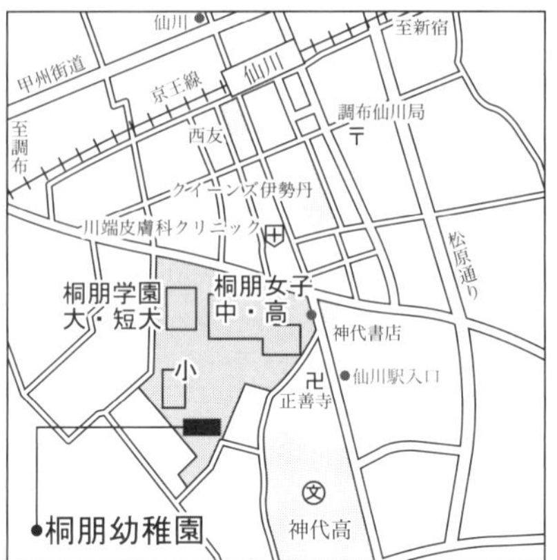

［所在地］　〒182-8510　東京都調布市若葉町1-41-1
TEL　03-3300-2111　FAX　03-3300-4377

［アクセス］
●京王線【仙川】より徒歩５分
●JR中央線ほか【吉祥寺】【三鷹】、小田急小田原線【成城学園前】よりバス

幼稚園情報

［園　長］　中村 博
［園児数］　男女計78名

沿　革　山下汽船社長・山下亀三郎による陸海軍への献金を基に、昭和15年、軍人の子弟子女の教育を目的として、桐朋学園の前身である財団法人山水育英会が設立される。昭和22年、東京教育大学に移管、財団法人桐朋学園となり、後に学校法人桐朋学園に改組。昭和30年、桐朋幼稚園・小学校を設置。幼・小・中・高の一貫教育体制を確立した。

教育方針　「生きるために必要な根を育てたい」が保育の基本。子どもが人間として自分の力で生きていける根を持たせ、しっかり根づかせることを目標とする。そのために大事にしているのが自主性・主体性。自発的な行動は子ども同士がふれ合い、ぶつかり合い、結びつく中で育つ。その生活を楽しめる機会や活動を用意し、教員も参加する。人とかかわり互いの違いを認め合いながら、コミュニケーション力や社会性を育むことも大切にしている。

特　色　園生活の一日は「生活」「遊び」「題材的な活動」の３つの柱で構成される。遊びを中心とした生活の中で、身の回りのことや飼育活動、掃除や片づけ、制作や表現活動などを通し、好奇心や意欲を高め、興味・関心の幅を広げていく。また、活動において試行錯誤することで、思考力・創造力・行動力など、さまざまな側面が豊かに育つ。

保育日・保育時間

9:00～14:00(火・木・金)
9:00～11:30(月・水)
※時期によって多少の変更あり

◇預かり保育「きりっこくらぶ」(月～金)
16:00まで

年間行事予定

月	行　事　名(抜粋)
4	入園式、保護者会、通園安全指導
5	春の遠足、個人面談、参加参観懇談会
6	プレイデー（子どものみ）
7	個人面談、みそ汁パーティー
8	夏休み
9	通園安全指導、合宿活動
10	プレイデー（親子）、おいも掘り
11	秋の遠足、参加参観懇談会
12	音楽を楽しむ会、個人面談
1	もちつき
2	参加参観懇談会
3	カレーパーティー、進級・修了式
	毎月：誕生会

Kindergarten Information

※濃い色で示したアイコンはこの幼稚園に該当するものです

入試データ

下記の資料は2023年度入園児用（**2022年秋実施済み**）です

募集要項　※下記は前年度のデータです

募集人員	3年保育…男女計26名		
応募資格	平成31年4月2日～令和2年4月1日生まれ		
入園説明会	初等部（幼・小）説明会：5月14日 幼稚園説明会：6月25日／9月3日		
願書配付期間	6月1日～10月5日		
願書受付期間	10月1～5日（必着）　簡易書留で郵送		
提出書類	・入園願書　・志願理由記載書 ・写真票、志願票　・選考料納入証明書 ・選考結果通知書用封筒　・簡易書留封筒		
受験票交付	簡易書留で郵送		
受験番号付番	――	月齢考慮	あり
選抜方法 考査日	親子での遊びによる考査、親子面接：11月1～3日のうち1日（日時は郵送で通知）		
考査料	20,000円		
合格発表	11月4日発送　簡易書留速達で通知		
入園手続	11月7日　10～12時		
課外教室	なし		
公開行事	お庭で遊ぼうの会：5月9・23日／7月22日		
付記	・保護者が送迎。通園条件あり。自家用車での送迎は要問い合わせ ①渋谷区、新宿区、杉並区、世田谷区、中野区、目黒区、稲城市、国立市、小金井市、狛江市、多摩市、調布市、日野市、府中市、三鷹市、武蔵野市、川崎市麻生区、川崎市多摩区在住 ②利用交通機関は2系統まで、乗り換えは1回まで ③通園時間は60分以内（交通機関は、各駅停車を利用し乗車時間は40分程度までとする）		

学費

……… 入園手続時納付金 ………

入園料	300,000円

………… 年間納付金 …………

保育料・月額	49,600円
施設維持費・月額	10,500円
教育充実費・月額	2,000円
園児諸料・年額	24,000円
ＰＴＡ入会金	2,000円
ＰＴＡ会費・年額	4,400円
予納金（学級活動費、補助教材費）・年額	20,000円

※上記金額は諸事情等で変更の場合あり

制服

制帽のみ

セキュリティ

警備員常駐／防犯カメラ設置／保育時間中の門施錠／保護者ＩＤカード／避難訓練実施／防災訓練実施／養護教諭常駐／交通指導員配置／緊急地震速報装置／ＡＥＤ設置／災害用品備蓄

昼食

お弁当（学年や時期により週1～3回）

進学情報

［小学校への進学状況］

【桐朋】推薦制度あり

［中学校への進学状況］

【桐朋、桐朋女子】ほぼ全員が内部進学

［系列校］

桐朋学園大学・大学院大学、桐朋中学校・高等学校、桐朋学園小学校、桐朋学園芸術短期大学、桐朋女子中学校・高等学校、桐朋小学校など

※上記募集要項は幼稚園公表分と伸芽会教育研究所調査を併せたデータです。詳細は幼稚園ＨＰでご確認ください

考査ガイド

考査日程 1日
受験番号付番 ———
選抜方法 子どもは名札を左胸につけて、親子で個別テストと集団テストを受ける。その後、親子面接が行われる
考査内容 個別テスト、集団テスト、親子面接
所要時間 約1時間

過去の出題例

個別テスト

■比較・常識

・大、小の紙皿が用意されている。「どちらが大きいですか」などと質問される。
・リスのぬいぐるみ、大、小のボウル、模擬のクッキーが用意されている。「リスがドングリのクッキーを作ります。大きいボウルはどちらですか」「ドングリがたくさん載っているクッキーはどちらですか」「○○ちゃんはどちらを食べたいですか。それはなぜですか」などと質問される。

■行動観察（親子遊び）

・親は子をひざの上に乗せていすに座る。バイクと自転車のどちらがよいか子どもにたずね、子どもが選んだほうの乗り物になったつもりで道を曲がったり、揺れたりする。

■模　倣

・お手本通りに積み木（ブロック）を積む。

■制作・巧緻性

・お弁当箱に好きなおかずを入れて布で包む。
・指示された色の順に、ひもにビーズを通す。

■言語・常識

・「お名前を教えてください」「好きなお料理は何ですか」などの質問に答える。

集団テスト

■行動観察（親子遊び）

・園庭の遊具や砂場、おままごとなどで自由に遊ぶ。
・高い台の上にクマのぬいぐるみが置いてある。ぬいぐるみに届くように、親子で用意された箱を積み上げる。

▶比較・常識

◀行動観察（親子遊び）

面接ガイド

親子面接 考査当日に、両親と本人（質問はないが同席）へ、考査を終えて控え室に戻ってきた順で行う
所要時間 5～10分
<面接資料／アンケート> 出願時に志願理由記載書を、出願後に質問票を面接資料として提出する

過去の質問例

父親への質問

・桐朋の教育理念に賛同されていますか。
・本園を志望した理由を、お子さんの特性も含めてお話しください。
・思いやりを育むには何が有効だと思いますか。
・（父母共通）町内で運動会があります。白組と赤組しかありませんが、お子さんは緑組に入りたいと言います。どのように対応されますか。
・休日はお子さんと何をして過ごしていますか。
・お子さんの好きなものについて、具体的なエピソードを交えてお話しください。
・どのようなときにお子さんの成長を感じますか。

母親への質問

・志望動機を教えてください。
・本園の教育方針で賛同する点はありますか。
・どのようなお子さんですか。
・お子さんが登園を嫌がったらどうしますか。
・園庭での考査はいかがでしたか。
・お子さんは普段、外遊びをしていますか。
・子育てで気をつけていることは何ですか。
・お子さんが目の前でお友達とけんかをして泣いてしまったら、どのように対応しますか。
・通園の送迎はどなたがされますか。

面接の配置図

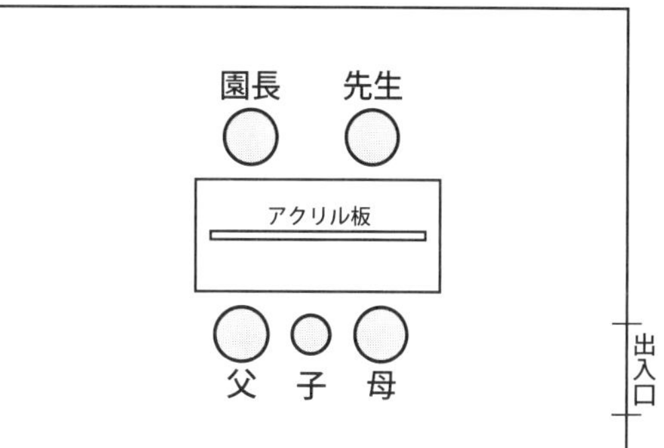

※出願時に提出する面接資料には、以下のような記入項目がある。
①志願者氏名、性別、生年月日
②志願理由・そのほか知っておいてほしいこと
※出願後に提出する面接資料には、以下のような記入項目がある。保護者の写真を貼付する。
①志願者氏名、受付番号、生年月日、性別
②平日の保育時間中に実施する行事に参加できるか、どのようにかかわろうと考えているか
③普段の子どもの様子で、「はっ」として考えさせられたエピソード

Interview [voice clip]

面接資料用のエピソードは多めに準備を

・質問票は出願後に届きました。子どもの様子の欄が広く、保護者の写真も必要で、提出期限も近かったので焦りました。志願理由記載書も記入欄が広いので、エピソードは多めに考えておくとよいと思います。
・事前に、感染症対策のため絵本や飲み物を用意できないので各自持参するよう案内がありました。また、晴天の場合は園庭で親子遊びをするので、動きやすい服装と運動靴でとの指定がありました。
・受付後、プレイルームに誘導されるまで、園庭で親子遊びをしました。わが家は1時間以上あったため、子どもが飽きないように気を配りました。親子のかかわりをしっかりとチェックされていました。
・面接では面接資料を掘り下げた質問がありました。両親のどちらが答えてもよい形式でしたが、父親に答えてほしい様子がうかがえました。父親の子どもへのかかわり方を見られていると感じました。

※考査ガイド、面接ガイドは伸芽会教育研究所によるデータです

東洋英和幼稚園

http://www.toyoeiwa.ac.jp/yochien/yochien.html

［所在地］　〒106-0032　東京都港区六本木5-6-14
TEL　03-3401-3014　FAX　03-3408-3338

［アクセス］
●東京メトロ日比谷線・都営大江戸線【六本木】より徒歩７分
●東京メトロ南北線【麻布十番】より徒歩13分

幼稚園情報

［園　長］　堤 加壽美
［園児数］　男女計130名

沿　革　カナダ・メソジスト教会（現在のカナダ合同教会）婦人伝道会社から派遣された宣教師ミス・カートメルにより明治17年、麻布鳥居坂に設立された東洋英和女学校に始まる。付属幼稚園は、大正３年に創立された。キリスト教を礎とする学院の一貫した教育で、幼稚園から大学・大学院までの総合学院に発展してきた。

教育方針　キリスト教による人間形成を重んずる教育を目的とする。幼児期より青年期に至る各成長段階において、一人ひとりを大切にし、人格の目覚めや自立を促し、豊かな人間性を育むとともに、敬神と奉仕の精神を培う。自由な遊びと子どもらしい生活の中で、創造性を養い感性を高め、神様を思う心を育てる。家庭と連携し、大人同士が信頼し支え合って、大人も子どももともに育つ。

特　色　登園した子どもは、思い思いの場所で自由に遊び始め、自らが立てた目標に向かって、工夫した遊びを展開する。思い通りにならないことや友達とのトラブルを体験しながら、それぞれのペースでその子らしい充実したときを過ごせるよう見守る。お祈りや賛美を通して、目に見えない真実のものと向き合い、今の自分を喜びと感謝をもって受け止め、他者を思うことができる人間に育てる。

保育日・保育時間

【年少】8:30～13:00（火・木）
8:30～11:30（月・水・金）
【年中】8:30～13:15（火・木・金）
8:30～11:30（月・水）
【年長】8:30～13:30（火・木・金）
8:30～11:30（月・水）

年間行事予定

月	行　事　名（抜粋）
4	入園式、春の健康診断
5	歯磨き指導、母と子の遠足
6	父母の会
7	軽井沢追分寮キャンプ（年長）
8	夏休み
9	祖父母の会、父と遊ぶ日
10	秋の健康診断
11	創立記念日礼拝、園外保育
12	アドヴェント礼拝
1	おもちつき
2	父と子の遠足、日本舞踊を観る会
3	お別れ会、卒業式

毎月：誕生会

Kindergarten Information

※濃い色で示したアイコンはこの幼稚園に該当するものです

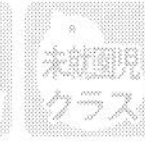

登園開始　制服　通園区域・時間　通園バス　お弁当　アレルギー対応　課外教室　預かり保育　未就園児クラス　洋式　セキュリティ　小学校　中学・高校　大学　プロテスタント

入試データ

下記の資料は2024年度入園児用**（2023年秋実施予定）**です

募集要項

募集人員	３年保育…女児30名、男児若干名 ２年保育…男児若干名 男女計約50名（３年保育、２年保育合わせて）		
応募資格	平成31年４月２日～令和３年４月１日生まれ		
入園説明会	７月15・17日（園舎見学あり）		
願書配付期間	７月15日～８月30日 平日９～16時　幼稚園取り扱い窓口にて		
願書受付期間	Ｗｅｂ出願：８月１日（９時）～24日（12時） 書類提出：８月25日～９月１日（消印有効）　簡易書留速達で郵送 ※ＨＰの指示に従ってＷｅｂ出願後に書類提出		
提出書類	・入園願書（志願者写真、家族写真を貼付） ・健康調査票 ・受験票 ・面接日時連絡はがき ※受験票は考査日に持参		
受験票交付	考査料決済後、自宅やコンビニエンスストアなどで各自印刷		
受験番号付番	生年月日順	月齢考慮	あり
選抜方法 考査日	保護者面接（幼児同伴）：９月12日～10月16日のうち１日 自由な遊び：10月24～26日のうち１日		
考査料	25,000円（クレジットカード、コンビニまたはペイジー決済）		
合格発表	10月27日　Ｗｅｂ発表		
入園手続	11月７日		
課外教室	ピアノ科／日本舞踊教室		
公開行事	――		
付記	・合格者は世帯全員が記載されている住民票の写しを提出 ・ピアノ科の入科資格は、１年間継続してレッスンを受けられる在園児。５月より開始		

学費

……… 入園手続時納付金 ………

入園料　（女児）	430,000円
（男児）	130,000円

………… 年間納付金 …………

保育料・年額	490,000円
教育充実費・年額	130,000円
施設設備資金・年額（女児）	230,000円
（男児）	70,000円
教材費・年額	9,600円
母の会入会金	5,000円
母の会会費・年額	10,000円
後援会会費・年額（女児）	40,000円
（男児）	20,000円
寄付金１口 （３口以上、任意）	100,000円

※上記金額は諸事情等で変更の場合あり

制服

セキュリティ

警備員常駐／防犯カメラ設置／保育時間中施錠／インターホン対応／保護者入構証／赤外線センサー設置／避難訓練実施／防災訓練実施／防犯訓練実施／看護師常駐／交通指導員配置／緊急通報システム／緊急地震速報装置／学校110番／ＡＥＤ設置／災害用品備蓄

昼食

お弁当（週２、３回）

進学情報

[小学校への進学状況]

女子：【東洋英和女学院】原則として内部進学可能

男子：非公表

[中学校への進学状況]

【東洋英和女学院】約95％が内部進学。桜蔭、広尾学園など

[系列校]

東洋英和女学院大学・大学院、東洋英和女学院中学部・高等部、東洋英和女学院小学部、東洋英和女学院大学付属かえで幼稚園

※上記募集要項は幼稚園公表分と伸芽会教育研究所調査を併せたデータです。詳細は幼稚園ＨＰでご確認ください

考査ガイド

考査日程　面接を含めて２日
受験番号付番　生年月日順
選抜方法　３年保育
１日目：親子面接が行われる
２日目：番号札を子どもは胸と背中、親は胸につけ、約10組ずつ集団テスト（保護者も入室）を受ける
考査内容　集団テスト、親子面接
所要時間　１日目：約10分　２日目：約40分

過去の出題例

集団テスト

■行動観察（親子遊び）

・先生を囲んで輪になって座る。子どもは親のひざの上に座る。先生のお話を聞いた後、「くまさんくまさん」に似た歌と先生のお手本に合わせて親子でリズム遊びをする。「くまさんくまさん（てくてくてく）」で手を２回たたく。「くまさんくまさん、ジャンプしましょ」でジャンプする。「くまさんくまさん、くるっと回って」で回る。「くまさんくまさん、さようなら」。などを２回くり返す。終了後、好きなところで自由に遊ぶよう指示される。

◀行動観察（自由遊び）

▲行動観察（親子遊び）

過去の出題例

集団テスト

■行動観察（自由遊び）

・おままごと、粘度、木琴、フープ、巧技台、段ボール紙のトンネルなどで自由に遊ぶ。親はつき添うか周囲のいすに座って見守る。

▲行動観察（自由遊び）

面接ガイド

親子面接 考査日前の指定日時に、両親と本人へ生年月日順で行う。本人に質問はなく、玩具で遊んで待つ
所要時間 約10分

過去の質問例

父親への質問

- 本園をどのようにして知りましたか。
- 志望理由を教えてください。
- どのようなお仕事をされていますか。
- 普段お子さんとどのようにかかわっていますか。
- お子さんと接するとき、どのようなことに気をつけていますか。
- お子さんの成長を感じた出来事を教えてください。
- お子さんにはどのように育ってほしいですか。
- お子さんはご家族にとってどのような存在ですか。
- （父母共通）ご自身がご両親から受けた教育で、お子さんに受け継いでいきたいことは何ですか。
- （父母共通）ご自身はどのようなお子さんでしたか。どのような遊びが好きでしたか。
- （男児の場合）系列の小学校には進学できませんが、なぜ本園を志望されたのですか。

母親への質問

- 普段のこの時間は、お子さんは何をしていますか。
- 説明会には参加されましたか。そのときの印象をお聞かせください。
- 本園に期待することは何ですか。
- キリスト教教育についてどう思われますか。
- どのようなお子さんですか。
- お子さんとごきょうだいの関係はいかがですか。

面接の配置図

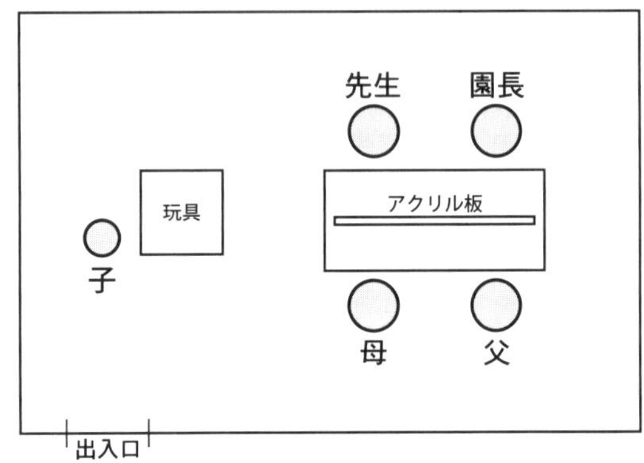

※両親が面接を受けている間、子どもは用意された玩具で遊んで待つ

- お子さんは習い事をしていますか。
- お子さんが幼稚園でけんかをして帰ってきたら、どのように対処しますか。
- 最近、お子さんが興味のあることは何ですか。
- 子育てでうれしいと思うとき／大変だと思うときを教えてください。
- 子育てで困ったとき相談できる人はいますか。
- ご家族の健康のために何に気をつけていますか。
- お仕事はされていますか。送迎や行事への参加はできますか。
- 入園前に園に伝えたいことはありますか。

Interview [voice clip]

床にきちんとした姿勢で座る練習を

- 面接官の先生方は優しい雰囲気で、親の回答に相づちを打ってくださり、とても話しやすかったです。子どもが遊ぶ様子も時々気にかけほほ笑みかけてくださいましたので、娘もうれしそうでした。
- 面接日に考査当日の注意事項が掲示されており、子どもたちが緊張するので親は黒や紺のスーツを控えるよう指示がありました。わが家はライトグレーのワンピースとベージュのカーディガンを着用しました。
- 考査の自由遊びでは、わが家は子どもと一通り遊んだ後、離れていすに座りました。子どもたちは一緒に遊ぶというより各自が好きな遊びをしていて、先生方からのお声掛けはありませんでした。
- 考査の読み聞かせのとき、子どもたちは床に直接座りました。親は子どもからすぐに離れなければならず、姿勢を正すことができませんでした。床に座ることを想定して練習をしておくべきでした。

※考査ガイド、面接ガイドは伸芽会教育研究所によるデータです

書類見本

A票表面

受験番号	

2023年度 **入 園 願 書**

			続 柄	志願者写真 4cm×3cm 3ヶ月以内に撮影 胸から上の写真 裏面に氏名記入
志願者	(ふりがな)			
	氏 名	男・女		
	20 年 月 日生			
	現住所	〒(−)		
	電 話	① − − ( )		ご家庭での教育方針
		② − − ( )		
	現在までの教育上の経歴			
	両親からみた性 質			
保護者	(ふりがな)			
	氏 名			

家族(同居人も記入してください)	本人との関係	氏 名	年 令
	父		
	母		
	本 人		

東洋英和幼稚園長　堤 加壽美 様

この度上記のもの貴園に入園を希望いたします。

保護者氏名

A票裏面

通 園 の 道 順

自宅

(通園所要時間 約 分)

家 族 の 写 真

・顔がはっきり写っている3ヶ月以内の写真をお願いいたします。
・同居なさっている家族全員が写った、L判程度のスナップ写真でも結構です。
・写真は白黒、カラーいずれでも結構です。裏面に志願者の氏名を記入してください。
・写真説明の欄に続柄等を書いてください。
・はがれないようにのり付けをしてください。

写真説明	年 月 撮影

この幼稚園を選ばれた理由

記入者署名〔 〕

新渡戸文化子ども園

http://www.nitobebunka.ac.jp/y/

［所在地］　〒164-8638 東京都中野区本町6-38-1
TEL 03-3381-1183　FAX 03-3381-1181

［アクセス］
●東京メトロ丸ノ内線【東高円寺】【新中野】より徒歩7分

幼稚園情報

［園　長］　杉本 竜之
［園児数］　男女計157名

沿　革　昭和2年に学園の初代校長・新渡戸稲造博士、理事長・森本厚吉博士らにより創立された女子文化高等学院が母体となる。昭和21年に幼稚園、22年に中学校と高等学校、23年に小学校を開設。平成23年には園舎を新築、移転。平成25年、新渡戸文化子ども園に改称。

教育方針　新渡戸稲造博士の「教育とは新しい知識を教えることでなく、新しい知識を得たいという気持ちを起こさせることである」という言葉を基に、「全ての主語は子どもたち」とする保育を行い、学園の目指す生徒像「自律型学習者」を育てるプロジェクト保育を実施する。自ら学び続け、道を切り開いていける子どもを育成するために、年少では日常生活の中で自己決定をし、年中では話し合う過程に入り、年長では興味を持ったことを選んで話し合い、つくり上げることを目指す。

特　色　幼稚園教育と、働く保護者をサポートする保育園機能を併せ持ち、多数の教育コンテンツ環境を整えている。専門講師による充実したアフタープログラム、時間的・心理的に保護者を支えるペアレンツサポート、園庭の畑での野菜収穫、無添加の給食で「食」を学ぶ食育など、さまざまな取り組みを通して子どもと保護者に寄り添う。

保育日・保育時間

9:00～14:00(月・火・木・金)
9:00～11:30(水)

◇預かり保育(月～金)
7:30～9:00
保育終了後～19:00

年間行事予定

月	行　事　名(抜粋)
4	入園式、始業式
5	春の遠足
6	運動会
7	サマースクール
8	――
9	新渡戸祭
10	移動動物園
11	秋のイベント
12	――
1	豆まき
2	発表会、卒園記念遠足、バイキング給食
3	卒園式

Kindergarten Information

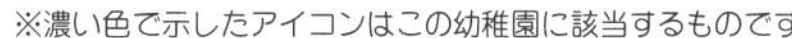

入試データ

下記の資料は2024年度入園児用 **（2023年秋実施予定）** です

募集要項

募集人員	3年保育…男女計約40名　2年保育…男女計約10名 1年保育…男女若干名		
応募資格	平成30年4月2日～令和3年4月1日生まれ		
入園説明会	6月22日／7月15日／8月8・16・24日／9月2日／ 10月14・17日（公開保育あり）		
願書配付期間	Ｗｅｂ公開のみ		
願書受付期間	11月1・2日 ※ＨＰの指示に従ってＷｅｂ出願		
提出書類	・面接票 ※考査日に持参		
受験票交付	考査料決済後、自宅やコンビニエンスストアなどで各自印刷		
受験番号付番	——	月齢考慮	なし
選抜方法 考査日	行動観察、親子面接：11月1・2日		
考査料	8,000円（クレジットカード、コンビニまたはペイジー決済）		
合格発表	11月1・2日　Ｗｅｂ発表		
入園手続	11月2・3日		
課外教室	サッカー／絵画／体操／チアリーディング／英会話／バレエ／ピアノ		
公開行事	運動会：6月3日 園庭開放：6月8日／9月20日／11月9日／1月11日 保育体験：6月8日／9月20日／11月9日／1月11日 アフタープログラム見学会：6月19～23日 公開保育：6月19～23日／8月8・16・24日／9月11～15日／10月14・17日 新渡戸祭：9月30日		
付記	◇2歳児保育「ぱんだ組」を週5回（月～金）実施 ◇1歳児保育「こあら組」を週5回（月～金）実施		

学費

……… 入園手続時納付金 ………

入園料	200,000円

………… 年間納付金 …………

教育充実費・月額	8,000円
保育料・月額	40,000円
給食費・月額	（年少）8,640円
	（年中・年長）9,360円
後援会入会金	5,000円
後援会会費・月額	5,000円
施設費・月額	10,000円

※保護者、兄弟姉妹、祖父母が学園の卒業（園）生、在校（園）生の場合入園料を30%軽減
※長時間保育の保育料などはＨＰを確認
※制服、通園リュック代など別途納付
※上記金額は諸事情等で変更の場合あり

制服

セキュリティ

警備員常駐／防犯カメラ設置／保育時間中の門施錠／インターホン対応／保護者ＩＤカード／避難訓練実施／防災訓練実施／看護師常駐／緊急通報システム／安否確認システム／緊急地震速報装置／学校110番／ＡＥＤ設置／災害用品備蓄／カードキーによる自動施錠システム

昼食

給食（週4回）…午前保育の水曜日はおやつあり。長時間保育利用者は給食（週5回）

進学情報

［小学校への進学状況］
【新渡戸文化】40～50%が内部進学

［中学校への進学状況］
【新渡戸文化】麻布、桜蔭、慶應中等部、早稲田、早大学院、芝、世田谷学園、巣鴨、東洋英和、市川、都立武蔵高附属など

［系列校］
新渡戸文化短期大学、新渡戸文化中学・高等学校、新渡戸文化小学校

※上記募集要項は幼稚園公表分と伸芽会教育研究所調査を併せたデータです。詳細は幼稚園ＨＰでご確認ください

日本女子大学附属豊明幼稚園

http://www.jwu.ac.jp/knd

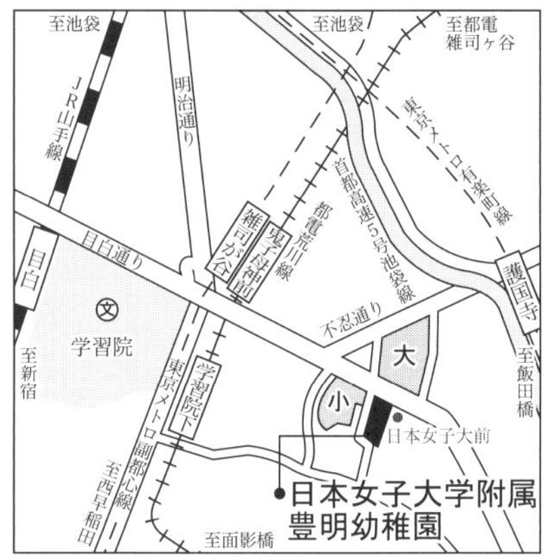

［所在地］　〒112-8681　東京都文京区目白台1-18-14
TEL　03-5981-3852(直)/03-5981-3855(入試)

［アクセス］
●東京メトロ副都心線【雑司が谷】より徒歩８分
●東京メトロ有楽町線【護国寺】より徒歩10分
●JR山手線【目白】より徒歩15分

幼稚園情報

［園　長］　羽路 久子
［園児数］　男女計252名

沿　革　明治34年に創立された日本女子大学に続き、幼稚園より大学までの一貫教育を目指して明治39年４月、大学の併設園として開園した。平成18年、100周年記念式典を開催、「豊明幼稚園の歌」発表。平成23年、新園舎竣工。令和３年、幼稚園創立115周年を迎えた。

教育方針　教育の基本的精神を現場で実現する方法として、『信念徹底』『自発創生』『共同奉仕』の三綱領を掲げている。「健康で、明るく、元気な子ども」「いきいきとした気持ちで物事に接し、工夫したり、創りだす喜びを感じられる子ども」「お互いの良さを認め合い、仲良く協力できる子ども」「自主的な生活態度を身につけ、自分のことは自分でし、最後までやりぬく子ども」を保育の目標とする。

特　色　目白の丘に立ち、都心にありながら緑豊かな環境にある。創立当初から一貫して変わらない、自由で主体性を重んじた教育を基本とし、人間形成の基礎を培う幼児期に、心身とも健やかに、将来大きく伸びていく子どもの育成を目指している。また、幼児期の意欲や好奇心、感性、知性の芽を伸ばし、花開かせるべく自由保育を採用。創造的な遊びや本物にふれる活動などを重視している。専門講師による英語と体育の指導も実施する。

保育日・保育時間

9:00～13:30(月・火・木・金)
9:00～11:30(水)
※学年、季節によって多少の変更あり

年間行事予定

月	行　事　名(抜粋)
4	入園式、創立記念の集まり
5	こどもの日の集まり、健康診断、遠足
6	人形劇、成瀬先生生誕記念の集まり
7	夏の保育（年長）
8	夏休み
9	―――
10	運動会、遠足、いも掘り
11	園外保育（年中・年長）
12	保護者参観日
1	―――
2	節分
3	ひな祭り、お別れ会、修了式

Kindergarten Information

※濃い色で示したアイコンはこの幼稚園に該当するものです

入試データ

下記の資料は2024年度入園児用 **(2023年秋実施予定)** です

募集要項

募集人員	3年保育…女児60名、男児24名、計84名		
応募資格	令和2年4月2日～令和3年4月1日生まれ		
入園説明会	9月9日　10時～		
願書配付期間	Ｗｅｂ公開のみ		
願書受付期間	Ｗｅｂ出願：9月9日（14時）～10月4日（23時59分） 書類提出：10月2～5日（必着）　簡易書留で郵送 ※ＨＰの指示に従ってＷｅｂ出願後に書類提出		
提出書類	・入園願書　・面接資料 ・受験票 ※受験票は考査日に持参		
受験票交付	考査料決済後、自宅やコンビニエンスストアなどで各自印刷		
受験番号付番	願書受付順	月齢考慮	あり
選抜方法 考査日	考査（行動観察）：11月2日 親子面接：11月3～5日のうち1日		
考査料	25,000円（クレジットカード、コンビニまたはペイジー決済）		
合格発表	11月7日　15～16時　Ｗｅｂ発表		
入園手続	11月8日　10～12時		
課外教室	なし		
公開行事	豊明幼稚園であそぼう！：5月20日／6月17日 Ｗｅｂ講演会：6月10～18日 施設見学・講演会：7月15日 個別相談会：7月22日		
付記	・徒歩および公共の交通機関を利用することを原則に、通園時間およそ45分以内の者に限る（新型コロナウイルスの感染状況により、自家用車の送迎は応相談） ・プロの講師による体験活動や、ＰＴＡ主催による子ども向け・保護者向けの行事あり		

学費

……… 入園手続時納付金 ………

入園料	250,000円
施設設備費（1期分）	
（女児）	88,000円
（男児）	44,000円

………… 年間納付金 …………

保育料・年額	440,000円
施設設備費（2・3期分）	
（女児）	172,000円
（男児）	86,000円
小桜会（ＰＴＡ）入会費	3,000円
小桜会会費・月額	1,200円

※入園辞退者（2月22日までに手続き）には施設設備費を返還
※上記金額は諸事情等で変更の場合あり

制服

制服なし

セキュリティ

警備員常駐／防犯カメラ設置／保育時間中の門施錠／インターホン対応／保護者入構証／赤外線センサー設置／避難訓練実施／防災・防犯訓練実施／看護師常駐（保健管理センター）／緊急連絡・安否確認システム／緊急地震速報装置／学校110番／ＡＥＤ設置／災害用品備蓄

昼食

お弁当（週4回）…午前保育の水曜日はおやつあり

進学情報

[小学校への進学状況]
女子：【日本女子大附属豊明】原則として推薦
男子：筑波大附属、東京学芸大附属竹早、慶應幼稚舎、慶應横浜初等部、早稲田実業、青山学院、成蹊、宝仙、聖学院など
[中学校への進学状況]【日本女子大附属】約90％が内部進学

[系列校]
日本女子大学・大学院、日本女子大学附属高等学校・附属中学校・附属豊明小学校

※上記募集要項は幼稚園公表分と伸芽会教育研究所調査を併せたデータです。詳細は幼稚園ＨＰでご確認ください

考査ガイド

考査日程　面接を含めて２日
受験番号付番　願書受付順
選抜方法　１日目：子どもは番号札を胸と背中につけ、約５人単位で個別テストと集団テストを行う
２日目：子どもは番号札を胸と背中につけ、親子面接を受けた後、親子遊びを行う
考査内容　個別テスト、集団テスト、親子面接
所要時間　１日目：約30分　２日目：約１時間

過去の出題例

【１日目】

個別テスト

■読み聞かせ
・紙芝居や絵本の読み聞かせの後、質問に答える。

■構　成
・積み木をお手本通りに積む。
・動物や魚のパズルを組み立てる。

■記　憶
・はさみ、ティッシュペーパー、人形などが入った箱の中を見せた後ふたを閉め、中に何が入っていたか質問される。

■お絵描き
・クレヨンでリンゴなどを描く。

■数
・模擬のアメ、ビスケット、せんべいなどがあり、菓子とその個数を指示され、先生に渡す。

■指示行動
・ウサギとゾウのぬいぐるみがあり、「ウサギさんに果物をあげてください」などと指示される。

■比　較
・さまざまな花が描かれた絵を見て、花の長さを答える。

■言　語
・いろいろな課題の途中で、個別に質問を受ける。「お名前を教えてください」「朝ごはんは何を食べましたか」「ここまで誰とどうやって来ましたか」「何の絵を描いていますか」「好きな食べ物は何ですか」など。

■巧緻性
・３つボタンの洋服を着て耳にリボンをつけたウサギの絵を見て、同じようにぬいぐるみのウサギに洋服を着せる。

▲構成

▲お絵描き

▲指示行動

過去の出題例

【2日目】

集団テスト

■行動観察（親子遊び）

・最初に、3段の階段があるすべり台をすべり降りる。その後はおままごと、大型の積み木、スポンジレールなどで自由に遊ぶ。

・親子3人でスタートする。指示されたラインまで走り、波形の平均台を渡り、巧技台に上ってジャンプして降りる。その後はおままごと、トランポリン、大型スポンジブロック、ケンパーなどで自由に遊ぶ。

▲行動観察（親子遊び）

面接ガイド

親子面接 考査2日目に、両親と本人へ行う
所要時間 約10分
<面接資料／アンケート> 出願時に面接資料を提出する

過去の質問例

本人への質問

・お名前、お年、お誕生日を教えてください。
・朝ごはんは何を食べましたか。
・今日はここまでどうやって来ましたか。
・何をして遊ぶのが好きですか。
・お父さんやお母さんと何をして遊びますか。
・きょうだいはいますか。何をして遊びますか。
・好きな果物／動物は何ですか。
・お母さんが作るお料理で好きなものは何ですか。

父親への質問

・志望理由についてお聞かせください。
・お仕事の内容についてお聞かせください。
・普段お子さんとどのようにかかわっていますか。
・お子さんが生まれてご自身に変化はありましたか。
・ご自身とお子さんが似ている点を教えてください。
・最近、どのようなことでお子さんをほめましたか。また、しかりましたか。
・どのようなときにお子さんの成長を感じますか。
・お子さんは集団生活の経験がありますか。
・お子さんにはどのように成長してほしいですか。

母親への質問

・体験保育に参加されましたか。いかがでしたか。

面接の配置図

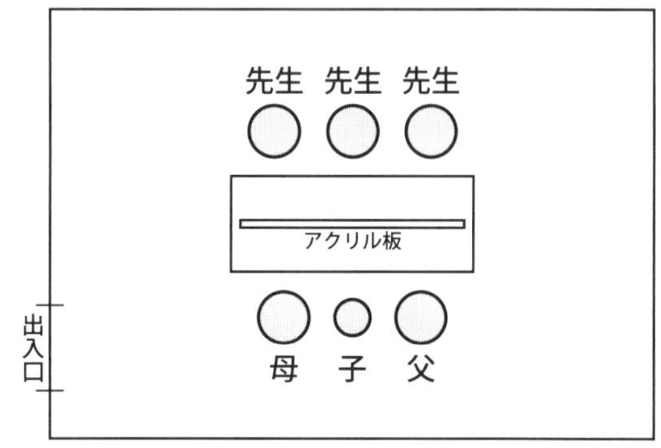

・本園に期待することは何ですか。
・どのようなお子さんですか。
・お子さんの普段の様子を教えてください。
・子育てで気をつけていることは何ですか。
・子育てをしていて喜びを感じることは何ですか。
・コロナ禍をどのように過ごしていましたか。
・食育についてのお考えをお聞かせください。
・子育てで困っていることはありますか。
・お子さんは最近、何に興味を持っていますか。
・お仕事をされていますが、送迎はできますか。
・子育てのサポート態勢は整っていますか。

Interview [voice clip]

長い待機時間の対策も考慮を

・考査1日目は気温が高く、ほとんどのお子さんが半袖でした。わが家は控え室で窓側に座ったためかなり暑く感じ、汗をかいてしまいました。落ち着いて過ごすためには、当日の天候にも要注意です。
・わが家は面接まで約45分待ちました。絵本を多めに持参しましたが、普段と違う雰囲気の中で娘は絵本に集中できず、飽きてしまいました。バリエーションをつけて遊べるものを用意すべきでした。
・面接での質問は、面接資料を掘り下げたものが多かったです。前日、夫婦で面接資料を読み返し、改めて考えをすり合わせ、簡潔に答えられるよう練習しておいてよかったです。
・面接後の親子遊びでは、子どもを見守るのではなく、親子3人で一緒に楽しく遊ぶよう心掛けました。お父さまがうまく参加できていないご家族もありましたので、練習しておくとよいと思います。

※考査ガイド、面接ガイドは伸芽会教育研究所によるデータです

書類見本

写真 白黒・カラーどちらでも結構です。 横 3cm　縦 4cm	2023年度 **面　接　資　料**	受験番号	

日本女子大学附属豊明幼稚園

志願者氏名	ふりがな	3年保育	生年月日 西暦　　年　　月　　日生	保護者との続柄
現住所	〒 電話　　（　　）	保護者氏名	ふりがな	

幼　児　関　係		家　族　紹　介
行動の傾向		
保育歴 おけいこ事 その他		
利用する交通機関		
通園に要する時間		
本園を志望する理由		上記太枠内の記入はご自由です。

〈個人情報保護のため、この資料は他の目的では使用いたしません〉

雙葉小学校附属幼稚園

http://www.futabagakuen-jh.ed.jp/kindergarten/

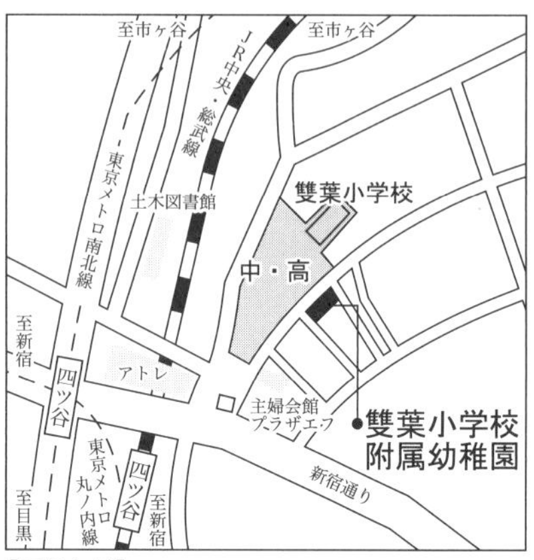

［所在地］　〒102-0085　東京都千代田区六番町11-1
TEL　03-3261-2982

［アクセス］
●JR中央線・総武線・東京メトロ丸ノ内線・南北線【四ツ谷】より徒歩２分

幼稚園情報

［園　長］　那波 玲子
［園児数］　男女計約100名

沿　革　明治５年、パリに本院を持つ「幼きイエス会」会員が布教・教育・慈善事業のため来日。明治８年、築地に修道院を開き、外国語や国文、書道、手芸の教授を始めたのが、雙葉学園の始まりである。明治43年、雙葉女子尋常小学校と附属幼稚園を設立。数々の災害を乗り越え、平成18年には幼稚園園舎が新しくなり、現在に至る。

教育方針　ローマ・カトリックのキリスト教精神を守り、教育法規に従って教育を行う。雙葉学園の校訓『徳においては純真に　義務においては堅実に』に基づき、のびのびとした子どもらしさの中にも、誠実でけじめのある子どもに育てる。特に、幼稚園生活の中でカトリックの教えを聞き、神様に守られていることを知り、神様とお話しできるように育てる。園生活の中で子どもたちにわかりやすく神様の話をする時間を設け、祈ることの大切さなどを伝えている。

特　色　幼稚園より高等学校まで、原則として上級学校進学の資格を与え、幼・小・中・高の一貫教育を行っている。幼稚園では一人ひとりがありのままの自分でいられ、個性を伸ばしていけるような保育を実践。小学校以上は女子校だが幼稚園のみ共学で、男児、女児それぞれのよい特性を生かし合いながら園生活を送る。

保育日・保育時間

9:00～13:30（月～金）

年間行事予定

月	行　事　名（抜粋）
4	入園式、新入園児歓迎会、健康診断
5	園外保育、春季遠足
6	保育参観、父親参観
7	お泊まり保育（年長）
8	夏休み
9	運動会、秋季遠足
10	個人面談、園外保育
11	七五三
12	学園感謝の日、クリスマス会
1	一日入園
2	節分、観劇会
3	ひな祭り、お別れ遠足、修了式

Kindergarten Information

※濃い色で示したアイコンはこの幼稚園に該当するものです

 登園開始
 制服
 通園区域・時間
 通園バス
 お弁当
 アレルギー対応
 課外教室
 預かり保育
 未就園児クラス
 洋式
 セキュリティ
 小学校
 中学・高校
 大学
 カトリック

入試データ

下記の資料は2023年度入園児用 **(2022年秋実施済み)** です

募集要項 ※下記は前年度のデータです

募集人員	2年保育…男女計約50名		
応募資格	平成30年4月2日～平成31年4月1日生まれ		
入園説明会	7月31日		
願書配付期間	9月6～16日 平日9時15分～12時、13～15時（土：休み）		
願書受付期間	10月1日　9～12時、13～15時　窓口受付		
提出書類	・入園願書 ・入園考査料受領書		
受験票交付	交付方法は願書受付時に通知		
受験番号付番	五十音順	月齢考慮	あり
選抜方法 考査日	親子遊び、面接（保護者同伴）：11月4～8日のうち1日 （日時は受験票交付時に通知）		
考査料	25,000円		
合格発表	11月9日　Ｗｅｂ発表		
入園手続	11月14・15日		
課外教室	なし		
公開行事	――		
付記	・原則として送迎時は保護者がつき添い、徒歩と公共の交通機関を使って60分以内で通園できる者に限る		

学費

……… 入園手続時納付金 ………

入園金　（女児）220,000円
　　　　（男児）140,000円

………… 年間納付金 …………

保育料・年額　490,800円
施設維持費・年額　156,000円
後援会会費・年額　72,000円
※上記金額は諸事情等で変更の場合あり

制服

セキュリティ

警備員常駐／防犯カメラ設置／保育時間中の門施錠／インターホン対応／保護者入園証／避難訓練実施／防災訓練実施／緊急通報システム／安否確認システム／緊急地震速報装置／学校110番／ＡＥＤ設置／災害用品備蓄

昼食

お弁当（週5回）

進学情報

[小学校への進学状況]
男子：非公表
女子：【雙葉】ほぼ全員が内部進学

[中学校への進学状況]
【雙葉】ほぼ全員が内部進学

[系列校]
雙葉中学校・高等学校、雙葉小学校、田園調布雙葉、横浜雙葉、静岡雙葉、福岡雙葉など

※上記募集要項は幼稚園公表分と伸芽会教育研究所調査を併せたデータです。詳細は幼稚園ＨＰでご確認ください

考査ガイド

考査日程　１日

受験番号付番　五十音順

選抜方法　３組で約15分親子遊びをした後、控え室で待機し、第１面接室に移動。子どもは同室後方で個別テスト、両親は面接を受ける。終わったら第２面接室に移動し、両親への面接が行われる間、子どもは両親の間に立ったままで待つ（例年考査日程は２日間で子どものみの集団テストもあるが、令和３～５年度入試では実施なし）

考査内容　個別テスト、親子面接

所要時間　約35分

過去の出題例

集団テスト

先生の誘導で、控え室から約30人が１列で「汽車ポッポ」をしながら、遊戯室に入り考査を受ける。

■歌・リズム

・「むすんでひらいて」「ひげじいさん」「いとまきのうた」を歌いながら、手遊びをする。

■行動観察（自由遊び）

・絵本、パターンブロック、積み木、ぬいぐるみ、お人形、おままごと、バスケットゴールとボール、すべり台、トンネルなどで自由に遊ぶ。

■読み聞かせ

・階段に座り、先生のお話を聞く（絵本は使わず、先生のお話のみ）。

■運　動

・「ウサギさんになりましょう」という先生の指示で、ピョンピョン跳ぶ。

▲歌・リズム

▶入室

過去の出題例

個別テスト

■行動観察（親子遊び）

・１家族ごとに机の上に棒くじが用意されている。くじを引いて、出た動物の絵が置いてあるコーナーに行って遊ぶ。的当て、ビー玉転がし、それぞれ異なる素材が貼られた３種類の台を使うビー玉転がし、床に貼られた足跡でジャンプやケンパー、吊られた輪の中にひも飾りのついたボールを投げ入れるなどのコーナーがあり、遊び方が示されていないものもある。

・１家族ごとに用意されている机に座り、手作りの絵本を見ながら自由に遊ぶ。絵本は８ページあり、見開きごとに「動物のかくれんぼ（どこにいるか探してみよう）」「動物の親子遊び（ジャンケン、ハイタッチ、抱っこなどをまねしてみよう）」「動物の紙トンボ遊び（やってみよう）」「動物たちの夜（歯磨き、着替え、入浴などの様子）」というテーマがある。紙トンボは持ち帰れる。

※以下は第１面接室で実施

■言　語

・先生から「何というお名前ですか」「何歳ですか」「お昼ごはんは何を食べましたか」「好きな遊びは何ですか」などと質問される。

■記　憶

・女の子がネコを抱きながらブランコに乗り、その横に男の子が立っている様子の絵を見た後で隠され、何が描かれていたか答える。

■数・指示の理解

・動物の絵カードとおはじきが用意されている。「クッキーをウサギさんに２枚、ブタさんに３枚あげてください」「お菓子をカエルさんに３つ、ゾウさんに２つ、クマさんに５つあげてください」などの指示に従っておはじきを置く。

▶行動観察（親子遊び）

▲数・指示の理解

面接ガイド

親子面接　考査当日に、両親と本人へ、第１面接と第２面接を受験番号順で行う
所要時間　各約５分
<面接資料／アンケート>出願後、考査票を受け取る日に面接資料を提出する

過去の質問例

父親への質問

（第１面接にて）
・どのようなお子さんですか。
・休日はお子さんとどのように過ごしていますか。
・ご家庭で大切にしていることは何ですか。
（第２面接にて）
・どのようなときにお子さんの成長を感じますか。
・子育てにおいて、ご夫婦でどのように役割分担をしていますか。
・お子さんが生まれて、ご自身はどのように変わりましたか。
・お子さんらしさを感じるエピソードをお聞かせください。

母親への質問

（第１面接にて）
・最近、お子さんは何に興味を持っていますか。
・お子さんはどのような遊びが好きですか。
・お子さんは、ごきょうだいとどのようにかかわっていますか。
（第２面接にて）
・子育てで大切にしていることは何ですか。
・子育をしていて幸せを感じるときはいつですか。
・将来、お子さんに経験させたいことは何ですか。

面接の配置図

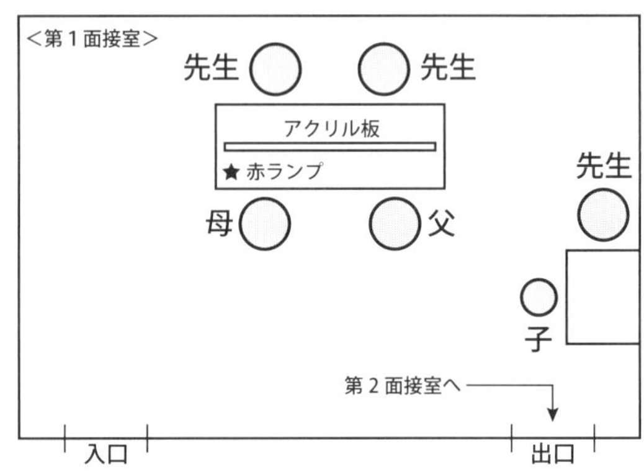

・お子さんは同年代のお友達とどのように遊んでいますか。
・どのような家庭をつくりたいですか。

※出願後に提出する面接資料には、以下のような記入項目がある。家族写真を貼付する。
①志願者氏名、記入者氏名
②志望理由
③家族の教育方針
④幼稚園に伝えておきたいこと
⑤家族構成（任意）

Interview [voice clip]

集合時間によっては交通機関の混雑にも考慮を

・集合時間が午前中の早い時間で肌寒かったため、子どもに長袖を着せたところ、混雑した電車内で暑がり、不機嫌になってしまいました。平日のラッシュ時の電車にも慣れさせておくべきでした。
・控え室や考査室はハンドバッグのみ持ち込み可で、大きな荷物は受付近くの荷物置き場に置くよう指示がありました。待機時間用に、ハンドバッグに入るサイズの絵本と折り紙を持参しました。
・親子遊びの遊具は先生方が愛情を込めて手作りされていることがよくわかり、親子とも楽しく遊べました。このような温かい園でぜひ成長させていただきたいと強く思いました。
・面接では両親共通の質問が多かったです。子どもについてのエピソードを聞かれ、父・母とも同じようなことを話してしまいました。いろいろなエピソードを用意しておけばよかったです。

※考査ガイド、面接ガイドは伸芽会教育研究所によるデータです

書類見本

2023年度　　**入園願書**

雙葉小学校附属幼稚園長　**那波玲子殿**

下記により入園を志願いたします

年　月　日　　志願者氏名

保護者氏名　　　㊞

<table>
<tr><td rowspan="7">本人</td><td>考査番号</td><td>ふりがな</td><td></td><td>保護者との続柄</td></tr>
<tr><td rowspan="2">※</td><td>氏名</td><td></td><td></td></tr>
<tr><td>生年月日</td><td>（西暦）　年　月　日生</td><td>(例) 長男、次女
上記のように記入してください。</td></tr>
<tr><td>現住所</td><td colspan="2">〒</td><td>電話番号</td></tr>
<tr><td>入園前の経歴</td><td colspan="3">集団生活の経験
1. ある。　名称（　　　　　　）
2. ない。</td></tr>
<tr><td>本園までの利用交通機関</td><td colspan="3"></td></tr>
<tr><td>(例)</td><td colspan="2">自宅―自宅 ○分―[　　]―バス ○分―[　　駅]―△△線 ○○分―[四ツ谷駅]―徒歩 5分―[幼稚園]</td><td>かかる時間　　分</td></tr>
<tr><td rowspan="2">保護者</td><td>ふりがな</td><td colspan="2"></td><td>携帯電話</td></tr>
<tr><td>氏名</td><td colspan="2"></td><td></td></tr>
</table>

○ 氏名は戸籍登録の文字を用いること。
※ 印は記入しないこと。
◎本願書は入園考査のみの為に使用し、他に転用はいたしません。

東京都品川区／共学　2年保育＋3年保育

文教大学付属幼稚園

https://www.bunkyo.ac.jp/kg/　E-mail youchien@stf.bunkyo.ac.jp

［所在地］　〒142-0064　東京都品川区旗の台3-2-17
TEL　03-3781-2798　FAX　03-3783-4193

［アクセス］
●東急大井町線【荏原町】より徒歩３分
●東急大井町線・東急池上線【旗の台】より徒歩５分

幼稚園情報

［園　長］　中山 敦子
［園児数］　男女計180名

沿　革 昭和２年、馬田行啓、小野光洋によって立正幼稚園、立正裁縫女学校を開設。昭和22年に中学校、翌年に高等学校、昭和26年に小学校を開設。昭和41年、立正女子大学を設置。昭和51年、文教大学と改称し、各学校も改称。以降、学校法人文教大学学園への名称変更などを経て、平成17年、文教大学付属幼稚園に改称。現在は幼稚園から大学院までを擁する総合学園として、一貫教育体制をとる。

教育方針 建学の精神である『人間愛』を踏まえ、子ども一人ひとりの個性を尊重し、秘めている可能性を引き出すように教職員が一丸となって保育にあたる。幼児期を、生きる力の基礎となる意欲・態度・心情などを育てる時期としてとらえ、「認める・見守る・ともに楽しむ」という「文教スタイル」で、子どもを伸ばす教育を行っている。

特　色 「素直で明るい元気な子ども」を理想像とし、感性、意欲、慈愛・感謝の心を育てること、正しい生活習慣を身につけることを目指す。四季の移り変わり、日本古来のしきたり、伝統など家庭では体験できない行事に集団で参加するほか、付属小・中・高の児童や生徒や大学生とかかわる機会を設けている。また、田植えや野菜の種まき、小動物とのふれ合いなどの情操教育にも力を入れている。

保育日・保育時間

9:00～14:00(月・火・木・金)
9:00～12:00(水)
※学年ごとに10分間隔で時間差降園

◇預かり保育(月～金)
「ひまわりクラブ」
17:00まで(水：15:00まで)
「なかよしクラブ」
ひまわりクラブ終了後～18:00

年間行事予定

月	行　事　名(抜粋)
4	入園式、花祭り
5	こどもの日の集い、親子遠足（年中・年少）
6	遠足（年長）
7	七夕星祭り、夕涼み会、プール活動
8	お泊まり保育（年長）
9	文教まつり
10	運動会、いも掘り
11	歩き遠足、保育参観
12	お店屋さんごっこ、もちつき、お楽しみ会
1	たこあげ
2	節分豆まき会、生活発表会
3	卒園遠足（年長）、お別れ会、保育修了式
	毎月：誕生会

Kindergarten Information

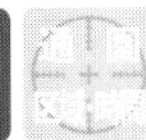

入試データ

下記の資料は2024年度入園児用 **（2023年秋実施予定）** です

募集要項

募集人員	３年保育…男女計60名 ２年保育…男女計10名		
応募資格	平成31年４月２日～令和３年４月１日生まれ		
入園説明会	幼稚園説明会：５月27日／７月15日　10時～11時30分 入園説明会：９月２日　10時～11時30分		
願書配付期間	Ｗｅｂ公開のみ		
願書受付期間	Ｗｅｂ出願：10月15～30日 書類提出：11月１日　窓口受付 ※ＨＰの指示に従ってＷｅｂ出願後に書類提出		
提出書類	・考査票 ・健康診断書（かかりつけの医師による健診） ※考査日に持参		
受験票交付	考査料決済後、自宅やコンビニエンスストアなどで各自印刷		
受験番号付番	願書受付順	月齢考慮	あり
選抜方法 考査日	行動観察、親子面接：11月１日		
考査料	10,000円（クレジットカード、コンビニまたはペイジー決済）		
合格発表	11月１日		
入園手続	11月６日		
課外教室	スポーツクラブ／モダンバレエ／水泳クラブ／文教幼児教室		
公開行事	保育見学会：日程はＨＰを確認 ぶんぶんひろば：月１回・水曜日 たまごぐみ：月１回・土曜日		
付記	・近隣駐車場を利用のうえ、自家用車での送迎可 **【園からのメッセージ】** 建学の精神『人間愛』にご賛同いただけるご家庭を希望します。		

学費

……… 入園手続時納付金 ………

入園料	（３保）	150,000円
	（２保）	120,000円

………… 年間納付金 …………

保育料・月額	（３保）	32,500円
	（２保）	32,000円
維持費・年額		60,000円
教材費・年額		20,000円
制服代など		約55,000円
父母の会入会金		2,000円
父母の会会費・年額		12,000円

※上記金額は諸事情等で変更の場合あり

制服

セキュリティ

警備員／防犯カメラ／保育時間中の門施錠／インターホン／保護者入校証／赤外線センサー／避難・防災・防犯訓練／交通指導員／緊急通報・安否確認システム／緊急地震速報装置／学校110番／ＡＥＤ／災害用品備蓄／避難用すべり台／催涙スプレー／さすまた

昼食

給食（年中・年長：週２回）、お弁当（年中・年長：週２回。年少：週４回）

進学情報

［小学校への進学状況］
【文教大付属】枠内での内部進学制度あり。筑波大附属、暁星、雙葉、田園調布雙葉、川村、東京都市大付属、精華、洗足学園、さとえなど

［中学校への進学状況］【文教大付属】男子は約26％、女子は約29％が内部進学。開成、麻布、早稲田、早大学院、頌栄、聖光など

［系列校］
文教大学・大学院、文教大学付属高等学校・中学校・小学校

※上記募集要項は幼稚園公表分と伸芽会教育研究所調査を併せたデータです。詳細は幼稚園ＨＰでご確認ください

宝仙学園幼稚園

https://kg.hosen.ac.jp/　E-mail you@po2.hosen.ac.jp

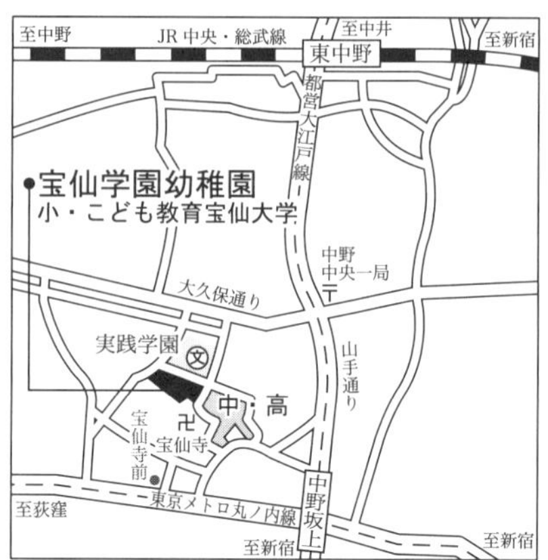

[所在地]　〒164-8631　東京都中野区中央2-33-26
TEL　03-3365-5468　FAX　03-3365-0241

[アクセス]
●東京メトロ丸ノ内線・都営大江戸線【中野坂上】より徒歩10分

幼稚園情報

[園　長]　田中 昭子
[園児数]　男女計315名

沿　革　昭和２年、感応幼稚園創設、翌年には中野高等女学校を設立。ここに宝仙学園が始まる。昭和26年、学校法人となり、宝仙学園短期大学設立。昭和29年、宝仙学園幼稚園に改称。平成21年、短期大学が４年制のこども教育宝仙大学となり、幼稚園から大学に至る現在の学園の体系を整えた。

教育方針　学園全体として、仏教精神に基づく人間教育を教育活動の根底に据える。幼稚園では「考える力、問題を解決する力」「感じたことを表現する力」「他者とかかわっていくための力」という３つの力の育成を教育目標の柱としている。知的環境を整え、感性を刺激するとともに、協同的な活動も充実させ、社会的態度を養う。

特　色　「自主的な遊びの中で育つこと」および「集団の中で課題に取り組むことで育つこと」を園生活全体に生かすことを大切にしている。集団生活における情操教育を基盤に、教育的活動を組み入れ、一人ひとりの知的好奇心を大切に展開していく。学園が一丸となって行うリトミック教室や理科実験教室、独自の方法で効果を上げている英語教育、健康教育として給食による食育、戸外遊びの奨励、水泳指導、年５回の園外保育などがある。また、きめ細かな教育相談や進学相談など、家庭と園との連携を図っている。

保育日・保育時間

【満３歳児】
9:00～13:00（月・火・木・金）
9:00～12:30（水）
【年少・年中・年長】
9:00～14:00（月・火・木・金）
9:00～12:30（水）

◇預かり保育「しいのみキッズ」（月～金）17:30まで

年間行事予定

月	行　事　名（抜粋）
4	入園式、花祭り
5	母の日の集い、健康診断、園外保育
6	日曜参観、両大師祭
7	七夕祭り、すいか割り、みたままつり
8	夏休み
9	ほうせんスポーツDAY、いも掘り遠足
10	宝仙祭、移動動物園
11	七五三の祝い、祖父母参観
12	もちつき
1	―――
2	節分、楽しい子ども会、お楽しみ会
3	ひな祭り、卒園式
	毎月：誕生会、地蔵祭

Kindergarten Information

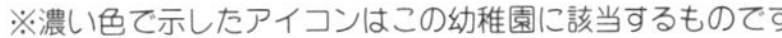
※濃い色で示したアイコンはこの幼稚園に該当するものです

登園開始 制服 園庭開放 通園バス 給食 アレルギー対応 課外教室 預かり保育 未就園児クラス 洋式・和式 セキュリティ 小学校 中学・高校 大学 仏教

入試データ

下記の資料は2024年度入園児用**（2023年秋実施予定）**です

募集要項

募集人員	A（第１回）：３年保育…男女計50名　２年保育…男女計15名 B（第２回）：３年保育…男女計10名　２年保育…男女若干名		
応募資格	平成31年４月２日～令和３年４月１日生まれ		
入園説明会	９月９日／10月７日		
願書配付期間	A：10月16日～11月１日　B：11月６～16日 平日９～17時（10月23・24日、土：休み）		
願書受付期間	A：11月１日　B：11月６～16日 ※ＨＰの指示に従ってＷｅｂ出願。出願前に書類提出あり		
提出書類	・入園願書　・健康診断書（園指定のもの） ・写真票（親子写真を貼付）　・面接票 ※面接票は考査日に持参		
受験票交付	考査料決済後、自宅やコンビニエンスストアなどで各自印刷		
受験番号付番	願書受付順	月齢考慮	なし
選抜方法 考査日	親子面接：A…11月１日 B…11月17日		
考査料	10,000円（クレジットカード、コンビニまたはペイジー決済）		
合格発表	A：11月１日　B：11月17日　Ｗｅｂ発表		
入園手続	指定日		
課外教室	体操／サッカー／新体操／英語／そろタッチ		
公開行事	公開保育：６月15～17日／９月７～９日　みたままつり：７月10日 ほうせんスポーツDAY：９月23日　体験入園：９月30日 宝仙祭：10月21・22日　移動動物園：10月27日		
付記	◇未就園児対象「ベストリッチクラブ」を実施 原則として週１回・水曜日　13～15時　※入園希望者対象 **【満３歳児募集要項】** 対象児：令和３年４月２日～令和４年３月１日生まれ 募集人員：男女計35名　願書受付：12月15日～ 面接日：２月23日　入園日：原則として満３歳になった翌月１日		

学費

……… 入園手続時納付金 ………	
入園料	150,000円
施設費	35,000円
………… 年間納付金 …………	
保育料・月額	32,000円
施設維持費・月額	4,000円
教材費・月額	840円
給食費・月額	8,000円
暖房費・年額	6,000円
母の会会費・月額	600円

※園外保育費、保育用品代を別途納付
※寄付金（任意）あり
※宝仙学園の各学校の卒業・卒園生、または在籍する兄弟姉妹が２人以上いる場合の減免制度あり
※上記金額は諸事情等で変更の場合あり

制服

セキュリティ

警備員常駐／防犯カメラ設置／保育時間中の門施錠／保護者ＩＤカード・名札着用／避難訓練実施／防災訓練実施／養護教諭常駐／緊急通報システム／緊急地震速報装置／学校110番／ＡＥＤ設置／災害用品備蓄

昼食

給食（週５回）

進学情報

[小学校への進学状況]
【宝仙学園】約30％が内部進学。筑波大附属、東京学芸大附属小金井、慶應幼稚舎、早稲田実業、青山学院、日本女子大附属豊明、成蹊など
[中学校への進学状況]【宝仙理数インター】、筑波大駒場、筑波大附属、開成、駒場東邦、武蔵、桜蔭、雙葉、豊島岡、慶應中等部、早稲田、渋教渋谷など

[系列校]
こども教育宝仙大学、宝仙学園中学・高等学校共学部 理数インター、宝仙学園高等学校女子部、宝仙学園小学校

※上記募集要項は幼稚園公表分と伸芽会教育研究所調査を併せたデータです。詳細は幼稚園ＨＰでご確認ください

考査ガイド

考査日程　１日
受験番号付番　願書受付順
選抜方法　受付順に番号札をもらい、子どもは左胸と背中、親は左胸につけ、個別テスト、集団テスト、親子面接を受ける
考査内容　個別テスト、集団テスト、親子面接
所要時間　約１時間

過去の出題例

個別テスト

■言語・常識
（２年保育）
・日用品が描かれた絵カードを示され「これは何ですか。何に使いますか」「お料理をするときに使うものはどれですか」などと質問される。
（３年保育）
・先生に「お名前は何ですか」「何歳ですか」「どんな遊びが好きですか」などと質問される。

■数・系列完成
（２年保育）
・赤、青、黄色の順に並んでいる丸がいくつあるかを答える。丸が並んでいる中の、空いているところには何が入るかを選ぶ。

■巧緻性
（２年保育）
・緑色のクレヨンで丸を描く。
・ビーズにひもを通す。
（３年保育）
・人形の服のボタンを留める。

■比　較
（３年保育）
・ネズミ、ウサギ、ゾウの絵を示され、「一番大きいのはどれですか」などと質問される。

■指示行動
（２年保育）
・幼稚園バッグの中から裏返しになっている靴下を取り出し、靴下を表に返してバッグに戻し、ファスナーを閉める。
（３年保育）
・模擬のショートケーキ、リンゴ、キュウリ、ナスなどが用意されている。人形を示され、「お人形にショートケーキとリンゴを持ってきて食べさせてください」と指示される。

集団テスト

■行動観察（自由遊び）
（２・３年保育共通）
・おままごと、ぬいぐるみ、ブロック、電車などで自由に遊ぶ。

■読み聞かせ
（３年保育）
・先生が紙芝居を読み聞かせる。

■歌・リズム
（３年保育）
・「手をたたきましょう」「ころころたまご」などを歌いながら手遊びをする。

■運　動
（２年保育）
・ジャンプ、片足バランスなどをする。
（３年保育）
・グーパー体操や指の体操をする。

◀指示行動

面接ガイド

親子面接 考査当日に、両親と本人へ行う
所要時間 5～10分

過去の質問例

本人への質問

・お名前を教えてください。
・お年はいくつですか。
・何をして遊ぶのが好きですか。
・（写真票を見せて）これは誰ですか。

父親への質問

・なぜ本園を志望されましたか。
・本園に期待することは何ですか。
・本学園に伝えたいことはありますか。
・普段お子さんと何をして遊びますか。
・お子さんのしつけについて、どのようなことに気をつけていますか。
・ご家族で大切にしていることは何ですか。
・最近どのようなことでお子さんをほめましたか。
・ご家庭の教育方針を教えてください。
・お子さんと接するときにはどのようなことを心掛けていますか。
・入園して集団生活を送るにあたり、心配なことはありますか。

母親への質問

・志望理由をお聞かせください。
・本学園にどのようなことを望まれますか。
・どのようなお子さんですか。
・お子さんは普段、何をして遊んでいますか。
・お子さんはどのような絵本が好きですか。
・子育てでうれしいことは何ですか。
・どのようなときにお子さんの成長を感じますか。
・子育てをしていて大変だったこと、苦労したことは何ですか。
・どのようなときにお子さんをしかりますか。
・お子さんが言うことを聞かず、なだめても駄目なときはどうしますか。
・お子さんと祖父母の関係はいかがですか。
・お仕事はされていますか。送迎はできますか。園の行事には参加できますか。

面接の配置図

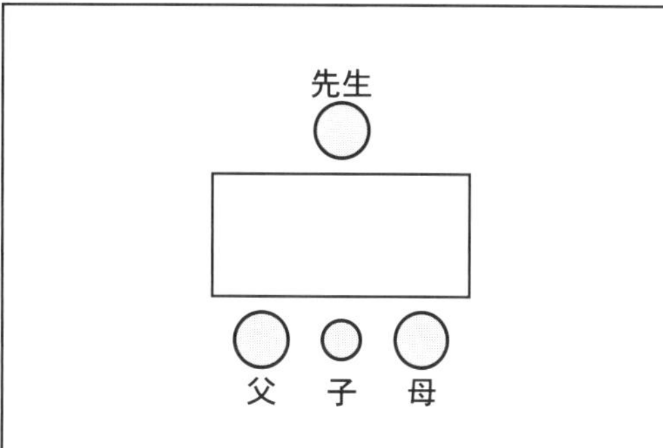

Interview [voice clip]

面接は大きめの声ではっきりと

・控え室には画用紙、クレヨン、粘土、絵本、おままごとセットなどがあり、自由に遊べました。子どもは最初緊張していましたが、お絵描きをしているうちに落ち着いたようでした。
・考査も面接も同じホール内で行われました。順番は受験番号によって異なり、わが家は面接、個別テスト、集団テストの順でした。会場はざわついていたので、面接では大きめの声で話すよう心掛けました。
・面接では子どもが緊張してなかなか落ち着きませんでした。先生が、考査の玩具を持ってきてもよいし、親のひざの上に座ってもよいとおっしゃってくださったおかげで、何とか無事に面接を終えました。
・考査会場には先生がたくさんいらっしゃり、あらゆる角度から子どもを見ているようでした。課題ができるかどうかより、自分で考えて動けているかを確認していたように思えます。

※考査ガイド、面接ガイドは伸芽会教育研究所によるデータです

武蔵野東第一幼稚園・武蔵野東第二幼稚園

http://www.musashino-higashi.org/yotien.php　E-mail yochien@musashino-higashi.org

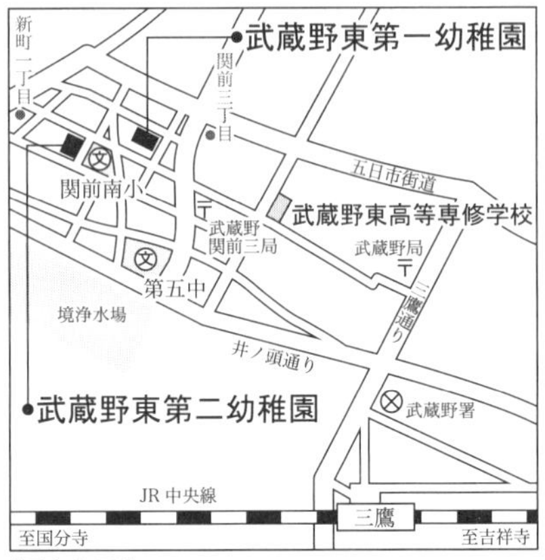

［所在地］　〒180-0014　東京都武蔵野市関前3-29-8（第一）
〒180-0014　東京都武蔵野市関前3-37-10（第二）
TEL　0422-51-3640（第一）/0422-53-4367（第二）

［アクセス］
●JR中央線【三鷹】【吉祥寺】【武蔵境】より関東バス。第一幼稚園は【関前三丁目】、第二幼稚園は【新町一丁目】下車

幼稚園情報

［園　長］　加藤 篤彦
［園児数］　男女計536名（第一・第二合わせて）

沿　革　昭和39年11月、「心と体の健やかな子どもを育てたい」という母親の願いに沿い、「生活保育」の理念をもって、北原勝平、北原キヨによって創立された。どんな子どもにも教育を受ける権利があると、開園以来、自閉症児も受け入れ、心を込めて根気よく育てることにより、社会自立初段階の成果を上げている。

教育方針　四季を生かしたカリキュラムを編成し、心と体を育てたいと考え、子どもの好む体育、音楽、造形を活動の主軸としている。一人ひとりが明るく自信を持って生活するとともに、誰とでも分け隔てなく遊び、かかわり合える子どもに成長させる。『みんななかよし　すなおなこころ　こんきのよさ』を園訓とし、自立を図って生活習慣を身につけさせ、子どもの感じ方、見方、考え方などを伸ばす。

特　色　保育では遊びを中心に据え、常に子どもたちが遊びやすい環境の在り方を追求している。また、より充実した成果を得られるように、自由遊び、幼児音楽、幼児体育、幼児舞踊、絵画・造形を組み込む。子どもたちは自閉的傾向児とともに学び合う「混合教育」によって、お互いを理解し合って育っていく。年中行事をはじめ園独自のものなど、一年を通して多彩な行事も計画されている。

保育日・保育時間

① 9:00～13:00（月・火・木・金）
　9:00～11:00（水）
② 10:00～14:00（月・火・木・金）
　10:00～12:00（水）
※保育時間は通園バスのルートにより異なる

◇預かり保育「ひがしっ子クラブ」（月～金）
17:00まで
※夏・冬・春休みも実施

年間行事予定

月	行 事 名（抜粋）
4	入園式、新入園児保育参観
5	運動会
6	避難訓練
7	日帰りサマーアドベンチャーツアー、盆おどり
8	夏期預かり保育
9	親子遠足、避難訓練
10	おいも掘り
11	学園祭
12	保育参観、もちつき、冬期預かり保育
1	発表会、避難訓練
2	豆まき、地域交流会
3	クラス会、卒園式、春期預かり保育

毎月：誕生会

Kindergarten Information

※濃い色で示したアイコンはこの幼稚園に該当するものです

 登園開始  制服  図書貸出  通園バス  給食  アレルギー対応  課外教室  預かり保育  未就園児クラス  洋式  セキュリティ  小学校  中学  大学 

入試データ

下記の資料は2024年度入園児用**（2023年秋実施予定）**です

募集要項

募集人員	３年保育…男女計165名　２年保育…男女若干名（２園舎合わせて）		
応募資格	平成31年４月２日～令和３年４月１日生まれ		
入園説明会	10月７・11日		
願書配付期間	Ｗｅｂ公開のみ		
願書受付期間	11月１日（０～９時） ※ＨＰの指示に従ってＷｅｂ出願		
提出書類	・入園願書（写真貼付） ・受験票 ※すべて考査日に持参		
受験票交付	考査料決済後、自宅やコンビニエンスストアなどで各自印刷		
受験番号付番	願書受付順	月齢考慮	あり
選抜方法 考査日	親子面接：11月１日　10時～		
考査料	5,000円（クレジットカード、コンビニまたはペイジー決済）		
合格発表	11月１日（16時）～５日（23時）　Ｗｅｂ発表		
入園手続	11月５日締切		
課外教室	ピアノ／ダンス／体育／英語／サッカー		
公開行事	幼稚園探検：５～７・９・10月 わくわくデー：６・７・９月 なかよしクラブ：６・７・９月		
付記	**【満３歳児募集要項】** 対象児：令和２年５月１日～令和３年４月１日生まれ 募集人員：男女計36名 入園日：満３歳の誕生日の翌月以降		

学費

……… 入園手続時納付金 ………

入園料	75,000円
施設維持費	70,000円

………… 年間納付金 …………

保育料・月額	27,500円
教材費・月額	1,600円
後援会会費・月額	800円
給食費・月額	5,300円
通園バス費（利用者）・月額	4,500円
冷暖房費・月額	600円
制服・園内着代など	約54,000円

※上記金額は諸事情等で変更の場合あり

制服

セキュリティ

防犯カメラ設置／保育時間中の門施錠／インターホン対応／保護者ＩＤカード／避難訓練実施／防災訓練実施／養護教諭常駐／学校110番／ＡＥＤ設置／災害用品備蓄

昼食

給食（週４回）

進学情報

[小学校への進学状況]

【武蔵野東】内部入試制度により約30％が進学。東京学芸大附属小金井、桐朋など

[中学校への進学状況]【武蔵野東】約48％が内部進学。名古屋大附属、開成、慶應中等部、都立立川国際中等教育、都立三鷹中等教育など

[系列校]

武蔵野東中学校・小学校、武蔵野東高等専修学校

※上記募集要項は幼稚園公表分と伸芽会教育研究所調査を併せたデータです。詳細は幼稚園ＨＰでご確認ください

明星(めいせい)幼稚園

http://www.meisei.ac.jp/kg/　E-mail kgwebmas@meisei.ac.jp

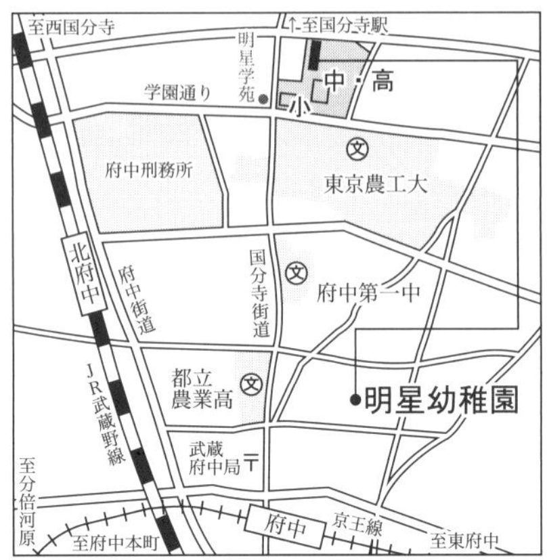

［所在地］　〒183-8531 東京都府中市栄町1-1
TEL 042-368-5110　FAX 042-364-6822

［アクセス］
●JR武蔵野線【北府中】より徒歩15分
●JR中央線・西武線【国分寺】、京王線【府中】より京王バス【明星学苑】下車

幼稚園情報

［園　長］ 渡邊 智恵子
［園児数］ 男女計241名

沿　革 大正12年、明星実務学校設立、昭和２年、明星中学校に改組。昭和23年、明星高等学校開校。昭和24年、明星幼稚園開園、翌25年、明星小学校開校。昭和46年、八ヶ岳山荘合宿保育開始。平成10年、現園舎竣工。平成19年、専用プール新設。令和６年、開園75周年を迎える。

教育方針 変化する時代を生きるうえで必要な創造性や意欲、自制心など、人間形成の土台となる力を育み、将来の自己実現につながる豊かな人間性の形成を目指す。新たな気づきや発見を促す探究活動「めばえの時間」では、①伝える力を養う「コトバ」体験、②科学の心を養う「なぜだろう」体験、③豊かな感性を養う「創造力」体験を３つの柱とする。保育のねらいを効果的に得られるよう、各学年ごとに活動の場面を多く設定する。さらに、認知能力と非認知能力をバランスよく育むことで自己肯定感を高め、人生を豊かにする大きな力の素地を身につけていく。

特　色 生きる力の基礎となる非認知能力を育むことを大切にし、すべての園児が受け入れられ、認められることで自信を持って過ごせる環境づくりを追求している。小・中・高との交流も盛んで、特に小学校とは教育課程のなだらかな接続を図り、安心して就学できる体制を整えている。

保育日・保育時間

9:00～14:00(月・火・木・金)
9:00～11:30(水)
※混雑緩和のため、学年ごとに15分間隔で時間差降園

◇預かり保育「どんぐりクラブ」(月～金)
7:45～9:00
保育終了後～18:30
※夏・冬・春休みも実施

年間行事予定

月	行　事　名(抜粋)
4	入園式
5	こどもの日を祝う会、春の遠足、学苑創立記念日
6	保育参観、プール保育
7	星まつり、お泊まり保育（年長）
8	夏休み
9	――
10	明星祭、運動会、秋の遠足、おいも掘り
11	劇遊び発表会（年中）、勤労感謝めぐり
12	劇遊び発表会（年長）、保育参観（年少）
1	おもちつき、英語遊び参観（年中・年長）
2	節分豆まき、劇遊び発表会（年少）、卒園遠足（年長）
3	ひな祭り、親子お楽しみ会（年長）、卒園式

毎月：誕生会、災害避難防犯訓練

Kindergarten Information

※濃い色で示したアイコンはこの幼稚園に該当するものです

入試データ

下記の資料は2024年度入園児用**（2023年秋実施予定）**です

募集要項

募集人員	3年保育…男女計60名　2年・1年保育…各男女若干名		
応募資格	平成30年4月2日～令和3年4月1日生まれ		
入園説明会	2月21日／3月7日／5月12日／6月5日／8月31日／9月15日／10月19日（公開保育あり） 7月29日（施設見学あり）		
願書配付期間	募集要項配付：10月14～29日		
願書受付期間	Ｗｅｂ登録：10月15～30日 出願：11月1日　窓口受付 ※ＨＰの指示に従ってＷｅｂ登録後に出願		
提出書類	・入園願書（家族写真を貼付）　・受験票　※すべて考査日に持参		
受験票交付	考査料決済後、自宅やコンビニエンスストアなどで各自印刷		
受験番号付番	出願順	月齢考慮	あり
選抜方法 考査日	行動観察、保護者面接：11月1日		
考査料	5,000円（クレジットカード、コンビニまたはペイジー決済）		
合格発表	11月1日　Ｗｅｂ発表		
入園手続	11月1・2日		
課外教室	サッカー／新体操／英語／臨床美術		
公開行事	ひよこクラス：5月24日／7月8日／9月6日／10月8・14日／2月21日 ぴよぴよクラス＜1歳児ファースト＞：5月30日／6月27日／7月10日／9月21日／11月21日／1月30日／3月5日 明星祭：10月8日　運動会：10月14日		
付記	・自家用車での送迎可（駐車場あり） ◇「ぴよぴよクラス＜2歳児セカンド＞」を年20回程度実施 火曜日クラス／木曜日クラス（各20組）　9時30分～11時30分 ※面接あり		

学 費

……… 入園手続時納付金 ………

入園料　（2・3保）200,000円
（1保）95,000円

………… 年間納付金 …………

保育料・月額（年少・年中）42,000円
（年長）28,000円
教育充実費・月額（年少・年中）3,000円
（年長）2,000円
施設維持費・月額（年少・年中）2,250円
（年長）1,500円
教材費・月額（年少・年中）1,500円
（年長）1,000円

※諸費用、制服代、用品代、園バス維持費など別途納付
※上記金額は諸事情等で変更の場合あり

制 服

セキュリティ

警備員常駐／防犯カメラ設置／保育時間中の門施錠／インターホン対応／保護者ＩＤカード／避難訓練実施／防災訓練実施／防犯訓練実施／看護師常駐／緊急通報・安否確認システム／緊急地震速報装置（学苑内）／学校110番／ＡＥＤ設置／災害用品備蓄／全教職員普通救命講習修了

昼 食

給食（週2回）、お弁当（週2回）

進学情報

[小学校への進学状況]
【明星】40～50%が内部進学。優先入学制度あり
[中学校への進学状況]
【明星】60～70%が内部進学。優先入学制度あり

[系列校]
明星大学・大学院、明星中学校・高等学校、明星小学校

※上記募集要項は幼稚園公表分と伸芽会教育研究所調査を併せたデータです。詳細は幼稚園ＨＰでご確認ください

鎌倉女子大学幼稚部

http://www.kamakura-u.ac.jp/kindergarten/

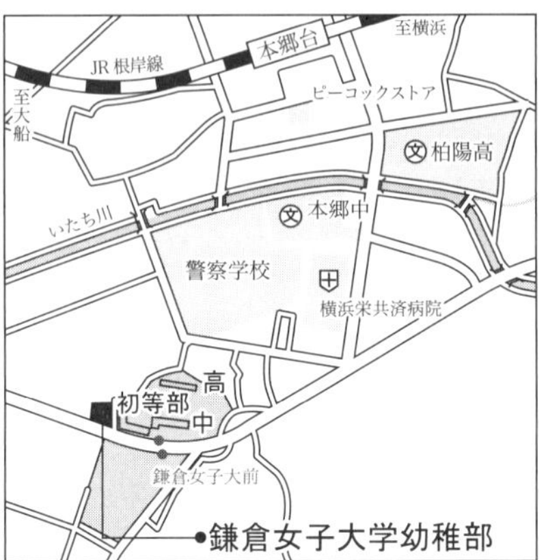

［所在地］　〒247-8511　神奈川県鎌倉市岩瀬1420
TEL　0467-44-2134(直)/0467-44-2200(事務局)
FAX　0467-44-2206

［アクセス］
●JR京浜東北・根岸線【本郷台】より徒歩15分
●JR東海道線ほか【大船】よりバス【鎌倉女子大前】下車

幼稚園情報

［園　長］　森本 壽子
［園児数］　197名（男児102名、女児95名）

沿　革　昭和25年、京浜女子短期大学附属幼稚園設立。昭和34年、京浜女子大学幼稚部に名称変更。平成元年、鎌倉女子大学幼稚部に名称変更。平成18年、幼稚部ひまわり館が竣工。令和５年には幼稚部カトレア館がリニューアルした。

教育方針　『感謝と奉仕に生きる人づくり』『ぞうきんと辞書をもって学ぶ』『人・物・時を大切に』を建学の精神に掲げる鎌倉女子大学の併設園として、子どもの就学期のスタート段階を受け持つ。この精神のもと、他者との生活の中で、子どもが「自分で考える、自分から動く」「打ち込む活動（遊び）を持つ」「人と親しみ、人と力を合わせる」ことを目標とする。特に「湧き出る探求心」「弾む身体」「仲間といる・仲間となる楽しさ」の３点を重点化し、学園を挙げて子どもたちの成長を見守り、支え、励ます教育体制をとっている。

特　色　幼稚部から大学院までの一貫教育のよさを生かし、教師たちは高い専門性をもって幼児期の教育を行っている。「遊びを通した学び」を大切にし、その中で将来にわたり人として豊かにたくましく生きていく力の基礎がしっかりと育つように、一人ひとりの個性を尊重しながら成長を支える。クラスや学年を超えたかかわり合いを豊かにし、子どもたちの成長を保護者と共有しながら保育を進めている。

保育日・保育時間

9:00～14:00(月・火・木・金)
9:00～11:30(水)

◇預かり保育(月～金)
7:30～9:00
保育終了後～18:30
※夏・冬・春休みも実施

年間行事予定

月	行　事　名(抜粋)
4	入園式、親子プレイデー
5	春の遠足
6	保育参加
7	夏祭り、お泊まり保育（年長）
8	夏休み、夏季保育、室内プール開放
9	運動会、親子観劇会
10	焼きいも、秋の遠足
11	みどり祭、七五三参拝、保育参加
12	クリスマス会
1	もちつき
2	豆まき、生活発表会、保育参加
3	春の会（会食）、修了証書授与式、修了式

毎月：誕生会、避難訓練

Kindergarten Information

※濃い色で示したアイコンはこの幼稚園に該当するものです

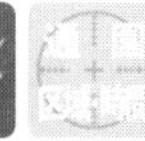

入試データ

下記の資料は2024年度入園児用**（2023年秋実施予定）**です

募集要項

募集人員	3年保育…男女計55名　2年保育…男女若干名		
応募資格	平成31年4月2日～令和3年4月1日生まれ		
入園説明会	10月15日　①10～11時　②14～15時　幼稚部にて		
願書配付期間	10月15日～		
願書受付期間	11月1日　8時30分～　窓口受付		
提出書類	・入園願書（写真貼付）、領収書、受検票		
受験票交付	願書受付時に手渡し		
受験番号付番	願書受付順	月齢考慮	なし
選抜方法 考査日	遊びの観察、保護者面接：11月1日（受付順に実施）		
考査料	5,000円（出願時に窓口で提出）		
合格発表	11月1日　15時～　書面交付		
入園手続	11月1日　15～16時		
課外教室	音楽教室／絵画造形教室／体操教室／親子陶芸教室		
公開行事	見学会：6月21・24日／7月18日／9月4・15日／10月5・21日（いずれも要申込） 運動会：9月30日（雨天時は10月1日に実施） みどり祭：11月11・12日		
付記	・親子陶芸教室は年に数回実施 ・自家用車での送迎可（駐車場あり） ・1年保育の入園は要相談 ・保育後の園庭開放あり ◇2・3歳児対象の「たんぽぽクラス」を実施 原則として週1回・火～金曜日のいずれか1日 ◇満2歳児対象の「すみれクラス」を実施 原則として週1回・月曜日 **【園からのメッセージ】** たんぽぽクラスとすみれクラスは、年数回在園児との交流を行います。		

学費

……… 入園手続時納付金 ………

入園料　120,000円

………… 年間納付金 …………

保育料・月額　23,000円

教育環境充実費・月額　10,000円

園バス代（利用者のみ）・月額　3,000円

※上記金額は諸事情等で変更の場合あり

制服

セキュリティ

警備員常駐／防犯カメラ設置／保育時間中の門施錠／インターホン対応／保護者入校許可証／避難訓練実施／防災訓練実施／看護師常駐／交通指導員配置／緊急通報システム／緊急地震速報装置／ＡＥＤ設置／災害用品備蓄／警察からの不審者情報メール配信

昼食

お弁当（週4回）

進学情報

［小学校への進学状況］

【鎌倉女子】約39％が内部進学。推薦入試制度あり

［中学校への進学状況］

男子：開成、麻布、聖光、栄光、浅野、鎌倉学園、逗子開成など

女子：【鎌倉女子】、フェリス、横浜共立、湘南白百合など

［系列校］

鎌倉女子大学・大学院・短期大学部・高等部・中等部・初等部

※上記募集要項は幼稚園公表分と伸芽会教育研究所調査を併せたデータです。詳細は幼稚園ＨＰでご確認ください

カリタス幼稚園

https://www.caritas.or.jp/kd/

［所在地］　〒214-0012　神奈川県川崎市多摩区中野島4-6-1
TEL　044-922-2526　FAX　044-900-8846

［アクセス］
●JR南武線【中野島】より徒歩10分
●JR南武線・小田急小田原線【登戸】より徒歩20分／川崎市営バス【カリタス学園】下車

幼稚園情報

［園　長］　木田 まゆみ
［園児数］　男女計159名

沿　革　昭和35年、ケベック・カリタス修道女会が学校法人カリタス学園を設立。昭和36年、カリタス女子中学高等学校、37年、カリタス幼稚園、38年、カリタス小学校を開設。令和２年、学園創立60周年を迎えた。令和４年、モンテッソーリ教育に適合した新園舎が完成。

教育方針　カトリックの精神に基づき、「愛の中で自由に大きく」をモットーに、「思いやりのあるやさしい心をもつ子」「よく見、よく考えて、最後までやりとおす強い心をもつ子」「友達とともに感動し、喜びを分かち合える豊かな心をもつ子」を教育目標とする。一人ひとりをかけがえのない存在として受け止め、教職員全員が丁寧に子どもと向き合っていく。愛され大切にされた子どもが他者に愛情を注ぐことができるよう育つことを願い、キリストの教えである愛の精神を、人間にとって最も大切なものとして子どもたちに伝える。

特　色　実践的・体系的なカリキュラムにより、幼稚園から高校までの一貫教育を行う。幼稚園ではモンテッソーリ教育を実践。専門の資格を持つ教員が子どもの自発的活動を促す。クラスは３～５歳児の縦割り編成で、異年齢のかかわりを通し思いやりの気持ちや人を敬う心を育む。横割り活動の時間も設け、協力して取り組むなど社会性を養う。

保育日・保育時間

9:00～14:00(月・火・木・金)
9:00～11:40(水)

◇預かり保育「マーガレット」(月～金)
7:30～9:00
保育終了後～17:00(最長18:30)
※年少児は４月下旬から(要相談)
※夏・冬・春休みも実施

年間行事予定

月	行事名(抜粋)
4	入園式
5	マリア祭
6	参加型体操参観
7	保育参観、お泊まり保育（年長）
8	夏休み、夏季保育
9	移動動物園
10	運動会、ふれあいさつまいも掘り、園外保育
11	七五三の祈りの集い、勤労感謝の集い
12	クリスマス会
1	正月フェスティバル
2	園外保育（年長）、保育参観
3	お別れ集会、卒園式

毎月：誕生会

Kindergarten Information

登園開始 制服 通園区域・時間 通園バス お弁当 アレルギー対応 課外教室 預かり保育 未就園児クラス 洋式 セキュリティ 小学校 中学・高校 大学 カトリック

※濃い色で示したアイコンはこの幼稚園に該当するものです

入試データ

下記の資料は2023年度入園児用**（2022年秋実施済み）**です

募集要項 ※ !2024 は次年度のデータです

募集人員	3年保育…男女計60名　2年保育…男女計10名		
応募資格	平成30年4月2日～令和2年4月1日生まれ		
入園説明会	Ｗｅｂ説明会：5月23～27日 幼稚園説明会：9月1日／10月15日		
願書配付期間	Ｗｅｂ公開のみ		
願書受付期間	Ｗｅｂ登録：10月15～26日 出願：11月1日　窓口受付 ※ＨＰの指示に従ってＷｅｂ登録後に出願		
提出書類	・入園志願書、受験票 ・面接資料書（面接を受ける保護者と志願者が写っている写真を貼付） ※すべて考査日に持参		
受験票交付	考査料決済後、自宅やコンビニエンスストアなどで各自印刷		
受験番号付番	願書受付順	月齢考慮	あり
選抜方法 考査日	考査*、親子面接：11月1日 *：3年保育…自由遊び　2年保育…自由遊びと個別質問		
考査料	20,000円（クレジットカード、コンビニまたはペイジー決済）		
合格発表	11月1・2日　Ｗｅｂ発表		
入園手続	11月2日　11時～（手続きまでに入金。制服採寸あり）		
課外教室	スポーツクラブ／チアクラブ		
公開行事	!2024 カリタスおひさまひろば：4月～翌年3月の月曜日。全18回 公開保育：6月10日／9月9日 子育て支援講演会：6月30日／9月20日／1月24日 保育見学体験会：7月5・12日／9月12・21日／10月17日		
付記	・近隣駐車場を利用のうえ、自家用車での送迎可 ◇未就園児クラス「タンポポ組」（火～金）を実施 週1回コース／週2回コース		

学費

……… 入園手続時納付金 ………

入園金	200,000円
施設拡充費	150,000円
新入園児物品代	24,000円

………… 年間納付金 …………

授業料・年額	360,000円
学習費・年額	24,000円
維持費・年額	81,600円
後援会入会金	1,000円
後援会会費・年額	30,000円
寄付金1口	20,000円

※寄付金は3保が3口以上、2保が2口以上（任意）
※スクールバス利用者は、維持費10,000円（年額）とバス代4,000円または2,500円（月額）を別途納付
※入園辞退者には施設拡充費、新入園児物品代を返還
※上記金額は諸事情等で変更の場合あり

制服

セキュリティ

警備員常駐／防犯カメラ設置／保育時間中の門施錠／インターホン対応／保護者名札着用／避難訓練実施／防災訓練実施／養護教諭常駐／緊急通報システム／安否確認システム／学校110番／ＡＥＤ設置／災害用品備蓄

昼食

お弁当（週4回）

進学情報

[小学校への進学状況]
【カリタス】希望する全員が内部進学

[中学校への進学状況]
男子：栄光、法政大二、桐蔭学園中等教育など
女子：【カリタス女子】約70%が内部進学

[系列校]
カリタス女子中学高等学校、カリタス小学校

※上記募集要項は幼稚園公表分と伸芽会教育研究所調査を併せたデータです。詳細は幼稚園ＨＰでご確認ください

考査ガイド

考査日程 1日
受験番号付番 願書受付順
選抜方法 親子面接を行う。その後、1グループ8～10人単位で集団テストを行う
考査内容 集団テスト、親子面接　※2年保育は個別テストあり
所要時間 約40分

過去の出題例

集団テスト

■行動観察（自由遊び）
・絵本、おままごと、ブロック、積み木などで自由に遊ぶ。

■読み聞かせ
・先生が絵本や紙芝居を読み聞かせる。

■歌・リズム
・「おちたおちた」「アイアイ」「ぞうさん」「グーチョキパーでなにつくろう」などを歌いながら、手遊びをする。

■運　動
・平均台を渡り、縄跳びをする。
・ブランコ、すべり台、鉄棒で遊ぶ。

個別テスト

（2年保育）

■巧緻性
・はさみで紙を切る。
・ひも通しをする。

■言語・判断力・常識
・「お名前を教えてください」「お誕生日はいつですか」などと質問される。
・絵カードを見て「リンゴは何色ですか」「女の子はどこですか」「女の子のワンピースは何色ですか」などの質問に答える。

▶運動

◀歌・リズム

▲巧緻性

面接ガイド

親子面接 考査当日に、両親と本人へ受験番号順で行う
所要時間 約15分
<面接資料／アンケート>考査当日に面接資料書を提出する

過去の質問例

本人への質問

・お名前を教えてください。何歳ですか。
・好きな遊びは何ですか。
・（赤、青、黄色の折り紙が載ったお盆を出し）好きな色を取ってください。それは何色ですか。
・（赤い折り紙を選ぶと）赤い色の野菜は何ですか。
・折り紙で遊ぶのは好きですか。

父親への質問

・新しい園舎を見てどのような印象を受けましたか。
・本園に期待することは何ですか。
・お子さんはどのような性格ですか。
・お子さんのどのようなところがご自身と似ている、あるいは似ていないと感じますか。
・休日はお子さんとどのように過ごしていますか。
・園の行事には参加できますか。

母親への質問

・お子さんは最近、どのような遊びに興味を持っていますか。
・子育てで難しいと感じることは何ですか。
・子育てで困ったとき、相談できる人はいますか。
・お子さんの好きな食べ物は何ですか。
・食生活で気をつけていることは何ですか。

面接の配置図

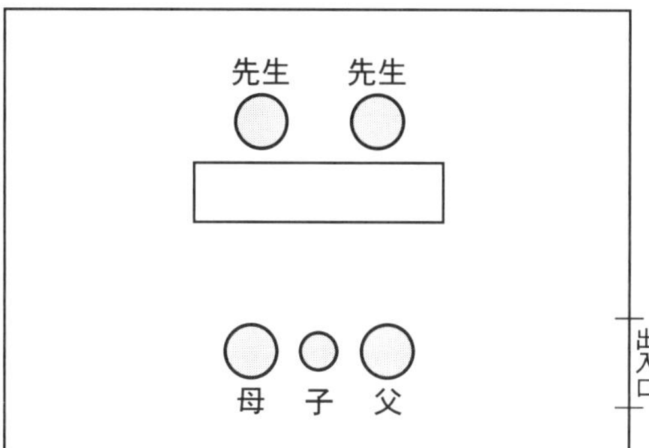

※考査当日に提出する面接資料には、以下のような記入項目がある。志願者と両親が写っている写真を貼付する。
①志望理由　②両親から見る子どもの性格　③好きな遊び　④普段読んでいる本　⑤トイレトレーニングの状況　⑥送迎や緊急時の対応などの協力者　⑦通園している幼稚園・保育園等　⑧預かり保育の希望　⑨事前に園に知らせておきたいこと
ほかに、氏名、性別、生年月日、住所、家族構成、通園方法と最寄り駅など

Interview [voice clip]

園に協力できる姿勢を見せることが大切

・わが家は考査の集合時間がお昼前だったため、子どもには園に入る前にパンを食べさせました。おかげで最後まで、楽しそうに元気よく臨めました。集合時間によっては工夫が必要だと思います。
・面接では、父親がどのくらい行事に参加できるかを重視しているように感じました。園に積極的にかかわり、協力できることを伝えたほうがよいと思います。
・親が質問を受ける間、子どもは選んだ色の折り紙で遊ぶように言われました。飽きてしまったら、別の色の折り紙を渡してくださったり、ペンでお絵描きをさせてくださったりと、とても和やかな雰囲気でした。
・わが家は未就園児クラス「タンポポ組」に参加していたため、タンポポ組に関する質問が多かったです。参加してよかった点、子どもの様子がどのように変わっていったかなどを聞かれました。

※考査ガイド、面接ガイドは伸芽会教育研究所によるデータです

認定こども園 相模女子大学幼稚部

http://www.sagami-wu-kg.jp/

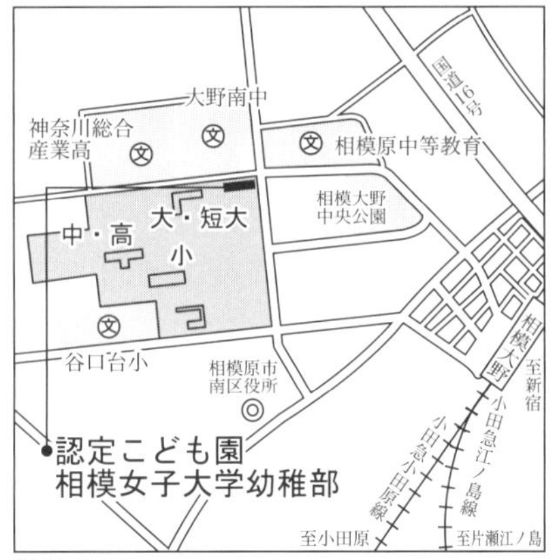

［所在地］　〒252-0383 神奈川県相模原市南区文京2-1-1
TEL 042-742-1445　FAX 042-742-1431

［アクセス］
●小田急小田原線・江ノ島線【相模大野】より徒歩10分

幼稚園情報

［園　長］　角田 雅昭
［園児数］　男女計324名

沿　革　明治33年、西澤之助により日本女学校設立。昭和24年、相模女子大学を開設し、昭和25年、相模女子大学幼稚園が開園。昭和26年、相模女子大学幼稚部に改称。平成28年、認定こども園相模女子大学幼稚部に移行。

教育方針　教育方針に、「物事をとことん探究していく力（探究）」「自分で考え、自分で決めて行動していく力（自立）」「他者のために何かをしようとする心（貢献）」の育成を掲げる。子どもたちの主体的な遊びなどの活動を通し、人間関係の形成と心身の調和的な発達を図り、一人ひとりの特性に応じた教育・保育の実現を目指している。

特　色　約17万㎡の広さを誇る総合学園の併設園として、小・中・高・大と連携し教育を展開。学内の豊かな自然環境を生かした教育も行う。地域に根ざしたこども園としての側面もあり、子どもたちが地域を身近に感じられるよう、老人ホーム訪問や園外保育の充実化にも取り組む。また、インクルーシブ教育システム構築事業（平成25～27年度：文部科学省）のモデル園であったため、相模女子大学子育て支援センターの協力を得ながら、全国でも先駆的なインクルーシブ教育の実践を試みている。大学の栄養科学部や地域と連携し、食育活動にも力を入れている。

保育日・保育時間

9:00～15:00（月～金）

◇預かり保育（月～金）
7:00～9:00
保育終了後～19:00
※夏・冬・春休みも実施
※土曜日は保護者の就労・介護の場合のみ

年間行事予定

月	行　事　名（抜粋）
4	入園式、進級式
5	――
6	わくわくキッチン、交通安全教室、お店屋さんごっこ
7	――
8	夏期保育
9	老人ホーム訪問
10	作品展
11	相生祭、小学部との交流会、運動会
12	クリスマス会
1	――
2	節分、子どもの会
3	お別れ会、卒園式、修了式

毎月：誕生会、避難訓練

Kindergarten Information

※濃い色で示したアイコンはこの幼稚園に該当するものです

登園開始　制服　区域制限　通園バス　給食　アレルギー対応　課外教室　預かり保育　未就園児クラス　洋式　セキュリティ　小学校　中学・高校　大学

入試データ

下記の資料は2024年度入園児用**（2023年秋実施予定）**です

募集要項

募集人員	３年保育…男女計60名		
応募資格	令和２年４月２日～令和３年４月１日生まれ		
入園説明会	６月30日／９月７日		
願書配付期間	10月15日 ※詳細はＨＰで確認または園へ問い合わせ		
願書受付期間	11月１～10日　窓口受付		
提出書類	・入園願書（写真貼付）		
受験票交付	願書受付時に手渡し		
受験番号付番	願書受付順	月齢考慮	なし
選抜方法 考査日	行動観察：11月１～10日のうち１日		
考査料	5,000円		
合格発表	考査後に通知		
入園手続	合格通知時		
課外教室	体操／英会話／バレエ／サッカー		
公開行事	公開保育：６月26～30日 作品展：10月14日 相生祭（学園祭）：11月３・４日 運動会：11月25日 こんにちは会：月１回 ※幼稚部見学は随時受付（要電話申込）		
付記	・上記は１号認定の情報。２号・３号については在住する市町村へ問い合わせ ・２号・３号の保育開始時間は７時 ・自家用車での送迎可 ◇２歳児教室「もも組」を実施 月・木コース／火・金コース　※入園希望者対象		

学費

……… 入園手続時納付金 ………

施設充実費　150,000円

………… 年間納付金 …………

保育料・月額

市区町村税額によって算定された金額

教育充実費・月額　7,000円

施設維持費・月額　5,000円

※上記金額は諸事情等で変更の場合あり

制服

制帽のみ

セキュリティ

警備員常駐／巡回警備／防犯カメラ設置／保育時間中の門施錠／インターホン対応／保護者ＩＤカード／避難訓練実施／防災訓練実施／看護師常駐／緊急通報システム／安否確認システム／緊急地震速報装置／ＡＥＤ設置／災害用品備蓄

昼食

給食（週５回）

進学情報

[小学校への進学状況]

【相模女子】約20％が内部進学

[中学校への進学状況]

男子：栄光、慶應普通部など

女子：【相模女子】約47％が内部進学。渋教渋谷など

[系列校]

相模女子大学・大学院・短期大学部・高等部・中学部・小学部

※上記募集要項は幼稚園公表分と伸芽会教育研究所調査を併せたデータです。詳細は幼稚園ＨＰでご確認ください

湘南学園幼稚園

http://www.shogak.ac.jp/kindergarten/

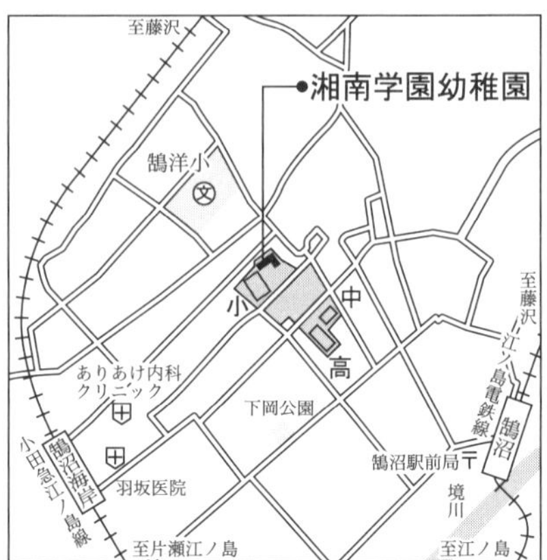

［所在地］　〒251-8505 神奈川県藤沢市鵠沼松が岡4-1-32
TEL 0466-23-6615　FAX 0466-26-5451

［アクセス］
●小田急江ノ島線【鵠沼海岸】より徒歩８分
●江ノ島電鉄線【鵠沼】より徒歩８分

幼稚園情報

［園　長］ 姫野 貴美子
［園児数］ 男女計180名

沿　革 昭和８年、個性尊重の自由教育を望む保護者と教師の協力により湘南学園（幼稚園・小学校）創立。昭和22年、湘南学園中学校、昭和25年、湘南学園高等学校開設。昭和26年、学校法人湘南学園となる。令和５年、学園創立90周年を迎える。

教育方針 学園の建学の精神は『個性豊かにして身体健全　気品高く　社会の進歩に貢献できる　明朗有為な実力のある人間の育成』。幼稚園では、子どもたちが自ら力いっぱい遊びや活動に取り組むことを大切にしながら「自分で考え自分で行動できる子ども」「自分の見たこと、感じたこと、考えたことを自分の言葉で豊かに表現できる子ども」「相手を思いやる気持ちを持てる子ども」「知識と心身の発達のバランスのとれた子ども」の育成を目指している。

特　色 人に強制されず主体的に行動し、喜びや満足を感じることのできる「あそび」を中心にした教育を特徴とする。実際の保育では、子どもたちが自由に遊べる時間をできるだけ確保し環境を整え、好奇心や意欲をかきたてる。子どもたちは感動体験を分かち合い、刺激を受けながら育ち合う。専門教師による「運動あそび」「造形あそび」、ネイティブの英語講師とふれ合う時間がある。

保育日・保育時間

8:50〜14:00(火〜金)
8:50〜11:30(月)

◇預かり保育「ぞうさん」(月〜金)
8:20〜8:50
保育終了後〜18:00
※夏・冬・春休みも実施

年間行事予定

月	行　事　名(抜粋)
4	始業式、入園式
5	親子遠足、父親参加保育（年中・年長）
6	父親参加保育（年少）、保育参観（年中・年長）
7	さくらわくわくデー（お泊まり保育、年長）、交通安全教室
8	夏休み
9	防災引き取り訓練、非常食体験
10	らんらんにこにこらんど（運動会）、いも掘り
11	がちゃぺたらんど（造形展）
12	もちつき、吹奏楽部コンサート（中高生）
1	観劇会、お弁当参観（年少）
2	豆まき
3	卒園式、修了式
	毎月：誕生会

Kindergarten Information

※濃い色で示したアイコンはこの幼稚園に該当するものです

登園開始　制服　通園区域・時間　通園バス　お弁当　アレルギー対応　課外教室　預かり保育　未就園児クラス　洋式　セキュリティ　小学校　中学・高校　大学

入試データ

下記の資料は2024年度入園児用**（2023年秋実施予定）**です

募集要項

募集人員	3年保育…男女計60名		
応募資格	令和2年4月2日～令和3年4月1日生まれ		
入園説明会	9月16・30日		
願書配付期間	10月16～31日 平日9時～11時30分、12時30分～16時（土：9～12時）		
願書受付期間	11月1日　窓口受付		
提出書類	・願書 ・調査書 ・入園面接選考料納付票、領収書 ・入園面接票		
受験票交付	願書受付時に手渡し		
受験番号付番	願書購入順	月齢考慮	なし
選抜方法 考査日	幼児面接、親子面接：11月1日		
考査料	10,000円（出願時に窓口で提出）		
合格発表	11月1日　Ｗｅｂ発表および速達で通知		
入園手続	指定日		
課外教室	スポーツクラブ		
公開行事	たんぽぽ広場：5月27日／6月24日／7月22日／9月2日 見学日：9月5・8・12・15・19・22・26日		
付記	・近隣駐車場を利用のうえ、自家用車での送迎可		

学費

……… 入園手続時納付金 ………

入園金	120,000円
施設費	60,000円

………… 年間納付金 …………

保育料・月額	27,000円
教材費・月額	4,000円
施設維持費・月額	5,000円

※上記金額は諸事情等で変更の場合あり

制服

制服なし

セキュリティ

警備員常駐／防犯カメラ設置／保育時間中の門施錠／保護者ＩＤカード／避難訓練実施／防災訓練実施／看護師常駐（小中高と兼務）／緊急通報システム／緊急地震速報装置／ＡＥＤ設置／災害用品備蓄

昼食

お弁当（週4回）…希望者は学園内カフェテリアで調理したお弁当の注文可

進学情報

[小学校への進学状況]

【湘南学園】約50％が内部進学

[中学校への進学状況]

【湘南学園】約80％が内部進学。栄光、フェリス、慶應（中等部、湘南藤沢）など

[系列校]

湘南学園中学校高等学校、湘南学園小学校

※上記募集要項は幼稚園公表分と伸芽会教育研究所調査を併せたデータです。詳細は幼稚園ＨＰでご確認ください

神奈川県藤沢市／共学　2年保育＋3年保育

湘南白百合学園幼稚園

http://www.shonan-shirayuri.ac.jp/youchien/

［所在地］　〒251-0035 神奈川県藤沢市片瀬海岸2-10-1
TEL 0466-22-4432　FAX 0466-26-1035

［アクセス］
●小田急江ノ島線【片瀬江ノ島】より徒歩５分
●江ノ島電鉄線【江ノ島】より徒歩10分

幼稚園情報

［園　長］　山本 由美子
［園児数］　男女計124名

沿　革　創立母体のシャルトル聖パウロ修道女会が、明治11年にフランスから来日し、日本各地で教育や福祉事業を開始した。昭和11年に、現在地で片瀬乃木幼稚園が発足。昭和12年には片瀬乃木小学校、昭和13年に乃木高等女学校を設立。昭和22年、校名を湘南白百合学園と改め、現在に至る。

教育方針　キリスト教の教えに基づいた生活を通して、心身の健全な発達を促し、人格の基礎づくりを行うことを目的とする。人間形成に最も重要な幼児期に、その成長発達の状態に応じて、自発的な選択活動ができるモンテッソーリ教育を導入している。クラスは３歳から６歳までの縦割り編成で、お互いの立場を尊重し合い、自由と責任、思いやりや協調性を体得して、将来の社会生活に必要な自主・自律の基礎を身につける。

特　色　モンテッソーリ教育は、子どもの発達段階に応じて意欲を引き出す環境を用意するのが特徴。一人ひとりが「日常生活の練習」「感覚」「言語」「数」「文化・宗教」などの領域に沿った教具を用いて活動する。教員は見守りながら自発的活動を促す。体操、音楽リズム、英語、絵画の制作などの一斉活動、宗教のお話の時間や宗教行事も行う。一貫校ならではの、中学・高校生による幼稚園訪問も実施している。

保育日・保育時間

9:00～14:00（月・火・木・金）
9:00～11:00（水）

◇預かり保育（月～金）
7:30～8:40
英語アフタースクール「Little Lilies」
保育終了後～17:00

年間行事予定

月	行　事　名（抜粋）
4	入園式、交通安全教室
5	遠足、マリア様のお祝い
6	学園記念日
7	七夕
8	夏休み
9	――
10	遠足、運動会、ロザリオの集い
11	七五三のお祝い
12	クリスマスの聖劇、クリスマスミサ
1	小学校訪問（年長）
2	ドッジボール大会
3	ひな祭り、お別れ会、卒園式
	毎月：誕生会、避難訓練

Kindergarten Information

入試データ

下記の資料は2024年度入園児用（**2023年秋実施予定**）です

募集要項

募集人員	3年保育…男女計70名　2年保育…男女計10名		
応募資格	平成31年4月2日～令和3年4月1日生まれ		
入園説明会	6月3日／9月2日（施設見学あり）		
願書配付期間	10月15～30日　平日10～15時（15・30日：～12時。土：休み）		
願書受付期間	11月1日 3年保育…9～10時　2年保育…8時30分～9時　窓口受付		
提出書類	・入園願書　・出願時添付書（志願者写真、家族写真を貼付） ・入園検定料納入書		
受験票交付	願書受付時に手渡し		
受験番号付番	願書受付順	月齢考慮	あり
選抜方法 考査日	考査、親子面接： 3年保育…11月2・3日のうち1日 2年保育…11月1日 （いずれも日時は願書受付時に通知）		
考査料	15,000円		
合格発表	11月4日　9時～9時30分　書面交付		
入園手続	11月11日　9時～		
課外教室	体操／絵画／プログラミング／スイミング		
公開行事	公開保育：6月22・26・27日　体験保育：7月5・12日 運動会：9月29日　※いずれも要申込		
付記	・近隣駐車場を利用のうえ、自家用車での送迎可 ◇未就園児クラス「ちゅうりっぷ」を実施 月曜コース／火曜コース／木曜コース／金曜コース　月2回 **【園からのメッセージ】** ネイティブ教員による英語の授業とアフタースクールで、楽しく学べます。2014年10月完成の園舎は藤沢市と「津波避難ビル」として協定を結び、非常時の園児の安全確保に備えています。自然と安全性、機能性を備えた環境の中、充実した保育を提供いたします。		

学費

……… 入園手続時納付金 ………

入園料	200,000円
施設設備費	30,000円

………… 年間納付金 …………

保育料・月額	32,500円
施設設備費・月額	12,000円
寄付金1口	100,000円

（3口以上、任意）

※寄付金は、姉妹が在学（園）し、一家族3口以上の寄付をしている場合と、男児の場合は1口以上（任意）
※上記金額は諸事情等で変更の場合あり

制服

セキュリティ

防犯カメラ設置／保育時間中の門施錠／インターホン対応／保護者名札着用／避難訓練実施／防災訓練実施／交通指導員配置／緊急通報システム／緊急地震速報装置／ＡＥＤ設置／災害用品備蓄／防災室

昼食

お弁当（週4回）…希望者はお弁当の注文可

進学情報

［小学校への進学状況］
男子：非公表
女子：【湘南白百合学園】ほぼ全員が内部進学
［中学校への進学状況］
【湘南白百合学園】約90％が内部進学

［系列校］
白百合女子大学・大学院、湘南白百合学園中学・高等学校、湘南白百合学園小学校など

※上記募集要項は幼稚園公表分と伸芽会教育研究所調査を併せたデータです。詳細は幼稚園ＨＰでご確認ください

考査ガイド

考査日程　1日
受験番号付番　願書受付順
選抜方法　子どもは名札を左胸につけ、親子面接を受ける。その後、子どもは個別テストを受け、その間保護者はアンケートに記入する（例年は2日間の日程で集団テストもあるが、令和3～5年度入試では実施なし）
考査内容　個別テスト、親子面接
所要時間　約40分

過去の出題例

個別テスト

■指示行動
（3年保育）
・動物のぬいぐるみと模擬の食べ物があり「（動物に）ごはんをあげてください」などと指示される。

■巧緻性
（2年保育）
・紙にかかれた丸をはさみで2つ切り取る。
（3年保育）
・ひも通しをする。

■言　語
（2年保育）
・先生としりとりをする。

■常　識
（2年保育）
・絵カードを示され、描かれているものの名前を答える。
（3年保育）
・緑、黄色、ピンクの車があり、それぞれの色を答える。

■記　憶
（3年保育）
・先生が動物のぬいぐるみを隠し、それがどこへいったか質問される。

■生活習慣
（3年保育）
・ぬいぐるみに服を着せ、ボタンやホックを留める。

■運　動
（3年保育）
・白線の上を歩き、先生の合図で走る。
・片足立ちやケンケンをする。
・跳び箱に登って降りる。

集団テスト

■行動観察（親子課題・親子遊び）
・親子3人で、トンネル、縄跳び、迷路、ロディ、ボールなどで自由に遊ぶ。

■行動観察（自由遊び）
・おままごとやブロックで自由に遊ぶ。親は周囲に着席して様子を見る。

■読み聞かせ
・絵本の読み聞かせの後、質問に答える。

■歌・リズム
・先生と「むすんでひらいて」「おべんとうの歌」を歌いながら、手遊びをする。

■運　動
・巧技台に上りジャンプする。
・巧技台で手を広げバランスをとる。
・渡されたひもの下をハイハイでくぐる。
・ボールつきをする。
・鉄棒にぶら下がる。

■言　語
・1人ずつ「（先生が星やハートの絵を描き）どんな形が好きですか」「好きな食べ物は何ですか」などと聞かれる。

◀指示行動

面接ガイド

親子面接　考査当日に、両親と本人へ受験番号順で行う
所要時間　約10分
<面接資料／アンケート>出願時に出願時添付書（面接資料）を、考査当日にアンケートを提出する

過去の質問例

本人への質問

・お名前を教えてください。お年はいくつですか。
・好きな動物／食べ物／花／色／歌は何ですか。
・お父さんやお母さんと何をして遊びますか。
・きょうだいの名前を教えてください。
・きょうだいとは何をして遊びますか。
・お家のお手伝いはしますか。何をしますか。
・最近、お母さんにどんなことでほめられましたか。

父親への質問

・志望理由をお聞かせください。
・お仕事内容と勤務形態を教えてください。
・父親の役割について考えをお聞かせください。
・子育てをしてきてうれしかったことは何ですか。
・どのようなときにお子さんの成長を感じますか。
・お子さんにはどのように育ってほしいですか。

母親への質問

・お子さんはどのような性格ですか。一言で表してください。
・子育てで困ったときはありますか。
・子育てで悩んだときは、どなたに相談しますか。
・お仕事はされていますか。送迎や行事への参加はできますか。

面接の配置図

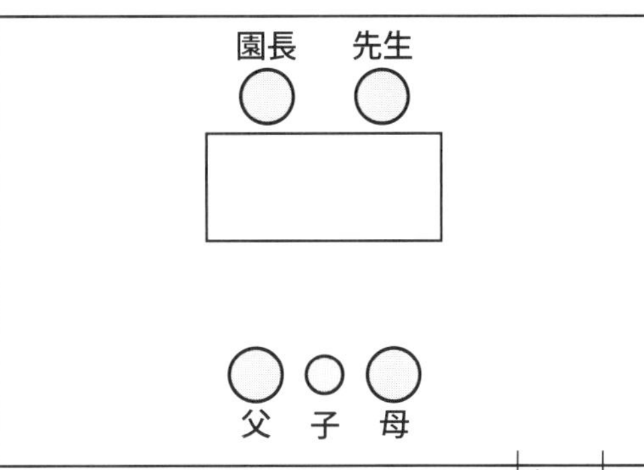

※出願時に提出する面接資料には、以下のような記入項目がある。家族写真を貼付する。
①幼児氏名、生年月日、性別、住所、保護者氏名、幼児との関係　②家庭における教育方針　③志望理由　④家族および同居人　⑤通園経路と所要時間　⑥緊急連絡先
※考査当日に記入するアンケートには、以下のような項目がある。
「子どもの長所と短所」「子どもの成長を感じたこと」「コロナ禍において家庭で変化したこと」「習い事（選択式）」「健康面（選択式）」など

神奈川
私立
共学
し
湘南白百合学園幼稚園

Interview [voice clip]

アンケートは時間内に書けるよう調整を

・控え室には中央の机に折り紙、パズル、絵本、窓側の絨毯の上にブロック、おままごとセットが用意されていました。モンテッソーリの教具には布がかけられており、子どもが気にする様子はありませんでした。
・面接では先生方が丁寧に話を聞いてくださいました。子どもが答えに詰まったときは、わかりやすい言葉に変えて質問してくださったので無事に答えることができました。
・考査への誘導の際、娘がぐずってしまいましたが、先生がぬいぐるみを持ってきてくださると、笑顔になってスムーズに向かうことができました。きめ細かい配慮がありがたかったです。
・子どもが個別テストを受けている間に、保護者はアンケートに記入しました。記入時間は約10分でした。例年、同じような内容ですので、考えはまとめておくとよいと思います。

※考査ガイド、面接ガイドは伸芽会教育研究所によるデータです

聖セシリア幼稚園

http://www.cecilia.ac.jp/yochien/　E-mail yochien@cecilia.ac.jp

［所在地］　〒242-0006　神奈川県大和市南林間3-10-1
TEL&FAX　046-275-8036

［アクセス］
●小田急江ノ島線【南林間】より徒歩７分
●東急田園都市線・小田急江ノ島線【中央林間】より徒歩10分

幼稚園情報

［園　長］　原 信江
［園児数］　117名（男児41名、女児76名）

沿　革　昭和４年、カトリック精神に基づく教育を建学の精神として、モニカ伊東静江により大和学園聖セシリア創設。昭和28年、大和学園幼稚園開設。昭和54年、学園創立50周年に聖セシリア幼稚園と改称。令和６年、学園創立95周年を迎える。

教育方針　カトリックの教えを基に「愛する心」を育む。幼稚園での経験は心の深層に蓄積し、人格をつくる土台となると考え、子どもたち一人ひとりを丁寧に保育する。祈りをもって人知を超えた大いなるものを感じるとともに、友達や教職員とのかかわりを通し自分が大切な存在であることを認識し、人の痛みを理解できる温かさや優しさを身につけられるよう導いている。

特　色　総合学園内にあり、広い芝生の園庭も有するなど保育環境に優れる。創立者の意思を象徴するパウロ書簡にちなんだ言葉「信、望、愛」は学園の合い言葉であり、精神的支柱となっている。創造力を養う遊びや英語を通して人間性を育み、四季折々の多彩な学園行事などでも、個々に合わせた成長を目指す。クラス担任と学年ごとの教諭の複数担任制をとっているほか、バレエ、英語、タグラグビー、水泳、音楽の課外教室、預かり保育、バス送迎を行っている。

保育日・保育時間

9:00～14:00（月・火・木・金）
9:00～11:30（水）

◇預かり保育（月～金）
7:30～9:00
保育終了後～18:30
※夏・冬・春休みも実施

年間行事予定

月	行　事　名（抜粋）
4	入園式、健康診断
5	マリア祭、遠足、セシリアキッズフェスティバル
6	季節の収穫
7	一学期感謝ミサ、サマーキャンプ、夏祭り
8	——
9	——
10	運動会、おいも掘り遠足
11	七五三ミサ、聖セシリア記念日
12	クリスマス会
1	おもちつき
2	節分、ひな祭り遊戯会、人形劇
3	卒園遠足、卒園ミサ、卒園式
	年４、５回：保育参観　毎月：誕生会

Kindergarten Information

※濃い色で示したアイコンはこの幼稚園に該当するものです

登園開始 / 制服 / 通園区域制限 / 通園バス / お弁当 / アレルギー対応 / 課外教室 / 預かり保育 / 未就園児クラス / 洋式 / セキュリティ / 小学校 / 中学・高校 / 大学 / カトリック

入試データ

下記の資料は2023年度入園児用**（2022年秋実施済み）**です

募集要項　※下記は前年度のデータです

募集人員	3年保育…男女計40名 2年・1年保育…各男女若干名		
応募資格	平成29年4月2日～令和2年4月1日生まれ		
入園説明会	9月3日／10月15日		
願書配付期間	10月15～31日　平日10～16時（10月22・29日：休み）		
願書受付期間	11月1日　9～11時　窓口受付		
提出書類	・入園願書（写真貼付）		
受験票交付	願書受付時に手渡し		
受験番号付番	願書受付順	月齢考慮	あり
選抜方法 考査日	行動観察、口頭質問、親子面接：11月1日　9時～（受付順に開始）		
考査料	5,000円		
合格発表	11月2日　速達で通知		
入園手続	11月4日　14時締切		
課外教室	バレエ／英語／タグラグビー／水泳／音楽 ※職員が着替え補助と送迎をする「サポートシステム」あり		
公開行事	体験保育：7月2日／9月10日 園庭開放：月1回程度 ※幼稚園見学は随時受付（要電話申込）		
付記	・専任講師による指導：体育、水泳、英語（いずれも週1回） ・自家用車での送迎可 ◇未就園児保育「マリア組」を実施 　火曜クラス／金曜クラス　月2～4回		

学費

……… 入園手続時納付金 ………

入園料　100,000円

………… 年間納付金 …………

保育料（教材費、保健費含む）・月額　29,000円

空調費・年額　10,000円

教育施設環境費・月額　3,000円

制服、保育用品一式など　約40,000円

※父母会会費、園外保育費、積立金など別途納付

※上記金額は諸事情等で変更の場合あり

制服

夏のみ麦わら帽子あり

セキュリティ

警備員常駐／防犯カメラ設置／保育時間中の門施錠／インターホン対応／保護者証着用／避難訓練実施／防災訓練実施／交通指導員配置／緊急通報システム／安否確認システム／AED設置／災害用品備蓄

昼食

お弁当（週4回）…希望者は週2回、パン給食の注文可

進学情報

[小学校への進学状況]

【聖セシリア】約50％が内部進学

[中学校への進学状況]

男子：聖光、栄光、慶應（普通部、湘南藤沢）、浅野、桐光学園など

女子：【聖セシリア女子】約72％が内部進学。桜蔭、フェリスなど

[系列校]

聖セシリア女子中学校・高等学校、聖セシリア小学校、聖セシリア喜多見幼稚園、モニカ保育園

※上記募集要項は幼稚園公表分と伸芽会教育研究所調査を併せたデータです。詳細は幼稚園HPでご確認ください

洗足学園大学附属幼稚園

http://www.senzoku.ac.jp/youchien/　E-mail kg-office@senzoku.ac.jp

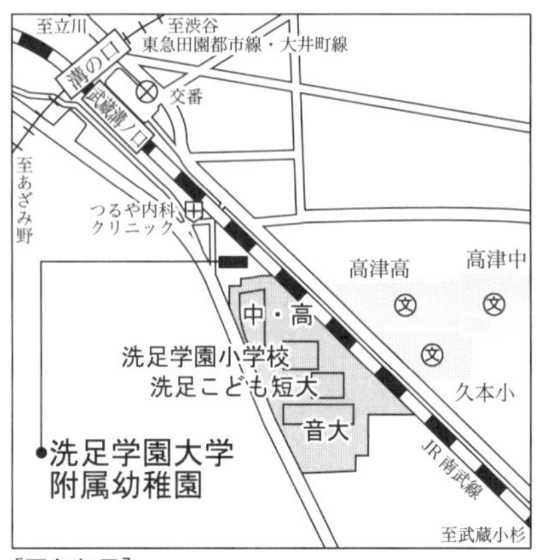

［所在地］　〒213-8580　神奈川県川崎市高津区久本2-3-1
TEL　044-857-1211　FAX　044-857-1213

［アクセス］
●JR南武線【武蔵溝ノ口】より徒歩７分
●東急田園都市線・大井町線【溝の口】より徒歩７分

幼稚園情報

［園　長］　佐久間 惠子
［園児数］　男女計97名

沿　革　学園の創立者・前田若尾は、キリストが最後の晩餐の前に12名の弟子の足を洗われたというヨハネ伝の故事に倣い、校名を「洗足」と定めた。「謙虚にして慈愛に満ちた心情」の啓発を教育の基本理念とし、大正13年に学園を創始した。幼稚園は昭和23年４月に開園し、現在は幼稚園から大学院までの総合学園となっている。

教育方針　生き生きと生活する中で、心身の調和のとれた明るい健全な幼児を育成することが目標。子どもの個性を尊重しつつ一人ひとりの育ちを大切にしている。また、子どもの成長に沿いながら、幼児期に育んでほしい力を遊びを通して身につけ、将来の基盤づくりとしていくことを目指す。

特　色　「遊びの中で育つ」保育を大切に考え、遊びを通して自分で考え行動できる力や、社会性を着実に身につけるきめ細かい保育を心掛けている。また、学園に併設されたグラウンド、ホール、大学キャンパスなども環境の一部として活用。大学や短大の協力のもと、音楽教育プログラムとして月に１回「キッズコンサート」を開き、豊かな情操とマナーを身につける機会を設けている。令和３年度入園の年少組からカリキュラムを変更し、系列の小学校との連携をより強化している。

保育日・保育時間

【年少】9:00～13:25（月・火・木・金）
9:00～11:10（水）
【年中】9:00～13:35（月・火・木・金）
9:00～11:20（水）
【年長】9:00～13:45（月・火・木・金）
9:00～11:30（水）

◇預かり保育（月～金）
17:00まで

年間行事予定

月	行　事　名（抜粋）
4	入園式
5	こどもの日の集い、春の遠足
6	避難訓練、プラネタリウム見学（年長・年中）
7	七夕、すいか割り、宿泊保育（年長）
8	夏休み
9	避難訓練、お月見、運動会
10	秋の遠足、おいも掘り（年長）、親子のための音楽会
11	「ぐりとぐら」観劇
12	おもちつき、作品展、クリスマス会
1	お正月の集い、避難訓練
2	節分、おゆうぎ会、お別れ遠足（年長）
3	ひな祭り、お別れ会、卒園式

Kindergarten Information

※濃い色で示したアイコンはこの幼稚園に該当するものです

登園開始 / 制服 / 通園区域・時間 / 通園バス / お弁当 / アレルギー対応 / 課外教室 / 預かり保育 / 未就園児クラス / 洋式・和式 / セキュリティ / 小学校 / 中学・高校 / 大学

入試データ

下記の資料は2023年度入園児用（**2022年秋実施済み**）です

募集要項 ※!2024は次年度のデータです

募集人員	3年保育…男女計32名		
応募資格	平成31年4月2日～令和2年4月1日生まれ		
入園説明会	!2024 10月15日		
願書配付期間	Ｗｅｂ公開のみ		
願書受付期間	11月1日（9時30分～15時） ※ＨＰの指示に従ってＷｅｂ出願		
提出書類	・考査票（写真貼付） ※考査日に持参		
受験票交付	考査料決済後、自宅やコンビニエンスストアなどで各自印刷		
受験番号付番	願書受付順	月齢考慮	あり
選抜方法 考査日	行動観察、親子面接：11月2・3日のうち1日		
考査料	15,000円（クレジットカード、コンビニまたはペイジー決済）		
合格発表	11月4日　9時30分～　Ｗｅｂ発表		
入園手続	11月7日　9時30分～16時		
課外教室	なし		
公開行事	!2024 施設見学会：6月14・21・28日／7月5～7日 保育見学会：9月11～15・19～21日 運動会：9月30日　親子のための音楽会：10月23日 作品展：12月1日　おゆうぎ会：2月23日		
付記	・徒歩、電車、バスにて片道60分以内で通園できる者に限る ・近隣駐車場を利用のうえ、自家用車での送迎可 **【園からのメッセージ】** 2021年度新入園児から新しい教育が始まりました。教師が強要するのではなく、子どもたちが自ら活動したくなる環境をつくり、子どもたちの思いに共感し援助していく方針はこれまで通りです。それに加えて、社会のリーダーの礎を築くための多様な経験と考える習慣を目標に、ＩＣＴも活用しながら教育を進めています。		

学費

……… 入園手続時納付金 ………

入園料	200,000円
施設費（初年度分）	180,000円

………… 年間納付金 …………

保育料・年額	720,000円
洗足会（ＰＴＡ）会費・年額	8,400円
施設費（2年目以降）・年額	180,000円
制服などの諸費用	約80,000円
寄付金1口（1口以上、任意）	10,000円

※積立金など別途納付
※上記金額は諸事情等で変更の場合あり

制服

セキュリティ

警備員登降園時常駐／防犯カメラ設置／保育時間中の門施錠／インターホン対応／避難訓練実施／看護師常駐／交通指導員配置／緊急通報システム／緊急地震速報装置／ＡＥＤ設置／災害用品備蓄／教員の防犯訓練・救命講習会受講

昼食

お弁当（週4回）

進学情報

[小学校への進学状況]
【洗足学園】、東京学芸大附属世田谷、横浜国立大附属横浜、慶應横浜初等部、早稲田実業、立教、成城学園、東京都市大付属、精華、桐蔭学園など

[中学校への進学状況]
男子：筑波大駒場、開成、麻布など　女子：【洗足学園】、桜蔭、女子学院など

[系列校]
洗足学園音楽大学・大学院、洗足こども短期大学、洗足学園中学高等学校、洗足学園小学校

※上記募集要項は幼稚園公表分と伸芽会教育研究所調査を併せたデータです。詳細は幼稚園ＨＰでご確認ください

考査ガイド

考査日程 1日
受験番号付番 月齢ごとに分けられた男女別グループ内での願書受付順
選抜方法 子どもは名札を左胸に、番号のかかれたシールを左肩につけ、保護者は番号札を胸につける。子どもと保護者1人は考査室に入り、子どもは集団テストを受け、親はいすに座って見守る。その後、親子面接を受ける
考査内容 集団テスト、親子面接
所要時間 約40分

過去の出題例

集団テスト

■行動観察（自由遊び）
・おままごと、積み木、ブロック、電車、車などで自由に遊ぶ。

■言　語
・自由遊びの最中に先生から「何色が好きですか」「好きな食べ物は何ですか」「今日は何を食べてきましたか」などと質問される。

■運　動
・巧技台に上り飛び降りる。
・片足立ちをする。
・ウサギのまねをして線の上をピョンピョン跳ぶ。

■歌・リズム
・「グーチョキパーでなにつくろう」「あたま・かた・ひざ・ポン」などを歌いながら手遊びをする。

◀行動観察（自由遊び）

面接ガイド

親子面接 考査当日に、両親と本人へ受験番号順で行う

所要時間 10～15分

＜面接資料／アンケート＞Ｗｅｂ出願時に面接資料となる項目に入力する

過去の質問例

本人への質問

・お名前を教えてください。何歳ですか。
・今日は誰とどうやって来ましたか。
・考査のお部屋では何をして遊びましたか。
・今日の朝ごはんは何を食べましたか。
・どんな遊びが好きですか。誰と遊びますか。
・（机の上に３色のシールが置いてある）考査票を持ってきてください。机の上にあるシールは何色ですか。好きなシールを１つ選んで、考査票の四角のマス目の中に貼ってください。

父親への質問

・本園をどのようにして知りましたか。
・説明会や見学会には参加されましたか。そのときの印象をお聞かせください。
・いつごろから幼稚園受験を考えていましたか。
・受験対策としてどのようなことをしましたか。
・お子さんとごきょうだいの性格の違いについてお聞かせください。
・普段、お子さんにどのように接していますか。

母親への質問

・本園の新しいカリキュラムをどう思われますか。
・どのようなお子さんですか。

面接の配置図

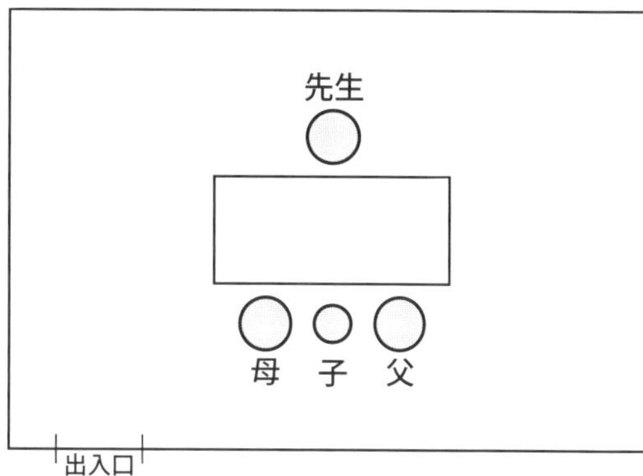

・子育てで大変なことは何ですか。
・お子さんとごきょうだいの関係はいかがですか。
・お仕事はされていますか。送迎はできますか。
・子育てをサポートしてくれる人はいますか。
・系列の小学校への進学を希望されますか。

※Ｗｅｂ出願時に入力する面接資料には、以下のような記入項目がある。
①志望理由
②家族および同居人
③備考（親子面接の参考になること）

Interview [voice clip]

トイレは受付前に済ませておくこと

・出願登録時に入力する志望理由は400字以内、備考は50字以内と指定がありました。一度登録すると修正ができないため、あらかじめ文字数や間違いに注意しながらデータを作成しておきました。
・考査当日は天気がよく、思った以上に気温が上がりました。子どもが汗をかいたので、頻繁にマスクを替えたり、ハンカチで汗をふいたりしました。マスクやハンカチを多めに持参しておいてよかったです。
・受付後、控え室に向かいましたが、考査の誘導まで待ち時間はほとんどありませんでした。トイレに行く時間がなかったため、事前に済ませておいたほうがよいと思います。
・考査中、先生は子どもと一緒に遊びながら積極的に話しかけていらっしゃいました。質問ではなく「○○しようか」といった問いかけが多く、スムーズな受け答えを求められていると感じました。

※考査ガイド、面接ガイドは伸芽会教育研究所によるデータです

桐蔭学園幼稚園

http://toin.ac.jp/knd/　E-mail k-nyushi-koho@toin.ac.jp

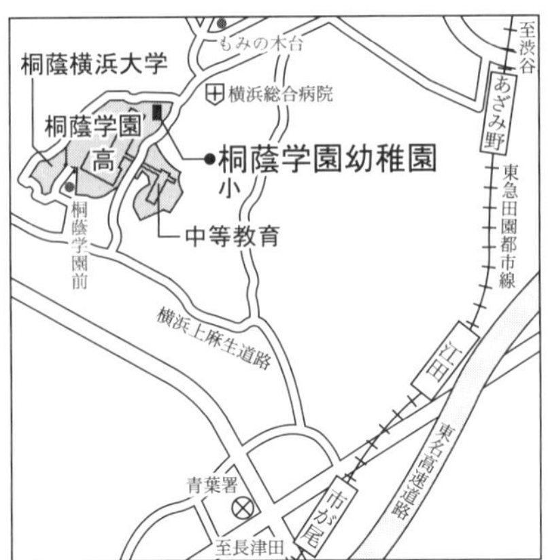

［所在地］　〒225-8502　神奈川県横浜市青葉区鉄町1614
TEL　045-972-2223（幼稚園）/045-971-1411（代）
FAX　045-972-2223

［アクセス］
●東急田園都市線【江田】【藤が丘】、小田急線【柿生】よりスクールバス

幼稚園情報

［園　長］　田中 淳一朗
［園児数］　男女計81名

沿　革　昭和39年、学校法人桐蔭学園創立。高校、中学校、小学部（現・小学校）が順次開設される。昭和44年、幼稚部開園。昭和63年、桐蔭横浜大学が開設され総合学園となる。令和２年、桐蔭学園幼稚園に改称。

教育方針　学園のビジョンとして「自ら考え 判断し 行動できる子どもたち」の育成を掲げる。「新しい進学校」と称し、大学進学後もしっかり学び、力強く社会に貢献できる人材の輩出を目指す。幼稚園では幼児期ならではの経験を大切にし、「チャレンジする力」を育むことを中心に置いて子どもたちの成長をサポートする。一人ひとりが、やってみたい、やってみようかな、と一歩踏み出した思いに寄り添い、小学校、中等教育学校、高校、大学とも連携しながら、将来、豊かにたくましく生き抜く力を育む。

特　色　絵本がふんだんに用意された環境、異学年交流、スピーチ活動、四季折々の自然にふれる活動、主体的な遊びの場面を大切にしている。それぞれの場面で、自分で選び、夢中になり、自分の思いを形にしていく「チャレンジする力」、友達と励まし合い、認め合う「ともだちとつながる力」、話を聞いて取り組んだり、新しいことに興味を持ったりする「まなびに向かう力」の３つの力を育む。

保育日・保育時間

9:30～14:10（月～金）

◇預かり保育「キリっこ」（月～金）
保育終了後～18:30

年間行事予定

月	行　事　名（抜粋）
4	入園式、健康診断
5	親子遠足、幼小合同避難訓練
6	保育参観、造形遊びの日
7	七夕子ども会、お泊り保育（年長）
8	――
9	防災訓練
10	運動会、いも掘り
11	遠足、保育参観
12	クリスマス子ども会
1	――
2	豆まき会、おゆうぎ会、お別れ会
3	卒園式

Kindergarten Information

※濃い色で示したアイコンはこの幼稚園に該当するものです

入試データ

下記の資料は2023年度入園児用**（2022年秋実施済み）**です

募集要項 ※ !2024 は次年度のデータです

募集人員	３年保育…男女計約30名		
応募資格	平成31年４月２日～令和２年４月１日生まれ		
入園説明会	!2024 幼稚園説明会：６月１・２日（公開保育あり） ９月９日 入試説明会：10月15日（入試体験会あり）		
願書配付期間	!2024 Ｗｅｂ公開のみ		
願書受付期間	11月１日（０～15時） ※ＨＰの指示に従ってＷｅｂ出願		
提出書類	・入園願書（写真貼付）　・受験票（写真貼付） ・入園試験前健康チェックカード ※すべて考査日に持参		
受験票交付	考査料決済後、自宅やコンビニエンスストアなどで各自印刷		
受験番号付番	願書受付順	月齢考慮	――
選抜方法 考査日	集団行動観察、保護者面接：11月２日		
考査料	15,000円（クレジットカード決済）		
合格発表	11月２日（17時）～３日（12時）　Ｗｅｂ発表		
入園手続	11月７日　13時締切		
課外教室	なし		
公開行事	!2024 公開保育・施設見学会：５月９・10日 ようちえんであそぼう：６月24日／８月26日 オープンスクール：７月８日 個別見学会・園庭開放：月２回程度		
付記	**【園からのメッセージ】** 小学校の先生が担当する保育プログラムの複数実施や異学年交流など、附属園ならではの特長があります。校舎と園舎がつながっている利点を生かして小学生との交流を大切にし、身近な憧れである小学生の存在は幼稚園児にとってよい刺激になっています。		

学費

……… 入園手続時納付金 ………

入園料	120,000円
施設設備費	125,000円

………… 年間納付金 …………

保育料・月額	35,300円
教育活動費・月額	5,000円
給食費・月額	5,200円
スクールバス代・月額	5,200円
空調費・年額	16,900円
保護者会会費・年額	15,600円
教育振興寄付金１口 （１口以上、任意）	100,000円

※上記金額は諸事情等で変更の場合あり

制服

セキュリティ

警備員常駐／防犯カメラ設置／保育時間中の門施錠／インターホン対応／保護者ＩＤカード／避難訓練実施／防災訓練実施／看護師常駐（学園敷地内）／緊急通報システム／学校110番／ＡＥＤ設置／災害用品備蓄

昼食

給食（週４回）、お弁当（週１回）

進学情報

［小学校への進学状況］

【桐蔭学園】推薦制度あり

［中学校への進学状況］

【桐蔭学園中等教育】推薦制度あり

［系列校］

桐蔭横浜大学・大学院、桐蔭学園高等学校・中等教育学校・小学校

※上記募集要項は幼稚園公表分と伸芽会教育研究所調査を併せたデータです。詳細は幼稚園ＨＰでご確認ください

森村学園幼稚園

https://www.morimura.ac.jp/youchien/　E-mail youchien@morimura.ac.jp

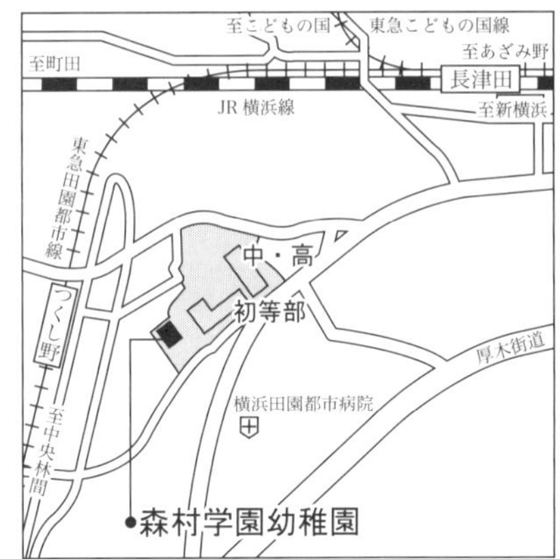

[所在地]　〒226-0026 神奈川県横浜市緑区長津田町2695
TEL 045-984-0046　FAX 045-984-0354

[アクセス]
●東急田園都市線【つくし野】より徒歩5分
●JR横浜線・東急田園都市線ほか【長津田】より徒歩13分

幼稚園情報

[園　長]　武藤 深雪
[園児数]　121名（男児50名、女児71名）

沿　革 明治43年、創設者・森村市左衛門翁が、「社会に役立つ人を育てよう」という理想のもと、森村学園を創立。以来、建学の精神『独立自営』に基づき、学力を伸ばすと同時に心の正しい人づくりの教育を進めてきた。『正直・親切・勤勉』の校訓は、創立110周年を超えた現在も学園の精神として脈々と息づいている。

教育方針 子どもにとって「あそびは学び」という考えを基本とし、主体性を重視した遊びを通して考える力を養い、知育・徳育・体育のバランスのとれた子どもを育成する。学園の豊かな自然環境の中で、発見や感動を味わい、知的好奇心を育むことも大切にしている。また、将来生きていくうえで必要となる豊かなコミュニケーション能力の育成を重視し、言語力を高め生きる力の基盤を築く。

特　色 幼稚園から高校まで15年間の一貫教育を行い、言語技術教育と英語教育に力を入れている。幼稚園はその礎として「ことばあそび・絵本の読み聞かせ・発表」に取り組み、子どもたちの言語力を伸ばす。また、ネイティブの先生による「英語あそび」も実施する。さらに四季折々の行事を通して感性を磨くとともに、家庭との緊密な連携も図り、家庭と園が一体となって子どもを大切に育てている。

保育日・保育時間

8:50～14:00（月～金）
※年少の1学期水曜日は11:30まで

◇預かり保育（月～金）
8:00～8:50、保育終了後～18:00
※長期休業中も実施

年間行事予定

月	行　事　名（抜粋）
4	入園式
5	こどもの日の会、春の遠足
6	――
7	七夕の会、林間保育（年長）
8	夏休み
9	お月見の会
10	親子運動会、おいも掘り遠足
11	――
12	クリスマス会
1	おもちつきの会
2	豆まきの会、保護者保育参加日
3	ひな祭りの会、卒園式

毎月：誕生会　年4回：避難訓練

Kindergarten Information

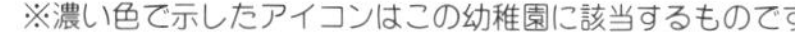
※濃い色で示したアイコンはこの幼稚園に該当するものです

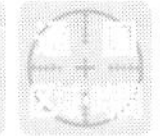

登園開始 制服 送迎・服装 通園バス お弁当 アレルギー対応 課外教室 預かり保育 未就園児クラス 洋式・和式 セキュリティ 小学校 中学・高校 大学

入試データ

下記の資料は2023年度入園児用**（2022年秋実施済み）**です

募集要項 ※下記は前年度のデータです

募集人員	3年保育…男女計約40名　2年保育…男女計約20名		
応募資格	平成30年4月2日～令和2年4月1日生まれ		
入園説明会	6月4日／8月27日／10月15日　10～11時（幼稚園体験あり）		
願書配付期間	10月15～21日　平日9～15時（15日：～12時）　※郵送可		
願書受付期間	10月15～21日（必着）　簡易書留で郵送		
提出書類	・入園願書　・出願票 ・入園検定料領収書、写真票（写真、入園検定料振込通知書を貼付）、考査票		
受験票交付	郵送		
受験番号付番	願書受付順	月齢考慮	あり
選抜方法 考査日	集団遊び、親子面接：11月1～3日のうち1日		
考査料	25,000円		
合格発表	3年保育…考査最終日発送　2年保育…考査当日発送 郵送で通知		
入園手続	11月9日　9～15時		
課外教室	体操教室／プール教室		
公開行事	園庭開放：5月11・18・25日 公開見学会：6月21日／9月13日／10月7日		
付記	・近隣駐車場を利用のうえ、自家用車での送迎可 ◇2歳児対象のプレ保育「ひまわりぐみ」を毎週水曜日に実施 **【園からのメッセージ】** 未来を担う子どもたちが将来社会に出るとき、しっかりと地に足をつけて自分で道を切り開いていけるよう心の土台を育てます。プレ保育では、園庭や森での遊び、歌、踊り、運動、制作などをします。しばらくは親子で活動し、お子さんが慣れてきたら母子分離になります。		

学費

……… 入園手続時納付金 ………

入園料	（3保）	200,000円
	（2保）	180,000円
施設設備資金	（3保）	100,000円
	（2保）	90,000円

………… 年間納付金 …………

保育料・年額	564,000円
教育環境維持費・年額	84,000円
PTA会費・年額	4,000円
預かり金・年額	35,000円
寄付金1口（4口以上、任意）	50,000円

※施設設備資金（75,000円）を進級ごとに別途納付
※預かり金は年度末に精算し返金
※上記金額は諸事情等で変更の場合あり

制服

通園ユニフォームあり（希望制）

セキュリティ

警備員常駐／防犯カメラ設置／保育時間中の門施錠／保護者入構証／避難訓練実施／防災訓練実施／緊急通報システム／安否確認システム／学校110番／AED設置／災害用品備蓄／プール水飲料水化装置

昼食

お弁当（週5回）…希望者は給食の注文可

進学情報

[小学校への進学状況]
【森村学園】ほぼ全員が内部進学
[中学校への進学状況]
【森村学園】約83%が内部進学。女子学院、栄光、慶應（普通部、湘南藤沢）、広尾学園、灘など

[系列校]
森村学園中等部・高等部、森村学園初等部

※上記募集要項は幼稚園公表分と伸芽会教育研究所調査を併せたデータです。詳細は幼稚園HPでご確認ください

横浜英和幼稚園

http://www.yokohama-eiwa.ac.jp/kindergarten/

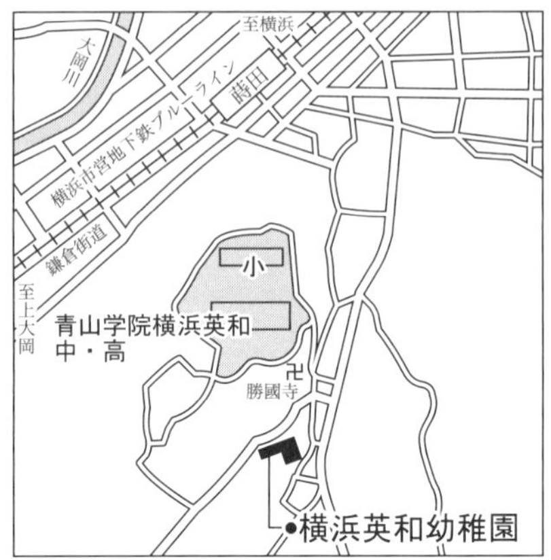

［所在地］ 〒232-8580 神奈川県横浜市南区蒔田町124
TEL 045-731-2864 FAX 045-315-2012

［アクセス］
●横浜市営地下鉄ブルーライン【蒔田】より徒歩８分

幼稚園情報

［園　長］ 磯貝 曉成
［園児数］ 男女計101名

沿　革 明治13年、Ｈ・Ｇ・ブリテンが横浜・山手にブリテン女学校を設立し、３歳からの教育を始める。明治19年、横浜英和女学校に改称。大正５年、蒔田に移転。一時、法人名を成美学園としたが、平成８年、横浜英和学院と改称。平成28年、横浜英和女学院中学高等学校が青山学院横浜英和中学高等学校となり、平成30年度より共学化。令和２年、横浜英和小学校が青山学院横浜英和小学校となった。

教育方針 学院の校訓『心を清め、人に仕えよ』のもとに保育を行う。教育方針は、人生の土台となる「ありのままが受け入れてもらえる安心感」、学習の土台となる「どうしてだろうと考える力」、人生の財産となる「共感できる仲間」の３つ。自分も友達も神様から愛されている、かけがえのない存在であることに気づけるよう導く。

特　色 子どもたちが「安心して自分らしくあること」「いろいろな人やものに出会い、表現すること」「仲間とともに創り出す喜びを味わうこと」の３つを大切にしている。各グレードで子どもの興味・関心に基づくプロジェクト活動に取り組んでいる。また、外国人教師の指導で歌や遊びを通して英語に親しみ、国際人として生きる基礎を育むとともに、小学校の体育教師から体を動かすことの楽しさを学ぶ。

保育日・保育時間

9:00～14:00（月・火・木・金）
9:00～11:15（水）

◇預かり保育「こひつじクラブ」（月～金）
8:00～9:00
保育終了後～17:00

年間行事予定

月	行　事　名（抜粋）
4	入園式
5	お泊まり保育（年長）、保育参観、遠足
6	花の日子どもの日礼拝
7	終業礼拝
8	――
9	始業礼拝
10	プレーデー、創立記念礼拝
11	シオン祭、感謝祭礼拝
12	クリスマス礼拝
1	始業礼拝、保育参観、１年生招待会
2	遠足（年長）、お店屋さんごっこ、ありがとうパーティー
3	卒業式

Kindergarten Information

※濃い色で示したアイコンはこの幼稚園に該当するものです

入試データ

下記の資料は2024年度入園児用**（2023年秋実施予定）**です

募集要項

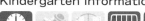

募集人員	3年保育…男女計30名		
応募資格	令和2年4月2日～令和3年4月1日生まれ		
入園説明会	保育ミニ説明会：6月26・30日／7月6日／9月7日 入園説明会：10月15・20日（願書配付あり）		
願書配付期間	10月15～27日　平日9～16時（土：休み）		
願書受付期間	11月1日　窓口受付		
提出書類	・入園志願票（写真貼付） ・面接資料		
受験票交付	願書受付時に手渡し		
受験番号付番	願書受付順	月齢考慮	あり
選抜方法 考査日	面接：11月1日		
考査料	10,000円（出願時に窓口で提出）		
合格発表	11月2日		
入園手続	11月2日		
課外教室	ＥＣＣ英会話		
公開行事	えいわであそぼう：5月24日／6月3・17日		
付記	・自家用車での送迎可 **【園からのメッセージ】** 幼児期には楽しく遊び、保育者が適切にかかわる日常生活がとても大切です。本園は、子どもの興味を引き出す環境を整えています。「えいわであそぼう」は、親子で園内の施設で遊んでいただく日です。ふんだんに水や砂を使って遊べる園庭に、ぜひ来てください。		

学費

……… 入園手続時納付金 ………

入園料	150,000円
施設費	50,000円

………… 年間納付金 …………

保育料・月額	55,000円
施設費・月額	5,000円
教育充実費・月額	3,000円
ＰＴＡ会費・月額	900円
給食費・月額	6,550円
積立金・月額	1,500円

※給食費と積立金は年中・年長のみ
※上記金額は諸事情等で変更の場合あり

制服

制帽あり

セキュリティ

警備員巡回／保育時間中の門施錠／インターホン対応／保護者ＩＤカード／避難訓練実施／防災訓練実施／交通指導員配置／ＡＥＤ設置／災害用品備蓄／緊急時引き取りカード

昼食

給食（年中・年長：週4回。年少：2学期までは週4回お弁当、3学期からは週1回給食、週3回お弁当）

進学情報

[小学校への進学状況]
【青山学院横浜英和】男子3名、女子13名　私立…男子2名、女子7名
[中学校への進学状況]
――――

[系列校]
青山学院横浜英和中学高等学校、青山学院横浜英和小学校

※上記募集要項は幼稚園公表分と伸芽会教育研究所調査を併せたデータです。詳細は幼稚園ＨＰでご確認ください

昭和学院幼稚園

http://www.showagakuin-kg.jp/

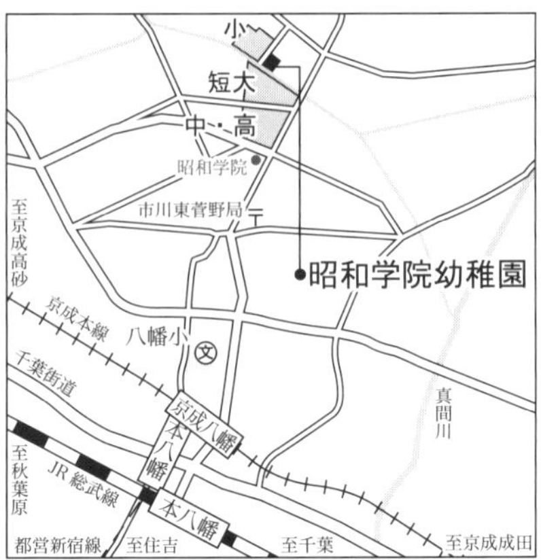

［所在地］　〒272-0822　千葉県市川市宮久保1-3-8
TEL　047-374-8300　FAX　047-374-8333

［アクセス］
●JR総武線・都営新宿線【本八幡】、京成本線【京成八幡】より京成バス【昭和学院】下車

幼稚園情報

［園　長］　鈴木 祐子
［園児数］　169名（男児83名、女児86名）

沿　革　昭和15年、昭和女子商業学校開校。昭和42年、幼稚園開園。昭和52年、隣接する場所に園を移転。園舎内外に幼児教育についての工夫がなされ、施設設備が充実している。平成23年３月、昭和学院総合キャンパス計画により、環境と快適性に配慮した新園舎が完成。

教育方針　本学院の建学の精神は、創立者・伊藤友作の定めた校訓『明敏謙譲』が示しているように、「明朗にして健康で、自主性に富み、謙虚で個性豊かな人間」を育てることにある。生活習慣を身につけ、集団生活への理解と態度を育みつつ豊かな情操と創造力を養い、心身の発達を助長する。子どもをのびのび育てるとともに体力を高め、また「するべきこと」「してはならないこと」をはっきり判断できる道徳心を養うことに努める。

特　色　さまざまな活動を楽しむ中で、子どもの自発的な遊びのバランスをとりながら、心身の健康を増進する教育を目指す。専任講師による体育教室では、楽しみながら運動能力を高め協調性を育む。また、ネイティブの教師と英語だけで会話する時間を毎日（年少児は週１回）設け、「使える英語」を身につけられるカリキュラムを導入。多彩な課外活動も行うなど、個性を伸ばす指導を行っている。

保育日・保育時間

【年少】9:00～14:00（月～金）
【年中・年長】
9:00～14:00（月～金）
9:00～11:30（第１・３・５土）

◇預かり保育「おひさまクラブ」（月～金）
7:30～9:00
保育終了後～18:30

年間行事予定

月	行　事　名（抜粋）
4	入園式、歓迎会
5	こいのぼり子ども会、遠足
6	園外保育（年長）、保育参観、避難訓練
7	個人面談、七夕まつり子ども会
8	夏休み、夏まつり、夏季保育
9	観劇会
10	運動会、遠足、さつまいも掘り
11	体育教室参観、避難訓練
12	発表会、おもちつき、クリスマス子ども会、個人面談
1	保育参観
2	マラソン、豆まき、縄跳び大会
3	ひな祭り子ども会、卒園遠足、卒園式

毎月：誕生会

Kindergarten Information

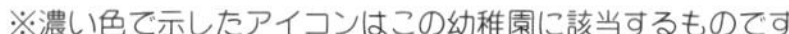

登園開始 制服 両方あり アレルギー対応 課外教室 預かり保育 未就園児クラス 洋式 セキュリティ 小学校 中学・高校 大学

入試データ

下記の資料は2023年度入園児用**（2022年秋実施済み）**です

募集要項 ※!2024は次年度のデータです

募集人員	３年保育…男女計約60名 ２年保育…男女若干名		
応募資格	平成30年４月２日～令和２年４月１日生まれ		
入園説明会	９月３・９日　10～11時		
願書配付期間	９月３日～		
願書受付期間	10月20日　９時30分～14時　窓口受付		
提出書類	・入園願書（写真貼付） ・入園選考票		
受験票交付	願書受付時に手渡し		
受験番号付番	願書受付順	月齢考慮	あり
選抜方法 考査日	入園テスト、親子面接：10月24日　９～15時		
考査料	5,000円		
合格発表	10月25日発送　郵送で通知		
入園手続	10月29日　９時30分～12時		
課外教室	体育教室／絵画創作教室／プレイルーム／音楽教室（ピアノ、バイオリン、リトミック）／歌の教室（個人、グループレッスン）／ダンス教室／サッカー／お茶教室／英語教室／かがくルーム		
公開行事	!2024 見学会：６月７・23日 運動会：10月14日		
付記	・近隣駐車場を利用のうえ、自家用車での送迎可 ◇２歳児対象の「ひよこクラブ」を実施 水曜コース／火・金曜コース／土曜コース **【園からのメッセージ】** 総合学院のため小学校への内部進学は有利です。		

学費

……… 入園手続時納付金 ………

入園料　（３保）100,000円
（２保）130,000円
入園時施設費　50,000円

………… 年間納付金 …………

保育料・月額　（年少）28,000円
（年中・年長）34,000円
教材費・月額　（年少）　900円
（年中・年長）2,900円
冷暖房費・月額　500円
施設費・月額　3,000円

※年中・年長の保育料は英語教材補助費含む
※上記金額は諸事情等で変更の場合あり

制服

セキュリティ

防犯カメラ設置／保育時間中の門施錠／インターホン対応／保護者名札着用／赤外線センサー設置／避難訓練実施／緊急通報システム／緊急地震速報装置／ＡＥＤ設置／災害用品備蓄

昼食

給食（週４回）、給食かお弁当の選択制（週１回、水曜日）

進学情報

[小学校への進学状況]
【昭和学院】内部進学制度あり
[中学校への進学状況]
【昭和学院、昭和学院秀英】、男子は約55％、女子は約45％が内部進学。東京学芸大附属竹早、麻布、渋谷幕張、早稲田、海城など

[系列校]
昭和学院短期大学、昭和学院秀英中学校・高等学校、昭和学院中学校・高等学校、昭和学院小学校

※上記募集要項は幼稚園公表分と伸芽会教育研究所調査を併せたデータです。詳細は幼稚園ＨＰでご確認ください

聖徳大学附属幼稚園

http://www.seitoku.jp/kindergarten/fuzoku/

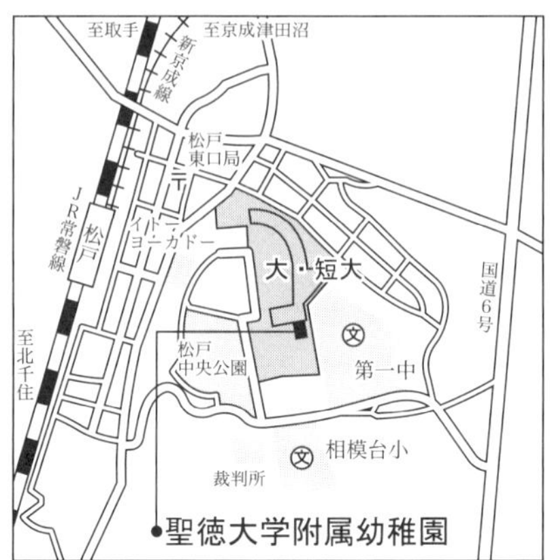

［所在地］ 〒271-8555 千葉県松戸市岩瀬550
TEL 047-368-6135

［アクセス］
●JR常磐線・新京成線【松戸】より徒歩５分

幼稚園情報

［園　長］ 川並 珠緒
［園児数］ 男女計320名

沿　革 昭和40年、聖徳学園短期大学を開学。昭和41年、聖徳学園短期大学附属幼稚園を開園。開園と同年に幼稚園の送迎バス運行を開始。昭和55年には給食を開始。平成２年、聖徳大学の開学に伴い現園名に改称。平成10年より預かり保育を実施し、平成11年からは地域貢献の一環として土曜日に未就園児向けに園庭を開放している。

教育方針 「いつもにこにこ元気な子ども」を教育目標に、「健康でたくましい子どもに」「誰とでも仲よくできる子どもに」「しっかりと約束を守れる子どもに」「あいさつのできる子どもに」「自分で考えて行動のとれる子どもに」という具体的目標を掲げる。遊びの中で多くのことにふれながら成長・発達することで、基本的な学習態度の形成を目指す。また、楽しい体験を通じて強い心と丈夫な体を育てる。

特　色 発達段階に応じた生活習慣を身につける「しつけ」を大切にし、子どもたちの生きる力を育む。しつけは体と脳の両方で覚えるものとし、生活習慣を身につける過程でその行動の理由を説明するよう努めている。子どもたちは行動の根拠を納得・理解することで、自分で考えて行動できる力を身につける。卒園児は進学先の小学校から、人の話がしっかりと聞けるなどと高い評価を得ている。

保育日・保育時間

8:30～14:00（月・火・木・金）
8:30～12:00（水・土）

◇預かり保育「ドリームキッズ」（月～土）
7:00～8:30
保育終了後～19:00
※日曜日・祝日と年末年始をのぞく。
長期休業中も実施

年間行事予定

月	行　事　名（抜粋）
4	入園式、進級式
5	親子懇親会、稲苗植え
6	生活発表会
7	聖徳子どもまつり、七夕まつり、夏まつり
8	夕涼み会、キャンプファイヤー
9	――
10	大運動会、園外保育、さつまいも掘り
11	聖徳祭、保育参観、七五三
12	クリスマス会
1	おしるこ会、豆まき会
2	たのしみまショー、お別れ遠足
3	ひな祭り会、保育証書授与式

毎月：誕生会

Kindergarten Information　※濃い色で示したアイコンはこの幼稚園に該当するものです

登園開始　制服　通園区域制限　通園バス　給食　アレルギー対応　課外教室　預かり保育　未就園児クラス　洋式・和式　セキュリティ　小学校　中学・高校　大学

入試データ

下記の資料は2023年度入園児用（**2022年秋実施済み**）です

募集要項　※下記は前年度のデータです

募集人員	3年保育…男女計80名 2年・1年保育…各男女若干名		
応募資格	平成29年4月2日～令和2年4月1日生まれ		
入園説明会	9月28日　13時15分～14時30分		
願書配付期間	10月15～28日　平日9～16時（15日：～14時。土：休み）		
願書受付期間	11月1日　9時～12時30分　窓口受付		
提出書類	・入園願書（写真貼付） ・検定料納入票		
受験票交付	――		
受験番号付番	願書受付順	月齢考慮	なし
選抜方法 考査日	親子面接：11月2日		
考査料	5,500円（出願時に窓口で提出）		
合格発表	11月2日以降発送　郵送で通知		
入園手続	11月7日締切		
課外教室	書道教室／ピアノ教室／スポーツ教室／バレエ教室		
公開行事	見学会：9月14～16日 SEITOKUオープンキンダーワールド：日程はＨＰを確認		
付記	**【満3歳児募集要項】** 対象児：令和2年4月2日～令和3年4月1日生まれ ※詳細はＨＰを確認		

学費

……… 入園手続時納付金 ………

入園料	63,000円
施設費	53,000円
年間教材費	16,000円
傷害保険料	1,500円

………… 年間納付金 …………

保育料・月額	30,300円
空調費・年額	9,500円
制服代、規定用品代	約47,000円
父母の会入会金	1,000円
父母の会会費・年額	9,000円

※送迎バス利用者は安全会入会金7,100円と安全会会費3,600円（月額）を別途納付
※上記金額は諸事情等で変更の場合あり

制服

セキュリティ

警備員常駐／保育時間中の門施錠／インターホン対応／保護者名札着用／赤外線センサー設置／避難訓練実施／防災訓練実施／看護師常駐（大学保健センター）／緊急通報システム／学校110番／ＡＥＤ設置／災害用品備蓄／強化ガラス／構内ＰＨＳシステム

昼食

給食（週4回）

進学情報

[小学校への進学状況]
【聖徳大附属】内部進学制度あり
[中学校への進学状況]
【光英VERITAS】、開成、桜蔭、浦和明の星、白百合、頌栄、立教池袋、東邦大東邦、芝浦工大柏、栄東、江戸川学園取手、国府台女子、区立九段中等教育など

[系列校]
聖徳大学・大学院・短期大学部、光英VERITAS中学校・高等学校、聖徳大学附属小学校、聖徳大学附属取手聖徳女子中学校・高等学校など

※上記募集要項は幼稚園公表分と伸芽会教育研究所調査を併せたデータです。詳細は幼稚園ＨＰでご確認ください

日出学園幼稚園

http://kinder.hinode.ed.jp/

［所在地］　〒272-0824　千葉県市川市菅野2-21-12
TEL　047-322-4012　FAX　047-322-0912

［アクセス］
●京成本線【菅野】より徒歩５分
●JR総武線【市川】より徒歩15分

幼稚園情報

［園　長］　鍜治 礼子
［園児数］　男女計約100名

沿　革　アメリカの大学で民主主義と自由主義を肌で感じ、後に実業家として優れた業績を残した青木要吉が中心となって、昭和９年、日出学園小学校および幼稚園を創設した。以来、校訓である『なおく・あかるく・むつまじく（誠・明・和）』のもと、発展させてきた。昭和22年に中学校、昭和25年に高等学校が開校。幼稚園は平成21年に新園舎が落成、令和６年に創立90周年を迎える。

教育方針　「主人公はこども」をモットーに、人として生きていくための「根っこの力」を育てる。五感すべてを使って十分に遊び、きちんと生活する保育の中で、優れた身体能力や知的好奇心、創意工夫する力、ルールを守り友達と心を合わせる社会性などを育む。

特　色　木をふんだんに使用した平屋の園舎、どこでも砂遊びができる広い砂地の園庭、芝生、樹木、池など、子どもたちの五感に働きかける環境を整え「自ら感じ考える心」を育む。保育は自由保育が中心で、制作、歌、合奏、運動など一斉活動も取り入れている。系列校と連携し、体験型保育の「わくドキプロジェクト」も実施。そのほか、幼・小連携カリキュラムも用意し、幼稚園から小学校への滑らかな接続を目指している。

保育日・保育時間

【年少】 9:00～13:40（月～金）
【年中】 9:00～13:50（月～金）
【年長】 9:00～14:00（月～金）
※第２水曜日は11:30まで
（年少は11:20まで）

◇預かり保育（月～金）
8:00～9:00
保育終了後～18:00
※長期休業中は8:00～18:00

年間行事予定

月	行　事　名（抜粋）
4	入園式、春の遠足
5	避難訓練、運動会
6	――
7	山の幼稚園（年長）、夏のお楽しみ会
8	夏休み、夏期保育
9	秋の遠足
10	日出祭（作品展）
11	プレイデー、親子芸術鑑賞会
12	クリスマスお楽しみ会、もちつき
1	――
2	ひので劇場、お別れ遠足（年長）
3	卒園式、修了式

毎月：誕生会

Kindergarten Information

※濃い色で示したアイコンはこの幼稚園に該当するものです

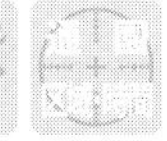

登園開始 制服 区域・時間 通園バス 両方あり アレルギー対応 課外教室 預かり保育 未就園児クラス 洋式・和式 セキュリティ 小学校 中学・高校 大学

入試データ

下記の資料は2024年度入園児用**（2023年秋実施予定）**です

募集要項

募集人員	3年保育…男女計約45名　2年保育…男女計約10名		
応募資格	平成31年4月2日～令和3年4月1日生まれ		
入園説明会	6月30日／9月2・6日　10時30分～11時30分（要申込）		
願書配付期間	Ｗｅｂ公開のみ		
願書受付期間	10月16日（10時）～19日（15時） ※ＨＰの指示に従ってＷｅｂ出願		
提出書類	・受験票（写真貼付）　・健康診断書　※すべて考査日に持参		
受験票交付	考査料決済後、自宅やコンビニエンスストアなどで各自印刷		
受験番号付番	――	月齢考慮	――
選抜方法 考査日	簡単なテスト、保護者面接：10月21日		
考査料	20,000円（クレジットカード、コンビニまたはペイジー決済）		
合格発表	10月23日　Ｗｅｂ発表		
入園手続	10月23～25日		
課外教室	スポーツクラブ／わくドキくらぶ／花まる学習会		
公開行事	園庭開放：4月22日／5月12日／6月7日／7月22日／9月28日／10月18日／11月29日／12月14日／1月12日／2月13日／3月19日 夏の親子お楽しみ会：7月22日 日出祭：10月7・8日 ※幼稚園見学は随時受付（要電話申込）		
付記	・近隣駐車場を利用のうえ、自家用車での送迎可 ◇未就園児クラス「ふたば」（前期・後期）を実施 火曜コース／木曜コース／土曜コース 各期、各コース全8回　9時45分～11時30分 **【園からのメッセージ】** 幼稚園の様子はＨＰの「園長先生の保育日記」コーナーでお伝えしています。		

学費

……… 入園手続時納付金 ………

入園金	70,000円
施設整備費	82,000円
振興会入会金	30,000円
同窓会入会金	10,000円

………… 年間納付金 …………

保育料・月額	25,700円
教育充実費・月額	8,800円
教材費・年額	10,800円
光熱費・年額	7,200円

※上記金額は諸事情等で変更の場合あり

制服

制帽、エプロンのみ

セキュリティ

学園内警備員常駐／防犯カメラ設置／保育時間中の門施錠／インターホン対応／保護者入校証／赤外線センサー設置／避難訓練実施／防災訓練実施／緊急通報システム／学校110番／ＡＥＤ設置／災害用品備蓄

昼食

お弁当（週3回）、「わくドキらんち（給食）」（週2回）…年少は9月よりわくドキらんち開始

進学情報

[小学校への進学状況]【日出学園】70～80％が内部進学。早稲田実業、学習院、国府台、江戸川学園取手など

[中学校への進学状況]

【日出学園】約47％が内部進学。開成、慶應、早稲田、昭和秀英、女子学院、渋谷幕張、東邦大東邦、市川など

[系列校]

日出学園中学校・高等学校、日出学園小学校

※上記募集要項は幼稚園公表分と伸芽会教育研究所調査を併せたデータです。詳細は幼稚園ＨＰでご確認ください

コラム

幼稚園でかかる費用

幼稚園に入園すると入園料、保育料、教材費、施設費などの費用が必要になり、
その一部は「幼児教育・保育の無償化制度」により補助されます。
私立・国立幼稚園の場合の無償化の対象範囲や額などを知っておきましょう。

無償化の対象範囲と金額

「幼児教育・保育の無償化制度」の対象と見なされるのは、幼稚園、保育所、認定こども園、地域型保育、企業主導型保育の利用料（保育料、入園料など）です。幼稚園の場合は入園する子どもの年齢と、子ども・子育て支援新制度[*1]（以下、新制度）に移行した園かどうかで補助額が変わります。

子どもが満３ ～ ５歳で新制度移行園であれば、利用料は無料になります。新制度未移行園であれば、利用料が月２万5700円まで無償になります。未移行園の入園料は在籍月数で割り、保育料と合わせて上限月額の範囲まで無償化されます。

幼稚園の預かり保育は、居住地の市区町村にて就労などの要件を満たし「保育の必要性」の認定を受けていれば、月１万1300円まで[*2]無償になります。通園送迎費、食材料費、行事費などは保護者の負担ですが、年収360万円未満相当世帯の子どもと、全世帯の第３子以降の子ども[*3]は、おかずやおやつなどの副食費が免除されます。

国立大学附属幼稚園は、月8700円まで無償です。

無償化の手続きと支払い方法

入園する幼稚園が新制度移行園の場合は、無償化のための手続きは必要ありません。利用料は市区町村から直接幼稚園に支払われるため、保護者の支払いは生じません。

新制度未移行園の場合は、市区町村に「施設等利用給付認定申請」をする必要があります。申請書類は基本的に幼稚園から配付され、園が指定する期限内に提出します。

利用料の支払い方法は、いったん全額を幼稚園に支払い、後日半期ごとなどにまとめて市区町村から無償化分が給付される償還払いと、保護者は無償化分を差し引いた額を幼稚園に支払い、幼稚園は市区町村から無償化分を受け取る法定代理受領の２種類があります。私立幼稚園、国立大学附属幼稚園ともどちらの方法かは園によって異なります。

また、国の制度に加えて入園料や保育料の補助金が出るなど、独自の補助金制度を設けている市区町村もあります。条件や金額は自治体によって異なるので、居住地の市区町村に確認しましょう。

●幼稚園の種類と無償化の範囲

幼稚園の種類	利用料	預かり保育	実費など
子ども・子育て支援新制度移行私立幼稚園	無料	月ごとに実際に支払った額と利用日数×450円を比べ、低いほうが月１万1300円まで無償になる。保育の必要性の認定を受ける必要がある	通園送迎費、食材料費、行事費などの実費や特定負担額は保護者負担。ただし年収360万円未満相当世帯の子どもと全世帯の第３子以降の子どもの副食費は免除される
子ども・子育て支援新制度未移行私立幼稚園	月２万5700円まで無償		
国立大学附属幼稚園	月8700円まで無償		

＊1　幼児教育、保育、地域の子育て支援の質の向上と量の拡充を目的とした制度。主な取り組みは①幼稚園と保育園の機能を併せ持つ認定こども園の普及を図る。②保育の場を増やして待機児童を減らし、子育てしやすい、働きやすい社会にする。③幼稚園、保育所、認定こども園などの職員の処遇改善や人材確保に努める。④少子化が進む地域の子育てを支援する

＊2　住民税非課税世帯の満３歳児になった後の最初の３月31日までの間にある者については月１万6300円まで

＊3　第１子は小学３年生以下であることが条件

Prestigious
Kindergartens

34

有名34幼稚園の入試情報ガイド

麻布山幼稚園
麻布みこころ幼稚園
安藤記念教会附属幼稚園
育英幼稚園
上野毛幼稚園
共立女子学園 共立大日坂幼稚園
國學院大學附属幼稚園
三軒茶屋リズム幼稚園
サンタ・セシリア幼稚園
枝光会駒場幼稚園
枝光会附属幼稚園
枝光学園幼稚園
春光幼稚園
白金幼稚園
すみれ幼稚園
関町白百合幼稚園
浅草寺幼稚園
小さき花の幼稚園
道灌山幼稚園
東京音楽大学付属幼稚園
日本体育大学 日体幼稚園
伸びる会幼稚園
福田幼稚園
文京学院大学文京幼稚園
みのり幼稚園
明徳幼稚園
目黒サレジオ幼稚園
大和幼稚園
若草幼稚園
若葉会幼稚園
上星川幼稚園
金の星幼稚園

＊上記の32園は附属小学校がない幼稚園です。

ドルトンスクール東京
コロンビアインターナショナルスクール

＊幼稚園からはテストの内容が発表されていませんので、多くの方から寄せられたアンケートや幼稚園発行のパンフレット、募集要項、入園説明会資料などを参考にわかりやすくまとめました。

＊2023年度は新型コロナウイルスの影響により、行事や考査関連の日程が変更になる可能性があります。行事への参加や受験を希望される方は、最新の情報を幼稚園のＨＰでご確認いただくか、直接幼稚園の窓口にお問い合わせください。

東京都港区／共学　2年保育＋3年保育

麻布山幼稚園（あざぶさん）

http://link.netcommons.net/azabusan/htdocs/　E-mail youchien@azabu-san.or.jp

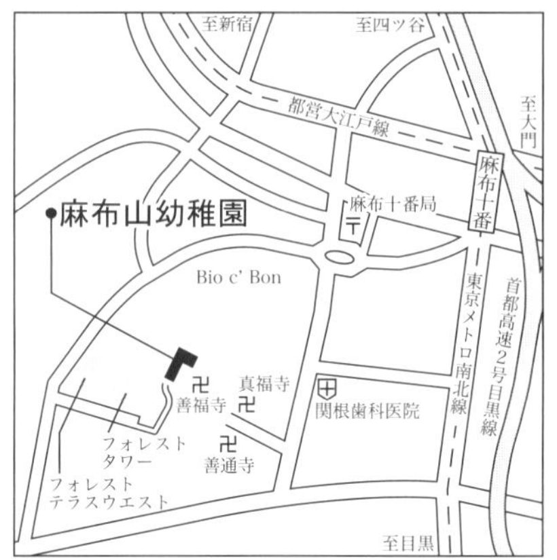

［所在地］　〒106-0046　東京都港区元麻布1-6-21
TEL　03-3453-6710　FAX　03-3453-4336

［アクセス］
●東京メトロ南北線【麻布十番】より徒歩６分
●都営大江戸線【麻布十番】より徒歩10分

幼稚園情報

［園　長］　麻布 恒子
［園児数］　男女計150名

沿　革　昭和３年２月、浄土真宗本願寺派麻布山善福寺28世住職・麻布超海が善福寺の公益事業として幼稚園設立を志し、認可を受ける。昭和３年４月開園。昭和20年５月、戦災により園舎焼失。昭和24年８月、再認可を受け、９月に再開した。昭和26年、学校法人麻布山幼稚園として認可される。昭和59年、新園舎が落成。令和５年、創立95周年を迎える。

教育方針　幼児に適当な環境と指導を与え、心身の調和的発達を目指す。特に、仏教保育による人格形成を重んじ、親切、和合、感謝を中心とした保育を目標とする。健康、人間関係、環境、言葉、表現という５つの領域で、より広く豊富な経験を与え、人格形成の基礎づくりをする。園生活では「眼を開いて見ること」「静かに眼を閉じて見ること」を大切にし、体と心を使い生きる力と豊かな情操を育てていく。

特　色　麻布山善福寺山内にあり、都心にありながら緑豊かな自然に囲まれている。園で生き物を飼育し、動物たちともふれ合うなど、幼児に適した環境を保っている。また、造形教育に力を入れ、家庭ではできない大きなものを「創る・描く」体験をする。造形遊びをしながら友達と協力し、作る喜びや楽しさを感じ取って、自発的な創作意欲と最後まで作り上げるねばり強さを育んでいく。

保育日・保育時間

9:00～14:00（月・火・木・金）
9:00～11:30（水・第１土）

◇預かり保育（月～金）
16:00まで

年間行事予定

月	行　事　名（抜粋）
4	入園式、花祭り
5	親子遠足
6	プール開き
7	七夕祭り、宿泊保育（年長）
8	夏休み
9	バザー
10	運動会、遠足
11	報恩講、お店屋さんごっこ
12	お楽しみ会、おもちつき、豚汁パーティー
1	―――
2	発表会
3	お別れ会、卒園式

毎月：誕生会

Kindergarten Information

※濃い色で示したアイコンはこの幼稚園に該当するものです

登園開始　制　服　通園区域・時間　通園バス　お弁当　アレルギー対応　課外教室　預かり保育　未就園児クラス　洋　式　セキュリティ　小学校　中学・高校　大　学　仏　教

入試データ

下記の資料は2023年度入園児用**（2022年秋実施済み）**です

募集要項　※下記は前年度のデータです

募集人員	3年保育…男女計約40名　2年保育…男女若干名
応募資格	平成30年4月2日～令和2年4月1日生まれ
入園説明会	9月5～7日
願書配付期間	10月3～18日　9～15時 （休園日は隣接の麻布山善福寺の寺務所で配付）
願書受付期間	10月17・18日（消印有効）　簡易書留で郵送
提出書類	・入園申込書（志願者写真、家族写真を貼付） ・面接資料 ・面接時間希望調査票 ・考査料払込受領証 ・面接日時通知用封筒（切手を貼付）
受験票交付	郵送
受験番号付番	――――　月齢考慮　――――
選抜方法 考査日	親子面接：10月30日～11月1日のうち1日
考査料	5,000円
合格発表	郵送で通知
入園手続	11月7日　14～15時
課外教室	造形教室／リズム体操教室（いずれも月3回）
公開行事	――――
付記	・自家用車での送迎可 **【園からのメッセージ】** 子どもの発達はそれぞれに違います。その一人ひとりの子どもたちと家族の皆さまに安心を得ていただくことを第一に努めています。さらに、子どもたちが「自分で考え、判断・行動をし、他者とかかわる力を得ていく」ことが期待されるような援助と指導を心掛けています。入園希望の方は見学されることをお勧めいたします。

学　費

……… 入園手続時納付金 ………

入園料	100,000円
施設設備費	70,000円

………… 年間納付金 …………

保育料・月額　（年少）	34,000円
（年中・年長）	33,000円
教材費・学期ごと	5,000円
母の会会費・月額	1,200円
冷暖房費・年額	7,000円
施設安全管理費・年額	6,000円
通園バス安全維持費（利用者）・月額	4,000円
制服・かばん代など	約40,000円

※上記金額は諸事情等で変更の場合あり

制　服

セキュリティ

警備員常駐／防犯カメラ設置／保育時間中の門施錠／インターホン対応／保護者IDカード／避難訓練実施／防災訓練実施／緊急通報システム／緊急地震速報装置／学校110番／AED設置／災害用品備蓄

昼　食

お弁当（週4回）

進学情報

［小学校への進学状況］

慶應幼稚舎、学習院、青山学院、聖心女子、東京女学館など

［系列校］

――――

東京　私立　共学　あ　麻布山幼稚園

※上記募集要項は幼稚園公表分と伸芽会教育研究所調査を併せたデータです。詳細は幼稚園HPでご確認ください

麻布みこころ幼稚園

http://tokyo.catholic.jp/catholic/kindergarten/k1/

［所在地］　〒106-0031　東京都港区西麻布3-21-6
TEL　03-3408-8848　FAX　03-3408-8849

［アクセス］
●東京メトロ日比谷線・都営大江戸線【六本木】より徒歩８分
●東京メトロ千代田線【乃木坂】より徒歩10分

幼稚園情報

［園　長］　大熊 裕紀
［園児数］　男女計144名

沿　革　昭和24年、「イエスのみこころ」のもと、社会福祉や奉仕活動をはじめ多くの活動や集いを継続的に行っているカトリック麻布教会の庭に併設され、開園。開園当初は枝光会に運営を委託していたが、現在ではカトリック東京大司教区立幼稚園として教区の方々とともに教育を行っている。令和６年、創立75周年を迎える。

教育方針　カトリックの精神に基づき、子どもたちに温かい雰囲気とよい環境を整え、時代に適した保育を行いたいと考えている。常に家庭との連絡を密にしながら、神様を愛し、他人をも愛することのできる心を培い、自立心を養い、正しい生活習慣を身につけさせる。また、自然とふれ合う機会を持つことで、すべてのものが持つ命の大切さを教えるとともに、情操教育に重点を置き、遊びの中で、明るく素直な思いやりのある幼児に育てることを目的としている。日々の生活を通して、イエズス様やマリア様に倣い、きれいな心、優しい心、強い心の持ち主になるよう導いている。

特　色　明るい園舎と広々とした人工芝の園庭を有する。保育内容は、健康、人間関係、環境、言語、表現、宗教教育。リズム、制作などで表現力・想像力を養い、外遊びも楽しむ。年長組はお泊まり保育を行う。保護者参加の行事も多い。

保育日・保育時間

【年少】9:00～13:00（月・木）
9:00～11:20（火・水・金）
【年中】9:00～13:20（月・水・木）
9:00～11:35（火・金）
【年長】9:00～13:40（月・火・木）
9:00～11:50（水・金）

年間行事予定

月	行　事　名（抜粋）
4	入園式
5	マリア様のお祝日、春の遠足
6	イエズス様のみこころのお祝日、参観日
7	夏期保育
8	夏休み
9	運動会、敬老会
10	秋の遠足、ロザリオのお祝日
11	お店屋さんごっこ
12	聖劇、クリスマスパーティー
1	おもちつき
2	ルルドのお祝日、参観日
3	お別れ学芸会、１年間の感謝のミサ、卒業式

Kindergarten Information

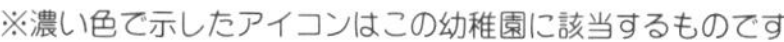

入試データ

下記の資料は2023年度入園児用**（2022年秋実施済み）**です

募集要項　※下記は前年度のデータです

募集人員	3年保育…男女計約35名 2年保育…男女若干名		
応募資格	平成30年4月2日～令和2年4月1日生まれ		
入園説明会	なし		
願書配付期間	10月11～21・24日　平日14～16時（24日：～12時。土：休み）		
願書受付期間	10月24日　14時30分～　窓口受付		
提出書類	・入園志願書（写真貼付） ・家族全員の写真（L判、裏に氏名を記入）		
受験票交付	メールで送付		
受験番号付番	生年月日順	月齢考慮	あり
選抜方法 考査日	親子面接：11月1日 志願者考査：11月2日		
考査料	10,000円（出願時に窓口で提出）		
合格発表	郵送で通知		
入園手続	指定日		
課外教室	なし		
公開行事	園庭見学会：5月18・19・23・24・30日／ 6月2・6・9・10・13・16・17・20日 （雨天時は中止。要申込） 運動会：9月29日（入園希望者のみ見学可。要申込）		
付記	・3年保育途中から他園を受験することは不可 ・近隣駐車場を利用のうえ、自家用車での送迎可 **【園からのメッセージ】** 昨今の厳しい状況下でも行事をあきらめることなく、実施するための対策を話し合ってきました。お子さまには、イエスのみこころの名のもとに集まったすべてのお友達を受け入れ、けんかをしても許し合って、ともに楽しむ喜びを知ってほしいと願っています。また、保護者同士も助け合い、よい関係を築いてほしいと思っています。		

学費

……… 入園手続時納付金 ………

入園料	100,000円
施設設備費	50,000円

………… 年間納付金 …………

保育料・月額	33,000円
母の会会費・月額	1,500円
冷暖房費・年額	10,000円
寄付金1口 （1口以上、任意）	50,000円

※上記金額は諸事情等で変更の場合あり

制服

セキュリティ

防犯カメラ設置／保育時間中の門施錠／インターホン対応／保護者IDカード／避難訓練実施／防災訓練実施／緊急通報システム／安否確認システム／緊急地震速報装置／学校110番／AED設置／災害用品備蓄／2階からの避難用すべり台設置

昼食

お弁当（年少：週2回、年中・年長：週3回）

進学情報

[小学校への進学状況]

非公表

[系列校]

枝光会附属幼稚園、枝光会駒場幼稚園、枝光学園幼稚園

※上記募集要項は幼稚園公表分と伸芽会教育研究所調査を併せたデータです。詳細は幼稚園HPでご確認ください

考査ガイド

考査日程　2日

受験番号付番　年少者より生年月日順

選抜方法　1日目：受付後、保護者1人と子どもで親子遊びをする。もう1人の保護者は控え室でアンケートに記入する。考査室から保護者のみ退室し、子どもは個別テストを行う。考査終了後、親子面接を行う

2日目：受付後、約12人単位で集団テストを行う

考査内容　個別テスト、集団テスト、親子面接

所要時間　1日目：約1時間　2日目：約40分

過去の出題例

個別テスト

■お絵描き・巧緻性

・クレヨンで電車の絵を描く。

・イチゴの絵にクレヨンで色を塗る。イチゴの色で塗るよう指示される。

・ヒヨコの絵に色を塗り、空いているところに好きな絵を描く。

■言　語

・考査中に先生が「お名前は何ですか」「お年はいくつですか」「今日は誰と来ましたか」などと質問する。

■常　識

・動物や食べ物の絵カードを見て質問に答える。

■指示行動

・動物のぬいぐるみと模擬の食べ物があり「ウサギさんにケーキをあげてください」などと指示される。

・跳び箱のお山を越え、山の向こう側にあるフープに入る。フープは青、ピンク、オレンジ色で、男児は青、女児はピンクに入るよう指示される。

集団テスト

■行動観察（親子遊び）

・大型の積み木、ブロック、絵本、ぬいぐるみ、木馬、車、電車、おままごと、ロディなどが用意され、親子で自由に遊ぶ。ベルが鳴ったら親は退出し、子どものみの考査になる。

■読み聞かせ

・先生が絵本を読み聞かせる。

■行動観察（自由遊び）

・ブロック、平均台、電車、ぬいぐるみ、おままごとなどで自由に遊ぶ。

■歌・リズム

・「むすんでひらいて」「あたま・かた・ひざ・ポン」「大きな栗の木の下で」などを歌いながら手遊びをする。

・「どうぶつえんへいこう」の曲に合わせて、走ったりジャンプしたりする。

■身体表現

・「ゾウさんになーれ」「リスさんになーれ」など、先生の掛け声に合わせて動物のまねをする。

▶行動観察（親子遊び）

面接ガイド

親子面接 考査1日目に、両親と本人へ受験番号順で行う
所要時間 約15分
<面接資料／アンケート>考査1日目に、アンケートに記入して提出する

過去の質問例

本人への質問

・お名前は何といいますか。
・何歳ですか。
・今日はここまで誰とどうやって来ましたか。
・下で（考査で）どんな遊びをしましたか。
・お家で何をして遊びますか。
・きょうだいとは何をして遊びますか。
・好きな食べ物は何ですか。

父親への質問

・志望理由を教えてください。
・どのようにして本園を知りましたか。
・どのようなお子さんですか。
・どのようなお仕事をされていますか。
・（きょうだいが在園の場合）本園での出来事で、何が一番印象に残っていますか。
・子育てで奥さまに助けられたことは何ですか。
・今、世界で戦争が起こっていますが、子どもたちの未来はどのようになってほしいと思いますか。

母親への質問

・育児で一番苦労したことは何ですか。それを乗り越えてどう変わりましたか。
・子育てでご主人に助けられたことは何ですか。

面接の配置図

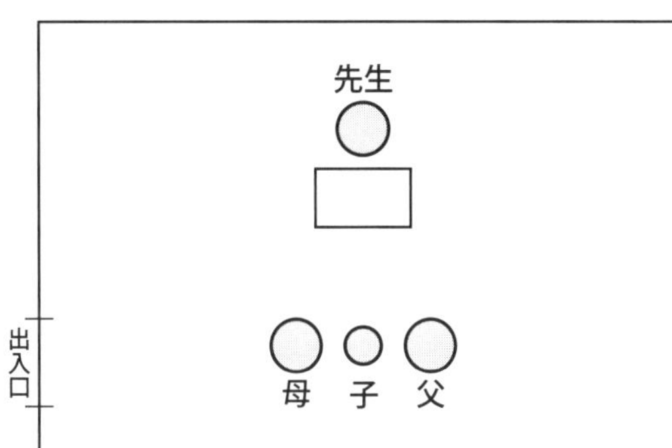

・お子さんが幼稚園でお友達とけんかをして、たんこぶをつくって帰ってきたらどうしますか。
・お仕事はされていますか。
・ストレス解消法を教えてください。

※考査当日に記入するアンケートには、以下のような項目がある。
①家族とのかかわりの中で、最も印象に残っていることを具体的に
②子どもが幼稚園から泣いて帰ってきたら、何と声をかけるか。そこから何を学んでいくか

Interview [voice clip]

親子遊び後、すぐ母子分離できるよう心構えを

・願書の備考欄には、「お書きになりたいことがありましたらご自由にお書きください」と書かれていました。わが家は園庭見学に参加したときの感想などを交えながら、志望理由と入園への思いを記入しました。
・受験票は、二次元コードを読み取り、指示通りの件名を入力して出願前の指定日までに空メールを送信すると、メールで届くという流れでした。空メールの送信は出願日までではないので、要注意です。
・考査では、親子遊びの終了時に先生が子どもに「ママはここでバイバイだよ。大丈夫かな」と声をかけてくださいました。母子分離がスムーズにできるか、チェックされていたようでした。
・面接は和やかに進み、先生はこちらの目を見てうなずきながら話を聞いてくださいました。教室もアットホームな雰囲気できれいに手入れされていて、子どもが快適に過ごせそうだと思いました。

※考査ガイド、面接ガイドは伸芽会教育研究所によるデータです

東京都港区／共学　3年保育

安藤記念教会附属幼稚園

http://ando-kinen.com/

［所在地］　〒106-0046　東京都港区元麻布2-14-16
TEL&FAX　03-3446-5231

［アクセス］
●東京メトロ南北線・都営大江戸線【麻布十番】より徒歩10分
●東京メトロ日比谷線【広尾】より徒歩10分

幼稚園情報

［園　長］　長山 信夫
［園児数］　男女計60名

沿　革　創立者である安藤太郎が、大正６年に安藤記念教会を設立。福音伝道は幼児教育から始まるべきとの考えから、大正12年に同教会附属幼稚園として設立された。令和５年、創立100周年を迎えた。

教育方針　キリスト教精神により、教育基本法および学校教育法に基づき、心と体がバランスよく発達するように助けながら健全な幼児期の基礎を養う。基本的な生活のしつけや習慣を正しく身につけるために、個性を伸ばすとともに協調性も育てる。楽しく充実した園生活を通じて、さまざまなことを経験し、自己を形成していけるよう指導する。

特　色　子どもの個性と人格を尊重し、友達と認め合い力を合わせることの楽しさや喜びを味わうまでの道筋を大切にし、好奇心や探求心を大切に受け止めて心を動かす保育を心掛けている。また神様の恵みを知り、人と自然の調和や世界の平和について祈り、考え、行動できる人になることを目指す。毎月の誕生会では保護者も一緒にお祝いしたり、保護者のための聖書の会を月に１度開いたりするなど、保護者もともに楽しむことを大切にしている。大正６年建造の大谷石造りの礼拝堂には、小川三知によるステンドグラスがはめ込まれており、東京都選定歴史的建造物に選ばれている。

保育日・保育時間

9:00～14:00（月・火・木・金）
9:00～11:45（水）
※学年、時期によって多少の変更あり

年間行事予定

月	行　事　名（抜粋）
4	入園式
5	親子遠足、教会バザー、健康診断、参観日
6	花の日礼拝、遠足
7	お泊まり会、夏期保育
8	夏期保育
9	引き渡し訓練、運動会
10	おいも掘り遠足
11	幼児祝福式、お店屋さんごっこ、収穫感謝礼拝
12	クリスマス礼拝
1	創立記念日、お正月遊びの会
2	劇と合奏のお楽しみ会
3	卒園パーティー、卒園式
	毎月：誕生会

Kindergarten Information

※濃い色で示したアイコンはこの幼稚園に該当するものです

登園開始　制服　送迎時間　通園バス　両方あり　アレルギー対応　課外教室　預かり保育　未就園児クラス　洋式　セキュリティ　小学校　中学・高校　大学　プロテスタント

入試データ

下記の資料は2024年度入園児用（**2023年秋実施予定**）です

募集要項

募集人員	3年保育…男女計24名		
応募資格	令和2年4月2日～令和3年4月1日生まれ		
入園説明会	9月13日　14時～　礼拝堂にて		
願書配付期間	9月13日～10月12日　平日9～16時（土：休み）		
願書受付期間	10月16～18日　14～15時　窓口受付		
提出書類	・入園願書 ・家族のスナップ写真		
受験票交付	願書受付時に手渡し		
受験番号付番	願書受付順	月齢考慮	あり
選抜方法 考査日	面接：11月1・2日のうち1日		
考査料	10,000円（出願時に窓口で提出）		
合格発表	11月2日発送　速達で通知		
入園手続	11月6日　13～15時		
課外教室	なし		
公開行事	園庭開放：日程はHPで確認 教会バザー：5月14日		
付記	**【園からのメッセージ】** 2023年に創立100周年を迎えるにあたり、園舎をリフォームしました。床暖房完備、抗ウイルス・抗菌作用のある光触媒をコーティングし、感染対策も強化しています。また教育活動では、専任の音楽講師が歌や合奏の指導をしています。		

学費

……… 入園手続時納付金 ………

入園料	100,000円
施設費（寄付金）	150,000円以上

………… 年間納付金 …………

保育料・月額	33,000円
暖房費・年額	10,000円
教材費・年額	20,000円
母の会会費・年額	7,200円

※上記金額は諸事情等で変更の場合あり

制服

制服なし

セキュリティ

防犯カメラ設置／保育時間中の門施錠／インターホン対応／避難訓練実施／防災訓練実施／安否確認システム／学校110番／AED設置／災害用品備蓄

昼食

給食（週2回）、お弁当（週2回）

進学情報

[小学校への進学状況]

東京学芸大附属竹早、慶應幼稚舎、慶應横浜初等部、早稲田実業、青山学院、成城学園など

[系列校]

―――

※上記募集要項は幼稚園公表分と伸芽会教育研究所調査を併せたデータです。詳細は幼稚園HPでご確認ください

育英幼稚園

http://www.ikuei-meguro.com/

［所在地］　〒152-0004　東京都目黒区鷹番3-15-3
TEL　03-3715-5116　FAX　03-3715-5117

［アクセス］
●東急東横線【学芸大学】より徒歩１分

幼稚園情報

［園　長］　河村 真理子
［園児数］　男女計約130名

沿　革　創立者・渡邉熙一は、大正末期から昭和初期にかけて、成城学園創立者の澤柳政太郎、小原國芳のもとで新教育の実践に携わった。その後、清明学園の創立に参画。昭和７年、育英幼稚園を設立した。先人の抱いた理想と情熱を今日に生かしたいと、一人ひとりの個性を重んじ、伸ばしていく教育を受け継いでいる。令和４年、創立90周年を迎えた。

教育方針　創立から90年もの間受け継がれてきた、一人ひとりの個性を尊重する教育を実践。居心地のよい温かな環境の中、子どもたちは感性を育み、生きる力を身につける。「自発的なあそび」と「みんなで共有する活動」の２本を柱に、知識や技術を詰め込むよりも、幼児期にこそしてほしいさまざまな活動や学びを体験する。

特　色　学芸大学駅より徒歩１分という便利な立地にある土の園庭の幼稚園で、子どもたちは生き生きと園生活を楽しむ。全職員が全園児とかかわり、一緒になって遊び、さまざまな活動を行う。子どものことや活動内容を全職員で話し合う時間を持ち、体操と音楽、アートの専門講師も園の教育方針に従って指導。自分を好きになり、相手を思いやる人間関係を築くため、子どもや保護者とともに考える独自のソーシャルスキルプログラム「わの時間」を設けている。

保育日・保育時間

9:00～13:30(月・火・木・金)
9:00～12:00(水)

◇預かり保育「カンガルークラブ」
16:00まで(月・火・木・金)
14:00まで(水)　※いずれも延長可

年間行事予定

月	行　事　名(抜粋)
4	入園式、親子遠足
5	創立記念日、個人面談
6	育英まつり、お泊まり保育（年長）
7	七夕
8	夏休み、サマープログラム
9	敬老の会（年長）
10	運動会、個人面談、お楽しみ会
11	秋の遠足
12	音楽会
1	おもちつき
2	発表会、豆まき
3	ひな祭り、卒園式

毎月：誕生会

Kindergarten Information ※濃い色で示したアイコンはこの幼稚園に該当するものです

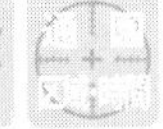

登園開始　制服　区域制限　通園バス　お弁当　アレルギー対応　課外教室　預かり保育　未就園児クラス　洋式　セキュリティ　小学校　中学・高校　大学

入試データ

下記の資料は2023年度入園児用（**2022年秋実施済み**）です

募集要項 ※ !2024 は次年度のデータです

募集人員	3年保育…男女計約40名		
応募資格	平成31年4月2日～令和2年4月1日生まれ		
入園説明会	!2024 9月23・30日　10時～		
願書配付期間	10月17～27日　平日8時30分～15時（土：休み）		
願書受付期間	11月1日　9時～　窓口受付		
提出書類	・入園願書（家族とのスナップ写真を貼付） ・考査資料		
受験票交付	願書受付時に手渡し		
受験番号付番	願書受付順	月齢考慮	あり
選抜方法 考査日	親子遊び、行動観察、保護者面接：11月1日 （受付順に開始）		
考査料	10,000円（出願時に窓口で提出）		
合格発表	11月1日発送　宅配便で通知		
入園手続	11月2日　15～16時		
課外教室	ダンス／体操／英語／ミュージカル		
公開行事	!2024 未就園児にこにこ教室（夏期クラス）：7月24・27日		
付記	・自家用車での送迎可 ◇未就園児にこにこ教室（継続クラス）を月1、2回（5～10月）実施 **【園からのメッセージ】** 一人ひとりを大切にする温かな環境の中で、子どもたちの集団生活が始まります。さまざまな遊びや活動を通して、生きる力や学習の土台を育てていきます。家庭と幼稚園が手を取り合って一緒に子どものことを考えていきましょう。		

学費

……… 入園手続時納付金 ………

入園料	100,000円
施設費	100,000円

………… 年間納付金 …………

保育料・月額	36,000円
教育充実費・月額	1,000円
教材費・年額	15,000円
冷暖房費・月額	500円

※上記金額は諸事情等で変更の場合あり

制服

制服なし

セキュリティ

防犯カメラ設置／保育時間中の門施錠／インターホン対応／保護者名札着用／避難訓練実施／防災訓練実施／緊急通報システム／安否確認システム／学校110番／ＡＥＤ設置／災害用品備蓄

昼食

お弁当（週4回）…希望者はお弁当の注文可

進学情報

[小学校への進学状況]

非公表

[系列校]

―――

※上記募集要項は幼稚園公表分と伸芽会教育研究所調査を併せたデータです。詳細は幼稚園ＨＰでご確認ください

上野毛幼稚園（かみのげ）

http://www.kaminoge-k.ed.jp/

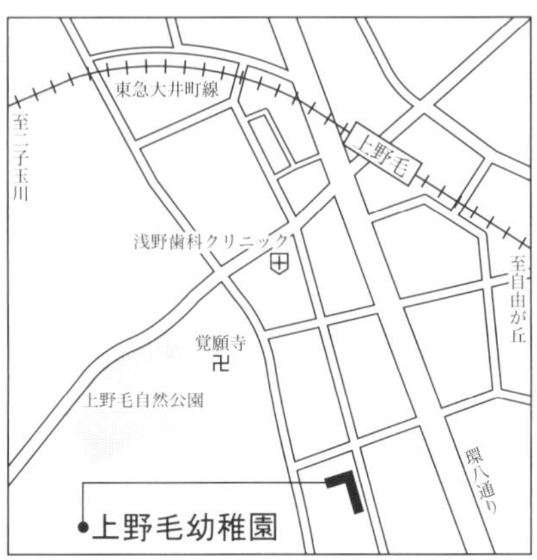

［所在地］　〒158-0093　東京都世田谷区上野毛2-10-18
TEL　03-3701-0552/03-3702-9434
FAX　03-5706-1585

［アクセス］
●東急大井町線【上野毛】より徒歩５分

幼稚園情報

［園　長］　伊東 弘恵
［園児数］　男女計約140名

沿　革　昭和17年11月、現在の地に創立。多摩川の清流に近い上野毛の高台の住宅地にある。樹木に囲まれた閑静な真の健康地で、教育上理想的な環境に恵まれている。昭和54年、３階建ての現在の園舎が完成。昭和56年５月、伊東学園として学校法人の認可を受けた。隣接地を園地として取得し、平成７年、南館園舎が完成。令和４年、創立80周年を迎えた。

教育方針　環境を整え温かく快い雰囲気の中でよい感化を与えて、子ども一人ひとりの個性を伸ばし、自らの生きる力、成長する力を育んでいくことを目標としている。そのために園長をはじめとする教諭一同、正しい愛情を基礎として、よい感化を幼児に与えられるように自らも修養し、努力している。また、しつけも形式にとらわれず、将来、社会に貢献することができるようになるための素養と習慣の育成に細心の注意を払っている。

特　色　日常の保育は一斉活動と自由遊びを導入している。一斉活動はゲームや制作活動が中心。専門講師によるリトミックや英語の指導も行っている。園生活では当番制を取り入れ、責任感を育む。春の遠足は年少・年中組は砧公園へ親子遠足、年長組はバスで博物館などを訪れる。夏期保育は３日間あり、水遊びやゲームなどを楽しむ。

保育日・保育時間

8:50～13:00（月・火・木・金）
8:50～11:00（水）
※５月初旬まで午前保育

◇預かり保育「にじいろクラス」（月～金）
17:00まで
※園行事日、その前後の日をのぞく
※夏・冬・春休みも実施（条件あり）

年間行事予定

月	行　事　名（抜粋）
4	入園式
5	遠足
6	ポニー乗馬（年長）
7	夕涼み会（年長）、七夕
8	夏休み、夏期保育
9	運動会
10	保育参観、さつまいも掘り（年中）
11	大根掘り（年長）
12	クリスマス会
1	――
2	学芸会、豆まき、卒業遠足（年長）
3	ひな祭り、卒業式

毎月：誕生会

Kindergarten Information

※濃い色で示したアイコンはこの幼稚園に該当するものです

登園開始 / 制服 / 通園区域・時間 / 通園バス / お弁当 / アレルギー対応 / 課外教室 / 預かり保育 / 未就園児クラス / 洋式 / セキュリティ / 小学校 / 中学・高校 / 大学

入試データ

下記の資料は2024年度入園児用**（2023年秋実施予定）**です

募集要項

募集人員	３年保育…男女計60名 ２年保育…男女若干名		
応募資格	平成31年４月２日～令和３年４月１日生まれ		
入園説明会	６月７日／９月６日（要申込）		
願書配付期間	10月15～27日：９～16時（21・22日：休み）		
願書受付期間	10月16～27日 郵送（簡易書留）、または持参（平日９～16時、土：休み）		
提出書類	・入園願書（写真貼付） ・考査の時間表		
受験票交付	――		
受験番号付番	――	月齢考慮	あり
選抜方法 考査日	発育調査、親子面接：11月１・２日のうち１日 （考査の時間表は速達で郵送）		
考査料	10,000円		
合格発表	11月４日までに速達で通知		
入園手続	11月７日　10～12時		
課外教室	なし		
公開行事	――		
付記	【園からのメッセージ】 本園をご理解いただくために、見学にいらしてくださることをお勧めいたします。直接、ご両親さまの目で園児や保育の様子をご覧いただきたく思います。必要に応じて説明をし、質問にもお答えいたします。		

学費

……… 入園手続時納付金 ………

入園料	（３保）230,000円
	（２保）200,000円
施設整備拡充賛助金（任意）	300,000円以上

………… 年間納付金 …………

保育料・月額	（年少）36,000円
	（年中・年長）33,000円
施設維持費・月額	2,000円
冷暖房費・年額	10,000円
教材費・年額	10,000円
ＰＴＡ会費・月額	3,000円
スクールバス利用料・月額	（片道）3,000円
	（往復）6,000円

※用品代など別途納付
※上記金額は諸事情等で変更の場合あり

制服

セキュリティ

警備員常駐／防犯カメラ設置／インターホン対応／保護者ＩＤカード／避難訓練実施／防災訓練実施／緊急通報システム／安否確認システム／緊急地震速報装置／学校110番／ＡＥＤ設置／災害用品備蓄／機械警備装置設置

昼食

お弁当（週４回）…希望者は週２回給食の注文可

進学情報

[小学校への進学状況]

筑波大附属、お茶の水女子大附属、東京学芸大附属世田谷、慶應幼稚舎、慶應横浜初等部、早稲田実業、学習院、青山学院、成蹊、立教、雙葉、聖心女子、白百合学園、東洋英和、田園調布雙葉、東京女学館、光塩女子、成城学園、東京都市大付属、サレジアン国際学園目黒星美、聖ドミニコなど

[系列校]

――

※上記募集要項は幼稚園公表分と伸芽会教育研究所調査を併せたデータです。詳細は幼稚園ＨＰでご確認ください

考査ガイド

考査日程　1日
受験番号付番　―――
選抜方法　子どもは背中に安全ピンで名札をつけ、5～8組単位で集団テスト、個別テストを行う。その後、親子遊び、親子面接を行う
考査内容　個別テスト、集団テスト、親子面接
所要時間　30～45分

過去の出題例

個別テスト

■行動観察（親子遊び）
・テーブルの上に用意されているブロック、おままごと、折り紙などで、親子で自由に遊ぶ。

■常　識
・お皿、お茶わん、コップなどの絵を見ながら、その名称を答える。

■お絵描き・巧緻性
・折り紙にクレヨンで好きな絵を描き、半分に折る。
（2年保育）
・折り紙でクリを作る。

■指示行動
・動物のぬいぐるみと模擬の果物が置いてあり、「ウサギさんにイチゴとミカンをあげましょう」などと指示される。

集団テスト

■行動観察（親子遊び）
・マットの上で、おままごと、折り紙、ブロック、ぬいぐるみなどで、母子で自由に遊ぶ（父親はホール後方のいすに座って待機する）。

■行動観察（自由遊び）
・おままごと、積み木、ブロック、折り紙、お絵描きなどをして自由に遊ぶ。

■歌・リズム
・いすに座って「むすんでひらいて」「大きな栗の木の下で」などを歌いながら、手遊びをする。

■運　動
・「先生の後についてお散歩しましょう」との指示に従い、先生の後ろをウサギのまねをしてピョンピョン跳びはねながら進む。

▶指示行動

▲行動観察（親子遊び）

面接ガイド

親子面接 考査当日に、両親と本人へ受付番号順で行う
所要時間 5～10分

過去の質問例

本人への質問

・お名前を教えてください。
・お年はいくつですか。
・ここまでどうやって来ましたか。
・今日は（考査は）楽しかったですか。
・何をして遊ぶのが好きですか。
・（ブロックや折り紙などの答えに対して）どんなものを作りますか。
・きょうだいはいますか。何をして遊びますか。
・どんなおもちゃを持っていますか。
・公園で遊ぶのは好きですか。誰と行きますか。
・好きな（嫌いな）食べ物は何ですか。

父親への質問

・お仕事についてお聞かせください。
・志望理由を教えてください。
・通園方法を教えてください。
・どのようなお子さんですか。
・普段お子さんとどのように過ごしていますか。
・お子さんの成長で気になることはありますか。

母親への質問

・本園を知ったきっかけをお聞かせください。
・本園へのご要望はありますか。
・お子さんの健康状態についてお聞かせください。
・お子さんには食べ物のアレルギーがありますか。
・お子さんは食べ物の好き嫌いがありますか。
・子育てで気をつけていることはありますか。
・ごきょうだい同士、普段はどのような様子ですか。
・お仕事はされていますか。どのようなお仕事ですか。お子さんの送迎はできますか。
・（働いている場合）お母さまがお仕事の間、お子さんはどうしていますか。
・（働いている場合）入園後、お子さんが幼稚園から帰った後は、どなたがお子さんを見ますか。
・子育てをサポートしてくれる人はいますか。
・園の行事にご協力いただけますか。

面接の配置図

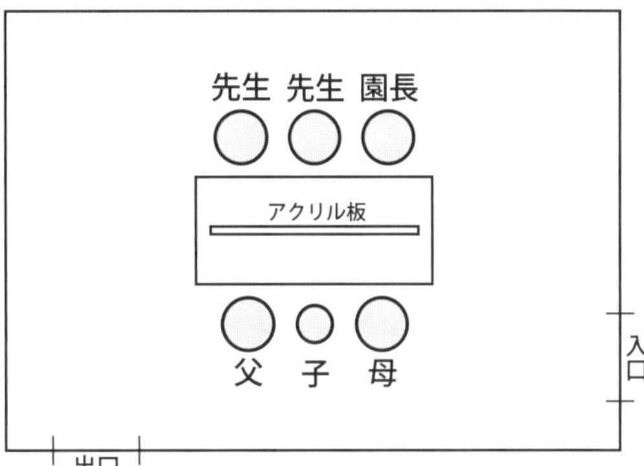

Interview [voice clip]

控え室でも気を抜かないよう注意

・考査へ向かう前に、子どもはマスクを外すよう指示がありました。子どもの表情と口元を見たいとのことでした。事前に案内をいただいていたので、マスクケースを持参しておきました。
・親子遊びは面接前に控え室で行われました。考査であるというはっきりした案内がなかったためか、面接に呼ばれて玩具を片づけずに行かれたご家庭がありましたが、片づけまでチェックされていたと思います。
・面接時間が近づくと、貴重品だけ持って面接室近くのいすで待機しました。親子遊びを中断された子どもはぐずりだしてしまい、なだめるのに苦心しました。小さな玩具をバッグに入れておけばよかったです。
・面接での質問は子→父→母の順番でした。先生方は子どもにゆっくりと丁寧に話してくださったので、聞き取りやすかったです。「お話し上手だね」とほめてくださり、子どもにとって楽しい時間になったようです。

※考査ガイド、面接ガイドは伸芽会教育研究所によるデータです

共立女子学園 共立大日坂幼稚園（だいにちざか）

http://www.kyoritsu-wu.ac.jp/yochien/

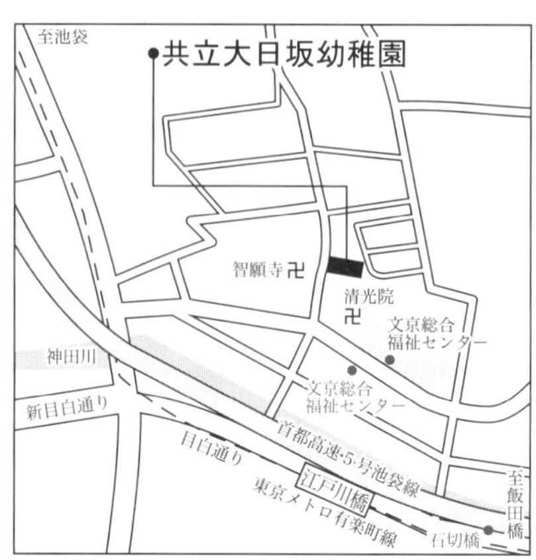

［所在地］　〒112-0006　東京都文京区小日向2-17-7
TEL　03-3941-5570　FAX　03-3941-5670

［アクセス］
●東京メトロ有楽町線【江戸川橋】より徒歩３分
●都営バス【石切橋】下車徒歩３分／Ｂ－ぐるバス【文京総合福祉センター】下車徒歩１分

幼稚園情報

［園　長］　砂塚 直子
［園児数］　84名（男児38名、女児46名）

沿　革　明治19年、女性の専門的知識や高度な技能の習得および、自主性の向上と社会的自立の促進を目的として創立された共立女子学園を母体に、昭和29年10月に開園した。平成７年、幼稚園創立40周年時に新園舎に建て替え、平成22年４月、共立大日坂幼稚園に改称。令和３年、共立女子学園は創立135周年を迎えた。

教育方針　適切な環境のもと、幼児の心身の発達を助長することを目的とする。子どもの伸びる力・育つ力・求める心を大切にし、明るく健やかで楽しい保育を目指している。幼稚園は、楽しく遊びながら基本的な生活習慣や社会のルールを身につける場であると考え、保護者の協力を得ながら教育していく。子どもたちは集団生活の中で互いの心にふれ合い、自分を確かめ協力の喜びを培っている。

特　色　遊びを中心とした保育を通し、集団生活に必要な最低限の規律や個人生活に必要な基本的生活習慣を、無理なく身につけさせていく。教育は信頼関係のうえに成り立つと考え、担任の教師を母親の次に信頼してもらえるよう、一人ひとりの個性を受け入れ丁寧にかかわる。また、都心にありながら土の園庭を備え、野菜の栽培や昆虫の飼育など、自然に親しめる環境を整えている。

保育日・保育時間

【年少】9:00～13:40（月・火・木・金）
9:00～11:20（水）
【年中】9:00～13:50（月・火・木・金）
9:00～11:30（水）
【年長】9:00～14:00（月・火・木・金）
9:00～11:40（水）
※慣らし保育などあり

◇預かり保育（月・火・木・金）
16:00まで

年間行事予定

月	行　事　名（抜粋）
4	入園式
5	春の遠足、こどもの日の祝い
6	参観日（年長）
7	七夕、夏の幼稚園、大掃除
8	夏休み
9	防災引き取り訓練
10	運動会、共立祭、秋の遠足
11	参観日（年中・年少）、園外保育
12	クリスマス会、大掃除、クッキー作り
1	―――
2	ゆうぎ会、豆まき
3	ひな祭り、お別れ遠足、お別れ会、卒園式

毎月：誕生会、防災避難訓練

Kindergarten Information

※濃い色で示したアイコンはこの幼稚園に該当するものです

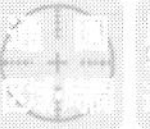

登園開始　お弁当　預かり保育　洋式　セキュリティ　中学・高校　大学

入試データ

下記の資料は2024年度入園児用（**2023年秋実施予定**）です

募集要項

募集人員	３年保育…男女計35名　２年保育…男女計10名		
応募資格	平成31年４月２日～令和３年４月１日生まれ		
入園説明会	６月28日／８月30日／９月６・20日　14～15時		
願書配付期間	10月13・16・17・19・20・23・24日　９時30分～16時		
願書受付期間	11月１日　９～15時　窓口受付		
提出書類	・入園願書（家族写真を貼付） ・入園健康診断カード（指定日に園医の診療所で受診）		
受験票交付	願書受付時に手渡し		
受験番号付番	願書受付順	月齢考慮	あり
選抜方法 考査日	グループ遊び、親子面接：11月２日		
考査料	6,000円		
合格発表	考査翌日までに発送　速達で通知		
入園手続	11月４日　14～16時		
課外教室	なし		
公開行事	園庭開放：６月６・20日／７月10日／９月12・26日／10月５・17日／11月21日／２月16・26日 絵本の読み聞かせ：６月５・19・26日／７月３・10日／９月４・25日／10月16日 体験入園：７月１・５日／９月２・５・16日 見学会：７月６・12日／９月14日		
付記	・園に登録し近隣駐車場を利用のうえ、自家用車での送迎可 **【園からのメッセージ】** 毎日たくさん遊ぶ中からいろいろなことを吸収し、成長できる場です。初めて経験する集団生活が、お子さんにもご家庭にも楽しく充実したものになるようにしたいと考えています。大切な幼児期です。一緒にゆったりとお子さんの成長を見守りましょう。		

学　費

……… 入園手続時納付金 ………

入園料　110,000円

………… 年間納付金 …………

保育料・３ヵ月ごと　86,000円

施設・設備維持費・３ヵ月ごと　5,000円

※兄弟姉妹が在園生、および同時に入園する場合は２人目以降入園料半額免除

※新学期用品代、絵本代などクラス費を別途納付

※上記金額は諸事情等で変更の場合あり

制　服

エプロンのみ

セキュリティ

防犯カメラ設置／保育時間中の門施錠／インターホン対応／保護者名札着用／避難訓練実施／防災訓練実施／緊急通報システム／安否確認システム／緊急地震速報装置／学校110番／ＡＥＤ設置／災害用品備蓄／クラス洗面台に自動水栓使用

昼　食

お弁当（週４回）

進学情報

[小学校への進学状況]

筑波大附属、お茶の水女子大附属、慶應幼稚舎、早稲田実業、学習院、立教、日本女子大附属豊明、立教女学院、東京女学館、光塩女子など

[系列校]

共立女子大学・大学院・短期大学、共立女子中学高等学校、共立女子第二中学校高等学校

※上記募集要項は幼稚園公表分と伸芽会教育研究所調査を併せたデータです。詳細は幼稚園ＨＰでご確認ください

國學院大學附属幼稚園

https://kokugakuinfuzoku.com/

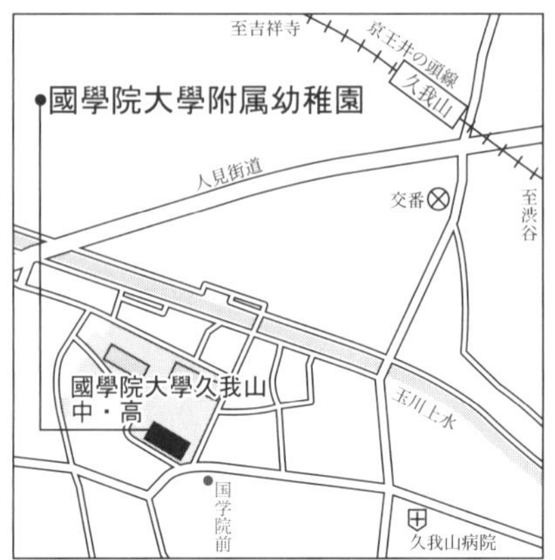

［所在地］　〒168-0082 東京都杉並区久我山1-9-1
TEL&FAX 03-3334-4761

［アクセス］
●京王井の頭線【久我山】より徒歩13分
●京王線【千歳烏山】より循環バス【国学院前】下車

幼稚園情報

［園　長］　森野 ゆかり
［園児数］　74名（男児32名、女児42名）

沿　革 昭和27年、学校法人久我山学園・財団法人久我山病院附属幼稚園として認可。昭和28年、学校法人國學院大學との合併が認可され、名称を國學院大學久我山附属幼稚園と改称。昭和29年、國學院大學附属幼稚園として公認。令和4年、大學は創立140周年、幼稚園は70周年を迎えた。

教育方針 『日本の伝統・日本の心を大切に』を教育理念とする。自然に対する畏敬の念や感謝の心を知り、伝統文化を大切に感じる心を育て、将来、国際社会の中で日本人としてそのよさを発揮できるように、自立心や意欲、豊かな感性や創造力を培う。経験活動を多く取り入れた教育を心掛け、個性を生かしながら、幼児期に大切な心身の調和を図る。発達段階別に目標を立て、同年代の友達とのかかわりの中で、主体性や社会的態度が身につくように指導していく。

特　色 基本的な生活習慣を身につけ、集団の中で規律を守る習慣も養い、円満な人格の形成を目指す。また、少人数制できめ細かな保育を行い、人への愛情や信頼を育てる。小学校進学に備え、集中力、持続力、行動力がつくよう指導。國學院大學久我山中学高等学校に併設という利点を生かして、グラウンドや体育館などの施設を活用し、國學院大學久我山の教員が年間を通して体育と絵画の指導を行う。

保育日・保育時間

9:00～14:00（月・火・木・金）
9:00～11:30（水）

◇預かり保育「きりん組」（月～金）
8:00～9:00
保育終了後～18:00
※園行事日、休園日をのぞく
※夏休み中の21日間は8:00～18:00

年間行事予定

月	行　事　名（抜粋）
4	入園式、対面式、こいのぼり会
5	子ども会、交通安全集会、保育参観日、春季交歓遠足
6	災害予知帰宅訓練、交流授業（久我山中学生）
7	お泊まり保育（年長）、七夕会、プール、盆踊り会
8	夏休み
9	祖父母参観日、秋季遠足
10	運動会、創立記念日、文化祭
11	保育参観日、バザー
12	保育発表日、もちつき会、クリスマス会
1	クッキー作り（久我山高校生交流授業）
2	豆まき会、災害帰宅訓練、買い物ごっこ
3	ひな祭り会、お別れ遠足（年長）、園児クラス会、卒園式
	毎月：会食、誕生会

Kindergarten Information ※濃い色で示したアイコンはこの幼稚園に該当するものです

入試データ

下記の資料は2023年度入園児用**（2022年秋実施済み）**です

募集要項 ※！2024は次年度のデータです

募集人員	3年保育…男女計45名		
応募資格	平成31年4月2日～令和2年4月1日生まれ		
入園説明会	！2024 9月2・22日　10～12時		
願書配付期間	10月15～31日　平日9～16時（土：～12時。20・24日：休み）		
願書受付期間	11月1日　9時～9時45分　窓口受付		
提出書類	・入園願書、面接票（写真貼付） ・面接用アンケート　・面接料納入票、領収証		
受験票交付	願書受付時に手渡し		
受験番号付番	願書受付順	月齢考慮	あり
選抜方法 考査日	親子面接：11月1日　9時15分～		
考査料	5,000円（出願時に窓口で提出）		
合格発表	11月1日		
入園手続	11月1日		
課外教室	英会話／絵画造形／お習字／バルシューレ／リズムダンス／こぐまチャイルド会		
公開行事	！2024 園庭開放：6月10・24日／9月23日／10月14日／1月20日／3月2日 運動会：10月8日 バザー：11月11日 レインボールーム、いちごルーム：月1、2回実施		
付記	・自家用車での送迎可（登録制） ◇未就園児対象の「レインボークラス（2歳・3歳）」を月3回実施 火曜コース／木曜コース **【園からのメッセージ】** 生涯教育のスタートである幼稚園教育は、お子さんの将来へと長くつながっていきます。将来お子さんがどのタイミングでもベストの選択ができるよう、熱意を持ち教育します。		

学費

……… 入園手続時納付金 ………

入園料	150,000円

………… 年間納付金 …………

保育料・月額	35,000円
教材費・月額	1,200円
施設費・月額	4,000円
特別保育費・月額	500円
父母の会会費・月額	1,000円

※制服代（約45,000円）、用品代（約15,000円）など別途納付
※上記金額は諸事情等で変更の場合あり

制服

セキュリティ

防犯カメラ設置／保育時間中の門施錠／インターホン対応／保護者ＩＣカード・名札／避難訓練実施／防災訓練実施／交通指導員配置／緊急地震速報装置／ＡＥＤ設置／災害用品備蓄／同敷地内の中高に警備員と養護教諭が常駐

昼食

お弁当（週4回）…月1回、ランチ会あり

進学情報

[小学校への進学状況]
筑波大附属、慶應横浜初等部、早稲田実業、成蹊、立教、聖徳学園、明星など

[中学校への進学状況]
【國學院久我山】卒園児が進学を希望する場合は優先入学制度を適用

[系列校]
國學院大學・大学院、國學院大學北海道短期大学部、國學院大學久我山中学高等学校、國學院高等学校、國學院幼稚園

※上記募集要項は幼稚園公表分と伸芽会教育研究所調査を併せたデータです。詳細は幼稚園ＨＰでご確認ください

東京都世田谷区／共学　2年保育＋3年保育

三軒茶屋リズム幼稚園

[所在地]　〒154-0024　東京都世田谷区三軒茶屋2-9-21
TEL　03-3421-9005　FAX　03-3421-9279

[アクセス]
●東急田園都市線・世田谷線【三軒茶屋】より徒歩3分

幼稚園情報

[園　長]　福川 芳子
[園児数]　男女計90名

沿　革　昭和28年設立。開園以来、全園児と全職員が毎日たっぷりとふれ合う教育を行っている。令和5年、創立70周年を迎えた。

教育方針　温かく家庭的な雰囲気の中で、子ども一人ひとりをよく見つめ、個性を大切にする保育を行う。子どもの長所を見つけ、たくさんほめて個性を伸ばしていくとともに、悪いことはしっかりとしかり、日常生活面での自立を促し、人との会話もきちんとできるように指導する。子ども同士がかかわり合う機会をなるべく多く持てるようにし、相手の意思を理解し、尊重する心を大事に育てていく。

特　色　園庭すべてを砂場にし、のびのびと遊べる空間をとる。毎日異年齢の子ども同士が交わり、元気いっぱい遊びながら、優しさやいたわり合う気持ちを育てる。童謡や音楽、リズムを通じて情操を豊かに育むと同時に、四季折々の自然にふれながら遊ぶ園外保育を積極的に行う。園外保育では公共の交通機関を使い、楽しい中でも公衆道徳を守ることを指導する。また、小学校入学に向け、男性教諭（元小学校教諭）の経験を生かしたチームティーチングで、先生の話をきちんと聞く学習態度を養う。希望者には放課後に週1回、国立・私立小学校進学のための特別授業を実施する。

保育日・保育時間

9:00～14:00(月・木)
9:00～15:00(火・金)
9:00～12:00(水)

◇預かり保育(月～金)
8:00～9:00
保育終了後～18:00
※夏・冬・春休みも実施(指定日のみ)

年間行事予定

月	行　事　名(抜粋)
4	入園式
5	親子遠足
6	カレーパーティー、泥んこ遊び
7	七夕祭り、プール遊び、お泊まり保育（年長）
8	夏休み
9	―――
10	運動会、いも掘り遠足、どんぐり拾い遠足
11	焼きいも・豚汁会、作品展
12	クリスマス会、お店屋さんごっこ
1	おもちつき
2	豆まき
3	音楽リズム発表会、卒園式
	毎月：誕生会

Kindergarten Information

※濃い色で示したアイコンはこの幼稚園に該当するものです

  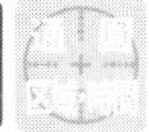            

登園開始 制服 両方あり アレルギー対応 課外教室 預かり保育 洋式 セキュリティ

入試データ

下記の資料は2023年度入園児用**（2022年秋実施済み）**です

募集要項　※下記は前年度のデータです

募集人員	3年保育…男女計30名　2年保育…男女若干名		
応募資格	平成30年4月2日～令和2年4月1日生まれ		
入園説明会	8月31日		
願書配付期間	10月15・17日　16～17時		
願書受付期間	整理票提出：10月22・24～27日　窓口受付 願書提出：11月1日　窓口受付（時間は整理票受付時に通知）		
提出書類	・入園願書（志願者写真、志願者を含む家族写真を貼付） ・整理票		
受験票交付	願書受付時に手渡し		
受験番号付番	願書受付順	月齢考慮	あり
選抜方法 考査日	口頭試問、行動観察、運動テスト：11月1日　午前		
考査料	5,000円（整理票受付時に窓口で提出）		
合格発表	11月1日　午後		
入園手続	11月1日　午後		
課外教室	幼児教室／絵画・造形教室／ピアノ教室／モダンバレエ教室／ECCジュニア英語教室（園隣）		
公開行事	見学会：10月7・11・13日（要申込）		
付記	**【園からのメッセージ】** 子どもの長所や個性を大事にして、たくさんほめてのびのびと子どもらしく育ててあげることが大切です。深い信頼関係で結ばれていれば、子どもは母親から離れても自立していけます。日ごろからできることはなるべく自分でやらせるなど、自立を促すしっかりとしたしつけを大切にして育ててあげてください。		

学費

……… 入園手続時納付金 ………

入園料	210,000円
施設拡充費	30,000円

………… 年間納付金 …………

保育料・月額	29,500円
教材費・月額	3,500円

※冷暖房費、維持費、園外保育費、給食費など別途納付
※上記金額は諸事情等で変更の場合あり

制服

セキュリティ

防犯カメラ設置／保育時間中の門施錠／インターホン対応／避難訓練実施／防災訓練実施／緊急通報システム／学校110番／災害用品備蓄

昼食

給食（週2回）、お弁当（週2回）

進学情報

[小学校への進学状況]
筑波大附属、お茶の水女子大附属、東京学芸大附属（竹早、世田谷）、慶應幼稚舎、学習院、青山学院、成蹊、立教、暁星、雙葉、聖心女子、田園調布雙葉、立教女学院、東京女学館など

[系列校]
―――

※上記募集要項は幼稚園公表分と伸芽会教育研究所調査を併せたデータです。詳細は幼稚園にお問い合わせください

サンタ・セシリア幼稚園

http://www.santacecilia-youchien.com/

［所在地］　〒108-0072　東京都港区白金4-7-23
TEL　03-3446-9884　FAX　03-3446-1550

［アクセス］
●東京メトロ南北線・都営三田線【白金台】より徒歩10分

幼稚園情報

［園　長］　松浦 栄子
［園児数］　男女計132名

沿　革　昭和33年、港区芝白金に聖心学園を母体とし、幼稚園教諭育成のため聖心学園児童研究所が発足した。昭和35年には東京保育専修学校付属サンタ・セシリア児童研究所と改称し、昭和38年、現在地に移転してサンタ・セシリア幼稚園を開園。令和５年、開園60周年を迎える。

教育方針　カトリックの精神に基づいた喜びのある教育を目指し、「元気にあそび祈る子」「礼儀正しく正直な子」「よく見よく聞く子」を教育目標としている。豊かな心を育て、喜びの中で祈ることや感謝することを教え、謙虚な心を培いながら集団の中でも一人ひとりの個性を生かす教育を行う。子どもたちが豊かな自然の中でのびのびと遊び、四季を感じながら健全な精神を育むことができるよう導いている。

特　色　子どもは遊びの中から多くのことを学び取るため、遊びの時間をとても大切にする。自然に囲まれた園庭や園舎の裏にある畑までの探検道路など、子どもたちがより多くの自然にふれながら楽しく遊べる環境づくりに努める。また、心も体もたくましくなることを目指し、週１回、専任講師の指導によるリトミックや体操などを実施。英語や絵画などの課外授業も行い、子どもたちがさまざまな体験をする機会を数多く設けている。

保育日・保育時間

9:00～14:00（月・火・木・金）
9:00～11:30（水）

◇預かり保育（月～金）
8:00～9:00
保育終了後～17:00
※夏・冬・春休みは9:00～16:00

年間行事予定

月	行　事　名（抜粋）
4	入園式
5	親子遠足、マリア祭
6	プール開き
7	七夕集会、夕涼み会
8	夏季保育
9	敬老参観
10	運動会、いも掘り遠足
11	七五三集会
12	クリスマス会
1	おもちつき
2	豆まき、セシリア音楽会
3	ひな祭り集会、卒園式

毎月：誕生会、避難訓練

Kindergarten Information　※濃い色で示したアイコンはこの幼稚園に該当するものです

 登園開始
 制服
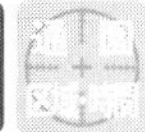 通園区域・時間
 通園バス
 お弁当
 アレルギー対応
 課外教室
 預かり保育
 未就園児クラス
 洋式
 セキュリティ
 小学校 中学・高校 大学
 カトリック

入試データ　下記の資料は2024年度入園児用（**2023年秋実施予定**）です

募集要項

募集人員	３年保育…男女計40名 ２年・１年保育…各男女若干名		
応募資格	平成30年４月２日～令和３年４月１日生まれ		
入園説明会	９月15日（願書配付あり）		
願書配付期間	９月15日～		
願書受付期間	10月12～27日（消印有効）　郵送		
提出書類	・入園願書（家族写真を貼付） ・面接資料、考査料振込証明書 ・返信用はがき ・返信用封筒（切手を貼付）		
受験票交付	――		
受験番号付番	――	月齢考慮	あり
選抜方法 考査日	遊びの観察、発育テスト、親子面接： 10月31日～11月２日のうち１日（考査は午前中に実施）		
考査料	10,000円		
合格発表	11月２日発送　速達で通知		
入園手続	11月７日　10～12時		
課外教室	体操教室／知育教室／英語教室／絵画教室		
公開行事	見学会：６月７日／10月18日		
付記	・新入園児１日入園：１月19日 **【園からのメッセージ】** 本園の教育方針とご家庭の方針が合致した方にお入りいただき、小学校に上がるまで連携を取って保育したいと考えております。		

学費

……… 入園手続時納付金 ………

入園料	120,000円
設備費	120,000円

………… 年間納付金 …………

保育料・月額	35,000円
教材費・年額	25,000円
冷暖房費・年額	10,000円
保護者の会会費・年額	7,000円

※制服代、給食代、遠足代など別途納付
※上記金額は諸事情等で変更の場合あり

制服

セキュリティ

警備員常駐／防犯カメラ設置／保育時間中の門施錠／インターホン対応／保護者ＩＤカード・名札着用／避難訓練実施／防災訓練実施／緊急通報システム／緊急地震速報装置／学校110番／ＡＥＤ設置／災害用品備蓄

昼食

お弁当（週４回）…年中・年長の希望者は火・金曜日のみ給食の注文可

進学情報

［小学校への進学状況］
慶應幼稚舎、学習院、立教、暁星、雙葉、聖心女子、白百合学園、立教女学院など

［系列校］
――

※上記募集要項は幼稚園公表分と伸芽会教育研究所調査を併せたデータです。詳細は幼稚園ＨＰでご確認ください

考査ガイド

考査日程 1日

受験番号付番 ———

選抜方法 受付後、名札をつけ親子面接を受ける。その後、子どもは集団テストを受け、親は控え室でアンケートに記入する（グループにより流れが異なる）

考査内容 集団テスト、親子面接

所要時間 約50分

過去の出題例

集団テスト

■行動観察（自由遊び）

・おままごと、積み木、車、電車、ぬいぐるみ、お人形などがあり、自由に遊ぶ。

■読み聞かせ

・絵本の読み聞かせの後、質問に答える。

■歌・リズム

・「ひげじいさん」「とんとんとんとんアンパンマン」「大きな栗の木の下で」などを歌いながら手遊びをする。

■運　動

・平均台を渡る。

◀行動観察（自由遊び）

◀歌・リズム

◀誘導

面接ガイド

親子面接 考査当日に、両親と本人へ行う
所要時間 約10分
<面接資料／アンケート> 出願時に面接資料を、考査当日にアンケートを提出する

過去の質問例

本人への質問

・お名前を教えてください。何歳ですか。
・好きな食べ物は何ですか。
・何をして遊ぶのが好きですか。
・きょうだいはいますか。
・きょうだいとは何をして遊びますか。
・（考査では）何をしましたか。

父親への質問

・志望理由を教えてください。
・カトリック教育についてどうお考えですか。
・普段、お子さんとどのように過ごしていますか。
・最近お子さんが最も成長したと思うのは、どのようなことですか。
・お子さんにどのような人に育ってほしいですか。

母親への質問

・子育てで気をつけていることは何ですか。
・子育てで難しいと感じることは何ですか。
・お子さんは普段、何をして遊んでいますか。
・お仕事はされていますか。送迎はできますか。
・通園方法と所要時間を教えてください。
・（仕事をしている場合）これまでどこにお子さんを預けていましたか。

面接の配置図

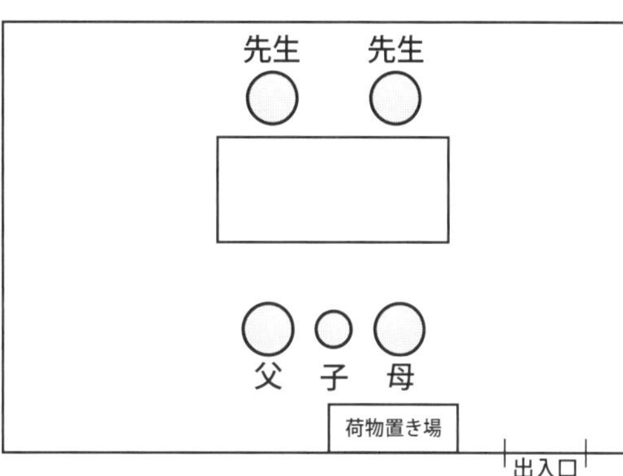

※出願時に提出する面接資料には、以下のような記入項目がある。
①受験児氏名、生年月日、性別　②集団生活の有無　③通園方法　④主な送迎者　⑤預かり保育の希望　⑥現在の状況（発育状況、体の様子、歩き始めた時期、食事、排せつ）
※考査当日に記入するアンケートには、以下のような項目がある。
「子どもが同年代のお友達と公園で遊んでいて、玩具の取り合いになったらどうするか」ほか

Interview [voice clip]

荷物は少なめに移動しやすい態勢で

・考査当日に記入するアンケートのテーマは、日によって異なったようです。わが家のときは、「同じ幼稚園に通っている家庭と教育方針が違った場合、どのように対処するか」というテーマでした。
・アンケートの記入時間は約15分でした。皆さんしっかり準備をされているようで、メモを持参している方も多かったです。アンケート用紙は罫線がなく、わが家は持参したルーズリーフを敷いて記入しました。
・考査の時間になると先生がぬいぐるみを持って控え室に来られ、「僕たちと遊びに行こうよ」と子どもたちに声をかけてくださいました。考査終了後、子どもたちは汽車ポッポで楽しそうに戻ってきました。
・考査の控え室は２階にあり、面接室は１階でした。面接の際は荷物を全部持って移動するよう指示され、わが家は荷物が多めだったので焦りました。移動しやすいよう、荷物は少なめにしておくべきでした。

※考査ガイド、面接ガイドは伸芽会教育研究所によるデータです

枝光会駒場幼稚園

http://www.shikoukai.ed.jp/komaba/

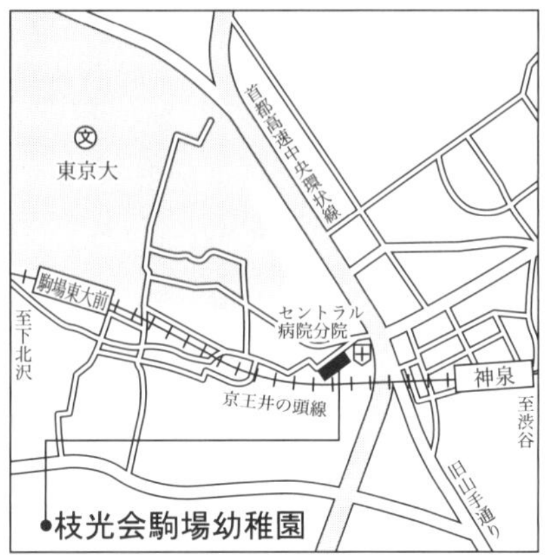

［所在地］　〒153-0041　東京都目黒区駒場3-3-18
TEL　03-3467-4753　FAX　03-3467-0636

［アクセス］
●京王井の頭線【駒場東大前】【神泉】より徒歩10分

幼稚園情報

［園　長］　小島 香
［園児数］　男女計100名

沿　革　昭和18年、女子挺身隊員のためのおけいこ所である「なでしこ会」として、和裁、茶道、華道、英語、習字などを教え始める。昭和22年に財団法人枝光会を設立。翌23年6月、枝光会附属幼稚園が創立された。枝光会駒場幼稚園は昭和31年に開園。令和3年、開園65周年を迎えた。現在では、学校法人枝光学園のもとに3つの園が運営されている。

教育方針　カトリックの精神に基づき、温かい雰囲気とよい環境を整え、時代に合わせた保育の実践を主眼とする。家庭との連絡を密にしながら、日々の保育や行事、自然とのふれ合いを通して神様の存在や命の大切さを知らせ、自立心を養うよう保育を行っている。また、正しくしつけ、美しい日本語を耳にすることにより、あいさつ、感謝、ゆるす言葉が身につくように努めている。遊びを通して素直で思いやりのある幼児に育てることを目指す。

特　色　保育の中で、生きる力の基礎として健康や体力につながる生活習慣や運動能力、豊かな人間性につながる人とのかかわりや他人への思いやり、確かな学力につながる言葉の獲得や探究する力、表現する力を身につけさせるよう心掛ける。複数担任制を取り入れ、さまざまな場面において子どもたちの長所や短所を見つけられるようにしている。

保育日・保育時間

【年少】9:00～13:20（月・火・木）
9:00～11:20（水・金）
【年中】9:00～13:40（月・火・木）
9:00～11:40（水・金）
【年長】9:00～14:00（月・火・木）
9:00～12:00（水・金）

◇預かり保育（月・木）
15:00まで

年間行事予定

月	行　事　名（抜粋）
4	入園式
5	春の遠足、マリア様のお祝日、お泊まり保育、保育見学
6	参観日、保育見学
7	水遊び、見学遠足（年長）、バザー
8	夏休み
9	運動会
10	敬老会、ロザリオのお祝日、どんぐりひろい、保育見学
11	七五三お祝い、お店屋さんごっこ、教会見学（年長）
12	クリスマス聖劇、クリスマスパーティー
1	もちつき、たこあげ、焼きいも大会、お別れ遠足（年長）
2	ルルドのお祝日、参観日
3	お別れ学芸会、絵の展覧会、卒園式
	毎月：誕生会

Kindergarten Information　※濃い色で示したアイコンはこの幼稚園に該当するものです

登園開始　制服　園バス時間　通園バス　両方あり　アレルギー対応　課外教室　預かり保育　未就園児クラス　洋式　セキュリティ　小学校　中学・高校　大学　カトリック

入試データ

下記の資料は2024年度入園児用 **(2023年秋実施予定)** です

募集要項

募集人員	3年保育…男女計約40名 2年保育…男女計約20名 1年保育…男女若干名
応募資格	平成30年4月2日～令和3年4月1日生まれ
入園説明会	なし（保育見学日に簡単な説明あり）
願書配付期間	10月16～31日　平日10～16時（土：休み）
願書受付期間	11月2日　10～12時　窓口受付
提出書類	・入園願書（写真貼付）　・家族全員のキャビネ判写真
受験票交付	願書受付時に手渡し
受験番号付番	順不同　／　月齢考慮：あり
選抜方法 考査日	自由遊び、面接：11月3日
考査料	10,000円（出願時に窓口で提出）
合格発表	郵送で通知
入園手続	指定日
課外教室	英語
公開行事	保育見学：5月19日／6月13日／7月4日／10月6日 ※上記日程以外でも、見学は随時受付（要問い合わせ） 運動会：9月27日 駒沢オリンピック公園総合運動場・屋内球技場にて ※事前に幼稚園にプログラムを取りにいく（9月中旬以降）
付記	・3年保育の途中から他園を受験することは不可 ・外部講師による指導：絵画、体操（年中から） ・自家用車での送迎可 **【園からのメッセージ】** 子どもたちは遊びの中からお友達を思いやることや、時には自分を主張すること、感謝の気持ちなどを学びながら育っていきます。子どもたちの成長とご家族のお力になれるよう、努力しています。

学費

……… 入園手続時納付金 ………

入園料	100,000円

………… 年間納付金 …………

保育料・月額	32,000円
設備費・月額	3,000円
母の会会費・月額	1,600円
寄付金（任意）	100,000円以上

※上記金額は諸事情等で変更の場合あり

制服

セキュリティ

防犯カメラ設置／保育時間中の門施錠／インターホン対応／避難訓練実施／防災訓練実施／交通指導員配置／緊急通報システム／学校110番／ＡＥＤ設置／災害用品備蓄

昼食

お弁当給食（週1回）、お弁当（週2回）

進学情報

[小学校への進学状況]
非公表

[系列校]
枝光会附属幼稚園、枝光学園幼稚園、麻布みこころ幼稚園

※上記募集要項は幼稚園公表分と伸芽会教育研究所調査を併せたデータです。詳細は幼稚園ＨＰでご確認ください

考査ガイド

考査日程　1日

受験番号付番　順不同

選抜方法　受付後、子どもは胸に名札をつけ、親子面接を受ける。その後子どもは集団テストを行う（受験番号によって集団テストが先の場合もある。例年は面接がなく、親子遊びや個別テストがあるが、令和３～５年度入試ではそれらはなく、親子面接を実施）

考査内容　集団テスト、親子面接

所要時間　約１時間

<面接資料／アンケート>出願時に調査票を配付され、考査当日提出する

過去の出題例

個別テスト

■構　成

・バラバラになった３～５分割のパズルを、組み合わせて元通りにする。

■常識・数

・絵を見せられて、「この動物は何ですか」「果物はいくつありますか」などの質問に答える。

■言　語

・先生が子どもに「お名前は何といいますか」「好きな遊びは何ですか」「お父さんと何をして遊びますか」などの質問をする。

集団テスト

■読み聞かせ

・絵本の読み聞かせの後、質問に答える。

■行動観察（親子遊び）

・おままごと、お人形、車、絵本、パズル、折り紙、ブロック、ぬいぐるみ、ジャングルジム、すべり台などで、親子で自由に遊ぶ。

■身体表現

・ネズミ、ウサギ、ペンギンのまねをする。

■歌・リズム

・「どんぐりころころ」「ひげじいさん」「うさぎ」などを歌いながら、手遊びをする。

・動物のお面をかぶり歌を歌う。

▶歌・リズム

▲行動観察（親子遊び）

参考資料

書類見本

枝光会駒場幼稚園入園願書

年　月　日受付　　　　　　　　　　組　　　号

年度　　年保育志望			写真貼付 名刺判・上半身・無帽 年　月　日撮影
本人	（ふりがな） 氏　名		男・女
	生年月日	年　月　日生	
	保護者との続柄		
	現住所	〒 電話（　）	
保護者 父	（ふりがな） 氏　名	㊞	昭平　年　月　日生
	現住所	〒 電話（　）	
保護者 母	（ふりがな） 氏　名	㊞	昭平　年　月　日生
	現住所	〒 電話（　）	

Interview [voice clip]

室温の変化に対応できるよう準備を

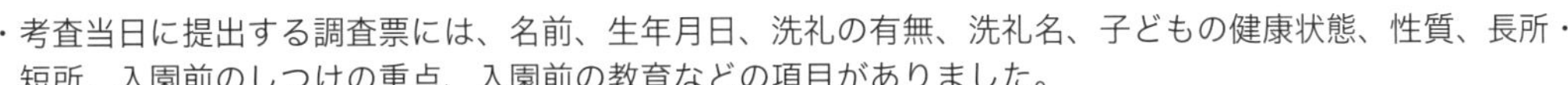

・考査当日に提出する調査票には、名前、生年月日、洗礼の有無、洗礼名、子どもの健康状態、性質、長所・短所、入園前のしつけの重点、入園前の教育などの項目がありました。
・考査当日は、園庭で手を洗ってから入室するよう指示されました。園内は換気のためかドアや窓が全部開けられており寒かったです。ひざ掛けやカイロなどの防寒具が役立ちました。
・控え室は園庭に面していたため、待機中は持参した絵本や園庭を見て過ごしました。
・令和３～５年度入試は例年と異なり、親子面接が行われました。子どもには名前、年齢、好きな遊び、好きな食べ物、父親には志望理由、園に興味を持ったきっかけ、父母共通で自身が両親にしてもらったことで子どもにしたいこと、母親には公開行事や園庭開放に参加した印象などを聞かれました。

※考査ガイド、面接ガイドは伸芽会教育研究所によるデータです

枝光会附属幼稚園

http://www.shikoukai.ed.jp/isarago/

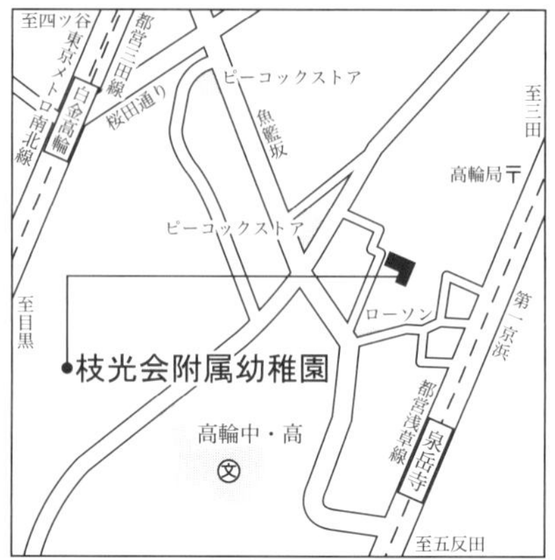

［所在地］　〒108-0073　東京都港区三田4-19-36
TEL　03-3441-8147　FAX　03-5791-5234

［アクセス］
●都営浅草線【泉岳寺】より徒歩８分
●東京メトロ南北線・都営三田線【白金高輪】より徒歩15分

幼稚園情報

［園　長］　小摩木 まゆ子
［園児数］　男女計約120名

沿　革　昭和18年、女子挺身隊員のおけいこ所である「なでしこ会」として、和裁、茶道、華道、英語、習字などを教え始める。昭和22年に財団法人枝光会を設立。翌23年６月、枝光会附属幼稚園が開園。令和５年、創立75周年を迎える。現在、学校法人枝光学園のもとに３つの園が運営されている。

教育方針　カトリックの精神に基づき、子どもたちに温かい雰囲気とよい環境を整え、時代に適した保育を行いたいと考えている。常に家庭との連絡を密にしながら、神様を愛し、他人をも愛することのできる心を培い、自立心を養い、正しい生活習慣を身につけさせる。また、自然とふれ合う機会を持つことで、すべてのものが持つ命の大切さを教えるとともに、情操教育に重点を置き、遊びの中で明るく素直な思いやりのある幼児に育てることを目的としている。

特　色　登園、降園の際はイエス様の御像に手を合わせ、毎日のお祈りの時間にはみんなでお祈りをする。神様や両親に愛されて生まれてきた喜びを感じて、世界に一人の自分を大切にすること、そして、友達を大切にすることを学んでいく。縦割り保育も行われ、年長・年中・年少組が交ざって園庭で遊び、一緒にお弁当を食べる。複数担任制を取り入れ、園外保育でも危険から子どもたちを守るように配慮している。

保育日・保育時間

【年少】9:00～13:15(月・火・木)
※１・２学期は短縮保育
9:00～11:15(水・金)
【年中】9:00～13:30(月・火・木)
9:00～11:30(水・金)
【年長】9:00～13:40(月・火・木)
9:00～11:40(水・金)

年間行事予定

月	行　事　名(抜粋)
4	入園式
5	春の遠足、マリア様のお祝日、お泊まり保育（年長）
6	参観日、みこころのお祝日、敬老会
7	水遊び
8	夏休み
9	秋の遠足（いも掘り）
10	運動会、ロザリオのお祝日
11	七五三、アグネスのお祝日、お店屋さんごっこ
12	クリスマスの聖劇
1	たこあげ大会、おもちつき
2	ルルドのお祝日、参観日、焼きいも大会
3	お別れ会、お別れ遠足（年長）、卒園式
	毎月：誕生会

Kindergarten Information

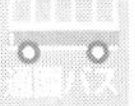

入試データ

下記の資料は2024年度入園児用（**2023年秋実施予定**）です

募集要項

募集人員	３年保育…男女計約35名 ２年保育…男女若干名		
応募資格	平成31年４月２日～令和３年４月１日生まれ		
入園説明会	なし		
願書配付期間	10月16日～　平日10～15時（土：休み）		
願書受付期間	11月２日　窓口受付		
提出書類	・入園志願書（写真貼付） ・家族全員のキャビネ判写真		
受験票交付	願書受付時に手渡し		
受験番号付番	願書受付順	月齢考慮	あり
選抜方法 考査日	自由遊び、グループ遊び、親子面接：11月４・５日のうち１日		
考査料	10,000円（出願時に窓口で提出）		
合格発表	郵送で通知		
入園手続	指定日		
課外教室	体操教室		
公開行事	保育見学：７月４日／９月14日 水遊び：７月11～13日 運動会：10月４日（雨天時は11日に実施） 駒沢オリンピック公園総合運動場にて ※運動会の見学は2024年度入園希望者のみ。入場の際にプログラムが必要となるので、９月下旬ごろに幼稚園に確認のうえ、取りにいく		
付記	・３年保育の途中から他園を受験することは不可		

学費

……… 入園手続時納付金 ………

入園料	100,000円

………… 年間納付金 …………

保育料・月額	32,000円
母の会会費・月額	2,000円
設備費・年額	40,000円
寄付金（任意）	100,000円以上

※上記金額は諸事情等で変更の場合あり

制服

セキュリティ

防犯カメラ設置／保育時間中の門施錠／インターホン対応／避難訓練実施／防災訓練実施／緊急地震速報装置／学校110番／ＡＥＤ設置／災害用品備蓄

昼食

お弁当（週２、３回）

進学情報

[小学校への進学状況]

非公表

[系列校]

枝光会駒場幼稚園、枝光学園幼稚園、麻布みこころ幼稚園

※上記募集要項は幼稚園公表分と伸芽会教育研究所調査を併せたデータです。詳細は幼稚園ＨＰでご確認ください

考査ガイド

考査日程　1日

受験番号付番　願書受付順

選抜方法　名札を左肩につけ、母親と子どもは考査会場へ行き、父親は控え室でアンケートに記入する。途中で面接に呼ばれ、親子３人で面接を受ける。面接終了後、母子は考査会場に戻り考査の続きを行う（例年３年保育は２日間の日程で、２日目には子どものみの集団テストが行われるが、令和３～５年度入試では実施なし）

考査内容　集団テスト、親子面接

所要時間　約１時間

過去の出題例

集団テスト

■行動観察（親子遊び）

・おままごと、お人形、携帯電話、電車、ロディ、フープ、ボールなどで親子で自由に遊ぶ。教室の玩具や遊具で遊ばない、などの注意がある。

■行動観察（親子課題）

・各机に画用紙、折り紙、クーピーペン、はさみ、スティックのり、ウエットティッシュが用意されている。折り紙を対角線に合わせてはさみで切り、切った折り紙を画用紙に貼ったり、色鉛筆で好きなものを描いたりして、親子で自由に制作する。完成すると先生から、何を作ったのか質問される。

■巧緻性・言語

・はさみを使って工作をする。途中で先生に「これは何ですか」などと聞かれる。

■読み聞かせ

・絵本の読み聞かせの後、質問に答える。

■歌・リズム

・「いないいないばあっ！」の「わ～お！」を歌いながら踊る。

◀行動観察（親子遊び）

▶行動観察（親子課題）

面接ガイド

親子面接　考査当日に、両親と本人へ受験番号順で行う
所要時間　5～10分
<面接資料／アンケート>考査当日に、アンケートに記入して提出する

過去の質問例

本人への質問

・お名前は何ですか。お年はいくつですか。
・今日は誰とどうやって来ましたか。
・朝ごはんは何を食べましたか。
・きょうだいと何をして遊びますか。
・考査では何を作りましたか。

父親への質問

・志望理由を教えてください。
・どのようなお仕事をされていますか。
・お子さんがご自身と似ていると思うところはどこですか。
・父親としてお子さんとどうかかわっていますか。
・お子さんが生まれて、ご自身にはどのような変化がありましたか。
・お子さんと過ごして楽しかったことは何ですか。
・本園に何か伝えたいことはありますか。

母親への質問

・本園を知ったきっかけを教えてください。
・どのようなお子さんですか。
・母子分離はできていますか。
・お子さんは習い事をしていますか。
・お仕事をされていますか。送迎はできますか。

面接の配置図

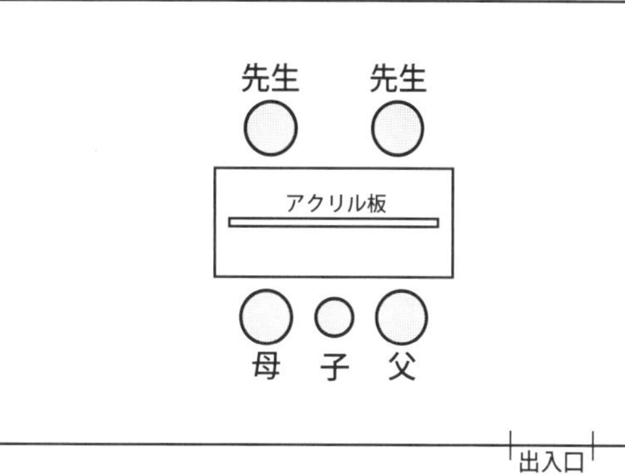

・母親の会の活動に参加できますか。
・下のお子さんが生まれて、お子さんの様子はどのように変わりましたか。
・公共の交通機関でお子さんが騒いでしまったら、どのように対処しますか。

※考査当日に記入するアンケートには、以下のような項目がある。
名前、洗礼の有無、洗礼名、生年月日、家族構成、園に望むこと、紹介者、入園前の教育、併願の有無、通園方法

Interview [voice clip]

出願時も室内履きの用意を

・願書の備考欄は広めのスペースで、幼稚園に知ってほしいことを自由に記入するようになっていました。何を書くか悩んだ末、わが家らしさと園の方針に関連づけてまとめました。
・出願日は受付開始時間の10分前に着いたところ、すでに多くの人がいて、整理券が発行され、順番に案内されました。園内に通されるので、室内履きと下足袋を持参したほうがよいと思います。
・上の子が受けたとき考査は２日間でしたが、令和５年度入試は１日のみでした。そのためか考査内容が深く濃くなったと感じました。今後はどちらでも対応できるよう対策が必要かもしれません。
・親子課題の途中で面接に呼ばれました。課題は面接後に続きをすることができましたが、呼ばれたらすぐ中断して机の上を片づけて面接室に向かえるかどうかを見られているように感じました。

※考査ガイド、面接ガイドは伸芽会教育研究所によるデータです

枝光学園幼稚園

http://shikoukai.ed.jp/nakameguro/

［所在地］　〒153-0051　東京都目黒区上目黒3-31-2
TEL　03-3713-5753

［アクセス］
●東急東横線・東京メトロ日比谷線【中目黒】より徒歩12分

幼稚園情報

［園　長］　加藤 和美
［園児数］　男女計140名

沿　革　昭和18年、女子挺身隊員のためのおけいこ所である「なでしこ会」として、和裁、茶道、華道、英語、習字などを教え始める。昭和22年に財団法人枝光会を設立。翌23年6月、枝光会附属幼稚園が開園した。枝光学園幼稚園は昭和28年に開園。令和4年、創立70周年を迎えた。現在、学校法人枝光学園のもとに3つの園が運営されている。

教育方針　カトリックの精神に基づき、子どもたちに温かい雰囲気とよい環境を整え、時代に適した保育を行いたいと考えている。常に家庭との連絡を密にしながら、神様を愛し、他人をも愛することのできる心を培い、自立心を養い、正しい生活習慣を身につけさせる。また、自然とふれ合う機会を持つことで、すべてのものが持つ命の大切さを教えるとともに、情操教育に重点を置き、遊びの中で、明るく素直な思いやりのある幼児に育てることを目的としている。

特　色　季節や行事に合わせた制作やお絵描き、お弁当の際は各クラスに分かれるが、そのほかの時間は学年ごとに全員一緒に過ごす。ほかの学年と合同で保育を行う夏期保育をはじめ、異なる年齢の友達と交流できるよう配慮し、日常的にも、年長児が年中・年少児の手伝いや世話をする機会を積極的に設けている。

保育日・保育時間

9:30～14:00（月・火・木）
9:30～11:50（水・金）

年間行事予定

月	行　事　名（抜粋）
4	入園式
5	春の遠足、マリア様のお祝日
6	参観日、イエス様のみこころのお祝日、宿泊保育（年長）
7	水遊び、夏期保育
8	夏休み
9	秋の遠足
10	運動会、動物園（年長）、敬老保育参観
11	七五三、カテドラル教会見学（年長）
12	クリスマスのお祝い、マリア様のお祝日
1	おもちつき、お別れ遠足（年長）
2	ルルドのお祝日、参観日
3	お別れ学芸会、卒園式
	毎月：誕生会

Kindergarten Information

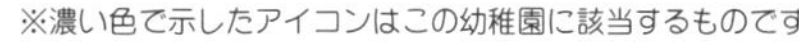
※濃い色で示したアイコンはこの幼稚園に該当するものです

  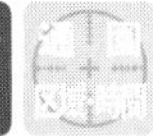           

登園開始 制服 通園区域制限 通園バス お弁当 アレルギー対応 課外教室 預かり保育 未就園児クラス 洋式 セキュリティ 小学校 中学・高校 大学 カトリック

入試データ

下記の資料は2024年度入園児用（**2023年秋実施予定**）です

募集要項

募集人員	3年保育…男女計約40名 2年保育…男女若干名		
応募資格	平成31年4月2日～令和3年4月1日生まれ		
入園説明会	5～7・10月（保育見学あり。要申込）		
願書配付期間	10月16日～　平日10～15時（土：休み）		
願書受付期間	A日程：11月1日 B日程：11月1・7日 窓口受付		
提出書類	・入園志願書（写真貼付） ・家族全員のキャビネ判写真		
受験票交付	願書受付時に手渡し		
受験番号付番	願書受付順	月齢考慮	あり
選抜方法 考査日	グループ遊び、自由遊びと面接：A…11月2日 B…11月10日 ※自由遊びと面接は両親同伴		
考査料	10,000円（出願時に窓口で提出）		
合格発表	郵送で通知		
入園手続	指定日		
課外教室	英語／ピアノ		
公開行事	保育見学：日程はＨＰで確認		
付記	・3年保育の途中から他園を受験することは不可 ・専任講師による指導：お絵描き（年中から）、体操（年長） ・近隣駐車場を利用のうえ、自家用車での送迎可		

学費

……… 入園手続時納付金 ………

入園料	100,000円

………… 年間納付金 …………

保育料・月額	32,000円
母の会会費・月額	1,500円
設備費・月額	3,000円
寄付金（任意）	100,000円以上

※上記金額は諸事情等で変更の場合あり

制服

セキュリティ

防犯カメラ設置／保育時間中の門施錠／インターホン対応／避難訓練実施／防災訓練実施／緊急通報システム／ＡＥＤ設置／災害用品備蓄／緊急連絡用一斉配信メール

昼食

お弁当（週3回）

進学情報

[小学校への進学状況]

非公表

[系列校]

枝光会附属幼稚園、枝光会駒場幼稚園、麻布みこころ幼稚園

※上記募集要項は幼稚園公表分と伸芽会教育研究所調査を併せたデータです。詳細は幼稚園ＨＰでご確認ください

考査ガイド

考査日程 1日
受験番号付番 願書受付順
選抜方法 子どもの左腕に名札をつけ、子どもは集団テストを受け、親は控え室で調査書に記入する。その後両親と子どもで親子遊びを行い、親子遊びの途中で別室へ案内されて親子面接を受ける。順番はグループによって前後する場合がある
考査内容 集団テスト、親子面接
所要時間 約1時間

過去の出題例

集団テスト

■行動観察（親子遊び）
・おままごと、絵本、ぬいぐるみ、プレイハウス（大型の玩具の家）、ブロック、折り紙、パズルなどで、親子で自由に遊ぶ。
・各机に画用紙、折り紙、色鉛筆が、部屋の本棚に絵本が用意されている。それらを使って親子で自由に遊ぶ。完成すると、先生に何を作ったのか質問される。

■常　識
・チョウチョやパンダなどの絵カードを見せられ、先生の質問に答える。

■歌・リズム
・「ぞうさん」「グーチョキパーでなにつくろう」「あたま・かた・ひざ・ポン」などを歌いながら、手遊びをする。

■読み聞かせ
・先生が絵本を読み聞かせる。

▲行動観察（親子遊び）

面接ガイド

親子面接 考査当日に、両親と本人へ受験番号順で行う
所要時間 約５分
<面接資料／アンケート>子どもの考査中に、調査書に記入して提出する

過去の質問例

本人への質問

・お名前を教えてください。お年はいくつですか。
・今日はお家からここまでどうやって来ましたか。
・考査では何をしましたか。
・朝ごはんは何を食べましたか。
・お父さんやお母さんと何をして遊びますか。
・公園では何をして遊ぶのが好きですか。
・好きな食べ物は何ですか。

父親への質問

・志望理由を教えてください。
・どのようなお仕事をされていますか。
・お仕事は忙しいですか。休日はどのように過ごしていますか。
・普段お子さんにどのように接していますか。
・ご家庭の教育方針についてお聞かせください。
・カトリック教育についてどのようにお考えですか。
・コロナ禍で働き方は変わりましたか。

母親への質問

・どのようなお子さんですか。
・子育てで困難に感じていることはありますか。どのように対処していますか。
・ご主人は育児を手伝ってくれますか。

面接の配置図

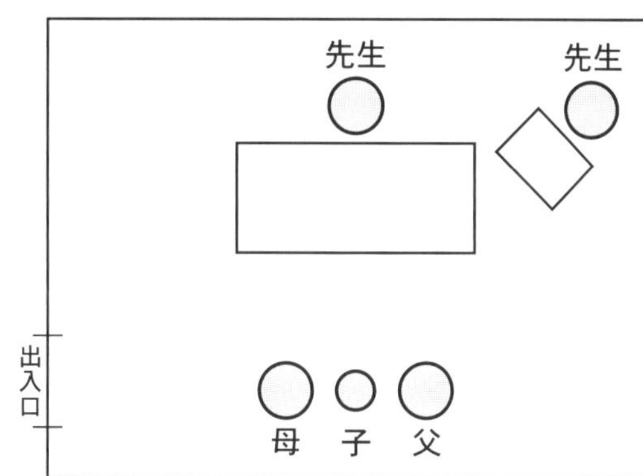

・何をしているときに幸せを感じますか。
・お子さんは習い事をしていますか。
・お仕事をされていますが、送迎はできますか。

※調査書は父親用と母親用があり、以下のような項目がある（記入時間20分）。
「休日に遊びに行く予定が雨だった場合どうするか」「家族で行って楽しいこと３つ」（以上父）。「子どもと母親本人のよいところを各３つ」「子どもが生まれて自身が変わったこと」「子育てで大切にしていること」（以上母）など

Interview [voice clip]

志願書の備考欄はスペースを埋めるよう工夫を

・入園志願書には自由記入の備考欄があります。説明会で「たくさん記入してほしい」とお話しされていたので、志望動機、わが子の性格、説明会の感想などを盛り込みながら作成しました。
・考査が終わると子どもは歌を歌いながら楽しそうに戻ってきて、リラックスして受けられたことがうかがえました。考査が終わると名札にシールを貼っていただけたのも、うれしかったようです。
・考査当日に記入する調査書の内容は、考査日によって異なるようでした。メモや辞書、携帯電話を見ることは禁止でした。わが家の面接では、調査書からも質問されました。
・わが家は子どもと一緒に２回、説明会に行きました。子どもには見学だけでなく、自由遊びにも積極的に参加させたので、園長先生はよく覚えてくださっており、面接もとても和やかな雰囲気でした。

※考査ガイド、面接ガイドは伸芽会教育研究所によるデータです

春光幼稚園

http://www.shunkoh.com/

［所在地］　〒156-0055　東京都世田谷区船橋1-36-7
TEL　03-3426-3311

［アクセス］
●小田急小田原線【千歳船橋】より徒歩5分

幼稚園情報

［園　長］　大久保 千寿
［園児数］　男女計170名

沿　革　昭和12年、広島県呉市でウミノコ幼稚園を開園。昭和14年、東京・田園調布で春光幼稚園を開園。昭和19年、戦火で焼失し、現在の世田谷区船橋に移転。昭和21年、幼稚園を再開。昭和63年、新園舎に改築。平成元年、学校法人の認可を受ける。令和5年、創立85周年を迎えた。

教育方針　創立80年以上の歴史の中で培われた教育理念は『愛育』。「愛の心を育て、感性の芽を育てる」をモットーに、子どもの可能性を伸ばすことを大切にしながら、愛の心を育てる教育を行う。幼児の発育・発達の特徴を踏まえ、年齢にふさわしい生活を通して「素直な心を育てる『徳育』」「考える力を育てる『知育』」「元気な身体を育てる『体育』」「おいしく食べるを育てる『食育』」という4つの保育目標「playful learning」の実現に努めている。

特　色　幼児期の生活は、主体的な遊びの中に学びがあふれているとの考えのもと、豊かな体験を通して情操豊かでねばり強くやり遂げる力や喜び、自信を育てていく。感性教育としてリトミック、体育、英会話、絵画・造形などを年齢や発達に合わせて行い、思考力や表現力も養いながらその芽を育む。週5日の自園調理による完全給食で、マナーや食する喜び、感謝の心を育むことにも注力する。

保育日・保育時間

10:00～14:00（月～金）

◇預かり保育（月～金）
8:00～9:00
保育終了後～17:00
※夏・冬・春休みも設定期間内で実施

年間行事予定

月	行事名（抜粋）
4	入園式
5	春の遠足、お母さんありがとうの会
6	お父さんと遊ぼうDAY、じゃがいも掘り
7	七夕祭り、プラネタリウム見学、保育参加
8	サマー保育
9	防災訓練
10	スポーツフェスティバル、園外保育
11	七五三のお祝いコンサート
12	クリスマス会
1	新年お楽しみ会、おもちつき大会
2	観劇会、アート展
3	保育発表会、卒園式
	毎月：誕生会

Kindergarten Information

※濃い色で示したアイコンはこの幼稚園に該当するものです

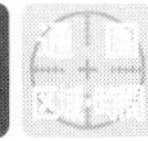

登園開始　制服　区域制限　通園バス　給食　アレルギー対応　課外教室　預かり保育　未就園児クラス　洋式　セキュリティ　小学校　中学・高校　大学

入試データ

下記の資料は2023年度入園児用 **(2022年秋実施済み)** です

募集要項 ※ ! 2024 は次年度のデータです

募集人員	3年保育…男女計50名		
応募資格	平成31年4月2日～令和2年4月1日生まれ		
入園説明会	入園説明会：10月14・15日 Web説明会：10月17～26日		
願書配付期間	10月14～20日　平日10～13時		
願書受付期間	10月28日　窓口受付		
提出書類	・入園願書 ・面接資料書（写真貼付）		
受験票交付	願書受付時に手渡し		
受験番号付番	願書受付順	月齢考慮	――
選抜方法 考査日	行動観察（自由遊び、歌、リズム遊び）、親子面接：11月1日		
考査料	5,000円		
合格発表	11月2日		
入園手続	11月2日		
課外教室	イングリッシュクラブ／スポーツクラブ		
公開行事	! 2024 ともだちつくろうあそびの会：6月27日／7月4日 幼稚園こんにちは：8月30・31日 オープン保育：10月16・17日		
付記	・近隣駐車場を利用のうえ、自家用車での送迎可 **【園からのメッセージ】** 家庭ではできない多様な体験を通して、心情、意欲、態度を身につけられるよう目指します。また、保護者の皆さまも幼稚園にかかわる中で、園・子ども・親の三位一体の関係を築き、互いに充実した園生活を送ります。		

学費

……… 入園手続時納付金 ………

入園金	200,000円
施設費	50,000円

………… 年間納付金 …………

保育料・月額	（年少）32,000円
	（年中・年長）31,000円
教材費・年額	15,000円
冷暖房費・年額	9,000円
健康衛生費・年額	2,000円

※給食費、通園バス維持費など別途納付
※上記金額は諸事情等で変更の場合あり

制服

セキュリティ

防犯カメラ設置／保育時間中の門施錠／インターホン対応／赤外線センサー設置／避難訓練実施／防災訓練実施／交通指導員配置／緊急通報システム／安否確認システム／緊急地震速報装置／学校110番／AED設置／災害用品備蓄

昼食

給食（週5回）…園内の調理室で調理した給食を提供（一部の除去食品については応相談）

進学情報

[小学校への進学状況]

筑波大附属、お茶の水女子大附属、東京学芸大附属竹早、慶應幼稚舎、慶應横浜初等部、早稲田実業、学習院、青山学院、立教、暁星、雙葉、聖心女子、白百合学園、日本女子大附属豊明、立教女学院、成城学園、東京都市大付属、東京農業大稲花、カリタス、玉川学園など

[系列校]

――

※上記募集要項は幼稚園公表分と伸芽会教育研究所調査を併せたデータです。詳細は幼稚園HPでご確認ください

白金幼稚園

http://shirokaneyochien.org/

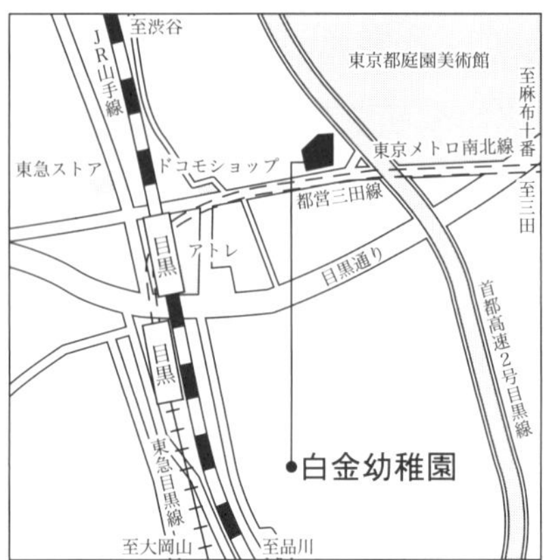

［所在地］　〒108-0071　東京都港区白金台5-23-11
TEL&FAX　03-3441-8497

［アクセス］
●JR山手線・東急目黒線・東京メトロ南北線・都営三田線【目黒】より徒歩5分

幼稚園情報

［園　長］　仙田 晃
［園児数］　男女計150名

沿　革　昭和22年、戦後教育改革の推進者たちによって、幼稚園の前身となる国立教育研修所実験保育室が開設された。翌年には国立教育研修所付属幼稚園として開園、昭和26年、地域や保育室の保護者の尽力によって白金幼稚園が開園した。昭和27年、学校法人白金幼稚園が設立された。

教育方針　開園以来掲げてきた『自然を子どもに』の理念のもと、自然を通して子どもの体と心の健やかな発達を目指している。自立心を育てることから始まり、生活や遊びの中での直接的・具体的な経験を通して想像力、思考力、表現力を豊かにすることで、理想を実現する行動力とこれから先、社会の一員として「生きる力」の基礎を育てる。

特　色　自然に恵まれた830坪もの園庭を生かして、外遊びで基礎体力をつけ、人とのかかわり方や社会性を学んでいく。また、自然とのふれ合いを通して感性を育む。学年ごとに２クラスに分かれて各２名の保育者が担任。保育者同士、さらに保護者と保育者が子どもの成長について話し合う場を設けている。保護者はＰＴＡと同時に「自然と子どもを守る会」のメンバーとなり活動。園の行事、ＰＴＡ活動、預かり合い、園や地域の自然環境を守る活動に参加する中で、保護者も子どもとともに学び成長していく。

保育日・保育時間

8:30～13:30（水・木・金）
8:30～11:30（月・火）
※年少は、４月中は隔日保育

◇預かり保育（月～金）
16:30まで

年間行事予定

月	行　事　名（抜粋）
4	入園式
5	春の遠足、白金まつり
6	保育参観（年少・年中）、父親参観（年長）
7	幼児合宿（年長）
8	―――
9	秋の遠足
10	運動会
11	お別れ遠足（年長）、父親参観（年中）
12	クリスマス会（年少・年中）
1	もちつき大会
2	節分
3	お別れ会（年長）、保育修了式

Kindergarten Information

※濃い色で示したアイコンはこの幼稚園に該当するものです

入試データ

下記の資料は2024年度入園児用**（2023年秋実施予定）**です

募集要項

募集人員	3年保育…男女計50名　2年保育…男女計十数名		
応募資格	平成31年4月2日～令和3年4月1日生まれ		
入園説明会	9月中旬		
願書配付期間	9月中旬～		
願書受付期間	10月上旬　13～15時　窓口受付		
提出書類	・入園申込書 ・返信用封筒2通		
受験票交付	———		
受験番号付番	———	月齢考慮	あり
選抜方法 考査日	遊びの観察：10月中旬 保護者面接：10月下旬 （いずれも日時は郵送で通知）		
考査料	10,000円（出願時に窓口で提出）		
合格発表	11月上旬　郵送で通知		
入園手続	11月上旬		
課外教室	なし		
公開行事	見学会：9月		
付記	・2024年度募集要項の詳細はＨＰを確認 **【園からのメッセージ】** スクールバスも給食もありませんが、不便な中に母子ともにふれ合う大切な時間があります。在園中に親同士が親しくなり、お子さんが成長してもおつき合いが続いているご家庭が多いようです。		

学費

……… 入園手続時納付金 ………

入園料	90,000円
施設費	（3保）100,000円
	（2保）80,000円

………… 年間納付金 …………

保育料・月額	36,000円
暖房費・年額	5,000円
ＰＴＡ会費・年額	10,000円
教育環境保全費・年額	12,000円

※上記金額は諸事情等で変更の場合あり

制服

セキュリティ

防犯カメラ設置／保育時間中の門施錠／インターホン対応／保護者名札着用／赤外線センサー設置／避難訓練実施／防災訓練実施／緊急通報システム／安否確認システム／緊急地震速報装置／学校110番／ＡＥＤ設置／災害用品備蓄

昼食

お弁当（週3回）

進学情報

［小学校への進学状況］

非公表

［系列校］

———

※上記募集要項は幼稚園公表分と伸芽会教育研究所調査を併せたデータです。詳細は幼稚園ＨＰでご確認ください

東京　私立　共学　し　白金幼稚園

すみれ幼稚園

https://yoshidagakuen.com/sumire/

[所在地]　〒180-0004　東京都武蔵野市吉祥寺本町2-32-10
TEL　0422-22-2701　FAX　0422-22-2702

[アクセス]
●JR中央線・総武線・京王井の頭線【吉祥寺】より徒歩8分

幼稚園情報

[園　長]　福永 典子
[園児数]　男女計約90名

沿　革 昭和25年、現在地に東京都公認個人立幼稚園として開園した。昭和52年、耐震・耐火を考慮した鉄筋コンクリートの新園舎が完成。昭和57年、学校法人として認可され、吉田学園すみれ幼稚園と改称。平成３年、河口湖郊外園舎すみれ富士ヶ嶺山荘が完成し、宿泊保育に活用している。令和２年、創立70周年を迎えた。

教育方針 一人ひとりの子どもが園生活の中で、友達や保育者そして周囲の環境とかかわって自らを表現し、気持ちを通わせることによって、生きるための基礎的な感覚を養うことを保育の目標とする。保育者は、子どもが自ら学び育つための適切な環境を用意して活動を援助する。そして心のふれ合いを大切にする園生活を通し、自分で考え行動する、思いやりのある子どもに育てるよう努める。

特　色 子ども主導型の自由保育を行っている。年齢別クラスに加えて、少人数の異年齢混合グループ活動を導入。子どもが自由を感じ、自発性と創造性を伸ばす保育を大切にするとともに、集団の中の一人として規律を守り、他者のことを考える生活態度を養うことも重視する。園舎は鉄筋コンクリート造で安全性を確保するとともに、内装には木材を使用して快適な生活を送れるよう配慮している。

保育日・保育時間

【年少】9:00～13:30（月・火・木・金）
9:00～11:20（水）
※５月中旬までは午前保育
【年中】9:00～13:45（月・火・木・金）
9:00～11:30（水）
【年長】9:00～14:00（月・火・木・金）
9:00～11:40（水）
◇預かり保育（月～金）
8:00～9:00、保育終了後～17:30
※夏・冬・春休みも実施（条件あり）

年間行事予定

月	行　事　名（抜粋）
4	入園式
5	春の遠足
6	親子で遊ぶ日
7	プレイデー、お泊まり保育（年長）
8	夏期保育
9	―――
10	秋の遠足、運動会
11	保育参観
12	おもちつき、クリスマス会、アート展
1	―――
2	子ども会
3	お別れ遠足（年長）、お別れ会、卒園式
	毎月：誕生会

Kindergarten Information

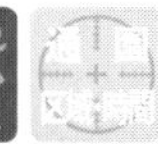

入試データ

下記の資料は2024年度入園児用**（2023年秋実施予定）**です

募集要項

募集人員	３年保育…男女計30名　２年保育…男女若干名		
応募資格	平成31年４月２日～令和３年４月１日生まれ		
入園説明会	６月28日／９月27日／10月21日		
願書配付期間	10月15～31日 平日９時30分～16時（15日：～12時。16日、土：休み）		
願書受付期間	11月１日　８時30分～９時30分　窓口受付		
提出書類	・入園願書（写真貼付） ・受付票		
受験票交付	願書受付時に手渡し		
受験番号付番	願書受付順	月齢考慮	あり
選抜方法 考査日	幼児観察、親子面接：11月１日		
考査料	6,000円（出願時に窓口で提出）		
合格発表	11月１日　16時～　掲示発表後、書面交付		
入園手続	11月１日　16～17時		
課外教室	ピアノ／リトミック／ダンス／体操		
公開行事	園庭開放：５・６・７・９月 プレイデー（夏祭り）：７月１日 運動会：10月14日　武蔵野総合体育館サブアリーナにて 親子で楽しむ音楽会：日程はＨＰで確認 ※幼稚園見学は随時受付（10時来園。要申込）		
付記	・制服は年中より着用。年少は私服通園（制帽のみ着用） ・近隣駐車場を利用のうえ、自家用車での送迎可 ◇２歳児対象の未就園児クラス「つぼみぐみ」を週２回実施 　月・木クラス／火・金クラス　９時30分～11時30分 **【満３歳児募集要項】** 募集人員：男女計20名　入園日：満３歳になった翌月１日		

学 費

……… 入園手続時納付金 ………

入園料	（満３歳児）	210,000円
	（３保）	180,000円
	（２保）	120,000円
設備費	（満３歳児）	80,000円
	（３保）	60,000円
	（２保）	40,000円

………… 年間納付金 …………

保育料・月額	33,000円
冷暖房費・年額	10,000円

※学級費、誕生会費など別途納付
※上記金額は諸事情等で変更の場合あり

制 服

セキュリティ

防犯カメラ設置／保育時間中の門施錠／インターホン対応／保護者名札着用／避難訓練実施／防災訓練実施／緊急通報システム／緊急地震速報装置／学校110番／ＡＥＤ設置／災害用品備蓄

昼 食

お弁当（週４回）…希望者は週２回
給食の注文可

進学情報

［小学校への進学状況］

東京学芸大附属小金井、早稲田実業、学習院、青山学院、成蹊、東洋英和、立教女学院、桐朋、宝仙、晃華学園、聖徳学園、明星学園、武蔵野東、国立音楽大附属など

［系列校］

―――

※上記募集要項は幼稚園公表分と伸芽会教育研究所調査を併せたデータです。詳細は幼稚園ＨＰでご確認ください

関町白百合幼稚園

http://www.sekimachi-shirayuri.ed.jp　E-mail s-lily@sekimachi-shirayuri.ed.jp

［所在地］　〒177-0051　東京都練馬区関町北4-16-50
TEL　03-3920-1883　FAX　03-3928-4731

［アクセス］
●西武新宿線【武蔵関】より徒歩７分
●西武池袋線【大泉学園】より西武バス【関町北四丁目】下車徒歩５分

幼稚園情報

［園　長］　平野 範子
［園児数］　男女計約200名

沿　革　創立母体であるシャルトル聖パウロ修道女会は明治11年にフランスから来日し、函館において教育や福祉事業を始めた。その後は、東京をはじめ全国各地に学校を設置していき、関町白百合幼稚園は昭和26年に現在地の東京都練馬区に設置された。翌年４月に開園し、昭和47年には３年保育を併設。令和３年、創立70周年を迎えた。

教育方針　「つよく　やさしく　まっすぐに」が同園のモットー。カトリック精神に基づき、神から与えられた一人ひとりの可能性を大切にして、お互いに相手を尊重しながら愛の心で社会に奉仕し貢献できる人間の育成を目的とする。整えられた環境の中で、子どもたちは各々の成長や発達に応じ、自由選択による活動を通して人間形成に必要な責任、集中力、自立心、独立心を養う。

特　色　モンテッソーリ教育を導入し、健康、人間関係、環境、言葉、表現などの領域にわたって総合的指導を行う。教具を用いての日常生活の練習、感覚教育、数教育、言語教育、文化教育を通して集中力、思考力、計画性などを身につける。クラスは縦割り編成にして、思いやり、尊敬、調和を学び、社会生活に必要な規律を体得する。横割り活動としては、体育、リズム表現、絵画制作などを行っている。

保育日・保育時間

【満３歳児】
9:15～11:00（月・火・木・金）
※お弁当がある日　9:15～13:10
【年少・年中・年長】
8:50～14:00（月・火・木・金）
8:50～11:30（水）
※学年によって多少の変更あり

◇預かり保育（月～金）
8:15～保育開始、保育終了後～17:30

年間行事予定

学期	行　事　名（抜粋）
1学期	入園式　遠足 マリア祭　ファミリーデー 陶芸（年長）　夏のお楽しみ会
2学期	敬老の集い　遠足　ドッジボール大会 運動会　七五三　クリスマス会 ロザリオ作り（年長）　クリスマスミサ おいも掘り（年長）
3学期	お楽しみ会　お別れ会　ひな祭り会 卒園遠足　卒園式

Kindergarten Information

※濃い色で示したアイコンはこの幼稚園に該当するものです

入試データ

下記の資料は2023年度入園児用 **(2022年秋実施済み)** です

募集要項　※下記は前年度のデータです

募集人員	3年保育…男女計60名 2年保育…男女計20名 1年保育…男女計10名		
応募資格	平成29年4月2日～令和2年4月1日生まれ		
入園説明会	9月14日		
願書配付期間	10月15～31日 平日9時45分～15時30分（15日：9時15分～12時。土：休み）		
願書受付期間	11月1日　8時30分～9時30分　窓口受付		
提出書類	・入園願書（写真貼付）　・幼児調査書（写真貼付） ・検定料納付書、領収書		
受験票交付	願書受付時に手渡し		
受験番号付番	願書受付順	月齢考慮	あり
選抜方法 考査日	グループ遊び、親子面接：11月1日 ※親子面接は両親同伴が困難な場合、いずれか1名でも可		
考査料	3,000円（出願時に窓口で提出）		
合格発表	11月2日　10時～10時30分　書面交付		
入園手続	11月2日　10時～10時30分		
課外教室	体操クラブ		
公開行事	保育見学：9月15・20日／10月6・11・17・24日		
付記	・近隣駐車場を利用のうえ、自家用車での送迎可 ◇未就園児対象「ひよこクラス」を月1、2回（4～10月）、「さくらんぼルーム」を月1回（4～10月）実施 **【満3歳児募集要項】** 対象児：令和2年4月2日～12月31日生まれ 募集人員：男女計20名　入園日：満3歳の誕生月 **【園からのメッセージ】** 「一人でできるように手伝って！」という子どもの欲求に応え、一人ひとりが今、求めている活動ができるよう環境を整えています。		

学費

……… 入園手続時納付金 ………

入園料	50,000円

………… 年間納付金 …………

施設費（初年度のみ）	70,000円
保育料・月額	25,000円
燃料費・年額	7,000円
図書費・年額	3,700円
制服代	約40,000円
保育用品など	約22,000円

※上記金額は諸事情等で変更の場合あり

制服

セキュリティ

警備員常駐／防犯カメラ設置／保育時間中の門施錠／インターホン対応／保護者名札着用／避難訓練実施／防災訓練実施／緊急通報システム／緊急地震速報装置／学校110番／ＡＥＤ設置／災害用品備蓄／各保育室空気清浄機完備／自動手指消毒器設置

昼食

お弁当（週4回）…希望に応じて牛乳またはほうじ茶を提供

進学情報

[小学校への進学状況]
筑波大附属、お茶の水女子大附属、東京学芸大附属（大泉、小金井）、立教、雙葉、白百合学園、立教女学院、光塩女子、桐朋学園など

[系列校]
白百合女子大学・大学院、白百合学園中学高等学校、白百合学園小学校・幼稚園など

※上記募集要項は幼稚園公表分と伸芽会教育研究所調査を併せたデータです。詳細は幼稚園ＨＰでご確認ください

東京都台東区／共学　2年保育＋3年保育

浅草寺幼稚園

http://kinder.sensouji.or.jp/

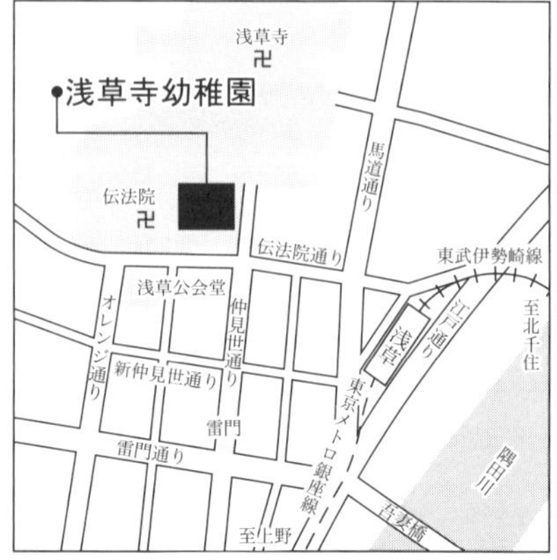

［所在地］　〒111-0032　東京都台東区浅草2-3-1
TEL　03-3844-3555　FAX　03-3844-3666

［アクセス］
●東武伊勢崎線・東京メトロ銀座線・都営浅草線・つくばエクスプレス【浅草】より徒歩５分

幼稚園情報

［園　長］　坂上 仁司
［園児数］　164名（男児75名、女児89名）

沿　革　前身は、大正12年の関東大震災後、被災者のための託児施設として誕生した保育園。建物は三井家から寄進された。その後、園舎が新築整備され、昭和６年３月、浅草寺幼稚園として認可された。以来、観音信仰を基盤とした保育を行っている。昭和49年に現在の園舎が完成、背景には五重塔が美しく映える。令和３年、開園90周年を迎えた。

教育方針　本尊観世音菩薩の精神を尊び、「友達と楽しく協力しあう子ども」「健康で明るくたくましい子ども」「情操豊かに物を大切にする子ども」に育てることを目指す。基本的な生活習慣を形成し、神仏礼拝を習慣づけ、感謝の心、思いやりの心を育てる。また、運動能力、身体諸機能の発達を促し、安全の習慣を身につけさせる。さらに、諸行事に参加する喜びを養い、主体的に取り組めるようにする。

特　色　教育活動の一環として完全給食を実施し、温かい食事を提供。また、保護者の協力を得て配膳し、偏食の改善や食事作法の習得に努めている。「体育遊び」では専任講師の指導により、基本的運動動作やバランス感覚、柔軟性などを養う。年長児は専任講師指導のもと、茶道を通して行儀作法を身につけ、音感教育の一つとしてピアニー（鍵盤ハーモニカ）を学んでいる。

保育日・保育時間

9:00～14:00（月～金）

年間行事予定

月	行　事　名(抜粋)
4	入園式、花まつり、対面式、鯉のぼり、避難訓練
5	おまつり、健康診断
6	保護者参観、園外保育、観劇会
7	七夕まつり、プール遊び
8	夏休み、夏季保育、夕涼み会
9	避難訓練
10	よいこの運動会、菊供養、遠足、おつきみ
11	地蔵供養
12	安全指導、おもちつき、成道会
1	子ども新年会、避難訓練
2	豆まき、涅槃会、発表会
3	ひなまつり、卒園記念茶会、お別れ式、示現会、卒園式
	隔月：誕生会

Kindergarten Information　※濃い色で示したアイコンはこの幼稚園に該当するものです

登園開始　制服　通園区域規制　通園バス　給食　アレルギー対応　課外教室　預かり保育　未就園児クラス　洋式　セキュリティ　小学校　中学・高校　大学　仏教

入試データ

下記の資料は2024年度入園児用（**2023年秋実施予定**）です

募集要項

募集人員	３年保育…男女計100名　２年保育…男女計10名		
応募資格	平成31年４月２日～令和３年４月１日生まれ		
入園説明会	10月13日　①13時～　②15時～		
願書配付期間	10月２日～　平日９～16時（10日、土：休み）		
願書受付期間	10月23～25日　９～12時　窓口受付		
提出書類	・入園願書　・健康調査票（医療機関で受診・記入）		
受験票交付	願書受付時に手渡し		
受験番号付番	願書受付順	月齢考慮	あり
選抜方法 考査日	遊び・簡単な幼児テスト*、親子面接：10月31日 *：行動観察、指示行動、運動、言語、理解力		
考査料	5,000円（出願時に窓口で提出）		
合格発表	11月７日　郵送で通知		
入園手続	11月10日　10～12時、13～15時（制服採寸あり）		
課外教室	幼児英語教室／カワイ絵画造形教室／福川モダンバレエ教室／おうたの教室／塚原体操教室／サッカー／学研プレイルーム／パパイヤ式キッズダンスアカデミー		
公開行事	花まつり：４月８日　鯉のぼり：４月25日 おまつり：５月９日 入園見学会：６月22・23日／７月18・19日／10月12・13日 よいこの運動会：10月７日 豆まき：２月３日		
付記	・専任講師による指導：体操、英語（全学年） 鍵盤ハーモニカ、茶道（年長） **【園からのメッセージ】** 花まつり、鯉のぼり、おまつり、豆まきなどの大きな行事が浅草寺本堂前や、浅草神社などでにぎやかに行われます。浅草寺寺舞（金龍の舞、白鷺の舞、宝の舞）などにも参加することができ、貴重な経験を積むことができます。楽しく通ってください。		

学費

……… 入園手続時納付金 ………

入園料	100,000円
設備費	50,000円

………… 年間納付金 …………

保育料・月額	30,000円
給食費・月額	12,000円
後援会会費・月額	1,000円

※制服代、教材費など別途納付
※上記金額は諸事情等で変更の場合あり

制服

セキュリティ

防犯カメラ設置／保育時間中の門施錠／インターホン対応／保護者名札着用／避難訓練実施／防災訓練実施／ＡＥＤ設置／災害用品備蓄／緊急時引き取り訓練実施／メールによる緊急連絡網

昼食

給食（週５回）…各学期に１回、お弁当の日あり

進学情報

[小学校への進学状況]
筑波大附属、早稲田実業、青山学院、立教、暁星、雙葉、聖心女子、白百合学園、東京女学館、光塩女子、川村、聖学院、国府台女子など

[系列校]
———

※上記募集要項は幼稚園公表分と伸芽会教育研究所調査を併せたデータです。詳細は幼稚園ＨＰでご確認ください

小さき花の幼稚園

http://www.chiisakihanano.jp/　E-mail info@chiisakihanano.jp

［所在地］　〒145-0071　東京都大田区田園調布3-30-25
TEL　03-3721-4181　FAX　03-3721-4771

［アクセス］
●東急東横線・目黒線【田園調布】より徒歩5分

幼稚園情報

［園　長］　竹内 正美
［園児数］　男女計141名

沿　革　戦後の混乱期の昭和21年、次代を担う幼児教育が必要とされた時代に、カナダから来日した聖フランシスコ会の宣教師によって設立された。昭和27年4月から、長崎純心聖母会のシスターが教育にあたる。平成7年に現在の園舎が完成し、東京消防庁より優良防火対象物認定を受けた。

教育方針　カトリック精神に基づく愛に根ざし、一人ひとりを大切にする心に届くかかわりに努めている。「自分を大切にする心、それは神様を、人々を、自然を大切にする心」を園の言葉とする。子どもの自己形成は自らの活動によって助長され、適した環境の中で自由を得たとき、知能、情操、社会性が芽生え、豊かな人間として成長していく。そのため、子どもを自主的に行動させ、日常生活の練習を通じて、巧緻性や社会性を身につけさせる。

特　色　さまざまな教材の中から、興味や発達に即したものを自分で選んで活動するモンテッソーリ教育を導入。子どもたちは適切な環境の中で選んだ活動を十分に楽しみ、やり遂げる経験を重ねることにより、自分の力で調和のとれた人格を形成していく。また、縦割りクラスでの教育で他者を思いやる心や協調性の育成、社会に貢献できる人間形成の基礎を培うことを目指している。

保育日・保育時間

8:30～14:00(月・火・木・金)
8:30～11:30(水)
※年少は4月末まで午前保育

年間行事予定

学期	行事名(抜粋)
1学期	入園式　遠足　保育参観　個人面談　七夕飾り　夏期保育（年長）　夏祭り
2学期	運動会　創立記念行事　おいも掘り遠足　聖母行列　七五三　体操参観　クリスマス発表会　クリスマス会
3学期	保育参観　節分（豆まき）　作品展　お別れ遠足　お別れ会　卒園式
	隔月：誕生会

Kindergarten Information

※濃い色で示したアイコンはこの幼稚園に該当するものです

 登園開始  制服  保育時間  通園バス  お弁当  アレルギー対応  課外教室  預かり保育  未就園児クラス  洋式  セキュリティ  小学校  中学・高校  大学  カトリック

入試データ

下記の資料は2024年度入園児用 **(2023年秋実施予定)** です

募集要項

募集人員	3年保育…男女計50名		
応募資格	令和2年4月2日～令和3年4月1日生まれ		
入園説明会	9月6日／10月4日　14時～		
願書配付期間	10月15・16日　8時30分～11時30分		
願書受付期間	面接票提出：10月15・16日　8時30分～12時　窓口受付 願書提出：11月1日　8時30分～11時　窓口受付		
提出書類	・入園願書（家族写真を貼付）　・面接票 ・入園面接資料（志願者写真を貼付）		
受験票交付	願書受付時に手渡し		
受験番号付番	願書受付順	月齢考慮	なし
選抜方法 考査日	面接：10月19・20・23日のうち1日 集団テスト：11月1日		
考査料	10,000円（出願時に窓口で提出）		
合格発表	11月2日　10時～11時30分　書面交付		
入園手続	11月2日　10～13時		
課外教室	体操教室、ＥＣＣジュニア英語教室		
公開行事	運動会：9月16日 園内見学：9月27・28日／10月3日		
付記	・近隣駐車場を利用のうえ、自家用車での送迎可 **【園からのメッセージ】** 子どもは、「一人でできるように手伝ってね」と周りの大人に訴えています。その声に耳を傾け、子どもと向き合い、心を通わせることが大切です。基本的な生活習慣を身につけさせ、「待つこと」や「我慢すること」を教えながら、子育てを楽しんでください。初めての社会生活となる幼稚園で、子どもたちは、やりたいことや知りたいことと出合います。焦らず、着実に自分のことができるようになるよう、ご家庭で練習を重ねていただければと思います。		

学費

……… 入園手続時納付金 ………

入園料	150,000円
施設拡充費	120,000円

………… 年間納付金 …………

保育料・月額	32,000円
教材費・年額	48,000円
冷暖房費・年額	19,200円
保護者の会会費・年額	16,000円

※上記金額は諸事情等で変更の場合あり

制服

セキュリティ

防犯カメラ設置／保育時間中の門施錠／インターホン対応／保護者ＩＤカード／避難訓練実施／防災訓練実施／緊急通報システム／緊急地震速報装置／学校110番／ＡＥＤ設置／災害用品備蓄

昼食

お弁当（週4回）

進学情報

[小学校への進学状況]

東京学芸大附属世田谷、横浜国立大附属横浜、慶應幼稚舎、慶應横浜初等部、青山学院、成蹊、立教、暁星、雙葉、聖心女子、日本女子大附属豊明、東洋英和、田園調布雙葉、横浜雙葉、立教女学院、昭和女子大附属昭和、洗足学園、星美学園、聖ドミニコ、玉川学園、清泉など

[系列校]

―――

※上記募集要項は幼稚園公表分と伸芽会教育研究所調査を併せたデータです。詳細は幼稚園ＨＰでご確認ください

考査ガイド

考査日程　面接を含めて2日
受験番号付番　願書受付順
選抜方法　1日目：親子面接を受ける
2日目：名札をつけ、子どものみ考査室へ行き集団テストを受ける
考査内容　集団テスト、親子面接
所要時間　1日目：約10分　2日目：約45分

過去の出題例

集団テスト

■行動観察（自由遊び）
・おままごと、ブロック、お絵描き、積み木、パズル、お人形などがあり、自由に遊ぶ。

■言　語
・行動観察の途中で先生に「何というお名前ですか」「お年はいくつですか」「何を作っていますか」などと質問される。

■読み聞かせ
・絵本や紙芝居の読み聞かせの後、先生の質問に答える。

■歌・リズム
・「むすんでひらいて」「グーチョキパーでなにつくろう」「ひげじいさん」などを歌いながら手遊びをする。

■運　動
・ボールを的に当てる。
・平均台を渡る。
・グーパージャンプをする。
・ケンケンパーをする。

◀歌・リズム

▲行動観察（自由遊び）

面接ガイド

親子面接 考査日前の指定日時に、両親と本人へ受験番号順で行う
所要時間 約10分
<面接資料／アンケート>面接時に面接資料を提出する

過去の質問例

本人への質問

・お名前を教えてください。何歳ですか。
・お母さんのお料理で好きなものは何ですか。
・好きな果物は何ですか。
・お父さんやお母さんと何をして遊びますか。
・お友達はいますか。何人ですか。
・きょうだいはいますか。お名前を言えますか。
・きょうだいと仲よしですか。けんかをしますか。
・公園に行きますか。どんな遊びをしますか。
・（面接資料を示して）この写真は誰ですか。
・来年、この幼稚園に来たいですか。

父親への質問

・本園を選んだ理由をお聞かせください。
・どのようなお子さんですか。
・休日はお子さんとどのように過ごしていますか。
・お子さんの誕生前後で生活はどう変化しましたか。

母親への質問

・子育てで幸せを感じるのはどのようなときですか。
・家族で過ごして楽しかったことは何ですか。
・お子さんは普段、何をして遊んでいますか。
・お子さんは今、何に一番興味を持っていますか。
・子育てで大切にしていることは何ですか。

面接の配置図

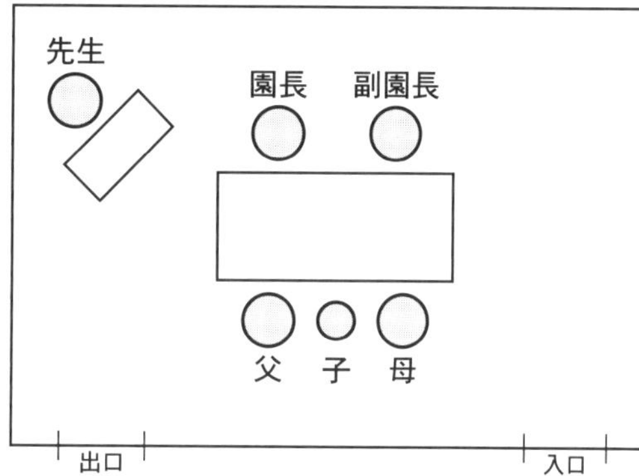

・お子さんの就寝時間は何時ですか。
・お子さんにアレルギーはありますか。

※面接時に提出する面接資料には、以下のような記入項目がある。本人写真を貼付する。
①志願者氏名、性別、生年月日、現住所、保護者氏名、保護者住所、兄弟姉妹氏名
②志望理由
③子どもについて（性格、健康面など）
④家庭における教育の方針
⑤集団生活の経験について（名称、期間）

Interview [voice clip]

面接官の姿に驚かないよう事前に準備を

・面接では園長先生がとても優しく、ゆっくりと丁寧に質問してくださいましたが、神父の姿に圧倒されたのか、娘は緊張してうまく答えられませんでした。前もって慣れさせておくべきだったと反省しました。
・面接は子どもへの質問が多かったです。好きな果物は何かという質問では1つ答えると、「ほかにもありますか」と重ねて聞かれました。このような質問形式にも慣れておくとよいと思います。
・面接や考査の待機時間は、持参した絵本を読んで静かに過ごしました。控え室はどちらもいすだけだったので、机がなくても楽しめるものを用意しておくと安心です。
・考査が終わり控え室に戻ってきた子どもたちは、お土産の折り紙を持っていてみんなうれしそうでした。受け取る際にお礼を言えるかどうかも、考査のポイントだったのではと感じました。

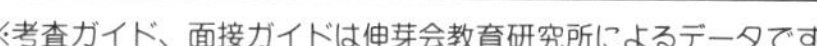
※考査ガイド、面接ガイドは伸芽会教育研究所によるデータです

道灌山幼稚園

http://www.doukanyama.ac.jp/doukanyamayouchien/

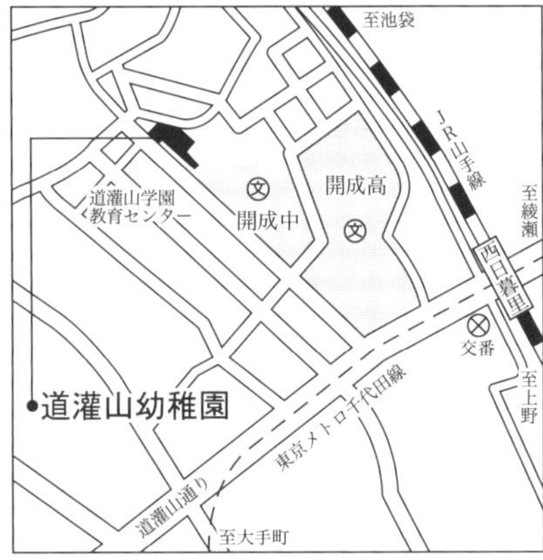

［所在地］　〒116-0013　東京都荒川区西日暮里4-7-15
TEL　03-3827-9269　FAX　03-3827-9294

［アクセス］
●JR山手線・京浜東北線・東京メトロ千代田線【西日暮里】より徒歩５分
●日暮里・舎人ライナー【西日暮里】より徒歩７分

幼稚園情報

［園　長］　上田 寛子
［園児数］　男女計180名

沿　革　昭和27年、創設者・髙橋系吾は、世の中のために広く役立つ仕事をしたいと考え、江戸城を築いた太田道灌の出城の地（道灌山）に、道灌山幼稚園を設立し、幼児教育を開始。その後、「よい教育は豊かな人間性を持つ教師による」との考えから、幼稚園教諭・保育士・介護福祉士養成の専門学校を開設。平成27年１月、新園舎が完成した。

教育方針　幼児教育で大切なことは、家庭でのしつけと幼稚園での生活指導である。しつけとは人間性（思いやり・やる気）を育てること。園ではたくさんの友達や保育者と遊ぶ機会をつくり、自然とふれ合える環境を整えて成長を援助。情操豊かで優しい心を持つ、健康で意志の強い子を育む。家庭でも三声（話し声・笑い声・歌い声）と三行（外遊び・手伝い・しつけ）を心掛けるよう求めている。

特　色　教育の柱として、か（環境）、き（興味関心を持つ遊び）、く（工夫）、け（健康）、こ（心）の５つを挙げている。たとえば環境の教育は、「花を育て動物をかわいがる人は心の優しい人になります」をモットーに、園児たちが植木や花壇、小鳥や動物の世話をする。工夫の教育は、手作り教材の制作と利用を心掛け、気づいて行うことを重視。健康の教育では、徒歩通園と薄着を奨励している。

保育日・保育時間

9:00～14:00（月～金）
※月１回、土曜日登園。その週の水曜日、または金曜日は11:30まで

◇預かり保育「にじ組」（月～金）
8:30～9:00
保育終了後～18:00
※やむを得ない理由で必要な場合のみ

年間行事予定

月	行　事　名（抜粋）
4	入園式、春の親子遠足、表札訪問
5	春の運動会
6	保育参観、春の発表会
7	宿泊保育（年長）、個人面談
8	夏休み
9	敬老のお祝い会、秋の親子遠足
10	秋の運動会、お店屋さんごっこ
11	千人の合唱、秋の発表会、焼きいも会
12	おもちつき、クリスマス会
1	お正月お楽しみ会
2	節分集会、作品展、お別れ遠足（年長）、保育参観
3	個人面談、お別れ会、卒園式
	毎月：誕生会、ほめる子集会、避難訓練

Kindergarten Information

※濃い色で示したアイコンはこの幼稚園に該当するものです

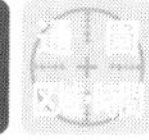

登園開始 / 制服 / 通園区域制限 / 通園バス / お弁当 / アレルギー対応 / 課外教室 / 預かり保育 / 未就園児クラス / 洋式 / セキュリティ / 小学校 / 中学・高校 / 大学 / 寮

入試データ

下記の資料は2023年度入園児用**（2022年秋実施済み）**です

募集要項　※下記は前年度のデータです

募集人員	3年保育…男女計約90名 2年保育…男女若干名		
応募資格	平成30年4月2日～令和2年4月1日生まれ		
入園説明会	8月27日／9月17日		
願書配付期間	10月15～31日		
願書受付期間	11月1日　8～11時　窓口受付		
提出書類	・入園願書（写真貼付） ・アンケート		
受験票交付	願書受付時に手渡し		
受験番号付番	願書受付順	月齢考慮	あり
選抜方法 考査日	自由遊び、親子面接：11月2日		
考査料	5,000円（出願時に窓口で提出）		
合格発表	郵送で通知		
入園手続	11月8日　14～15時		
課外教室	ヤマハ音楽教室／健康教室／プール教室		
公開行事	秋の運動会：10月2日 お店屋さんごっこ：10月18日 ひまわり親子お話し会：月2回 ※幼稚園見学は随時受付（要電話申込）		
付記	◇満2歳児または満3歳児対象「どうかんやまひまわり保育」を週1回実施 火曜クラス／水曜クラス／木曜クラス		

学費

……… 入園手続時納付金 ………

入園料	60,000円
施設費	（3保）66,000円
	（2保）44,000円

………… 年間納付金 …………

保育料・月額	27,500円
教材費・年額	8,000円
体育指導料・年額	5,000円
空調費・年額	3,000円
ひまわり会会費・年額	8,000円

※上記金額は諸事情等で変更の場合あり

制服

セキュリティ

防犯カメラ設置／保育時間中の門施錠／インターホン対応／保護者名札着用／避難訓練実施／防災訓練実施／緊急通報システム／緊急地震速報装置／学校110番／ＡＥＤ設置／災害用品備蓄

昼食

お弁当（週5回）…牛乳あり

進学情報

[小学校への進学状況]

筑波大附属、東京学芸大附属竹早、立教、日本女子大附属豊明、聖学院など

[系列校]

高松幼稚園

※上記募集要項は幼稚園公表分と伸芽会教育研究所調査を併せたデータです。詳細は幼稚園ＨＰでご確認ください

東京音楽大学付属幼稚園

http://www.tokyo-ondai.ac.jp/kindergarten/index.html

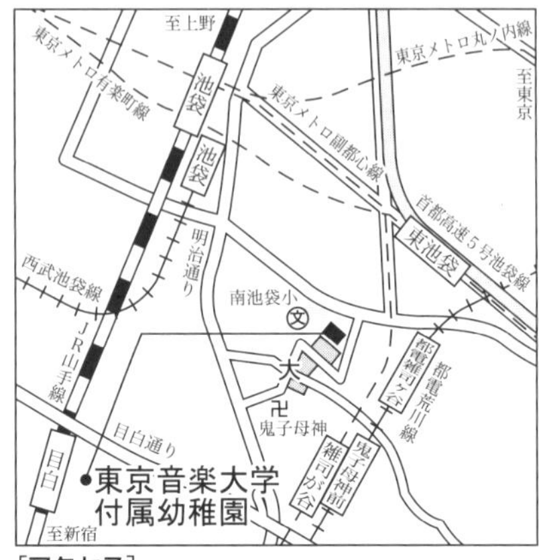

［所在地］　〒171-8540 東京都豊島区南池袋3-4-5
TEL 03-3982-3130 FAX 03-3982-3213

［アクセス］
●JR各線・西武池袋線・東武東上線・東京メトロ各線【池袋】より徒歩15分
●都電荒川線【鬼子母神前】より徒歩５分

幼稚園情報

［園　長］ リック・オヴァトン
［園児数］ 男女計132名

沿　革 明治40年、東洋音楽学校として東京市神田区裏猿楽町に始まり、以来、音楽を愛する心の育成と職業音楽家を育てる実践的な教育に努めてきた。昭和38年、東洋音楽大学設置。昭和44年、東京音楽大学に改称。付属幼稚園は昭和25年に開園し、幼児に音楽を通して心豊かな情操教育を行っている。令和４年、大学は創立115周年を迎えた。

教育方針 知・徳・体の調和教育、音楽大学の付属園である特色を最大限に生かし、各領域のカリキュラムに基づく保育を行うとともに音楽レッスンも充実。また、語学に関しても、楽しく自然に「聞く」「話す」英語が身につくよう指導する。保育活動、各種行事、演奏会、個人レッスンを通し礼儀作法や創造力など豊かな人間性を育み、将来立派な社会人として成長していくための教育を行う。

特　色 学校教育法に基づき、専門的な知識と豊かな経験を持った音楽教師および、語学教師が専門教育を行う。音楽を取り入れた楽しい各種行事と併せて、きめ細かい保育を通し子どもたちの社会性を育む。年少児はリトミックをクラスごとに週１回、年中・年長児はピアノ、バイオリン、マリンバ、歌のうち１つの個人レッスンを週１回実施。年長児は全員卒園演奏会でレッスンの成果を披露する。

保育日・保育時間

【年少・年中】
9:00～14:00(月・火・木・金)
9:00～11:30(水)
【年長】 9:00～14:10(月・火・木・金)
9:00～11:40(水)

◇預かり保育(月～金)
8:30～9:00
保育終了後～18:00
※水曜日はお弁当持参

年間行事予定

月	行　事　名(抜粋)
4	入園式
5	園外保育、歓迎演奏会、保育参観
6	給食参観、避難訓練、土曜参観
7	プール保育、夕涼み会、夏期保育（年長）
8	夏休み
9	―――
10	運動会、園外保育
11	作品展、防犯訓練
12	おもちつき、クリスマス演奏会
1	保育参観
2	避難訓練、卒園演奏会、ひな祭り演奏会
3	お別れ遠足（年長）、卒園式

Kindergarten Information

※濃い色で示したアイコンはこの幼稚園に該当するものです

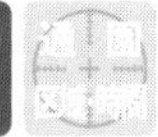

入試データ

下記の資料は2024年度入園児用 **（2023年秋実施予定）** です

募集要項

募集人員	3年保育…男女計約40名 2年保育…男女計約10名		
応募資格	平成31年4月2日～令和3年4月1日生まれ		
入園説明会	7月28日／8月31日　13時～　東京音楽大学にて		
願書配付期間	9月1日～10月18日　平日10～17時（土：休み）		
願書受付期間	10月3～19日 郵送（簡易書留・必着）、または持参（平日10～17時。土：休み）		
提出書類	・入園願書（写真貼付） ・受験票　・アンケート ・考査料振込金受取書のコピー ・返信用封筒（切手を貼付）		
受験票交付	速達で郵送		
受験番号付番	願書受付順	月齢考慮	あり
選抜方法 考査日	簡単なテスト（心身の発育と音感の観察）、親子面接： 10月23・24日のうち1日（日時は郵送で通知）		
考査料	15,000円		
合格発表	10月25日　10～17時　書面交付		
入園手続	10月31日　15時までに入金		
課外教室	体育教室／絵画造形教室／英語教室／学研プレイルーム		
公開行事	ピッコロランド：月1回（4～10月） 公開保育：9月20日　運動会：10月8日		
付記	・令和6年4月中旬～12月中旬まで仮校舎 （東京都豊島区池袋本町4-36-1） **【園からのメッセージ】** 幼児期にふさわしい生活ができるよう、調和のとれたカリキュラムを組んでいます。中でも、音楽を取り入れた保育や大学の先生も加わった個人レッスンなどの音楽活動を通して行う教育では、豊かな人間性が身につくことと思います。		

学費

……… 入園手続時納付金 ………

入園料	150,000円

………… 年間納付金 …………

保育料・年額	396,000円
給食費・月額	5,000円
音楽授業料・年額	
（年少）	106,200円
（年中）	126,000円
（年長）	165,000円
英語授業料・年額	
（年中）	37,500円
（年長）	50,000円
保護者会入会金	500円
保護者会会費・月額	700円
維持費・年額	85,000円

※上記金額は諸事情等で変更の場合あり

制服

セキュリティ

警備員常駐／防犯カメラ設置／保育時間中の門施錠／インターホン対応／保護者入構証／避難訓練実施／防災訓練実施／看護師常駐／緊急通報システム／学校110番／ＡＥＤ設置／災害用品備蓄

昼食

給食（週4回）

進学情報

[小学校への進学状況]

筑波大附属、お茶の水女子大附属、東京学芸大附属竹早、早稲田実業、学習院、立教、暁星、雙葉、白百合学園、昭和女子大附属昭和など

[系列校]

東京音楽大学・大学院、東京音楽大学付属高等学校

※上記募集要項は幼稚園公表分と伸芽会教育研究所調査を併せたデータです。詳細は幼稚園ＨＰでご確認ください

東京都世田谷区／共学　**3年保育**

日本体育大学　日体幼稚園

http://www.nittai-kindergarten.ed.jp/

［所在地］　〒158-0091　東京都世田谷区中町5-10-20
TEL　03-3701-4450　FAX　03-3701-9955

［アクセス］
●東急田園都市線【桜新町】より徒歩15分
●東急バス【深沢中学入口】下車

幼稚園情報

［園　長］　横田 裕行
［園児数］　男女計250名

沿　革　学校法人日本体育会（平成24年、学校法人日本体育大学に名称変更）が母体となり、昭和30年６月、当時の理事長である米本卯吉の「幼稚園に健康教育を」という趣旨のもとに開園した。人間形成で重要な幼児期において、体・徳・知の土台となる健康教育に力を注ぎ、創立以来、その理念を推進し、今日に至っている。令和５年、新園舎に移転。

教育方針　幼児は、心身ともに健康で、明るくのびのびと生活することが望ましい。そのため園では、子ども一人ひとりの個性を大切にしながら能力を伸ばすと同時に、集団の中で生活に必要な習慣やルールを身につけることが大切と考える。子ども同士の社会で、お互いに相手を思いやる心を育みながら協力し合い、さまざまなことを成し遂げる意欲を育成する。個人の特性を伸ばせるよう、まず心身の健康を増進することを第一目標としている。

特　色　年齢別に目標を設け、成長段階に合わせた保育を行う。３歳児では、集団の中で心の安定を図り、担任との信頼関係を築きながら楽しく活動すること。４歳児では、友達とのふれ合いを楽しみながらいろいろな活動に興味を持って取り組むこと。５歳児では、グループやクラスでの活動を楽しみながら主体的に行うことを目指している。

保育日・保育時間

【年少】9:10～13:30（月・火・木・金）
9:10～11:30（水）
【年中】9:20～13:40（月・火・木・金）
9:20～11:40（水）
【年長】9:30～13:50（月・火・木・金）
9:30～11:50（水）
※年５回、土曜日に自由保育を実施

◇預かり保育（月～土。土は朝のみ）
8:00～9:00、保育終了後～18:00

年間行事予定

月	行　事　名（抜粋）
4	入園式
5	親子遠足
6	保育参観、プール保育
7	すいか割り、お泊まり保育（年長）
8	夏休み、夏季保育
9	親子プール
10	運動会、おいも掘り、移動動物教室、園外保育（年少・年中）
11	観劇会、保育参観
12	クリスマス会
1	保育参観
2	節分、お別れ遠足（年長）、ごっこ遊び
3	卒業式

Kindergarten Information

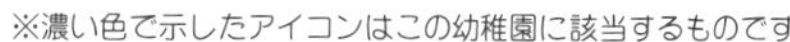

※濃い色で示したアイコンはこの幼稚園に該当するものです

登園開始　制服　送迎・区域時間　通園バス　お弁当　アレルギー対応　課外教室　預かり保育　未就園児クラス　洋式　セキュリティ　小学校　中学・高校　大学

東京　私立　共学　に　日本体育大学　日体幼稚園

入試データ

下記の資料は2024年度入園児用（**2023年秋実施予定**）です

募集要項

募集人員	３年保育…男女計80名
応募資格	令和２年４月２日～令和３年４月１日生まれ
入園説明会	６月６・27日／７月４日／９月12・26日／10月４・15日
願書配付期間	10月15～27日 平日９時30分～15時（15日：～11時30分。21日：休み）
願書受付期間	11月１日　７～８時　窓口受付
提出書類	・入園願書（写真貼付）　・入園選考試験受験票
受験票交付	願書受付時に手渡し
受験番号付番	願書受付順　／　月齢考慮：あり
選抜方法 考査日	考査、親子面接：11月１日　９時～
考査料	7,000円
合格発表	11月１日
入園手続	11月２日（制服採寸あり）
課外教室	体操／ピアノ／バイオリン／剣道／学研教室／絵画・工作／英会話
公開行事	園内見学：５月26日／７月３・10日 園庭開放：５月27日／６月24日／９月６・13日 公開保育：６月12・29日 盆踊り：７月19日　幼稚園で遊ぼう：９月20・27日 運動会：10月７日 ※幼稚園見学は随時受付
付記	◇２歳児保育「ぽっぽ」を実施 **【園からのメッセージ】** 幼児期の大切さ、無限の可能性を伸ばし育てるために、集団の一員としてルールを守り、その中で自己表現ができ、明るくのびやかに活動できるよう援助してまいります。頑張りと思いやりのある子どもを、園と協力して育成しようとお考えの保護者とそのお子さまをお待ちしております。

学費

……… 入園手続時納付金 ………

入園料	180,000円

………… 年間納付金 …………

施設整備拡充費（入園時）	50,000円
保育料・月額	30,000円
教育充実費・年額	24,000円
教材費・年額	約17,000円
行事費など・年額	18,000円
さくら会会費・年額	12,000円
こども総合保険・年掛金１口（１口以上、任意）	5,000円
制服・制帽代など	約50,000円

※施設整備拡充費は兄姉が在園の場合、２人目は半額、３人目以上は免除
※上記金額は諸事情等で変更の場合あり

制服

セキュリティ

防犯カメラ設置／保育時間中の門施錠／インターホン対応／保護者入構証・名札着用／避難訓練実施／防災訓練実施／交通指導員配置／緊急通報システム／緊急地震速報装置／学校110番／ＡＥＤ設置／災害用品備蓄

昼食

お弁当（週４回）

進学情報

［小学校への進学状況］
東京学芸大附属世田谷、慶應幼稚舎、早稲田実業、青山学院、成蹊、白百合学園、東京女学館、成城学園、東京農業大稲花、聖ドミニコ学園、トキワ松学園、桐蔭学園など

［系列校］
日本体育大学・大学院、日本体育大学荏原高等学校、日本体育大学桜華中学校・高等学校、日本体育大学柏高等学校、浜松日体中学校・高等学校など

※上記募集要項は幼稚園公表分と伸芽会教育研究所調査を併せたデータです。詳細は幼稚園ＨＰでご確認ください

東京都新宿区／共学　2年保育＋3年保育

伸びる会幼稚園

http://www.nobirukai.ac.jp　E-mail info@nobirukai.ac.jp

［所在地］　〒161-0034　東京都新宿区上落合2-25-19
TEL 03-3361-5020　FAX 03-3362-4394

［アクセス］
●東京メトロ東西線【落合】より徒歩１分
●都営大江戸線【中井】より徒歩８分
●西武新宿線【中井】より徒歩10分

幼稚園情報

［園　長］　千葉 伸也
［園児数］　男女計311名

沿　革　昭和24年２月、戦後の焼け野原から「幼児に遊び場を与え、生きることへの夢や希望を持たせ、心身ともに豊かな子どもを育てたい」との精神のもと起こされた。昭和27年11月、全国幼稚園代表で園児２名と日米講和条約親善使節として渡米し、サンフランシスコ・ゴールデンゲートパークに平和の灯籠を寄贈。昭和53年に学校法人認可を取得。学校法人伸びる会学園を設立し、多彩な保育活動を行っている。

教育方針　子どもが夢のある幸せな未来を実現するため、人間の心を育てることを教育の原点とし、「共感」を育て、相手の気持ちを考える「思いやり」と、困難に負けず目標達成を実現できる「忍耐力」を持つ、自律したたくましい人間を育てる。一人ひとりの個性を尊重し、遊びや活動の経験から考える力・何でもできる自信を養い、何があっても倒れない、人間形成の土台となる「底辺を伸ばす教育」を行う。

特　色　豊富な経験からあきらめずチャレンジする精神・意欲を養い、遊びを通して感性を育て、創造力や物事を見る力、考える力をつける。行事への取り組みでは子どもたちが目的へ向かって努力し、協力し合い、挫折や障害を乗り越えて達成していくまでのプロセスと、やり遂げた達成感や感動の共有体験を自信へつなげる「感動の教育」を実践。

保育日・保育時間

10:00～14:00(月・火・木・金)
10:00～11:00(水)

◇預かり保育(月～金)
8:00～9:00
保育終了後～18:30
※夏・冬・春休みも実施

年間行事予定

月	行　事　名(抜粋)
4	入園式
5	小運動会
6	じゃがいも掘り、プール開き
7	七夕会、緑の箱根24時間保育（年長・年中）
8	全園登園日
9	夏休み作品展
10	大運動会、紅葉の箱根24時間保育（年長）
11	遠足、大根引き（年長）
12	おもちつき、音楽会
1	展覧会、鏡開き、百人一首大会
2	節分・豆まき、学芸会
3	雪の箱根24時間保育（年長）、卒園式

Kindergarten Information

※濃い色で示したアイコンはこの幼稚園に該当するものです

登園開始　制服　通園区域・時間　通園バス　お弁当　アレルギー対応　課外教室　預かり保育　未就園児クラス　洋式・和式　セキュリティ　小学校　中学・高校　大学

入試データ

下記の資料は2024年度入園児用**（2023年秋実施予定）**です

募集要項

募集人員	3年保育…男女計約80名 2年保育…男女若干名		
応募資格	平成31年4月2日～令和3年4月1日生まれ		
入園説明会	9月27日（要申込） ※入園案内資料の配付あり		
願書配付期間	10月16日 ※入園案内資料に同封されている「入園希望者登録票」を持参		
願書受付期間	11月1・2日　窓口受付		
提出書類	・入園願書（志願者写真、家族写真を貼付） ・合否通知用封筒 ・受験票		
受験票交付	入園希望者登録票受付時に手渡し		
受験番号付番	入園希望者登録票受付順	月齢考慮	あり
選抜方法 考査日	行動観察、指示行動、口頭試問、親子面接： 11月1・2日のうち1日		
考査料	5,000円（入園希望者登録票受付時に窓口で提出）		
合格発表	11月3日　郵送で通知		
入園手続	11月6日　9～12時、13～16時		
課外教室	お残り勉強／体育クラブ／水泳教室／英語教室		
公開行事	夏休み作品展、大運動会の日程はＨＰで確認 幼稚園見学会：9月5・7・12・14日		
付記	・専任講師による指導：体育、音楽、英語 **【園からのメッセージ】** 本園が大切にしたいのは、遊びの経験をきっかけとする幼児の主体的な学びです。指示された通りにできることではありません。遊びや活動を通して、失敗や挫折もくり返しながら自分なりに考え、発展させようとする経験が子どもの生きる力となります。答えを与えて教え込むのではなく、問いかけながら資質を引き出していくことこそが、伸びる会幼稚園の教育です。		

学費

……… 入園手続時納付金 ………

入園料	150,000円
施設費	100,000円

………… 年間納付金 …………

保育料・月額	40,000円
教材費・月額	3,000円
教育充実費・月額	5,000円
賛助費・月額	1,000円
冷暖房費・月額	500円
母の会会費・月額	500円
バス費（利用者のみ）・月額	8,000円
制服代	約20,000～30,000円
絵本代・年額	2,400～3,600円

※用品代など別途納付
※上記金額は諸事情等で変更の場合あり

制服

セキュリティ

防犯カメラ設置／保育時間中の門施錠／インターホン対応／保護者ＩＤカード／避難訓練実施／防災訓練実施／緊急地震速報装置／学校110番／ＡＥＤ設置／災害用品備蓄／非構造部材の耐震補強対策

昼食

お弁当（週4回）

進学情報

[小学校への進学状況]
非公表

[系列校]
NOBIRUKAI NURSERY

※上記募集要項は幼稚園公表分と伸芽会教育研究所調査を併せたデータです。詳細は幼稚園ＨＰでご確認ください

福田幼稚園

https://fukudayouchien.com　E-mail fukudayouchien@ans.co.jp

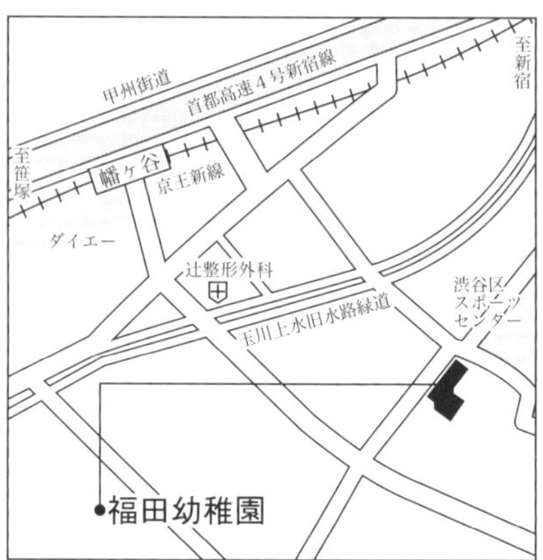

[所在地]　〒151-0066 東京都渋谷区西原1-14-17
TEL 03-3466-5575　FAX 03-3485-0637

[アクセス]
●京王新線【幡ヶ谷】より徒歩５分
●小田急線【代々木上原】より徒歩10分

幼稚園情報

[園　長]　福田 里佳
[園児数]　男女計250名

沿　革　創立者・福田みつが、日本の将来を担う子どもたちの純粋な心を確かな眼で見守り、育てることの大切さを思い、昭和24年に開設した。都内にありながら総面積6500㎡という広々とした園庭を持ち、四季を感じる自然豊かな環境での教育を目指している。

教育方針　自然を愛し、心豊かに、誠実で素直な明るい心と、健やかな体を育むことを教育の目標とする。日本文化のよさを、行事やいろいろな遊びを通してのびのびと実体験し、豊かな社会性を身につける。さらに、けじめのある生活の中にも一人ひとりの個性を尊重し、年齢や発達段階に応じた、制作、体操、音楽などの情操教育も積極的に取り入れて保育を行う。

特　色　遊具広場、運動場、畑と、都会にはまれな恵まれた敷地の中で元気にかけっこや縄跳びで遊ぶ。幼児期に身につけたい要素が詰まった「ふくだのmori」で四季折々の自然にふれ、木の実拾いや虫捕り、探検ごっこなどを楽しむ。春には学年ごとに里いも、さつまいもなどを植え、秋にはみんなで収穫し、とん汁パーティー、焼きいも、渋柿漬けなどをする。また、近くの小学校と連携したり、近隣の老人福祉施設などを訪問して交流を深めたりしている。

保育日・保育時間

9:00～14:00(月～金)

◇預かり保育「のびのび保育」(月～金)
7:00～9:00
保育終了後～18:00
※夏・冬・春休みも実施

年間行事予定

	行　事　名(抜粋)
春期	入園式　春の遠足　参観日（父母） 健康診断　歯科検診　種まき
夏期	七夕祭り　プール保育 夕涼み会　お泊まり保育
秋期	敬老会　お祭りごっこ　秋の遠足 運動会　参観日　お楽しみ会 アニマルランド
冬期	クリスマス会　参観日・作品展 子ども会　もちつき　お別れ会 お別れ遠足（年長）　卒園式

Kindergarten Information

※濃い色で示したアイコンはこの幼稚園に該当するものです

入試データ

下記の資料は2023年度入園児用**（2022年秋実施済み）**です

募集要項 ※！2024は次年度のデータです

募集人員	3年保育…男女計70名 2年・1年保育…各男女若干名		
応募資格	平成29年4月2日～令和2年4月1日生まれ		
入園説明会	9月10・12日		
願書配付期間	10月17～31日　平日9～16時（土：休み）		
願書受付期間	11月1日　9～16時　窓口受付		
提出書類	・入園願書（家族写真を貼付）		
受験票交付	願書受付時に手渡し		
受験番号付番	願書受付順	月齢考慮	あり
選抜方法 考査日	発達考査、保護者面接：11月2日		
考査料	5,000円（出願時に窓口で提出）		
合格発表	11月2日　14～16時／11月4日　10～15時　書面交付		
入園手続	11月2日　14～16時／11月4日　10～15時		
課外教室	体操教室／ヤマハ音楽教室／学研プレイルーム／図工教室		
公開行事	！2024 2歳児親子の会：6月23日／7月7日 園庭開放：日程はHPで確認 ※幼稚園見学は随時受付（要電話申込）		
付記	・専任講師による指導：体操（全学年）、鍵盤楽器（年長） ◇満3歳児保育「たまご組」を実施 週5回（月～金）　※進級希望者対象 **【園からのメッセージ】** 見学にいらしたご父母の方々から「園児の目が輝いていますね」と、また小学校からは「お話がきちんと聞けるお子さんたちです」とよく言われます。幼稚園で過ごす3年間で楽しい思い出をたくさんつくっていただきたいと願っています。		

学費

……… 入園手続時納付金 ………

入園準備金	（3保）	110,000円
	（2保）	100,000円
	（1保）	90,000円
施設費		20,000円
環境維持費・年額		10,000円

………… 年間納付金 …………

保育料・月額	（年少）	29,500円
	（年中・年長）	27,500円
父母の会会費・年額		8,000円

※給食費、冷暖房費など別途納付
※上記金額は諸事情等で変更の場合あり

制服

セキュリティ

防犯カメラ設置／保育時間中の門施錠／インターホン対応／保護者来園証提示／避難訓練実施／防災訓練実施／不審者対応訓練実施／交通指導員配置／緊急通報システム／安否確認システム／緊急地震速報装置／学校110番／AED設置／災害用品備蓄

昼食

給食（週2回）、お弁当（週3回）

進学情報

[小学校への進学状況]

お茶の水女子大附属、慶應幼稚舎、立教、暁星、光塩女子、桐朋、川村、国立学園、星美学園など

[系列校]

――――

※上記募集要項は幼稚園公表分と伸芽会教育研究所調査を併せたデータです。詳細は幼稚園HPでご確認ください

東京都文京区／共学　2年保育＋3年保育

文京学院大学文京幼稚園

http://www.bkg.u-bunkyo.ac.jp/

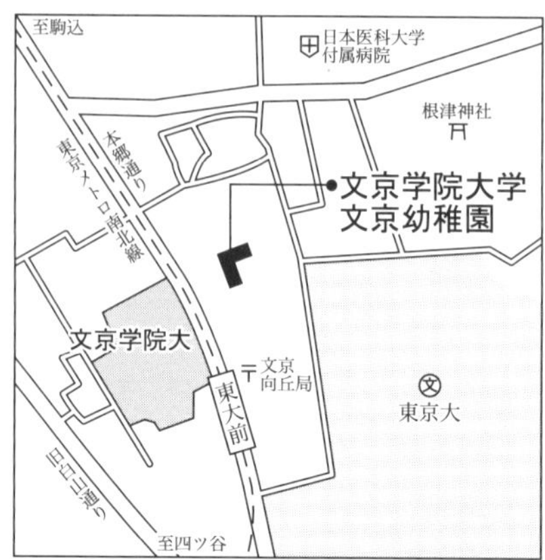

［所在地］　〒113-0023　東京都文京区向丘2-4-1
TEL　03-3813-3771　FAX　03-3813-3713

［アクセス］
●東京メトロ南北線【東大前】より徒歩２分

幼稚園情報

［園　長］　益田 薫子
［園児数］　男女計186名

沿　革　大正13年、島田依史子が女性の自立を支える私塾を開学。昭和22年、文京女学院と改称し、中等教育機関を発足。昭和29年、戦前の一時期に着手していた幼児教育を再スタートさせ、文京学園附属幼稚園を開園。昭和39年、短期大学、平成３年、大学を開学。平成14年、現名称に改称。令和６年に学院創立100周年、幼稚園は創立70周年を迎える。

教育方針　創設者・島田依史子が掲げた３つの校訓『誠実（SINCERITY）生き生きと元気に遊ぶ子』『勤勉（DILIGENCE）一生懸命頑張る子』『仁愛（BENEVOLENCE）やさしく助け合う子』を実践。開園当初から３歳児クラスを設け、時代に先駆けた保育を行っている。子どもの主体性・自主性を尊重し、自由な遊びを中心とした保育形態を取り、子どもたちはさまざまな活動の中で友達とのかかわりを通して学んでいく。

特　色　東京大学のキャンパスに隣接し、土の園庭、広く明るい園舎やホール、アスレチック遊具など、教育環境に十分に配慮。国際性を養えるよう英語教育を取り入れ、ネイティブの英語教師や担任と一緒に歌や手遊び、ゲームなどを行い、正しい発音の英語にふれながら国際感覚が身につくよう図っている。年中・年長組は幼児体育の専門講師が週１回指導。さまざまな種目を通して運動の楽しさを伝える。

保育日・保育時間

【年少】9:05～13:50(月・火・木・金)
9:05～11:30(水)
【年中・年長】
9:05～14:00(月・火・木・金)
9:05～11:40(水)
※土曜日は自由登園日(月１、２回)

◇預かり保育(月～金)
8:00～9:10
保育終了後～17:30

年間行事予定

月	行　事　名（抜粋）
4	入園式
5	親子遠足（年中）、一日動物村、卒園生デー
6	親子ふれあいデー
7	夏祭り
8	夏休み、夏季保育
9	演劇ワークショップ（年少）
10	演劇ワークショップ(年中)、運動会、いも掘り親子遠足(年長)
11	演劇ワークショップ（年長）
12	もちつき、クリスマス会
1	子ども劇場（年少）
2	子ども劇場（年中・年長）、お楽しみ会（年長）
3	さよならパーティー、修了の式
	毎月：誕生会

Kindergarten Information　※濃い色で示したアイコンはこの幼稚園に該当するものです

入試データ

下記の資料は2024年度入園児用**（2023年秋実施予定）**です

募集要項

募集人員	３年保育…男女計60名　２年保育…男女若干名		
応募資格	平成31年４月２日～令和３年４月１日生まれ		
入園説明会	９月１・16日／10月14日（募集要項配付あり。要申込） ※出願希望者は説明会参加必須		
願書配付期間	募集要項配付：９月４日～10月14日 願書配付：10月13～18日 平日９時45分～16時（10月14日：９時30分～11時45分。 10月14日をのぞく土、10月10日：休み）		
願書受付期間	11月１日　８時30分～10時45分　窓口受付		
提出書類	・入園願書（写真貼付）　・返信用封筒		
受験票交付	願書受付時に手渡し		
受験番号付番	願書受付順	月齢考慮	あり
選抜方法 考査日	行動観察、指示行動、親子面接：11月２・３日のうち１日		
考査料	7,000円（出願時に窓口で提出）		
合格発表	11月３日		
入園手続	11月７日　９時40分～11時30分		
課外教室	体操／英語／絵画など		
公開行事	プレ幼稚園：５月13・27日／６月３・24日／ ７月１・21日（要申込） あそびの広場：月１、２回（11月～翌１月。要申込）		
付記	・専任講師による指導：体操（年中から）、英語（年少・10月から） ・保育終了後の預かり保育は、年少は２学期より実施（１学期は応相談） **【園からのメッセージ】** ぜひプレ幼稚園、あそびの広場や説明会などにご参加いただき、本園についてよく理解をされたうえで受験していただきたく思います。		

学費

……… 入園手続時納付金 ………

入園料	130,000円
施設費	90,000円

………… 年間納付金 …………

保育料・月額　（年少）	30,000円
（年中・年長）	29,000円
教材・維持管理費・月額	5,000円
冷暖房費・月額	700円
給食費・月額	約1,700円
後援会会費・年額	10,000円

※兄弟姉妹が同時に在園の場合は入園料を10,000円減免
※上記金額は諸事情等で変更の場合あり

制服

制帽、スモックのみ

セキュリティ

防犯カメラ設置／保育時間中の門施錠／インターホン対応／保護者ＩＤカード／避難・防災訓練実施／保護者への引き渡し・不審者対応訓練実施／緊急通報システム／安否確認システム／緊急地震速報装置／学校110番／ＡＥＤ設置／災害用品備蓄／防災ヘルメット常備

昼食

給食（週２回）、お弁当（週２回）
…年少は２学期から給食開始

進学情報

[小学校への進学状況]

筑波大附属、お茶の水女子大附属、東京学芸大附属竹早、慶應幼稚舎、早稲田実業、学習院、立教、暁星、白百合学園、日本女子大附属豊明、東洋英和など

[系列校]

文京学院大学・大学院・女子高等学校・女子中学校・ふじみ野幼稚園

※上記募集要項は幼稚園公表分と伸芽会教育研究所調査を併せたデータです。詳細は幼稚園ＨＰでご確認ください

みのり幼稚園

http://www.minori-kinder.ac.jp/

［所在地］　〒176-0003　東京都練馬区羽沢1-8-10
TEL　03-3991-1058　FAX　03-3992-8451

［アクセス］
●西武有楽町線【新桜台】より徒歩２分
●西武池袋線【江古田】より徒歩８分

幼稚園情報

［園　長］　濱田 実
［園児数］　男女計180名

沿　革　昭和25年、初代園長・三船しげのにより開園。昭和32年、学校法人設立認可。昭和36年、新園舎が竣工し、現在地へ移転。平成22年、耐震工事が完成。平成27年、長時間保育を実施する「練馬こども園」に認定された。

教育方針　知恵、人間性、体力を育てる『知・情・体』三位一体の教育を理念として掲げ、未来を切り開く「たくましい精神」を養い、困難に負けない「たくましい体」をつくり、新しい時代を生き抜いていくために人間として必要な意義・心情・態度を持った「たくましい脳」を育む。日々の園生活や多彩な行事を通して、学びや遊び、多くの友達とのかかわりの中から生きる力を育てていく。

特　色　体育、言語、音楽を主軸とし、園児の主体性を尊重して本来の能力を引き出す総合的な教育を行う。毎朝、体を動かす「体育ローテーション」、カードを使った遊びや、詩や俳句の暗唱・朗唱、英語などのカリキュラムを通して楽しみながら意欲や継続力を養う「日課活動」、個人で取り組む絵画や造形活動をバランスよく組み込む。しつけ教育の習得目標を立腰・あいさつ・返事・所作とし、教師と保護者が手本となり、ともに身につける。保護者参加行事や父母会活動も重視し、「親子共育ち」を実践する。

保育日・保育時間

9:00～14:00(月～金)
9:00～12:00(第１土)

◇預かり保育「キッズクラブ」(月～金)
7:40～8:40
保育終了後～18:40

年間行事予定

月	行　事　名(抜粋)
4	入園式
5	高尾山遠足、春の園外保育
6	―――
7	―――
8	水泳教室、軽井沢合宿（年長）
9	秋まつり、祖父母の集い
10	運動会、いも掘り遠足、１日動物村
11	秋の園外保育、オータムコンサート
12	クリスマス会
1	かるた取り大会
2	生活発表会
3	卒業式

毎月：誕生会

Kindergarten Information

※濃い色で示したアイコンはこの幼稚園に該当するものです

登園開始　制服　通園区域　通園バス　お弁当　アレルギー対応　課外教室　預かり保育　未就園児クラス　洋式　セキュリティ　小学校　中学・高校　大学

入試データ

下記の資料は2024年度入園児用 **(2023年秋実施予定)** です

募集要項

募集人員	3年保育…男女計60名		
応募資格	令和2年4月2日～令和3年4月1日生まれ		
入園説明会	入園説明会：7月22日／8月19日／9月23日 選考についての説明会：10月15・23・28日		
願書配付期間	10月15～27日　平日9時30分～16時（土：休み）		
願書受付期間	11月1日　7時30分～9時　窓口受付		
提出書類	・入園願書　・面接票 ・入園児保護者アンケート		
受験票交付	願書受付時に手渡し		
受験番号付番	願書受付順	月齢考慮	なし
選抜方法 考査日	行動観察、親子面接：11月1・2日のうち1日 （日時は願書受付時に通知）		
考査料	6,000円（出願時に窓口で提出）		
合格発表	郵送で通知		
入園手続	11月8日		
課外教室	英語教室／体操教室／あそびの学校／ブックらんど／空手教室など		
公開行事	幼稚園保育見学会：6月8・10・14・21日／7月6・12日 ※入園希望者は見学会参加必須		
付記	・教育時間内の体育ローテーションや日課活動のほか、専任講師による活動：体育（週1回）、空手（週1回）、英語（週1回）、音楽（月1回）、造形（月2回）、リトミック（年1、2回） ◇未就園児対象「ぴっころ教室」（2歳児親子教室）、「たんぽぽ教室」（1歳児親子教室）を週1回実施 **【園からのメッセージ】** 3年間の教育活動は子どもの未来のためにあります。しかし、生涯にわたって子どもに寄り添い、育てるのは親です。卒園後は親子で体験した3年間が子育てに役立つ道標になればと願っています。		

学費

……… 入園手続時納付金 ………

入園料	170,000円
施設維持費1口 （1口以上）	50,000円

………… 年間納付金 …………

保育料・月額	（年少）47,000円 （年中・年長）45,000円
補助食費・月額	860円
冷暖房費・年額	5,500円
図書費・年額	6,000円
災害備蓄費	1,000円
園バス（利用者のみ）・月額	6,700円

※初年度教材代など別途納付
※上記金額は諸事情等で変更の場合あり

制服

セキュリティ

防犯カメラ設置／保育時間中の門施錠／インターホン対応／保護者入構証／避難訓練実施／防災訓練実施／緊急通報システム／緊急地震速報装置／学校110番／AED設置／災害用品備蓄／保育室にトランシーバー設置／園と通園バス間で通信用無線機設置

昼食

お弁当（週5回）

進学情報

[小学校への進学状況]

筑波大附属、お茶の水女子大附属、東京学芸大附属（竹早、大泉）、学習院、青山学院、成蹊、立教、暁星、白百合学園、日本女子大附属豊明、光塩女子、成城学園、川村、淑徳、宝仙、聖学院、星美学園、聖徳学園、新渡戸文化、東星学園、自由学園、西武文理など

[系列校]

―――

※上記募集要項は幼稚園公表分と伸芽会教育研究所調査を併せたデータです。詳細は幼稚園HPでご確認ください

明徳幼稚園

https://www.meitokuyouchien.ed.jp

［所在地］　〒105-0011　東京都港区芝公園4-7-4
TEL&FAX　03-3431-0592

［アクセス］
●都営大江戸線【赤羽橋】より徒歩５分
●都営三田線【御成門】【芝公園】より徒歩７分
●都営バス【東京タワー】下車徒歩３分

幼稚園情報

［園　長］　井澤 隆明
［園児数］　男女計152名

沿　革　関東大震災の厄災を免れた浄土宗大本山増上寺が、避難者の救済と託児事業を始め、東京府（当時）より委託事業に認定されたことに始まる。大正14年に委託事業を終了し、大本山増上寺経営明徳学園と改め、幼児保育や児童相談その他の事業を継承。昭和18年、増上寺の建物内に移り、幼稚園の認可を得て園を設立。学校法人として、大本山増上寺の役員および関係者による理事構成で組織運営されている。昭和54年、現在の園舎を新築、設備を整えた。

教育方針　仏教精神を基にした、「生命を大切にし、思いやりのあるこども」「自然の美しさを感じとれるこども」「健康な身体と心、知恵のバランスがとれているこども」「仲間の中で、はっきりと自分の要求が出せるとともに、皆で力を合わせることを大切にするこども」「自分で考え、創りだそうとする意欲をもつこども」を育てることを目標とする。

特　色　増上寺の持つ浄土宗の教えを基に、仏教の精神に寄り添った教育を実践。子ども一人ひとりと向き合い、それぞれに合った指導や教育を心掛ける。大本山増上寺の境内に位置し、芝公園や東京タワーが隣接するなど、幼児教育にとって恵まれた環境にある。園舎の設備などを充実させ、知育・徳育・体育の調和に努めている。

保育日・保育時間

9：00～14：00（月・火・木・金）
9：00～11：30（水）

◇預かり保育（月～金）
17：00まで

年間行事予定

月	行　事　名（抜粋）
4	増上寺花まつり、入園式
5	こどもの日の集い、幼稚園の花まつり、春の遠足
6	保育参観
7	七夕集会、みたままつり
8	夏期保育
9	おじぞうまつり、秋の遠足
10	運動会、明徳祭
11	―――
12	生活発表会、おもちつき、やきいもつくり
1	―――
2	増上寺節分豆まき、卒業遠足、涅槃会
3	お別れ会、卒園式

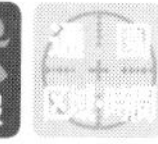

入試データ

下記の資料は2024年度入園児用**（2023年秋実施予定）**です

募集要項

募集人員	3年保育…男女計54名 2年・1年保育…各男女若干名		
応募資格	平成30年4月2日～令和3年4月1日生まれ		
入園説明会	9月13・20・27日　14～15時		
願書配付期間	10月2～13日　平日9～13時（10・11日、土：休み）		
願書受付期間	10月16・17日（必着）　郵送		
提出書類	・入園願書 ・家庭状況調査表		
受験票交付	郵送		
受験番号付番	願書受付順	月齢考慮	あり
選抜方法 考査日	発育調査、親子面接：10月30日～11月2日のうち1日		
考査料	5,000円		
合格発表	11月2日発送　郵送で通知		
入園手続	11月7日		
課外教室	英語教室／体操教室／新体操教室／バレエ教室／サッカー教室		
公開行事	明徳祭：10月21日		
付記	・専門講師による指導：体操（全学年）、英語（年中から） ・自家用車での送迎可 **【園からのメッセージ】** 緑あふれる都会の森に元気な笑い声が響きわたる。太陽の光を浴び、土のにおいをかぐ。風の音を聞き、季節を肌で感じる。当たり前のことが、子どもたちにとっては何よりの栄養です。チカラいっぱい遊び、おなかいっぱい食べる。精いっぱい学び、時間いっぱい笑う。園で過ごす一分一秒が、子どもたちを大きく成長させます。		

学費

…… 入園手続時納付金 ……

入園料	100,000円

…… 年間納付金 ……

保育料・月額	36,000円

※上記金額は諸事情等で変更の場合あり

制服

セキュリティ

防犯カメラ設置／保育時間中の門施錠／インターホン対応／避難訓練実施／防災訓練実施／緊急通報システム／学校110番／ＡＥＤ設置／災害用品備蓄

昼食

お弁当（週4回）…希望者は給食の注文可

進学情報

[小学校への進学状況]

慶應幼稚舎、慶應横浜初等部、学習院、暁星、聖心女子、東洋英和、田園調布雙葉、東京女学館、淑徳、サレジアン国際学園目黒星美、聖学院、日出学園など

[系列校]

――――

※上記募集要項は幼稚園公表分と伸芽会教育研究所調査を併せたデータです。詳細は幼稚園ＨＰでご確認ください

考査ガイド

考査日程　1日
受験番号付番　願書受付順
選抜方法　受付後、子どもは名札をつけて3～5人単位で個別テスト、集団テストを受ける。その後、親子面接が行われる（例年は両親と本人の面接が行われるが、令和3～5年度入試では、保護者1人と本人に実施）
考査内容　個別テスト、集団テスト、親子面接
所要時間　40分～1時間

過去の出題例

個別テスト

■行動観察（自由遊び）
・子どもと先生が一対一で、おままごと、折り紙、パペット、電車、車などで一緒に遊ぶ。

■言　語
・先生に「何というお名前ですか」「お年はいくつですか」「どのおもちゃで遊びたいですか」「何色が好きですか」などと質問される。

■数・指示行動
・先生に示された玩具の数を答える。
・先生に「テーブルからリンゴを2つ持ってきてください」などと指示される。

■常　識
・車やバスの玩具を見て色を答える。

集団テスト

■行動観察（自由遊び）
・畳に上がり、おままごと、電車、車、絵本、サイコロなどで自由に遊ぶ。

◀数・指示行動

▲行動観察（自由遊び）

▲常識

面接ガイド

親子面接 考査当日に、保護者１人と本人へ受験番号順で行う
所要時間 約10分
<面接資料／アンケート>出願時に家庭状況調査表（面接資料）を提出する

過去の質問例

本人への質問

・お名前を教えてください。何歳ですか。
・何をして遊ぶのが好きですか。
・きょうだいはいますか。何というお名前ですか。
・お友達はいますか。何人いますか。
・好きな（嫌いな）食べ物は何ですか。
・お家のお手伝いはしますか。

父親への質問

・どのようにして本園を知りましたか。
・本園にどのようなことを希望されますか。
・お子さんの長所をお話しください。
・お子さんは習い事をしていますか。
・お子さんは最近、何に興味を持っていますか。
・普段お子さんとどのようにかかわっていますか。

母親への質問

・志望動機を教えてください。
・どのようなお子さんですか。
・子育てで大切にしていることは何ですか。
・お子さんの成長を感じたエピソードをお聞かせください。
・お仕事はされていますか。急なお迎えに対応できますか。

面接の配置図

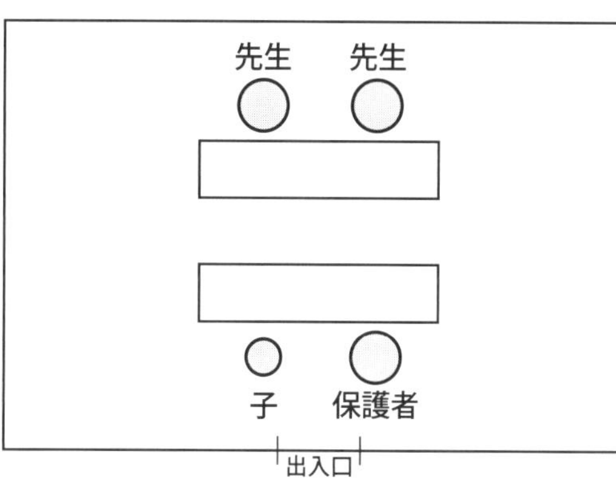

・本園の行事にご協力いただけますか。
・子育てをサポートしてくれる人はいますか。

※出願時に提出する面接資料には、以下のような記入項目がある。本人写真を貼付する。
①家庭環境（家族の状況、住居の状況など） ②入園前の状況（発育の状況、今までにかかった病気と時期、予防注射など） ③現在の状況（食事、排せつ、睡眠、長所、短所、好きな遊び、持っている遊具・絵本など） ④入園前の教育状況 ⑤教育方針 ⑥園に対する希望 ⑦通園経路

Interview [voice clip]

面接資料はよく確認しながら記入を

・面接資料は記入項目が多かったため、不備のないようによく確認しながら書きました。子どもの発育状況は改めて問われると判断に迷うので、日ごろから意識して記録しておくとよいと思います。
・考査へ向かう際、母子分離ができないお子さんには、母親がつき添うよう言われました。先生方が皆さん笑顔でしたので、ピリピリした雰囲気は一切なく、全体を通してとても和やかでした。
・考査終了後、子どもはお土産に折り紙をもらって戻ってきました。いただいたときにお礼を言えたようですが、一見考査ではないようなやり取りでも家庭のしつけを問われていると感じました。
・面接は子どもも同席しましたが、子どもへの質問はほとんどありませんでした。入退室時にあいさつができるか、大人が話している間座っていられるかなどのチェックはされていたようでした。

※考査ガイド、面接ガイドは伸芽会教育研究所によるデータです

目黒サレジオ幼稚園

http://www.m-salesio.com/

［所在地］　〒152-0003　東京都目黒区碑文谷1-26-24
TEL　03-3714-2531　FAX　03-3714-2543

［アクセス］
●東急東横線【学芸大学】【都立大学】より徒歩15分
●東急バス【サレジオ教会】下車

幼稚園情報

［園　長］　三島 心
［園児数］　男女計220名

沿　革 安政6（1859）年、本園の経営母体であるサレジオ修道会が聖ヨハネ・ボスコによってイタリアのローマに設立された。大正15年に来日し、東京、川崎、横浜、大阪、別府、宮崎などの各地に幼稚園や保育園、小学校、中学校、高等学校を設立した。昭和24年には現在地に目黒サレジオ幼稚園を設立。明るく温かい雰囲気づくりを目指している。

教育方針 「あかるいこころ・思いやりのある親切なこころ・素直で正直なこころ」をモットーに、キリスト教の理念に基づいた、こころの教育に力を入れている。子どもたちがのびのびと活動できる、自然に恵まれた環境と温かい家庭的な雰囲気の中で、園のことばにもある「きよいこころ　げんきなこども」の育成に努める。

特　色 聖ヨハネ・ボスコの教育法である予防的教育法を取り入れている。子どもたちに悪癖やわがままが身につく前に積極的に意志力を育て、良心を育成し、年齢が進むにつれ自主的に正しい行動が選択できるようにすることが予防的教育法のねらいである。具体的には、幼児のころから宗教心を育てる、子どもの心理を踏まえて発達段階に即した指導を行う、保育室の内外、運動場、諸行事を通じて教師と子どもたちとの心のふれ合いを確保する、などが挙げられる。

保育日・保育時間

【年少】9:00～13:30（月・火・木・金）
9:00～11:00（水）
【年中】9:00～13:50（月・火・木・金）
9:00～11:20（水）
【年長】8:45～14:00（月・火・木・金）
8:45～11:30（水）

◇預かり保育（月～金）
18:00まで

年間行事予定

月	行　事　名（抜粋）
4	入園式
5	春の遠足、聖母祭
6	プール開き、保育参観
7	七夕祭り
8	サレジオ祭り
9	幼稚園バザー、運動会
10	秋の遠足
11	七五三
12	クリスマス会
1	聖ヨハネ・ボスコのお祝い
2	節分、お別れ遠足（年長）
3	ひな祭り、卒園式

Kindergarten Information　※濃い色で示したアイコンはこの幼稚園に該当するものです

入試データ

下記の資料は2023年度入園児用 **（2022年秋実施済み）** です

募集要項 ※ !2024 は次年度のデータです

募集人員	3年保育…男女計140名　2年保育…男女計20名 1年保育…男女若干名		
応募資格	平成29年4月2日～令和2年4月1日生まれ		
入園説明会	!2024 10月4日		
願書配付期間	10月17～31日　平日8時30分～16時（土：休み）		
願書受付期間	11月1日　8時～10時15分　窓口受付		
提出書類	・入園願書（写真貼付）		
受験票交付	願書受付時に手渡し		
受験番号付番	願書受付順	月齢考慮	なし
選抜方法 考査日	行動観察、指示行動、親子面接：11月1日　11時～		
考査料	7,000円（出願時に窓口で提出）		
合格発表	11月2日　12時40分～　書面交付		
入園手続	11月2日　12時40分～		
課外教室	スポーツクラブ		
公開行事	!2024 見学会：6月23日／9月13・29日／10月16日 プレ保育「たんぽぽ組」：5月29日／6月15・27日／7月11日／9月19日		
付記	・自家用車での送迎可 **【園からのメッセージ】** 本園では日々の祈りや園生活を通して、感謝すること、人々に思いやりを持って接することを学んでいきます。園の教育理念がご家庭の教育方針に合っているかどうかご覧ください。		

学費

……… 入園手続時納付金 ………

入園料　（3保）120,000円
（1・2保）100,000円

………… 年間納付金 …………

保育料（教材費、施設設備費、冷暖房費、災害備蓄費含む）・月額　36,500円

保護者の会会費・年額　6,500円

※制服、帽子、かばん代など別途納付
※上記金額は諸事情等で変更の場合あり

制服

セキュリティ

防犯カメラ設置／保育時間中の門施錠／インターホン対応／保護者IDカード／避難訓練実施／防災訓練実施／看護師常駐／緊急通報システム／学校110番／AED設置／災害用品備蓄／職員の防犯訓練／非常食の試食体験

昼食

お弁当（週4回）…希望者はお弁当の注文可

進学情報

[小学校への進学状況]
筑波大附属、東京学芸大附属世田谷、慶應幼稚舎、慶應横浜初等部、学習院、青山学院、立教、暁星、聖心女子、田園調布雙葉など

[系列校]
サレジオ工業高等専門学校、サレジオ学院高等学校・中学校・幼稚園、サレジオ中学校・小学校、足立サレジオ幼稚園、町田サレジオ幼稚園

※上記募集要項は幼稚園公表分と伸芽会教育研究所調査を併せたデータです。詳細は幼稚園HPでご確認ください

東京都中野区／共学　2年保育＋3年保育

大和幼稚園

http://www.yamato-k.ed.jp

［所在地］　〒165-0027　東京都中野区野方5-8-8
TEL 03-3338-1970　FAX 03-3336-3358

［アクセス］
●西武新宿線【野方】より徒歩7分

幼稚園情報

［園　長］　市川 文子
［園児数］　男女計245名

沿　革　園の生活の中で全人的教育を施し、家庭と協力して幼児の精神と身体を円満に発育させ、人生幸福の基礎を養うことを目的に、昭和11年1月に設立。令和3年、85周年を迎え、卒園児は1万名を超えた。

教育方針　「『生きる力』を育むのはお友達との豊かな遊びと実体験を通した学びから」を基本理念とし、「自然の保育」「和とやさしい心の教育」「自立した心の教育」を掲げる。都会の中で、兄弟姉妹の少ない家庭で成長する現代の子どもたちが、自分から想像力を働かせ、友達と一緒になって遊びをつくり出せる教育を行う。互いに協力して生活していける緑豊かな環境と広い施設で、保育を通して、地域社会、国際社会に貢献する人材を育てるための努力をしている。

特　色　自然にあふれ教育環境がよい、地域社会への貢献期間が長い、周辺の小学校とは相互の情報交換に努め優秀児を多数送り出している、毎年有名小学校への合格者を多く輩出、実体験を重視した教育を行う（野菜・果物の栽培、料理）などの特徴がある。また、遊びを大切にした保育、複数担任制によるチーム保育、表現（造形）や協同的な活動（プロジェクト活動）、専門講師による音楽、英語、体操の指導を行っている。

保育日・保育時間

9:00～14:00（月・火・木・金）
9:00～11:30（水）
※4月第2週、7月第4週は午前保育

◇預かり保育（月～金）
18:00まで
※夏・冬・春休みは8:00～18:00

年間行事予定

月	行　事　名（抜粋）
4	入園式、クラス会
5	春の遠足、内科・歯科検診
6	不審人物侵入想定避難訓練
7	七夕、夏祭りごっこ、カレー作り（年長）
8	プール遊び、夏期保育
9	引き取り訓練、秋の遠足
10	運動会、園外保育、ハロウィーンごっこ
11	焼きいも、パウンドケーキ作り
12	クリスマスお遊戯会
1	創立記念日、ロバの音楽座鑑賞会
2	節分豆まき、生活とひょうげん展
3	お別れ運動会・お別れ音楽会（年長）、卒園式
	毎月：誕生会、避難訓練

Kindergarten Information

※濃い色で示したアイコンはこの幼稚園に該当するものです

入試データ

下記の資料は2024年度入園児用**（2023年秋実施予定）**です

募集要項

募集人員	3年保育…男女計70名　2年保育…男女若干名		
応募資格	平成31年4月2日～令和3年4月1日生まれ		
入園説明会	なし（個別の見学と説明を実施。要電話申込）		
願書配付期間	6月1日～		
願書受付期間	9月1日から定員に達するまで 平日9～17時（土：休み）　窓口受付		
提出書類	・入園願書（写真貼付）		
受験票交付	願書受付時に手渡し		
受験番号付番	願書受付順	月齢考慮	あり
選抜方法 考査日	絵を使っての質問、親子面接：9月3日～ （定員に達するまでの指定日に実施）		
考査料	7,000円（出願時に窓口で提出）		
合格発表	郵送で通知		
入園手続	合格発表より3日以内		
課外教室	音楽教室（ピアノ、バイオリン）／絵画造形教室／サッカークラブ／体操教室／有名小学校進学ゼミ		
公開行事	運動会：10月7日　生活とひょうげん展：2月3・4日		
付記	・専任講師による指導：体操（年長）、音楽、英語 ・自家用車での送迎可 ◇入園希望者対象の未就園児クラス「さくら組」（親子参加）を実施 月1回（月・火・木・金のいずれか）　午前中 **【園からのメッセージ】** 入園をご希望の方は、必ず園に見学にお越しください。また、なるべく同じ年齢の子ども同士で遊ぶ機会を入園前に多く持てるようにお願いします。幼稚園とご家庭で協力し合いながら、心身ともに健やかな子どもを育てましょう。各ＳＮＳで保育動画を配信していますのでご参考になさってください。なお、本園は東京消防庁より応急手当奨励教育機関として救命講習受講優良証を授与されています。		

学費

……… 入園手続時納付金 ………

入園料	120,000円

………… 年間納付金 …………

保育料・月額	29,000円
教育充実費・月額	5,000円
光熱・冷暖房費・年額	9,500円
教育用品代・年額	50,000～60,000円

※上記金額は諸事情等で変更の場合あり

制服

セキュリティ

警備員常駐／防犯カメラ設置／保育時間中の門施錠／インターホン対応／保護者名札カード／避難訓練実施／防災訓練実施／交通指導員配置／緊急通報システム／緊急地震速報装置／学校110番／ＡＥＤ設置／災害用品備蓄／エピペン訓練実施／全教員が救命講習を受講

昼食

お弁当（週4回）

進学情報

[小学校への進学状況]

筑波大附属、お茶の水女子大附属、東京学芸大附属（竹早、小金井、大泉）、慶應幼稚舎、早稲田実業、成蹊、立教、暁星、白百合学園、日本女子大附属豊明、東洋英和、立教女学院、光塩女子、桐朋学園、国立学園、宝仙、聖徳学園、西武文理など

[系列校]

―――

※上記募集要項は幼稚園公表分と伸芽会教育研究所調査を併せたデータです。詳細は幼稚園ＨＰでご確認ください

東京都目黒区／共学　2年保育＋3年保育

若草幼稚園

http://www.wakakusa.iplus.to/

［所在地］　〒152-0035　東京都目黒区自由が丘2-3-20
TEL　03-3723-2734

［アクセス］
●東急東横線・東急大井町線【自由が丘】より徒歩12分
●東急バス【八雲三丁目】下車徒歩３分

幼稚園情報

［園　長］　髙坂 和子
［園児数］　男女計約130名

沿　革　昭和８年、関根春与により見渡す限りの菜の花とツツジに囲まれた現在地に開園。目黒では３番目の創立で、第２次大戦末期には一時休園を余儀なくされる。戦後新設された多くの幼稚園の先駆けとして幼児教育一筋で歩んできた。誇りある伝統を守りつつ新世紀にふさわしい幼稚園として、例年親子２代、３代目となる園児を多く迎えている。

教育方針　理性と教養、リーダーシップを持つ人間の育成が求められている今、そのような人間形成の礎となる幼児教育を目指し保育を行う。具体的な方針として、家庭的な温かい雰囲気の中で健康な集団生活の能力を育むこと、友達との共同生活の中で優しい豊かな人間性を養い、自分自身を守り主張する力を育てることを挙げている。あふれる元気と自信、集中力を持った子どもの育成を目指す。

特　色　本物にふれる体験を重視しており、食育やプログラミング、美術館鑑賞、バレエ鑑賞などさまざまな経験ができる。年中児より正課として裏千家の茶道を取り入れ、優しい心、思いやりの心、譲り合いの心、感謝の心を大切にする和敬清寂の精神を育む。また、体育の指導やネイティブ教員による英語の指導も実施する。課外では受験指導を行い、卒園生の90%以上が国・私立小学校に進学している。

保育日・保育時間

【年少】
9:00～13:20(月・火・木・金)
9:00～11:20(水)
【年中・年長】
9:00～13:30(月・火・木・金)
9:00～11:30(水)
※４月は11:30まで(年少は11:00まで)

◇預かり保育(月～金)
8:00～9:00、保育終了後～18:30

年間行事予定

月	行　事　名(抜粋)
4	入園式
5	節句会、母の日参観、遠足
6	はみがき大会、じゃがいも掘り（年長）、父の日参観
7	七夕祭り、お泊まり会（年長）、バザー
8	夏期保育
9	――
10	運動会、小遠足、さつまいも掘り（年中）
11	お店屋さんごっこ、美術館見学（年長）
12	クリスマス会、焼きいも会
1	おもちつき
2	豆まき、発表会
3	ひな祭り会、お別れ遠足、卒園式
	毎月：誕生会

Kindergarten Information　※濃い色で示したアイコンはこの幼稚園に該当するものです

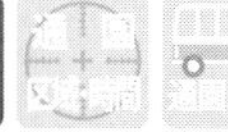

登園開始　制服　通園区域・時間　通園バス　お弁当　アレルギー対応　課外教室　預かり保育　未就園児クラス　洋式　セキュリティ　小学校　中学・高校　大学

入試データ

下記の資料は2024年度入園児用**（2023年秋実施予定）**です

募集要項

募集人員	３年保育…男女計約35名　２年保育…男女計約10名		
応募資格	平成31年４月２日～令和３年４月１日生まれ		
入園説明会	６月３日／９月23日		
願書配付期間	10月15～31日　平日９～16時（土：～11時）		
願書受付期間	10月15～26日（郵送）／11月１日（持参） ※郵送（消印有効）／持参（９時30分～11時）		
提出書類	・入園志願書（写真貼付）　・３年間在園する同意書（３年保育のみ） ・振込控貼付票*　・面接票*　・面接票送付用封筒* ＊：郵送出願の場合のみ		
受験票交付	郵送または願書受付時に手渡し		
受験番号付番	願書受付順	月齢考慮	あり
選抜方法 考査日	発育（行動観察）テスト、親子面接： ３年保育…11月２日　９時～ ２年保育…11月１日　13時～		
考査料	10,000円		
合格発表	３年保育…11月３日　９時～ ２年保育…11月１日　16時30分～		
入園手続	３年保育…11月３日　10～11時 ２年保育…11月１日　16時40分～17時30分		
課外教室	絵画／進学指導サークル／スポーツクラブ／工作／リトミックなど		
公開行事	保育見学会：６月下旬／10月中旬　バザー：７月８日 運動会：10月８日　発表会：２月４日		
付記	・専任講師による指導：体育、茶道、英語（年中から） ・自家用車での送迎可 ◇未就園児対象「ひよこ組」を週１、２回（前期・後期）実施 **【園からのメッセージ】** 子どもを取り巻く環境は日々変化します。地球レベルで山積する問題を解決するためのリーダーシップを持ってほしいと考えています。		

学費

……… 入園手続時納付金 ………

入園料	（３保）220,000円
	（２保）180,000円
設備費	70,000円
用品費	16,000円
導入保育費	10,000円

………… 年間納付金 …………

保育料・月額	40,000円
教材費・年額	34,000円
維持費・年額	18,000円

※遠足費用、空調費、肝油代、茶道茶菓子代など別途納付
※上記金額は諸事情等で変更の場合あり

制服

セキュリティ

防犯カメラ設置／保育時間中の門施錠／インターホン対応／保護者入構証／避難訓練実施／防災訓練実施／不審者対策訓練実施／緊急通報システム／緊急地震速報装置／学校110番／ＡＥＤ設置／災害用品備蓄

昼食

お弁当（週４回）…希望者は週４回給食の注文可（１食430円）

進学情報

[小学校への進学状況]

筑波大附属、お茶の水女子大附属、東京学芸大附属世田谷、慶應幼稚舎、慶應横浜初等部、早稲田実業、青山学院、成蹊、暁星、雙葉、聖心女子、田園調布雙葉、横浜雙葉、東京女学館、洗足学園、東京農業大稲花、森村学園、トキワ松学園など

[系列校]

―――

※上記募集要項は幼稚園公表分と伸芽会教育研究所調査を併せたデータです。詳細は幼稚園ＨＰでご確認ください

考査ガイド

考査日程　1日
受験番号付番　願書受付順（郵送出願分は年少者より生年月日順）
選抜方法　受付後、子どもはゼッケンをつけ親子で考査室へ行き、子どもはマットの中に入り自由遊びをする。両親は周囲のいすに座り、子どもを見守る。その後、親子別々の部屋に移動し子どもは個別テスト、集団テストを行い、保護者はアンケートに記入する。考査終了後、親子面接を受ける
考査内容　個別テスト、集団テスト、親子面接
所要時間　約1時間

過去の出題例

個別テスト

■指示行動
（3年保育）
・「イチゴが入っている黄色い箱を持ってきてください」などと指示される。
・「ヨーイ、ドン」で走っていき、指示された色のクレヨンを取ってくる。

■巧緻性
（3年保育）
・赤いクレヨンで大きな丸を、青いクレヨンで小さな丸を描く。
・折り紙を折る。

■比　較
（3年保育）
・絵カードを示され「一番大きいもの（小さいもの）はどれですか」「丸いものはどれですか」などと質問される。

■数
（2年保育）
・スイカの絵カードを示され「数が多いのは（少ないのは）どちらですか」などと質問される。

■常　識
（2年保育）
・動物の絵カードを示され、何の動物か質問される。

■言　語
（3年保育）
・「何というお名前ですか」「何歳ですか」「ここまでどうやって来ましたか」「公園では何をして遊びますか」などと質問される。

集団テスト

■行動観察（自由遊び）
・親子で考査室に入り、子どもはおままごと、積み木、ニューブロックなどで自由に遊ぶ。親は周囲のいすに座って見守る。

■読み聞かせ
・先生が紙芝居を読み聞かせる。

■歌・リズム
・「ひげじいさん」「チューリップ」「むすんでひらいて」などを歌いながら、手遊びをする。
・音楽に合わせてウサギのまねをする。
・飛行機のまねをしながらいすに座る。

▲行動観察（自由遊び）

面接ガイド

親子面接　考査当日に、両親と本人へ受験番号順で行う
所要時間　約10分
＜面接資料／アンケート＞考査当日に、アンケートに記入して提出する

過去の質問例

本人への質問

・お名前を教えてください。何歳ですか。
・今日は誰とどうやって来ましたか。
・公園には行きますか。何をして遊びますか。
・お家では何をして遊びますか。
・好きな色は何色ですか。

父親への質問

・本園にどのような印象をお持ちですか。
・本園にどのようなことを期待しますか。
・本園の行事には参加されましたか。
・どのようなお仕事をされていますか。
・どのようなお子さんですか。
・お子さんにどのように育ってほしいですか。
・ご自身はどのような教育を受けましたか。
・ご自身がご両親から受けた教育で、一番大切にしていることは何ですか。

母親への質問

・お子さんとの約束事はありますか。
・お子さんの健康状態はいかがですか。
・しつけで心掛けていることは何ですか。
・普段、お子さんにどのように接していますか。
・ご家庭で大切にしていることを教えてください。

面接の配置図

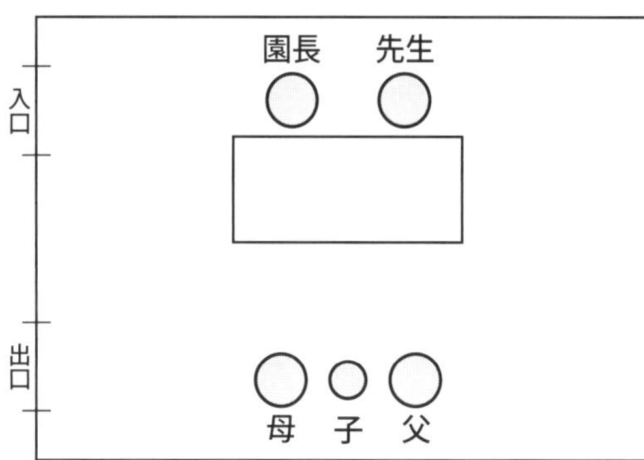

・どのようなときにお子さんをしかりますか。
・公共の場でのマナーについて、お子さんにどのように教えていますか。

※考査当日に記入するアンケートには、以下のような項目がある。
①子どもにどのように成長してほしいか　②両親の自己紹介　③志望理由　④（以下選択回答形式）転勤等がない限り３年間通園できるか、大掃除の際に子どもを預けられる人はいるか、行事の経費を別途徴収することに賛同できるか

Interview [voice clip]

アンケートの回答は事前に準備を

・考査前に、例年は絵本の用意があるが感染症対策のため用意しないので、各自持参するよう案内がありました。考査当日は折り紙が用意されており、待機時間に折ってもよいし、持ち帰ってもよいとのことでした。
・考査当日、アンケートに記入することを失念し、親の自己紹介をどう書けばよいか悩みました。内容は例年ほぼ同様で記入時間は10分程度なので、回答を事前に考えておくことが大切だと思います。
・３年保育で入園したら、転勤等の特別な理由がない限り途中で他園を受験することは認められません。出願時に同意書の提出を求められたほか、当日のアンケートにも同様の項目がありました。
・面接室に入室すると息子が大きな声で「こんにちは」と言えたので、先生方にほめていただきました。おかげで息子は機嫌がよく、面接もスムーズでした。あいさつをきちんとできるようにしておいてよかったです。

※考査ガイド、面接ガイドは伸芽会教育研究所によるデータです

若葉会幼稚園

http://www.wakabakai.net/

［所在地］　〒106-0031　東京都港区西麻布4-13-25
TEL　03-3409-0039　FAX　03-3409-4976

［アクセス］
●東京メトロ日比谷線【広尾】より徒歩10分
●都営バス【西麻布】下車徒歩５分

幼稚園情報

［園　長］　大林 和子
［園児数］　男女計約160名

沿　革　昭和４年４月、第10代目三井八郎右衛門（高棟）が、三井一族および財界関係者の子弟の幼稚園として開設。昭和22年、三井家は財閥解体。新たな学校教育法により一般の家庭からも園児を受け入れるようになった。昭和45年、学校法人北泉学園を設立。平成22年７月、現在の園舎が竣工。

教育方針　開設当時の「各自の個性を尊重し、心身の円満な発達と共に、正直、勤勉、質素、快活の美風を養成し、かつ、共同生活に慣れしめ、自立自助の人となる素地をつくる」とした教育方針は、今も受け継がれている。幼稚園は幼児にとって立派な社会で、その中で精いっぱい自分を生かし、他者とかかわり、人間として生き生きと成長していけるよう応援する。「愛」の心、自律する「勇気」、持ち続ける「希望」を理想とし、感謝と奉仕の心を育てる。

特　色　幼稚園において、信頼感と安心感を基盤として視野を広げ、現実を直視し、最善の選択と行動をする勇気を育てるようにしている。普段の生活をまじめに暮らし、生活習慣、知識、技術の獲得はもちろん、責任感、公共心の自覚、労をいとわぬ献身、努力を身につけ、誇り高く、善く生きることを大切にし、これらを集団生活の中で自然な形で身につけられることを目標とする。

保育日・保育時間

9:25～13:30（月・火・木・金）
9:25～11:30（水）

年間行事予定

月	行　事　名（抜粋）
4	入園式
5	全学年遠足
6	内科検診、歯科検診、園外保育（年長）
7	七夕笹焼き、納涼大会
8	夏休み
9	親子給食の日、保育参観
10	運動会
11	１日動物村
12	クリスマス会
1	どんど焼き
2	豆まき、遊戯会
3	卒業式

毎月：誕生会

Kindergarten Information

※濃い色で示したアイコンはこの幼稚園に該当するものです

入試データ

下記の資料は2023年度入園児用 **（2022年秋実施済み）** です

募集要項 ※下記は前年度のデータです

募集人員	3年保育…男女計約54名		
応募資格	平成31年4月2日～令和2年4月1日生まれ		
入園説明会	非公表		
願書配付期間	9月6日～10月4日　平日10～15時（土：休み）		
願書受付期間	10月3・4日（消印有効）　簡易書留速達で郵送		
提出書類	・入園願書 ・写真票（志願者を含む家族写真を貼付） ・郵便はがき（考査日通知用。切手を貼付） ・金融機関振込明細書、領収書などの写し		
受験票交付	郵送		
受験番号付番	生年月日順	月齢考慮	なし
選抜方法 考査日	入園考査：10月31日～11月2日のうち1日 （日時は10月21日ごろまでに郵送で通知）		
考査料	13,000円		
合格発表	速達で通知（11月3日ごろ到着予定）		
入園手続	11月7日　10～15時		
課外教室	体操		
公開行事	――		
付記	・自家用車での送迎可 **【園からのメッセージ】** 遅刻、忘れ物をしないように。また、おむつを取ってきてほしいです。受験結果はお子さまのできるできないではなく、保育の方向が合うか合わないかによりますので、日常のままで来ていただきたいです。		

学費

……… 入園手続時納付金 ………

入園料	200,000円
施設充実費	300,000円

………… 年間納付金 …………

保育料・月額	（年少）31,000円
	（年中・年長）29,000円
教材費・月額	7,300円
冷暖房費・年額	7,200円
親和会会費・年額	3,000円
給食代（希望者のみ）・年額	約118,000円
寄付金1口 （1口以上、任意）	200,000円

※上記金額は諸事情等で変更の場合あり

制服

セキュリティ

警備員常駐／防犯カメラ設置／保育時間中の門施錠／インターホン対応／保護者IDカード／赤外線センサー設置／避難訓練実施／防災訓練実施／交通指導員配置／緊急通報システム／学校110番／AED設置／災害用品備蓄

昼食

給食（週4回）

進学情報

［小学校への進学状況］

非公表

［系列校］

――

※上記募集要項は幼稚園公表分と伸芽会教育研究所調査を併せたデータです。詳細は幼稚園HPでご確認ください

考査ガイド

考査日程　1日
受験番号付番　生年月日順
選抜方法　名札を左胸につけ、約6人1組で個別テスト、集団テストを行う。その後、親子面接がある
考査内容　個別テスト、集団テスト、親子面接
所要時間　約1時間

過去の出題例

個別テスト

■お絵描き・巧緻性
・お手本と同じように、クレヨンでサクランボやブドウ、キャンディーなどを描く（テーマは月齢によって異なる）。
・青いクレヨンで丸を描く。
・赤、青、黒のクレヨンで電車の絵を描く。

■生活習慣
・スモックを着た後脱ぎ、指示に従ってたたむ。
・手洗い場で手を洗い、自分のハンカチでふく。

■指示行動
・「ウサギのぬいぐるみにブドウを2房、バナナを1本あげてください」などと指示される。

集団テスト

■読み聞かせ
・『にんじん　だいこん　ごぼう』の絵本や『おおきくおおきくおおきくなあれ』の紙芝居などの読み聞かせの後、質問に答える。

■行動観察（自由遊び）
・畳の上で、用意された積み木、ブロック、おままごと、お人形、すべり台、電車、車などで自由に遊ぶ。

■言　語
・自由遊び中に、先生の質問に答える。「お名前は何といいますか」「お年はいくつですか」など。

■歌・リズム
・「むすんでひらいて」「ぴよぴよちゃん」などをピアノに合わせて歌いながら、手遊びをする。

■運　動
・指示されたところまで走り、クマ歩きで戻る。
・コーンまでウサギになって両足跳びで行き、タッチしたら両足跳びで戻る。
・指示された区間をケンケンで往復する。
・ボールを投げる。

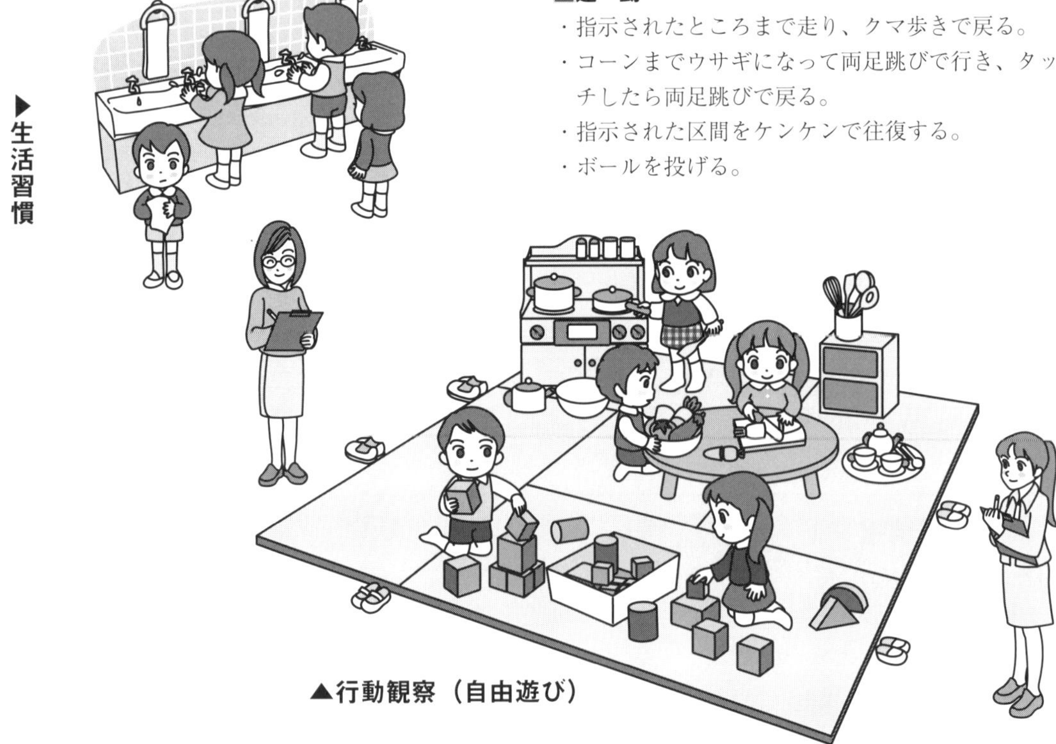

▶生活習慣

▲行動観察（自由遊び）

面接ガイド

親子面接　考査当日に、両親と本人へ行う
所要時間　5～10分

過去の質問例

本人への質問

・お名前を教えてください。今、何歳ですか。
・今日の朝ごはんは何を食べましたか。
・ごはんは誰が作りますか。
・好きな（嫌いな）食べ物は何ですか。
・嫌いな食べ物を食べられるよう頑張れますか。
・お家では誰と何をして遊びますか。
・きょうだいはいますか。お名前は何ですか。
・きょうだいやお友達とけんかをすることはありますか。自分からごめんなさいを言えますか。

父親への質問

・本園をいつごろ、どのようにして知りましたか。
・説明会には参加されましたか。
・お子さんはどのような性格ですか。
・どのようなお仕事をされていますか。
・普段お子さんとどのようにかかわっていますか。
・お子さんが生まれてから、ご自身にはどのような変化がありましたか。
・お子さんにとって課題だと思うことは何ですか。
・ご自身の親の教えで、お子さんに伝えたいことはありますか。

母親への質問

・どのようなお子さんですか。

面接の配置図

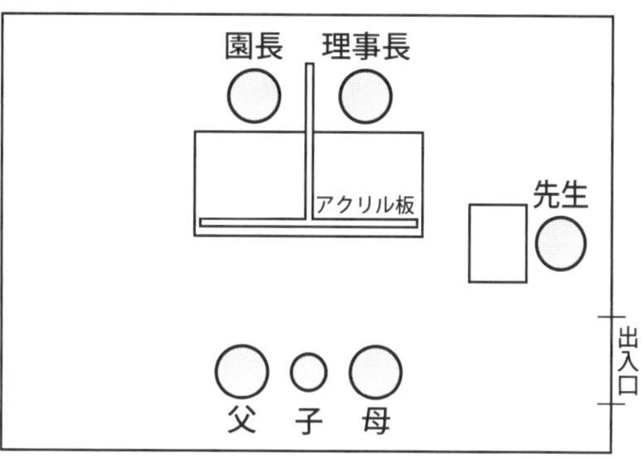

・お子さんは母子分離できますか。
・本園でお子さんのどのようなところを伸ばしたいですか。
・ご家庭と本園の教育方針の、どのような点が共通していますか。
・育児で気をつけていることは何ですか。
・育児で困っていることはありますか。困ったときに相談できる人はいますか。
・ご家庭では、食育について何かされていますか。
・お子さんは一人で衣服の着脱ができますか。
・本園の教育方針は厳しいですが、大丈夫ですか。
・お仕事をされていますか。送迎はできますか。

Interview [voice clip]

面接では子どもが座る姿勢も重要ポイント

・受付をして名札と折り紙1セットを受け取り、控え室で名札と同じ色のカードが置かれた席に座りました。いただいた折り紙を折った後は、持参した絵本を読みながら待機しました。
・面接室へは自分たちが先に入り、時間になると面接官の先生方が入室されました。子どもにはマスクを外して親に渡すよう指示があり、娘は自分で着脱できることをほめていただきました。
・面接室のいすはパイプいすで、子どもに一人で座るよう指示が出ましたが、わが子は座れず親が手伝いました。パイプいすに一人で座れるよう練習しておくとよいかもしれません。
・面接では親への質問中も、園長先生はずっと子どもを見ていました。待っている様子や姿勢などをチェックされているように感じました。

※考査ガイド、面接ガイドは伸芽会教育研究所によるデータです

上星川幼稚園

http://www.kamihoshikawa.ed.jp

［所在地］　〒240-0042 神奈川県横浜市保土ケ谷区上星川1-12-1
TEL 045-381-0705　FAX 045-381-1150

［アクセス］
●相鉄本線【上星川】より徒歩５分

幼稚園情報

［園　長］　三戸部 恵美子
［園児数］　男女計224名

沿　革 昭和24年、田んぼや畑、ブドウ園が広がる小さな丘の上、100坪ほどのかやぶき屋根の園舎で、キリスト教主義による学び舎が開園した。昭和30年、学校法人上星川学園を設立。昭和48年に２号館、昭和56年にチャペル落成。平成５年、学校法人上星川学院と名称を変更した。令和６年、創立75周年を迎える。

教育方針 キリスト教精神に基づく愛の教育を行う。幼児の個性を尊重し、生命の尊さを知り、集団生活を通して規律を守り、情操豊かな人間形成を図る。幼稚園教育要領に基づき、幼児に望ましい経験や活動を通し、適切な指導ができるような環境づくりを心掛けている。園訓は『三つの約束』として、「神さまに喜ばれる子ども」「健康な子ども」「交通ルールを守る子ども」を掲げている。

特　色 四季折々の草花が咲き、野鳥が飛び交う恵まれた環境で、保育は祈りをもって始め、素直に感謝できる心を育む。音楽、体操、英語の時間は専任教師による指導を行っている。また、プレートパズル、マジックブロックなどの図形遊び、幼年教育の「はじめてのあそび」の教材を使用し、楽しく遊びながら集中力や創造力を伸ばしている。家庭や地域と協力し、信頼できる環境づくりにも努める。

保育日・保育時間

登降園の時間はクラスにより異なる
登園　8:30～10:00の指定時間
降園　13:30～15:00の指定時間
※水曜日は１時間短縮保育

◇預かり保育（月～金）
7:30～保育開始
保育終了後～18:00

年間行事予定

月	行　事　名（抜粋）
4	入園式、交通安全指導、個人面談
5	レクリエーション、災害時引き取り訓練、遠足（年長）
6	じゃがいも掘り
7	音楽会、短期体操教室
8	夏休み、夏季保育
9	防災指導、作品展示会
10	創立記念日、運動会、いも掘り遠足
11	感謝祭、卒園記念制作、球根植付け、バザー
12	クリスマス
1	ドッジボール大会、ボールゲーム大会
2	じゃがいも植付け、発表会、カレーパーティー
3	お別れ会、卒園式

毎月：防災・防犯訓練

Kindergarten Information

※濃い色で示したアイコンはこの幼稚園に該当するものです

入試データ

下記の資料は2023年度入園児用**（2022年秋実施済み）**です

募集要項　※下記は前年度のデータです

募集人員	3年保育…男女計60名 2年保育…男女若干名		
応募資格	平成30年4月2日～令和2年4月1日生まれ		
入園説明会	10月15日（要申込）		
願書配付期間	10月15～31日　平日9～17時（土：～12時）		
願書受付期間	11月1日　9～10時　窓口受付 ※定員になり次第締め切る		
提出書類	・入園願書（写真貼付）　・入園納付金納入票 ・健康状態について		
受験票交付	願書受付時に手渡し		
受験番号付番	願書受付順	月齢考慮	あり
選抜方法 考査日	親子面接*：11月1日（受付順に開始） *：親…子どもについて質疑応答／子…先生と遊ぶ		
考査料	5,000円		
合格発表	面接後に通知		
入園手続	11月1日		
課外教室	体操教室／ピアノ教室／バイオリン教室／ヤマハ音楽教室／絵画教室／バレエ教室／かきかた教室		
公開行事	※施設見学は随時受付（要電話申込）		
付記	・専任講師による指導：音楽、体操、英語 ・スクールバスのバス停が遠い場合は、自家用車での送迎可 ◇未就園児教室「JoyJoyクラブ」（3歳児対象「くまグループ」、2歳児対象「ぺんぎんグループ」、1歳児対象「こうさぎグループ」）を月1回程度実施 ◇満3歳児保育を実施。詳細は要問い合わせ **【園からのメッセージ】** 教育方針を理解し、約束の守れるご家庭を望みます。		

学費

…… 入園手続時納付金 ……

入園料　（3保）120,000円
　　　　（2保）110,000円
施設設備費　10,000円

…… 年間納付金 ……

保育料（行事費、暖房費など含む）・月額 30,000円
教材費・年額　（年少）7,900円
　　　　（年中・年長）6,690円
スクールバス代（利用者のみ）・月額 3,000円

※兄弟姉妹が同時入園の場合は兄姉の入園料免除
※アルバム制作費など実費徴収金（年少：5,340円、年中：5,725円）、制服代など別途納付
※上記金額は諸事情等で変更の場合あり

制服

セキュリティ

保育時間内の職員門立ち／職員無線携帯／防犯カメラ設置／保育時間中の門施錠／インターホン対応／保護者名札着用／赤外線センサー設置／避難訓練実施／防災訓練実施／看護師常駐／緊急通報システム／緊急地震速報装置／学校110番／災害用品備蓄

昼食

お弁当（週5回）…希望者はお弁当タイプのランチ、牛乳の注文可

進学情報

[小学校への進学状況]

横浜国立大附属横浜、慶應横浜初等部、早稲田実業、暁星、横浜雙葉、精華、湘南白百合学園、青山学院横浜英和、湘南学園、桐蔭学園、関東学院、日大藤沢、捜真、清泉、玉川学園、聖ヨゼフ学園、鎌倉女子など

[系列校]

横浜女学院中学校・高等学校、横浜学院幼稚園

※上記募集要項は幼稚園公表分と伸芽会教育研究所調査を併せたデータです。詳細は幼稚園HPでご確認ください

金の星幼稚園

http://kinnohoshi.com/

［所在地］　〒224-0001　神奈川県横浜市都筑区中川1-3-2
TEL　045-911-7000　FAX　045-911-7002

［アクセス］
●横浜市営地下鉄ブルーライン【中川】より徒歩4分

幼稚園情報

［園　長］　大山 文恵
［園児数］　男女計240名

沿　革　昭和25年、川崎市に竹田保育園設立。翌年、学校法人の認可を受け、竹田幼稚園となる。昭和47年、渋沢秀雄、大濱信泉、石川悌次郎らが「各々の分野で日本の未来を担い、世界の人々の心をつなぐ星になる人材の育成」を理念に掲げ、竹田定雄・ハツを理事長として金の星幼稚園を設立。専門講師による子どもの心を育てる教育を展開。平成２年、２園を統合し港北ニュータウンに移転。平成27年、英語クラスを新設。令和３年、英語教育法「サイバードリーム」「ＬＣＡメソッド」を導入、４年制の満３歳児クラスを設置。

教育方針　幼い子どもたちの木質の中に、それぞれの輝く個性があることを認め、豊かな感性と創造力、人を思いやる温かい心や助け合いの精神を身につけられるよう導く。元気な心と体をつくる裸・はだし教育も導入。また、すべての保護者に「１日先生」として保育に参加してもらい、感じた問題点を共有するなど保育の質の向上に役立てている。

特　色　時代に先駆けた教育改革を推進し、世界の人々に心から寄り添える人材を育成する。外国人と日本人のダブル担任制で日常的に英語にふれられる。日本語での保育も、専門講師によるピグマリオン、鼓笛、絵画、体操、国語、文字、算数、リズム、ヒップホップ、論理エンジンなど充実。

保育日・保育時間

8:30〜14:00(月・火・木・金)
8:30〜11:30(水)

◇預かり保育(年末年始以外は年中無休)
7:30〜18:30(早朝・深夜も可)
一時預かり、横浜市内・市外預かり(金の星独自)
※横浜市預かり保育認定園

年間行事予定

月	行　事　名(抜粋)
4	入園式、懇談会
5	交通安全指導、個人面談
6	内科・歯科検診、父子遠足（年中・年長）
7	盆踊り、わいわい祭り、お泊り会
8	夏休み、ちびっ子運動会
9	引き渡し訓練
10	大運動会、おいも掘り、ハロウィンパーティー
11	移動動物園、全日本マーチング大会、友達バザー
12	クリスマス会
1	成人式（卒園生）
2	発表会
3	謝恩会、卒園式

毎月：誕生会

Kindergarten Information

入試データ

下記の資料は2023年度入園児用（**2022年秋実施済み**）です

募集要項 ※! 2024は次年度のデータです

募集人員	3年保育…男女計100名 2年保育…男女計30名		
応募資格	平成30年4月2日～令和2年4月1日生まれ		
入園説明会	! 2024 8月26日　10時～		
願書配付期間	随時		
願書受付期間	随時		
提出書類	・願書（家族写真を貼付）		
受験票交付	―――		
受験番号付番	―――	月齢考慮	なし
選抜方法 考査日	行動観察、両親面接：出願時に考査日を決定		
考査料	5,000円（出願時に窓口で提出）		
合格発表	考査2日後にメールで通知		
入園手続	指定日		
課外教室	英語／体操／新体操／空手／サッカー／ピアノ／国語／算数／文字／ピグマリオン／チア／バトン／ヒップホップ／演劇／論理エンジン／囲碁		
公開行事	ちびっ子運動会：8月27日　大運動会：10月15日 保育見学会：第2・4火曜日（説明会併催。入園希望者は要参加）		
付記	◇未就園児対象の「年少小クラス（2歳・満3歳）」「週1クラス」「スタンダードクラス」を実施 ※希望者は保育見学会で説明会に参加すること **【満3歳児募集要項】** 対象児：令和2年4月2日～令和3年2月28日生まれ 面接日：満3歳の誕生月の前月まで、または9月30日まで **【園からのメッセージ】** 本園の教育で意欲・理解力・集中力などが高まり、「子どもの地頭力が伸び自信もつく」という素晴らしい結果を生んでいます。		

学費

……… 入園手続時納付金 ………

入園金	170,000円

………… 年間納付金 …………

保育料・月額	29,500円
特別教育費・月額	8,500円
施設費・月額	3,000円
諸経費・月額	6,000円
バス代（利用者のみ）・月額	4,500円
給食代（希望者のみ）・月額	4,050円
制服代	約32,000円

※英語クラスは追加保育料・諸経費あり
※学用品代、絵本代、ワークブック代、遠足代、鼓笛大会参加費など別途納付
※年中・年長は冬制服代別途納付
※上記金額は諸事情等で変更の場合あり

制服

セキュリティ

警備員常駐／防犯カメラ・保育活動確認用カメラ設置／保育時間中の門施錠／インターホン対応／保護者IDカード／避難・防災訓練実施／交通指導員配置／緊急通報システム／緊急地震速報装置／学校110番／災害用品備蓄／放射線物質除去浄水器設置／紫外線遮断ネット設置

昼食

給食かお弁当の選択制（週4回）…月1回、全員お弁当デーあり

進学情報

[小学校への進学状況]

筑波大附属、横浜国立大附属（鎌倉、横浜）、慶應幼稚舎、青山学院、白百合学園、横浜雙葉、洗足学園、森村学園、桐光、清泉、関東学院、帝京、サレジオ、LCA国際など

[系列校]

―――

※上記募集要項は幼稚園公表分と伸芽会教育研究所調査を併せたデータです。詳細は幼稚園HPでご確認ください

東京都渋谷区／共学　1年保育 ＋ 2年保育 ＋ 3年保育

ドルトンスクール東京

http://www.dalton-school.ed.jp/tokyo/　E-mail daltont@kawai-juku.ac.jp

［所在地］　〒151-0064 東京都渋谷区上原3-28-18
TEL 0120-304-301/03-3465-4301

［アクセス］
●小田急小田原線【東北沢】より徒歩３分
●京王井の頭線【池ノ上】より徒歩７分

幼稚園情報

［校　長］　松田 直子
［園児数］　男女計約125名

沿　革　昭和45年、名古屋に英才教育研究所河合塾教室を開校。昭和51年、ニューヨークのドルトンスクールと提携し、河合塾ドルトン教育研究所と改称。同年、２校目として東京・お茶の水に東京ドルトンスクールを開校し、昭和52年、幼稚園コースを開設。平成13年、通称をドルトンスクール東京とする。平成23年、各種学校認可を取得。

教育方針　アメリカの教育家ヘレン・パーカーストが考案した、一人ひとりの興味や好奇心を出発点に据えた教育法「ドルトンプラン」を基盤とする。「自由」「協同」の２つの基本原理があり、子どもたちがさまざまな物事に興味を持ち、主体的にチャレンジしていくよう導くとともに、人は相互に協力し、生産的な活動を行って生きているという認識を持たせ、集団の中での協調性を育てることを目指す。

特　色　ハウス（ホームルーム）、アサイメント（約束）、ラボラトリー（実験室）の３つを柱とし、知的能力と豊かな個性・社会性を伸ばすユニークな総合教育を行う。少人数クラス編成と複数担任制をとり、さまざまな教具から興味のあるものを選んで遊ぶ「フリープレイ」、知能構造理論に基づくオリジナル教材で行う「ラボ」など、すべての教科は子ども自らが気づき、主体的に取り組めるよう構成されている。

保育日・保育時間

【年少(ナーサリー)】
9:50～14:00(月・火・木・金)
9:50～13:00(水)
【年中(プリキンダーガーテン)】
9:45～14:30(月・火・木・金)
9:45～13:15(水)
【年長(キンダーガーテン)】
9:40～15:00(月・火・木・金)
9:40～13:30(水)

年間行事予定

月	行 事 名(抜粋)
4	ビジティングデー、入学式
5	こどもの日会、春の遠足
6	クラスビジット（授業参観）
7	――
8	夏休み
9	引き取り訓練、運動会
10	秋の遠足、ハロウィン
11	お楽しみ遠足
12	ホリデーシングアロング
1	お父さんのクラスビジット
2	お楽しみ会
3	お別れ遠足、アーチデー（卒業式）

毎月：誕生会、避難訓練

Kindergarten Information

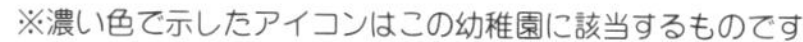
※濃い色で示したアイコンはこの幼稚園に該当するものです

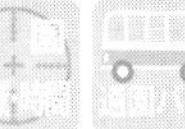

登園開始　制服　通園区域制限　通園バス　給食　アレルギー対応　課外教室　預かり保育　未就園児クラス　洋式　セキュリティ　小学校　中学・高校　大学

入試データ

下記の資料は2023年度入園児用**（2022年秋実施済み）**です

募集要項　※下記は前年度のデータです

募集人員	３年保育…男女計約50名 ２年保育…男女計約15名 １年保育…男女若干名		
応募資格	平成29年４月２日～令和２年４月１日生まれ		
入園説明会	７月３日／９月４日		
願書配付期間	７月４日～		
願書受付期間	Ｗｅｂ申込：９月６日～10月12日 出願：10月16日　窓口受付 ※ＨＰの指示に従ってＷｅｂ申込後に出願		
提出書類	・入学申込書（写真貼付）		
受験票交付	郵送		
受験番号付番	願書受付順	月齢考慮	なし
選抜方法 考査日	グループでの行動観察、保護者面接：10月16日 ※定員に達しない場合は、２次募集を実施		
考査料	15,000円		
合格発表	考査後、２週間以内に郵送で通知		
入園手続	合格通知日より10日以内に入金		
課外教室	サイエンス／球技／English／アート／リズム＆ダンス／ハンズオン／体操／音楽／チアダンスなど		
公開行事	授業見学会：７月４・５・７日／９月５・６・８日 ※スクール見学は随時受付（要問い合わせ）		
付記	・専任講師による指導：アート、音楽、体操、English、サイエンス、コンピュータ ・自家用車での送迎可 ◇３～５歳児対象の「アフタースクール幼児」を実施 週１、２回（火～木・土）　※他園の通園者対象 ◇１・２歳児対象の「プレイグループ」を実施 １歳児：週１、２回　２歳児：週１～２回		

学費

……… 入園手続時納付金 ………

入学金	300,000円

………… 年間納付金 …………

授業料・年額	1,297,000円
施設設備費・年額	172,000円
給食費・年額	71,000円

※上記金額は諸事情等で変更の場合あり

制服

制服なし

セキュリティ

警備員常駐／防犯カメラ設置／保育時間中の門施錠／インターホン対応／避難訓練実施／防災訓練実施／緊急通報システム／ＡＥＤ設置／災害用品備蓄

昼食

給食（週５回）

進学情報

［小学校への進学状況］

非公表

［系列校］

ドルトン東京学園中等部・高等部、ドルトンスクール名古屋、The Dalton School（ニューヨーク）

※上記募集要項は幼稚園公表分と伸芽会教育研究所調査を併せたデータです。詳細は幼稚園ＨＰでご確認ください

コロンビアインターナショナルスクール

http://www.columbia-ca.co.jp　E-mail admissions@columbia-ca.co.jp

［アクセス］
●JR武蔵野線【東所沢】より徒歩10分
●JR【東所沢】【大宮】【川口】【三鷹】、東武線【ふじみ野】【和光市】、西武線【所沢】よりスクールバス

［所在地］　〒359-0027　埼玉県所沢市松郷153
TEL　04-2946-1911　FAX　04-2946-1955

幼稚園情報

［校　長］　ベリー・マクリゴット
［園児数］　男女計８名

沿　革　昭和63年、東京都保谷市（現・西東京市）に国内初の留学を前提としたインターナショナルスクールとして、ユーエスカナダ学園コロンビアインターナショナルスクール高校課程を開設。平成10年、埼玉県所沢市に全面移転し、平成11年、中学課程、平成14年、小学課程を設立。平成25年、幼稚園課程を設立した。

教育方針　カナダ・オンタリオ州教育省およびＷＡＳＣ（アメリカの教育認定機関の一つ）から認可されている、日本で唯一のインターナショナルスクール。人種や宗教の差別なく異文化を理解する真の「国際感覚」を身につけ、国際化社会において活躍できる人材を育成することを設立主旨とする。健全な心身の発達を促し、社会の動向に対応できる判断力を養い、妥協することなく物事を完遂する精神を育むことを教育理念に掲げ、学習力だけでなく、社交性や感性の成長を総合的にサポートする教育を展開する。

特　色　「心身と社会性の成長」「英語と日本語」「算数」「理科とテクノロジー」「体育」「アート」の６つの分野で子どもたちが成長できるよう導いていく。クラスは縦割りの少人数制をとり、経験豊かな外国人教師が一人ひとりの成長を見守りながら、きめ細かな指導を行っている。

保育日・保育時間

9:00～15:00（月～金）

◇預かり保育
「After School Care」（月～金）
15:15～17:30

年間行事予定

月	行　事　名（抜粋）
4	入学式、オリエンテーション
5	遠足
6	健康診断、EPAC（地域の幼稚園との合同イベント）
7	カナダデイ、サマースクール
8	夏休み、サマースクール
9	――
10	スポーツデイ、ハロウィンパーティー
11	いも掘り遠足
12	クリスマス・フィエスタ（学園祭）
1	――
2	いちご狩り遠足
3	卒業式

Kindergarten Information

※濃い色で示したアイコンはこの幼稚園に該当するものです

登園開始　制服　通園バス　給食　課外教室　預かり保育　洋式　セキュリティ　小学校　中学・高校

入試データ

下記の資料は2024年度入園児用**（2023年夏～秋実施予定）**です

募集要項

募集人員	3年・2年・1年保育…男女計15名		
応募資格	平成30年4月2日～令和3年4月1日生まれ		
入園説明会	6月24日／9月23日　9時30分～11時（公開授業あり）		
願書配付期間	4月1日～		
願書受付期間	1次：7月1～31日　2次：10月1～31日 郵送（消印有効）、または連絡のうえ事務局まで持参		
提出書類	・入園願書（志願者写真、振込受領書を貼付） ・過去1年間の通園記録　・4cm×3cmの証明写真4枚 ※可能な限り英語で記入		
受験票交付	―――		
受験番号付番	願書受付順	月齢考慮	あり
選抜方法 考査日	親子面接：指定日		
考査料	25,000円		
合格発表	考査翌日に発送　郵送で通知		
入園手続	合格通知日より約1週間以内に入金		
課外教室	英語／世界の国々／理科／コンピューター／算数など		
公開行事	クリスマス・フィエスタ（学園祭）：12月10日 個別見学：火～木曜日（要申込）		
付記	・自家用車での送迎可 ・サマースクール：7月24日～8月18日 9時30分～14時30分（要申込・抽選） **【園からのメッセージ】** 「人格形成の6つの柱」理念に基づき、すべてのアカデミック&ソーシャル活動を通して、ラーニング・スキルズ（学ぶ技術）を身につけています。まずは、ご見学・ご相談を！		

学費

……… 入園手続時納付金 ………

入学金	210,000円

………… 年間納付金 …………

授業料・年額	1,612,500円
給食費（選択制）・年額	111,600円
ＰＴＳＡ費・年額	12,000円
学校充実費1口 （1口以上、任意）	200,000円

※兄弟姉妹が幼稚園課程に同時入学・在学の場合、入学金を免除
※兄弟姉妹同時在籍の場合、2人目は授業料を10%割引、3人目は授業料を30%割引
※上記金額は諸事情等で変更の場合あり

制服

セキュリティ

警備員常駐／防犯カメラ設置／保育時間中の門施錠／保護者名札着用／避難訓練実施／防災訓練実施／看護師常駐／緊急地震速報装置／ＡＥＤ設置／災害用品備蓄／緊急時メール配信

昼食

給食（週5回）…選択制

進学情報

[小学校への進学状況]
【コロンビア】原則として小学課程に進学可能
[中学校への進学状況]
【コロンビア】原則として中学課程に進学可能

[系列校]
コロンビアインターナショナルスクール高校課程（専修学校）・中学課程・小学課程

※上記募集要項は幼稚園公表分と伸芽会教育研究所調査を併せたデータです。詳細は幼稚園ＨＰでご確認ください

実況！特別講演会

豊明／暁星

伸芽会では、令和４年６月 14 日～８月 31 日まで『名門私立小学校・幼稚園合同 入試対策説明会』の動画を配信し、第一部にて伸芽会教育研究所による講演「一貫校のメリットと幼児期の終わりまでに育ってほしい姿」を、第二部で一貫校の先生方による講演をお送りしました。その中から、第二部の日本女子大学附属豊明幼稚園の羽路久子園長と、暁星幼稚園の青木和美主事の講演内容をお伝えいたします。

日本女子大学附属豊明幼稚園

羽路久子園長

三綱領に基づき一貫教育の土台をつくる

本園は日本女子大学の併設園として明治 39 年に開園しました。まずは本園の教育目標、目指す幼児像についてお話しいたします。

本学の建学の精神である三綱領、『信念徹底』『自発創生』『共同奉仕』を幼児向けにして、健康で明るく元気な子ども、生き生きとした気持ちで物事に接し、工夫したり創り出す喜びを感じられる子ども、お互いのよさを認め、仲よく協力できる子ども、自主的な生活態度を身につけ、自分のことは自分でし、最後までやり抜く子どもの育成を目指しています。

これに向けて、さらに各年齢ごとに目標があります。年少では喜んで登園し、人や物とのかかわりの中で好きな遊びにじっくりと取り組む。年中では安定した生活の中で、いろいろな自分を出しながら人や物に興味を持って遊びに取り組む。年長になると、共通の目的に向かってお友達と協力し、遊びや活動に意欲的に取り組むことを目指します。このような３年間を通して基本的な生活習慣を身につけ、集団生活におけるルールやマナーを学んでいきます。特に年少組では一人ひとりの育ちが違いますから、教師が丁寧にかかわっていきます。

園児の１日の生活は、遊びが中心です。クラスや学年での日々の活動は、教育課程や指導計画のもと、前の週での子どもの姿から決めています。みんなで同じ活動をする、教師の話をよく聞いて理解するということから始まり、年長組では何かを決めるときにはお友達の話をよく聞く、教師の話をよく聞いて理解したうえで自分の意見も話すなど、年齢に応じて内容を変え、子ども自身に考えさせることもあります。

幼児にとって遊びは主体的な活動 その経験を積む中に真の学びがある

わたしたちは、遊びを通して子どもたちがさまざまな能力を磨くことができると考えています。幼児にとっての遊びの本質は、主体的な活動であり、自発的な活動です。これこそ、本学での自学自動の精神です。やりたいという思いが生まれ、自分でやってみて、いつしか遊びに夢中になる。面白い、楽しいから遊び続ける。自分の意思や考えから自分の行動を選んで取り組み、失敗しながらもねばり強くやり直すなどの試行錯誤をしつつ、さらに自分のイメージにそって遊びを続けていきます。そこでは、意欲を持って自ら主体的に活動することで自主性が育ち、自己発揮しながら遊びに夢中になることで達成感を感じ、集中力もついていきます。遊びの中で、トラブルや自分の思いが通じないことも経験することで、人や物とのかかわり方を学び、自分で考えながら工夫して遊ぶことで発想力、想像力、思考力も育っていきます。

しかし、子どもたちをただ遊ばせ放任していては、このような力はつきません。教師の適切な援助、指導があるからこそ、力を身につけていくのです。教師は個々の子どもの内面を理解しつつ、一人ひとりまたはグループでの子どもの姿を観察して心の様子を洞察し、興味関心に応じて環境を整えます。子ども自身が主役となる遊びをし、そこから得る経験を積み重ねていく中にこそ、真の学びがあると考えています。

幼稚園の遊びから生まれる学びを小学校の教科教育に引き継ぐ

子どもたちは遊びの中で、音、風、光など自然科学的な不思議さも体験します。その面白さに気づき、自分たちで試行錯誤しながら探求していくのです。この遊びでの感覚的な学びは教科学習である小学校教育にもつながっていきますが、一貫教育の強みは、その教育が引き継がれていくことにあります。

これからの子どもたちにとって必要な力とは、なぜ？と気づく感性、不思議だなと思い探求する意欲ではないでしょうか。子どもたちはこの２つを必ず持っていて、それを引き出すのがわたしたちの役目だと思っています。ねばり強くやり遂げようとする力、お友達と気持ちを伝え合い協力する力、予想外のことにもどうにか対応する力、今までにない新しいものを生み出す力、これらは幼児教育で重要とされている非認知能力そのものなのです。

日本女子大学附属豊明幼稚園園庭

Q＆Aコーナー

Q：一貫校としての幼稚園と小学校とのかかわりについて、お聞かせください。

A：連携は深く、特に年長児との交流が多いです。小学校の敷地に自然見学に行って理科の先生からいろいろ教えていただいたり、体育の先生が幼稚園にいらして体育活動をされたりもします。園児と一緒に希望する保護者が小学校に行く機会も多くあります。２月ごろには５年生との交流があり、女児は小学校に向けての気持ちを保つことができます。

Q：幼稚園では共学、小学校からは別学となることについてお聞かせください。

A：男女が刺激し合って保育を進めていくことは、幼児期だからこそよい面がたくさんあります。男児が面白い遊びの発想をすると、似通った遊びをしがちな女児には参考になりますし、男児は女児の要領のよさや賢さなどを学んでいます。

Q：働く母親の増加について、具体的に行われている対策はありますか。

A：本園では、シッターや祖父母の方にも送迎していただけます。幼児期の３年間は、人間形成の基礎をつくるとても大事な期間です。送迎以外の短い時間でも親子でふれ合うときを大切にし、特に保護者がお子さんの成長を喜ぶ、喜び合うときを大事にしていただきたいです。

Q：入試に向けて頑張っているご家庭へのメッセージをお願いいたします。

A：お子さんは前向きに育つ力を必ず持っていてその可能性は未知数です。その力を信じて、形の見える成長だけでなく心の成長を読み取って喜んでいただきたいです。困ったときは周りの人に助けてもらいながら、どうぞ子育てを楽しんでください。入園なさったら、保護者の方と連携して教員も一緒にお子さんの成長を支えていきたいと思います。

暁星幼稚園

青木和美主事

カトリック教育による人格形成で勇気とたくましさを備える

暁星幼稚園は、カトリック男子修道会「マリア会」によって作られた、暁星学園の最初の入口にあたる教育機関です。暁星学園は130年を超える伝統を持つ小学校、中学・高等学校からなる男子校ですが、学園の中で本園のみ女児が在籍しています。

カトリック教育とは、特別な教育ではありません。神様はいつも見ておられるということを心に教え、善悪の判断を誰かに委ねることなく、正しいことを最後まで貫き通せるように導く教育です。わたしたち人間は、罪を犯したり、間違ったりすることもあります。そのとき素直に謝るには、勇気が必要とも言えます。そこに失敗を恐れないたくましさが備わって、人格の形成の基礎となることを期待しています。

教育とは、それぞれのお子さんが生涯持ち続けられる財産です。お子さんが持つ才能を引き出し、美しいものを美しいと感じる感性を育てます。器の広い、奥行きのある人間教育を行う、そういったところに本学園のよさがあるのではないかと考えております。

幼稚園生活で互いに育ち合い本物にふれる体験をする

幼稚園の中で集団で学ぶことには意味があります。お互いにじっくりかかわることで、相手の立場に立って物事を考えられるようになり、子ども同士が育ち合っていきます。

本園では本物にふれるということを大事にしています。コロナ禍の中では社会科見学のような形の体験学習がなかなかできませんが、グループ活動の一つとして、実物を見た後にそれを制作してみることをカリキュラムに入れています。季節の行事も重視しています。たとえばクリスマスには本物のモミノキを飾るのですが、子どもたちはよい香りがするとよく話しています。色や香りなど五感で感じるものを大切にし、用意しています。それに対する子どもたちの吸収力には、目を見張るものがあります。

泥遊びと積み木も本園の特徴かもしれません。心ゆくまで遊び込む姿に、集中力と開放感が見られます。裸足になって砂の上を歩き感触を肌で得たり、体で体験したりする。水の流れにも興味を持って、どのように流れていくか、砂に染み込んでいく様子なども見ながらじっくり遊んでいます。また、本園で使用する積み木などの教材は非常にシンプルなもので、そこから遊びが発展していくことを想定しています。

保護者のニーズに応えながら一貫教育により結果を出す

幼児教育は、保護者の協力なくしてよい結果は得られません。わたしたちはできるだけ保護者の願いや希望に沿うことができるよう努力しております。本園では女児も募集しているのですが、女児の入園は非常にお勧めです。男児の中で女児が活発にリーダーシップを取って活躍している様子、自分を出しながら楽しんでいる様子を日ごろから見ております。このような経験が、結果として女児の進学状況へもつながっていくように感じています。

基準は一応ありますが、男児は希望があれば暁星小学校へ推薦することができます。小学校では受験して入学したお子さんとともに切磋琢磨しながら頑張っていくわけなのですが、本園

砂場遊びの様子

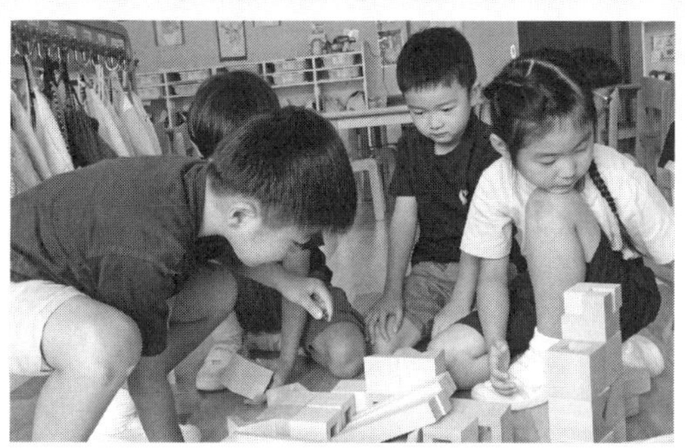
積み木遊びの様子

からの進学組は受験準備をしたお子さんとは少し違って、おけいこなども楽しみながら最終的に 14 年間で結果を出すことに重きを置いているようです。

小学校との連携で遊びが発展 家庭の教育方針との一致が大切

小学校との連携として、年長児を対象に小学校の先生たちから出張授業をしていただいています。2021 年は学期ごとに 1 回ずつ行い、音楽、体育、図工を指導していただきました。図工では紙の特性を利用した制作を行いましたが、翌日にはさっそく子どもたちがその教材をアレンジするなど創意工夫が見られ、遊びが大変発展しました。幼児の場合はやってみて、工夫もして、失敗もあるけれど、そこからまた新たに考えるということのくり返しが非常に大事で、そのよいきっかけになっています。

出張授業は教科の先取りではなく、45 分間集中して取り組み、体験することで、小学校への期待を持ちつつ授業スタイルに慣れ、興味関心を高めていくことがねらいです。コロナ禍が収束すれば、中学・高等学校の運動会にも参加予定です。肩車をしてもらったり、一緒にお弁当を食べたりしますが、こういった活動は幼稚園の子どもたちだけでなく、中・高生にとっても非常によい影響があると言われています。

創立当初から大事にしている家庭の精神というものを、本園は受け継いでいます。家庭の教育方針と幼稚園の教育方針が一致していることが大変大切です。保護者の協力をお願いすることもあり、行事を通じてお子さんの成長をご覧いただく機会も設けています。

Q & A コーナー

Q：50 年以上前から続く一貫教育で、大切にしてこられたところをお聞かせください。

A：教育の大きな柱として 2 つのカリキュラムがあります。一つは、教師が環境を用意した中から子どもたちが好きなものを選んで、それに没頭していく時間。もう一つは、みんなで歌ったり制作したりする一斉活動です。この 2 つを 1 日の中にうまく組み込んで、子どもたちの発育発達を促しています。特に遊びの時間は、子ども一人ひとりが持っている人格を発揮して遊びの中で自己実現したり、また実生活に活用できるような技能や、自ら課題を持って取り組む実践力などを身につけたりする時間として大切にしています。

Q：鍛える教育を行い、また難関校でもある暁星小学校への進学に向け、幼稚園で力を入れている活動はありますか。

A：我慢したり、集中力を養ったりすることを一番大事にしています。読書カードに日付を鉛筆で書くなど、生活の中で数や図形、文字などを少しずつ子どもたちに提供して意識づけたり興味を持たせたりもしています。数や量などの感覚を体得していくことは、小学校の学習でも生きてくるのではないかと思います。また、内部進学試験の際に落ち着いていられるよう、練習を 2 回ほど行います。

Q：幼稚園では共学、小学校から男子校となります。女児の進学状況はいかがでしょうか。

A：本園がカトリックのミッションスクールだということで、その教育をそのまま続けたいと希望される方は毎年おられます。特に男児女児の区別をつけず遊びも一緒に行い、女の子は男の子の中で活発に活躍していくので、選択肢が広がるような貴重な 2 年間となるのではないかと思っております。実績としては、白百合学園小学校や雙葉小学校、慶應義塾横浜初等部、早稲田実業学校初等部、筑波大学附属小学校などへの進学があります。

特別講演

はじめての園選び＆名門幼稚園入試

令和５年４月23日に開催された「はじめての園選び＆2023年度名門幼稚園入試」において、伸芽会教育研究所主席研究員・佐藤眞理による講演「わが子の園選びと幼稚園入試の現状」を行いました。幼稚園の選び方、入試の具体例など講演内容をご紹介いたします。

幼稚園と保育園の違いについて

毎年桜の時期になると、名門幼稚園に入園されたお子さんたちが、伸芽会の教室に制服姿で立ち寄ってくださいます。その姿を目にするたびに、入園は受験のゴールではなく、未来へのスタートであることを実感します。幼稚園や保育園は、子どもたちにとって最初の集団生活の場。すてきな未来へのスタートを切るためにも、園選びは重要です。

幼稚園は文部科学省の管轄で、学校教育法により設置されています。対象は満３歳から就学前までで、幼稚園教諭が指導にあたります。時間は１日標準４時間ですが、時間外の預かり保育を実施している幼稚園も増えています。

保育園は厚生労働省の管轄で、児童福祉法により設置されています。対象は０歳から就学前まで、時間は１日原則８時間、保育士が保育を行います。幼稚園と保育園の機能を持つ認定こども園もあります。内閣府の管轄で、「就学前の子どもに関する教育、保育等の総合的な提供の推進に関する法律（通称「認定こども園法」）」により設置されています。

集団生活と園選びの重要性

皆さんが園選びで重視されることは、教育内容、利便性、環境などさまざまだと思います。ここでぜひ心に留めていただきたいのが、幼児期の集団生活の重要性です。入園まで家庭で自分中心に過ごしてきた子どもたちは、園生活はそれでは成り立たないことを知るようになります。待つことや、やってはいけないこと、人を傷つけたり、傷つけられたりしたときの対処法などを学んでいきます。

言葉も集団でなければ身につきません。「うちの子は家でよくしゃべるから大丈夫」という方がいらっしゃるかもしれませんが、自分が話したいことだけを話せればよいわけではありません。人の話を理解する、人に伝える、お願いする、説明するといった言語力の基礎は集団生活の中で刺激を受けることで育まれます。

これらのことは、そのまま価値観につながります。人とのかかわりを通し、道徳性、規範意識など価値観のベースが形成されます。幼児はいろいろな物事を知識として学ぶのではなく体全体で吸収するとお考えいただくと、園選びの大切さがおわかりになるかと思います。

幼稚園の種類と受験のメリット

幼稚園は大きく分けて３つの選択肢があります。有名附属幼稚園、受験幼稚園、近所の幼稚園です。有名附属幼稚園は、系列の小・中学校、高校や大学などがあり一貫教育を行っています。受験幼稚園は内部進学ができる系列の小学校がなく、小学校受験をする子が多い幼稚園です。近所の幼稚園は、お友達をつくりやすい、のびのび遊べるなどの理由で選ばれる方が多いようです。伸芽会からは毎年多数の方が名門幼稚園に合格されています。受験は多大な労力が必要ですが、よいこともたくさんあります。１歳から３歳までの子どもは目覚ましく成長しますが、自分のお子さんはどの程度のことができるか、何をさせればよいかわからない方が多いと思います。名門幼稚園の入試内容は、２、３歳ならこのぐらいのことができるように

なるという、成長の目安になります。ただ、幼稚園が求めるような成長を促すには、いろいろな経験をさせることや、基本的な生活習慣を身につけさせることが大事です。

また幼稚園受験は、家庭の教育方針や子どもの将来像を考えるよい機会にもなります。一貫校の場合は、高校や大学までの教育環境が一つの指針となるわけです。家族が同じ目的に向かって頑張ることによって連帯感が生まれ、絆が深まるなどの利点もあります。

入試で求められること

幼稚園入試の内容は、個別テスト、集団テスト、運動、面接などです。個別テストは難しいことができるかどうかより、お話を聞く姿勢があるか、日常生活の中でどのようなことを経験しているかなどが重視されます。集団テストはお友達と一緒に問題なく行動できるか、運動は集団の中で、自分の体を安全にコントロールしながら指示通りに動けるかなどを見られます。親子遊びや親子課題を行う幼稚園もあります。親子の普段の様子や子どもへのかかわり方などがポイントになります。

合格に一番必要なことは、年齢相応の社会性です。精神的に安定し、気持ちが外に向いていて先生の指示を聞くことができるか、お友達のことを考えられるかなどが大切です。園側は、入試から入園までの数ヵ月間でさらに成長することも想定していると考えてよいでしょう。面接では保護者の考え方や人柄、家庭の雰囲気などを見られます。幼稚園にはそれぞれ園風があります。合格をいただける幼稚園は、ご家庭と相性がよいとお考えください。

考査内容の具体例

考査のパターンには、遊び中心型と課題中心型があります。遊び中心型は青山学院幼稚園、東洋英和幼稚園、雙葉小学校附属幼稚園などが代表的です。いずれの幼稚園も親子遊びや自由遊びなどが行われます。東洋英和幼稚園の親子遊びは、母子分離が可能なら親は離れて周りに座ります。雙葉小学校附属幼稚園は２年保育です。３年保育の子より言語力や社会性が発達しているため、相応の内容になっています。課題中心型は学習院幼稚園、暁星幼稚園、白百合学園幼稚園、日本女子大学附属豊明幼稚園などです。学習院幼稚園では、数量や枠はめパズルが出題されました。暁星幼稚園では昨年に引き続き親子課題はなく、数や構成、生活習慣などの個別テストが行われました。白百合学園幼稚園では、折り紙やクーピーペンを使い親子でテーマに沿った絵を描く課題や、塗り絵など巧緻性の課題がありました。日本女子大学附属豊明幼稚園では、パズルや絵画、記憶などの個別テストがありました。

受験に向けてのアドバイス

受験にあたり、お子さんの準備としては、基本的な生活習慣や主体的な態度を身につける、母子分離ができるようにする、身の回りのものの名前、色、形、数、大・小を覚える、などが挙げられます。ご両親はお子さんの将来の方向性を決めること、志望園について知ることが必要です。お子さんと向き合う時間もつくり、１日１回はご家族で食事をして会話をするよう心掛けてください。楽しかったと思える感覚をどれだけ親子で共有できるかも鍵になります。

ただし子育ての最終目標は自立であり、その芽は３歳までの家庭生活で育てていくものです。その先を幼稚園以降の集団生活が担います。ご家庭に合った園選びをすること、ご両親が同じ方向を向いて子育てにあたること、どんな状況にあっても対応できる体力と気力を養うこと。ご家庭の役割はそこに尽きます。

青山学院幼稚園／学習院幼稚園

青山学院幼稚園合格のＴさん

受験のきっかけと家庭での対策

娘の将来を考え始めた際、一貫校に通わせてあげたい気持ちが強くなり、２歳のころに幼稚園受験を決めました。

娘はいろんな遊びに目移りして、それまでしていた遊びを次々と変えてしまう傾向がありました。そこで伸芽会の教室で先生からいただいたアドバイスをもとに、家庭で一人遊びをする時間を増やすことにしました。また遊びの種類も粘土や折り紙など没頭できるものを多く取り入れたことで、自分で考え工夫しながら遊ぶことの楽しさに気がついたようで、徐々に集中して遊べるようになっていきました。

ほかに大切にしたのは、家族で過ごす時間と夫婦間の会話です。父親の仕事が休みの日には動物園に行ったり、アスレチックで遊んだりして、家族でリフレッシュできる時間を多く持つようにしました。また伸芽会や伸芽'Sクラブでうかがったお話や娘の様子などについては、毎日夫婦で共有しました。

受験直前に娘の気持ちが不安定になり、心配になって教室の先生にご相談したところ、「絶対に大丈夫」と力強く言ってくださり、不安な気持ちを払拭して受験に臨むことができました。娘を信じてしっかり見つめてくださったことに感謝しています。

合格のポイントとアドバイス

周りと比べずに、娘のありのままを受け入れることを意識していた結果が、合格につながったのではないかと思います。できる、できないではなく、娘自身が頑張って取り組めたことや工夫できたことなどを見つけてほめるようにし、成長を急がせなかったことで、受験までの日々を焦ることなく落ち着いて過ごすことができました。

受験に向けて、親は不安や焦り、緊張など、いろいろな気持ちを経験されると思いますが、家族みんなで頑張った経験は、きっとかけがえのない宝物になると思います。比べず、焦らず、お子さんを信じて取り組んでください。

学習院幼稚園合格のＭさん

受験のきっかけと家庭での対策

いとこが学習院幼稚園を卒園しており、娘が生まれたころから漠然と憧れを持っていました。１歳３ヵ月ごろから伸芽'Sクラブと伸芽会に通い始め、実際に幼稚園説明会に足を運び、入園を志すようになりました。

母親に、受験の１年前に生まれた弟の世話をする時間が増えたことで、娘の気持ちがやや不安定になった時期があり、これをきっかけに１日のうち娘と向き合う２人の時間をたくさんつくり、娘の気持ちが安定するようにしました。半年ほどで娘も落ち着き、そこから考査や面接に向けての具体的な取り組みを始めました。伸芽会や伸芽'Sクラブでできなかったことは、なるべくその日のうちか翌日の朝に復習するようにしました。また、できるだけ早くお迎えに行くようにして、家庭での時間も大切にしました。教室の先生方に任せきりにするのではなく、足りない部分を家庭で強化するイメージで取り組むと、ぐんと成長できたように思います。

合格のポイントとアドバイス

娘としっかり向き合って心を安定させることは、とても大切だったと思います。教室でできなかったことを家庭で何度も復習することに加え、靴をそろえる、出したものを片づける、足を閉じて座るなど基本的なことを日常生活の中で徹底したことも、合格へのポイントになったのではないかと感じます。

子どもの心を安定させること、親子の信頼関係に加えて、何より受験当日の子どものコンディションが重要です。わが家では当日、少し早めに最寄り駅に着き、絵本を読んだり落ち葉で遊んだりしてとてもリラックスして試験に臨むことができました。このように、いかに落ち着いて緊張せずにいつもの自分の力を発揮できるかが大事になります。

受験のこと以外でも、困ったことや不安なことは、どのようなことでも教室の先生方に相談してアドバイスをいただくと、親も安心できると思います。

暁星幼稚園／雙葉小学校附属幼稚園

暁星幼稚園合格のＭさん

受験のきっかけと家庭での対策

子どもが１歳半のとき、伸芽'Sクラブに入会しました。基本的な生活習慣や、幼児でありながら正しい礼儀作法や丁寧な言葉遣いが自然と身についていく様子を見て、幼稚園受験を意識するようになりました。志望園は、父親の母校でもある暁星幼稚園に決めました。

まずは基本的生活習慣の自立を目指し、くり返し丁寧に取り組みました。教えようという態度で接すると子どもが反発することもあったので、親は隣で一緒に行うという意識で対処しました。またかける言葉一つで、本人がやる気になったり、逆にやる気を失って雑になることがあったりしたため、声のかけ方や言葉選びには注意しました。子どもがどこまで自分でできるのか、どこから手伝いが必要なのかを親はよく見極め、できるだけ手を貸さないように気をつけました。

入試の１ヵ月前に子どもが利き腕を骨折してしまったのですが、不自由な生活の中で一言も弱音を吐かずに行動する姿から、自分のことは自分でするという気持ちが強く感じられました。それを見て、親の方が励まされたような思いでした。

合格のポイントと受験で得たもの

伸芽'Sクラブでは基本的生活習慣の自立を身につけられましたし、伸芽会では知識面だけでなく、状況に応じて自分がするべきことを考えて行動するなど心も成長していきました。親の心構えや、受験に向き合う気持ちも高めていただき、親自身も成長できるよう導いてくださいました。

家庭では日々時間をかけて接することが、子どもの心の安定につながっていたと思います。一致団結して同じ目標に向かうことは必要ですが、家族で過ごす時間の大切さを改めて感じました。季節の移ろいを肌で感じ共有したり、豊かな会話が増えたりしていたと思います。子どもを信じて見守り、成長を見逃さないよう努めることで、親も成長できました。

雙葉小学校附属幼稚園合格のＫさん

受験のきっかけと家庭での対策

母親が姉妹校出身で、娘を雙葉小学校附属幼稚園に通わせたいという気持ちがありましたので、生まれたときから意識して育ててきました。以前からインターナショナルスクールに通っていたのですが、日本の文化や作法についてもお友達と一緒に楽しく学ぶ機会を持つために、伸芽会、伸芽'Sクラブに通うようになり、教わった歌や踊りを家族で楽しみ、参観日には張り切って取り組む娘の姿に感動しました。

家庭では面接時の入退室の練習以外、特に受験対策の取り組みはしなかったように思いますが、親子のコミュニケーションの一つとして、絵本をたくさん読み聞かせました。娘が読んでほしいと持ってくる本は、どんなときでも優先して読んであげました。娘に語彙力がつきましたし、何より親にとっても癒しの時間となりました。読んだ絵本は読書ノートに記入し、娘の発言や様子も書き留めているので、娘が大きくなったら一緒に読み返したいと思います。ほかには家族で公園に行ったり、ときには登山やスキーなどに行ったりしてアウトドアで体を動かし、平日はカードゲームなどをして過ごしました。家族で過ごす時間を大切にし、お互い感謝の気持ちを伝え合うことの重要さも日々感じとってくれたと思います。

合格のポイントとアドバイス

保護者面接本番では、娘には体力があること、最後までやり切ろうとする根気強さがあること、家族が仲よしであることをお話ししました。

受験にあたり、子どもの将来像を夫婦で何度も話し合いました。どうしたら娘が幸せを感じられるか、そのために親は何をしてあげられるか、改めて考えるよい機会になったと思います。わたし自身、Ｗｅｂ上の情報やうわさに翻弄されることもありましたが、悩みや不安は教室の先生に相談することが一番だと思います。

白百合学園幼稚園／東洋英和幼稚園

白百合学園幼稚園合格のＫさん

受験のきっかけと家庭での対策

娘が誕生する前から母校に通わせたいという思いは持っており、幼稚園受験についてより深く考えるようになったのは伸芽'Sクラブに通い始めた1歳ごろからです。両親ともカトリックの学校で育ったこと、落ち着いた環境で一貫教育を受けられる附属校に魅力を感じたことから、志望園を決めました。

娘は恥ずかしがり屋で、初めて訪れた場所では明るく元気に振る舞うことがなかなかできませんでした。1歳半ごろ、伸芽会の教室に通い始めた当初も、母子分離ができず泣いてしまうことがありました。そこで、公園の清掃ボランティアに参加していろいろな年代の方と接する機会を増やしたり、外食の際は自分でお店の人に注文し、やりとりさせたりなど、人とかかわることの楽しさを感じられるように工夫しました。ほかには、料理や洗濯、掃除などの手伝いをする中でも一つひとつの動作を丁寧に行うこと、物を大切に扱うことを伝えました。受験を意識しすぎず、楽しみながら行えたと思います。

合格のポイントとアドバイス

娘の好奇心を大切に、何でも経験させるようにし、受験直前には家族旅行にも行きました。乗馬体験、魚釣り、野菜の収穫体験などを通して、もともと好奇心の強い娘がより一層意欲的に自信を持って物事に取り組めるようになったことが、合格につながるポイントだったのではないかと思います。

志望園を決めて願書を作成していく中で、どのような女性に成長してほしいか、家庭でのしつけについて、両親でじっくり話し合うことができました。今後育児をしていくうえで基盤となる教育方針が定まって、一貫性を持って娘と接することもできるようになり、親としても成長できる貴重な経験だったと思います。お子さんが家庭で安心して穏やかに過ごせるような環境づくりが大切であると感じます。不安になるときもありますが、笑顔を忘れず家族で一致団結して頑張っていただきたいと思います。

東洋英和幼稚園合格のＫさん

受験のきっかけと家庭での対策

受験にとらわれることのない学校生活を通して、子どもが興味を持ったことに没頭し、一生の友人やよい先生との出会いを経験してほしいと願い、幼稚園受験を志しました。教育理念がわが家と一致している一貫校であることから、志望園に決めました。

家庭では日々の生活を丁寧に送ることを大切にし、あいさつや丁寧な言葉遣い、姿勢、片づけの仕方、早寝早起き、相手への思いやりなど、娘に直してほしいことがあれば、お手本を示せるようにまず親が行動を改めるようにしました。伸芽会の教室でアドバイスいただいたことは夫婦で必ず共有し、家庭生活の中でふり返って克服できるように意識することも忘れませんでした。伸芽会に入会した当初は娘の自我が強く、受験に向けて不安を覚えていましたが、伸芽会の先生は「意志の強さは長所でもある」と言ってくださり、親が対応に苦慮している部分についても根気強くご指導くださいました。自我が強くイヤイヤ期でもあった娘が、次第に周りの状況を見て考え、我慢もできるようになり、短所だと感じていたものが逆に強みとなっていきました。

合格のポイントと受験で得たもの

試験当日の自由遊びの課題中、娘は集中して取り組み、とても楽しそうに生き生きとして、自己肯定感の高さを発揮していたように感じました。物の渡し方や折り紙を折る、はさみを使うなどの物の扱い方も身についており、面接では園への熱意をアピールできて、気持ちが伝わったように感じました。

教室の先生方との信頼関係がやはり大切であると痛感しました。親の在り方や子育てに対する心構えもご指導くださり、時に厳しい言葉もいただきましたが、乗り越えるための力強い支えになってくださいました。幼児期の子どものできること、できないことに一喜一憂するのではなく、子どもを信じて大きな気持ちで構えることで、受験を通して親子や夫婦の絆が深まる経験になったと思っています。

2023
入園説明会ダイジェスト

Chapter 3

そこが知りたい、この幼稚園

雙葉小学校附属幼稚園
東洋英和幼稚園
光塩女子学院幼稚園
晃華学園マリアの園幼稚園
桐朋幼稚園
麻布山幼稚園
共立大日坂幼稚園
聖ドミニコ学園幼稚園

そこが知りたい、この幼稚園

入園説明会とは

入試は、幼稚園を理解していることを前提にして行われます。面接では、園の教育方針への意見を聞かれることもあるでしょう。入園説明会は、幼稚園の教育方針や環境を知る絶好の機会です。入園考査の情報や注意事項などの話もありますので、積極的に足を運びましょう。ここでは、2022年に実施された2023年度入園説明会の模様を紹介します。今後の参考としてご活用ください。

雙葉小学校附属幼稚園

雙葉小学校附属幼稚園の説明会は、7月31日に行われました。園長より、沿革、教育目標や園生活、行事、進学、家庭に望むことなど、教頭より入試や入園後の注意点、安全対策などについての説明がありました。

カトリック精神による教育目標

雙葉小学校附属幼稚園は、明治43年に雙葉小学校とともに創立されました。幼・小・中・高の女子一貫校の中、幼稚園のみ男女共学で、男児、女児それぞれが持つよい特性を生かし合いながら生活を送っています。

のびのびとした子どもらしさの中にも誠実でけじめのある子どもに育てること、カトリックの教えを聞き、神様に守られていることを知り、神様とお話しできるように育てることが、本園の教育目標です。子どもたちが祈ることの大切さを知り、一人ひとりがありのままの自分でいられるように、それぞれに違う個性を大切に伸ばしていけるようにと日々の保育を行ってきました。そして子どもたち同士のかかわり合いの中で、感謝する心、許し合える心の広さ、相手のよい面を見ることができる優しさ、人として何よりも大切な思いやりの心が自然に育まれていくことを目指しております。

園児主体の遊びで人格形成

本園は一斉保育で、知育と体育に偏りのないよう年間を通してカリキュラムを作成しています。絵画や制作、運動や水遊びをする日などがありますが、園児主体の遊びの時間を多くとっています。全園児一緒に遊ぶことで、年長児から学び、年下をいたわる気持ちも自然と育まれ、遊戯室、保育室、園庭を自由に行き来して遊ぶことで、遊びの範囲が広がり発展し、創造力や発想力も生まれます。人格形成の土台となる幼児期こそ、存分に遊ぶ豊かな時間が大切です。卒園後、女児は基本的に推薦を受け雙葉小学校へ進学します。入園から14年間の学園生活になりますので、保護者の方には学園の教育方針をご理解いただき、一致した考えのもとでお子さまの成長を見守っていただくようお願いいたします。

出願と考査について

今年度よりＷｅｂ出願サイトで出願登録をしていただき、結果発表もＷｅｂサイト内で行うことになりますが、願書の配付や受付は例年通り窓口にて行います。コロナ禍以降、感染症対策のため集団遊びは行わず、保護者の方同伴の考査のみとなっています。選考にカトリック信者であるとか卒業生のお子さんであるなどの区別はなく、月齢を考慮しながらどなたにも公正な考査をいたしております。

東洋英和幼稚園

東洋英和幼稚園では、7月16・18日に入園説明会が開催されました。沿革や教育方針、家庭との連携、園生活や安全対策についての説明があり、園舎建て替えについてのお話もありました。

自立した女性を育成する一貫教育

東洋英和女学院は明治17年、カナダのメソジスト教会より派遣された宣教師により、自立した女性の育成を目指して創立されました。その30年後に設立された幼稚園は、今年創立108周年を迎えます。幼稚園には男児も在籍しますが、小学部からは女子の教育となります。キリスト教による一貫教育を通して神様を敬い、自分と同じように神様から愛されている他者を愛し、仕えるものとなる「敬神奉仕」を建学の精神としています。

神様に守られている安心感が基盤

幼稚園では4つの保育方針を掲げています。1つ目は、キリスト教による人間形成です。神様がおつくりになったこの世界に生きるものすべてがかけがえのない存在であり、「ともに生きる」仲間としてお互いを思いやる関係でありたいと考えます。子どもたちは讃美歌を歌い、感謝と願いを込めて祈ること、礼拝の時間や聖書の言葉にふれて神様への理解を深めることで、神様はいつもそばで守ってくださっているという安心感を知らず知らずのうちに感じるようになっていきます。2つ目は、主体性と個性です。幼児期は毎日の遊びが大切ですが、一人ひとりが自分の意志や判断で自由に遊び、夢中になる中で思考力や創造力が深まり、社会性や協調性、感性が育まれていきます。遊びの中で試行錯誤や失敗も経験しますが、教師は近道を教えることは控え、自分自身で学び取り、成長していく子どもたちに寄り添い、見守り、必要な援助をしていきます。3つ目は、自然との出合いです。本園では寒い日も暑い日も園庭での遊びを大事にしています。日陰は涼しくひなたは暑いこと、木の葉が緑から赤に色づくこと、虫やカエルの成長など、自然界には人間の技ではなし得ない多くのことが起こります。感性豊かで素直に感動できる幼児期に、自然を通して心動かされる経験が重要だと考えています。4つ目は、ご家庭との連携です。保護者の方には保育や行事、母の会、父母の会にも参加していただきます。毎日の送迎時には情報を共有し、ご家庭との信頼関係を築いてお子さんの成長をご一緒に支えたいと思っております。

地区再開発中の仮移転について

現在、本園と小学校は市街地再開発の計画に入っていることもお知らせします。六本木駅周辺の治安改善や交通の円滑化、防災機能強化を目的とした2030年ころ完成予定の広範囲な開発となるため、本学院では港区元麻布1丁目に園舎、校舎を新しく建築し、仮移転します。早ければ2024年度中にも仮移転先にて教育活動が始まり、約4年間をそちらで過ごします。その後は六本木に戻り、新園舎、新校舎で教育を行います。時期につきましては変更の可能性もありますが、いずれの場所においても本学院の理念に即した教育活動を行ってまいります。

出願前の確認事項

募集要項の最初に「入園を希望なさる皆様へ」というページがあります。願書を提出なさる前に必ずお読みいただき、キリスト教による人間教育を重んじること、通園の送迎は原則保護者の方にしていただくこと、行事や父母の会への参加、一時退園後の再入園の条件、小学部への進学などについてご確認いただき、本園の方針に沿ってくださることをご了承のうえで出願をお願いいたします。

光塩女子学院幼稚園

光塩女子学院幼稚園の入園説明会は、5月12日、6月1日、7月6日、8月6日、9月8日、10月20日に開催されました。5月は教育理念、園生活、課外活動、行事、内部進学などのお話がありました。予約が必要で、子どもの同伴はできませんでした。

あなたの存在そのものに価値がある

光塩女子学院幼稚園という名称は、「あなたがたは地の塩です。あなたがたは世の光です」という聖書の言葉に由来します。人は例外なく誰でも神性を宿し、必要な力はすべて神様が持たせてくださっています。「あなたはかけがえのない、世界でたった一人の神様の宝物です。そのままのあなたがすてきです」と、お子さん、またお母さまご自身に対しても言ってあげてください。そしてお子さんの存在をまず認めて、いるだけで値打ちがあるという根っこづくりをしてあげてください。カトリックの幼稚園ですから、祈る心を育てることも大切にしています。

より一層子育て支援の充実を図る

一斉保育を中心として集団の中で社会性を学べるようにし、専門の講師による体操、英語、歌唱の指導もあります。一斉保育の前後には預かり保育があり、こちらは縦割りで行っています。保護者の方への対応として連絡アプリを導入し、欠席連絡や配付物などは簡単に確実に届くようになりました。女のお子さんは内部進学テストを受けることができますが、合格の場合は必ず進学する必要があります。そのほか子育て支援の一環として、子育てで心配なことを相談するなど保護者同士でコミュニケーションがとれる場を今年度より設けますので、本園Ｗｅｂサイトを随時ご確認ください。

晃華学園マリアの園幼稚園

晃華学園マリアの園幼稚園の入園説明会は、6月7日、9月15日、10月15日に開催されました。6月は沿革と教育方針、園の概要、園生活について、入園までに準備していただきたいこと、入試の情報などについてのお話がありました。

安心感の中で就学に向け育てる

晃華学園マリアの園幼稚園は、晃華学園の中でも最初にできました、汚れなきマリア修道会により設立されたマリアニストスクールです。幼・小・中・高の長い教育観の土台となるこの幼稚園では、子どもたちのよい資質を見つけて伸ばしていくことで、子どもたち自身が自ら考え行動できる人間に成長していけるよう、寄り添い支えます。神様がありのままの自分を受け入れ愛してくださっているという安心感のもと、自由遊びを始めとした幼稚園のいろいろな活動を通して、就学に向けた必要な能力を育てていきます。

新しい取り組みと入試の変更点

本園では給食はありませんが、今年度よりお弁当を個別注文できるようになりました。保育時間の後に行う課外活動では、スポーツクラブとサッカークラブがあります。ご両親の就労など条件はありますが、預かり保育も実施しています。送迎は原則保護者にお願いしていますが、つど詳細をご連絡いただければ保護者以外の方でも可能です。自家用車で送迎する場合は近くの有料駐車場を契約いただきますが、届け出をしていただく必要があります。入園をお考えのご家庭に準備していただきたいことは、基本的生活習慣の確立です。主に5つあり、睡眠、食事、排せつ、衣服の着脱、清潔です。入試は今年度からＷｅｂによる募集となりますのでご注意ください。

桐朋幼稚園

桐朋幼稚園では６月25日と９月３日に幼稚園説明会が行われました。保育方針、保育の柱、園児の様子や成長、幼稚園で大事にしていること、入試情報や新しい取り組みとなる預かり保育などについてお話があり、最後に園庭見学も行われました。

自発的に、生き生きと過ごす園生活

子どもを１人の人間としてとらえ、自分の力で「生きるために必要な根」を育てることが、本園の保育目標です。まずは子どもが安心できる場をつくり、安心した子どもが自発的に動くのを待ち、一人ひとりがやりたいことを見つけてそれを満喫する、そんな居場所でありたいと思っています。その中で子ども同士はふれ合い、ぶつかり合って社会性を身につけていきます。また、桐朋小学校とともに学園の初等部として幼小一貫教育を行っており、園児と児童が交流する機会も多く、お互いにとっての育ち合いの場ともなっています。保育は３つの活動を柱としています。１つ目は「生活」で、身の回りのことや飼育活動、片付けや掃除を行います。２つ目は、存分にやりたいことを楽しむ「遊び」、そして３つ目はみんなで行う制作や表現などの「題材的な活動」です。年齢や時期によって比重は異なりますが、年長児になるころには３つの柱がどれも主となるような１日を送ります。

入園考査の観点について

入園考査は親子で参加していただく遊びを中心としたものと、親子面接を行います。日常生活で遊びを楽しめ、話を聞いて理解することができれば問題がない内容となっています。考査当日は、おむつをはいていらしてもかまいません。入園までに外れていればよいと考えています。

麻布山幼稚園

麻布山幼稚園では９月５～７日に計４回の入園説明会が開催され、参加できなかった場合は後日資料の受け取りもできました。園の概要と保育方針、特色や環境、通園バス、保護者の活動や安全対策、入試情報などのお話がありました。

遊びや体験を生きる力の基礎とする

麻布山幼稚園は浄土真宗の教えを基とした仏教保育で、命の尊さを感じ、すべてのものに感謝する心を育むことを大切にしてきました。毎朝、静かに目を閉じ手を合わせてお参りする時間をもち、子どもたちは静と動を切り替える習慣を身につけます。自然の中で元気いっぱい遊ぶことで、思いやりや調整力、頑張ろうという気持ちが自然に培われ、協力する喜び、けんかや挫折も経験します。このいろいろな気持ちや体験が、社会で生きる基礎となっていくと考えます。ほかに、創造力や感性をみがく造形教育も大切にしています。

入園後の注意点

通園バスは２コース運行し、現在は密を防ぐため園児40名ほどの乗車で、希望者多数の場合は抽選となることもあります。年中・年長クラスは担任１名ですが、年少クラスは２人担任制です。また、保護者活動として父の会と母の会があり、母の会は全員参加です。行事のお手伝いや会食などで、楽しみながら親睦を深めていただきます。小学校受験に特化した幼稚園ではありませんので、年少から年中に進むときに、転勤や転居以外の理由でほかの園に移ることはご遠慮いただいています。本園では子どもたちとも保護者の方とも、何よりも信頼関係を大切にしています。教育方針を理解していただき、信頼関係が築けそうだと思われたら願書をお出しください。

共立大日坂幼稚園

共立大日坂幼稚園では６月８・29日、７月６・13日、９月７日に説明会が開催されました。園の概要と教育方針、園生活やお弁当、預かり保育について、入試情報などのお話があり、説明会後に園舎見学も行われました。子どもの同伴はできませんでした。

遊びや体験を生きる力の基礎とする

共立女子学園の併設園である共立大日坂幼稚園は、昭和29年に設立されました。学園に守られながら、施設を始めさまざまな設備も充実しつつ、多くの園児を輩出してきました。現在は大学の児童学科と連携を深め、大学１年生の授業ではオンラインで園児たちの活動を学んでもらうこともあります。子どもは元々、一人ひとりが探求する心を持っています。環境を整え、子ども一人ひとりを受け入れて丁寧にかかわり、探求する心を伸ばすような保育を進めています。集団生活の中で子どもたち同士が一緒に支え合い認め合うことで、自己肯定感も育っていきます。それぞれの個性に寄り添うために、特に年少時では一律に何かをするということを取り入れていません。年長になると、就学前の教育として集団を意識した生活も大事になってきます。

入園後の注意点と入試について

これまでお弁当は５月の連休明けから始めていましたが、ご要望が多いため今年は４月から段階的に日数を増やしながら開始しています。預かり保育は16時まで、早朝や長期のお休みには対応していません。入試は３年保育の場合は出願順に試験を行い、２年保育は午後の同一時間に行います。実際に幼稚園の様子を見てみたいと思われましたら、ぜひ見学会にお申し込みください。体験入園や園庭開放、絵本の読み聞かせも実施しています。

聖ドミニコ学園幼稚園

聖ドミニコ学園幼稚園では５月14日に午前と午後の２回、９月１日に午前２回と午後２回の計４回、入園希望者説明会が開催されました。５月は学園や幼稚園の概要と教育理念や教育方針、特色や園生活の様子についてのお話があり、保育室見学も行われました。

カトリックの教えに基づく教育

聖ドミニコ学園の名前にもなっている聖ドミニコとは、13世紀ごろに南フランスで活動されたスペイン人神父の名前です。学園には、「真理を求め、自由に生きる」という言葉があり、そのようなことを実現できた方でした。家庭環境や生活様式の変化が大きいこの時代において、子どもとその教育を守るという信念のもと、聖ドミニコを師としていろいろなことを模索しています。幼稚園の教育目標は「あかるく、つよく、ただしく」です。明るくなるためには知ること、できるようになること、強くなるためには自分を愛し大好きになり、自信を持つことが大切です。正しさについては、善、悪とは何だろうという対話をしながら教育していきます。子どもにとっては愛し信用する人の判断が善悪の判断になることが多いですが、そのような愛し信用する人が時には重い責任を持っているんだと認識することも大事だと考えています。

環境が自立に働きかける教育

保育は縦割りによる異年齢集団の中で子どもたちの育ちの基盤をつくり、横割りによる活動の中で、同学年のお友達同士の心を合わせ、一つの物を作り上げる楽しさや達成感を味わいます。モンテッソーリ教育も取り入れ、自分で選び、考え、行動することを目指しています。見学日には実際の子どもたちの様子をご覧いただけますのでぜひご来園ください。

就学前の子どものための インターナショナルスクール

インターナショナルスクールとは？

インターナショナルスクールは、保護者の赴任などにより日本に在住していて、母国で教育が受けられない外国籍の子どもたちが学ぶための学校です。日本にあるインターナショナルスクールのほとんどは、英語で授業を行っています。そのため、自然に英語を身につけ、外国人とコミュニケーションが取れるようになってほしいと、就学前から子どもをインターナショナルスクールに通わせたいと願う保護者も多いようです。

教育制度・カリキュラム

欧米の教育制度では、就学前の２～４歳の子どもが通うのが「プリスクール」、５・６歳の子どもが通うのが「キンダーガーテン」です。日本では幼稚園に通う年代ですが、キンダーガーテンは、小学校へ通うための準備期間と位置づけられていて、小学校の一部に組み込まれているところもあります。

日本にあるインターナショナルスクールのほとんどは、アメリカのカリキュラムを採用しています。日本国籍の子どもでも入学できるインターナショナルスクールはありますが、小学校以上では、本人に英語力があることや、保護者のどちらかが英語を話せることが入学条件となっているところがほとんどです。また、最近は日本人を対象としたプリスクールが増えているようです。

メリット・デメリット

幼児期から英語に親しみ、無理なく英語をマスターできれば、大きなメリットになります。しかし幼児期は、母国語である日本語を習得するうえでも大切な時期。その時機を逸して、日本語の学習も英語の学習も中途半端になってしまうとしたら、大きなデメリットでしょう。また、小学校以降の教育について考慮することも大切です。ほとんどのインターナショナルスクールは、学校教育法第１条で定められた学校ではありません。学校法人の認可を受けていたとしても、多くは各種学校の扱いです。そのため、インターナショナルスクールの小学校を卒業しても、日本の中学校に進学できないということが起こり得ます。また、「幼児教育・保育の無償化制度」（p.206参照）の対象になるスクールもありますが、概して学費は高額です。インターナショナルスクールへの入学は、メリットとデメリットをよく考えて決めることをお勧めします。

インターナショナルスクール情報

★アメリカンスクール・イン・ジャパン
（調布キャンパス）
東京都調布市野水1-1-1
TEL　0422-34-5300
（アーリーラーニングセンター）
東京都港区六本木6-16-5
TEL　03-5771-4344

★西町インターナショナルスクール
東京都港区元麻布2-14-7
TEL　03-3451-5520

★聖心インターナショナルスクール
東京都渋谷区広尾4-3-1
TEL　03-3400-3951

★清泉インターナショナルスクール
東京都世田谷区用賀1-12-15
TEL　03-3704-2661

★横浜インターナショナルスクール
神奈川県横浜市中区小港町2-100-1
TEL　045-622-0084

★幕張インターナショナルスクール
千葉県千葉市美浜区若葉3-2-9
TEL　043-296-0277

★コロンビアインターナショナルスクール
埼玉県所沢市松郷153
TEL　04-2946-1911

★つくばインターナショナルスクール
茨城県つくば市上郷7846-1
TEL　029-886-5447

※上記以外にもさまざまなインターナショナルスクールがあります。詳細はスクールＨＰなどでご確認ください

わが子を大きく伸ばす

Chapter 4

家庭でできること

家庭で伸ばす子どもの力

- 話を聞く力
- 観察力・構成力
- 推理力・思考力
- 幼児の常識
- 記憶力
- 数感
- 手先の巧緻性
- 言語能力
- 絵画表現
- 運動能力

家庭で伸ばす子どもの力

幼稚園受験の対策をとる前に、家庭でやらなければならないことがあります。ごく普通の日常生活で体験し、受験がなければ気にしないような行動や習慣が、実は一番大切なのです。家族で一緒に生活習慣を見直し、間違いがあれば改善しましょう。

話を聞く力

話をきちんと聞ける子は知的能力が高いといわれています。赤ちゃん時代には一方的に優しく話しかけただけでも、少し大きくなって「ママ、おなか」と片言で話せるようになったら、「おなかがすいたのね」と正しい表現を教えてあげた経験があるでしょう。子どもが3、4歳になりよく話すようになったら、どのようなことでも優しく耳を傾けてあげることが大切です。そうすることで話に興味を持ち、話す意欲が出てくるだけでなく、親が聞いてくれる様子を見て、自然と聞く態度も身についてきます。絵本はたくさん読んであげましょう。お話が楽しければ自然と覚え、記憶力もつきます。日常の会話も大切にしましょう。楽しい会話が交わされる家庭環境なら、子どもは言葉をたくさん覚え、理解する力もついてくるのです。

観察力・構成力

2歳くらいになって模倣する時期になると、ものの共通点や差異に気づき始めます。それは、観察する力が伸びてきているのです。観察した対象を、言葉や体を使って表現しようとする欲求が表れてきます。構成力をつけるには、積み木や折り紙がよいでしょう。積み木は立体感覚を養うためにも最適です。お城を作るのなら、絵本などをじっくり見て手本にすることも必要です。興味を持ったことなら夢中になるのが子どもですから、集中力も身につきます。折り紙は1枚の平らな紙から立体を作り上げる楽しい遊びです。手先をじっと見ることで集中力を、折り方を覚えることで記憶力を、きちんと折ることで巧緻性も養われます。できた作品は、必ず出来栄えをほめ、飾ってあげれば意欲を持続させることにもなるでしょう。

推理力・思考力

幼児の推理や思考とは、自分の周りのものに興味を持ち、「何だろう、どうしてだろう」といろいろなことに耳を澄ましたり、触ってみたりすることから始まります。大切なのは遊びです。夢中になって遊んでいる子は、どのようにすればもっと楽しく遊べるかを工夫しています。遊びのうまい子は好奇心旺盛ですが、それは自分で考えて見つける楽しさをたくさん体験しているからです。今は、子どもの遊びまで細かくチェックする過干渉なお父さんやお母さんがいる時代です。おおらかに、のびのびと行動できる環境を整えてあげ、子どもの疑問の芽を摘み取らないよう心掛けましょう。「なぜ、どうして」といった質問には、根気よく応じてあげることが大切です。興味を持つことが、思考力や理解力を高める第一歩なのです。

幼児の常識

幼児の常識とは、年齢相応の知識のことです。３、４歳の幼児に必要な常識とは、衣服の着脱、洗顔、排せつといった、日常の基本的な習慣を一つひとつ身につけていくことなのです。兄弟姉妹の数が少なくなり、親が子どもを構い過ぎる傾向からか、手のかかる子が増えています。親の適切な保護は必要ですが、自分でやろうとする意欲が子どもに芽生えてきているのに、簡単なことにも手を貸してしまう親もいます。子どもに手を貸したくなったら過保護、口を出したくなったら過干渉といえます。パジャマのボタンがうまくかけられないからといって、いつまでも手伝っていたり、遅いとしかっていたりするのでは、自主性が育ちません。年齢相応に自分のことは自分でできる子を、幼稚園は望んでいるのです。

記憶力

記憶力は、日常の生活体験を通して培われます。目で見、耳で聞き、鼻でにおいを確かめ、舌で味わい、手で触ってみるといった五感を通して受ける刺激が強かったり、印象が深かったりすれば、鮮明に記憶に残るものです。興味を持っていることは記憶として残りやすいので、子どもの興味を引き出すような環境づくりが重要です。子どもは３歳くらいになると、いろいろなことに挑戦し始めます。危険なこともするので、見守りは必要ですが、むやみに禁止せずいろいろなことをさせてみることが大切です。子どもが自由に行動できる時間を増やしてあげましょう。失敗することもあると思いますが、失敗は次の飛躍へのステップです。失敗を恐れずに、自分で体験する機会を多くつくれば、記憶する力もついてくるのです。

数感

幼児の数量についての理解度は、生活そのものと深いかかわりを持っています。夕食のハンバーグの大きさや、コップに注いだジュースの量のわずかな違いにも、不満そうに抗議することがあるでしょう。幼児期でも数量に対する関心は高く、そのことをうまく利用すれば、数量についての能力を伸ばすことができます。おやつのときには、「３個食べようね」と具体的に話しかけたり、「お母さんと半分ずつにしようね」とお子さんに分けさせたりしましょう。遊びの中でも、積み木やおはじきの取りっこゲームをして、数に対する興味を引き出してあげることです。幼稚園を受ける幼児にとってどのくらいの数感が必要かというと、１けたがわかれば十分でしょう。２けたの数まで無理に覚え込ませる必要はありません。

手先の巧緻性

不器用な子どもがいるのは、子どもを取り巻く環境が、いろいろな面で便利になったことが影響しているといえます。スプーンやフォークばかりを使っていればおはしをうまく使えないし、マジックテープしか知らない子は、ひも結びができなくて当然です。もっと手先を使う作業を、日常の生活や遊びの中に積極的に取り入れてあげてください。たとえば食事のときに、ひものついたエプロンを利用してみましょう。最初はひもを前で結び、慣れたら後ろで結びます。毎日行っていれば、自然と身につくはずです。テーブルの上に食器を並べたり、片づけをしたり、洗濯物をたたんだりといったお手伝いをすることでも十分に効果を上げることができます。不器用さを嘆く前に、手先を使う機会をたくさんつくってあげることです。

言語能力

絵本をたくさん読んでもらうようになり、お友達と遊ぶ機会も増えてくると、語らいが増え、日常の会話もスムーズになります。なぞなぞ、しりとりなど、言葉を使った遊びもいろいろできるようになります。こういった遊びは、買い物の途中や、電車やバスの中、お風呂に入りながらなど、どこでも親子で楽しむことができます。これは子どもの興味を引き出す効果もあります。両親の会話も生きた教材です。子どもの前で、「それ取って」「これね」といった代名詞の多い会話をしていると、子どもが言葉を知る機会が少なくなるばかりか、正しい文章で表現することも苦手になってしまいます。入園前の子どもは、文字の読み書きよりも遊びを通じてたくさんの言葉を覚え、自分で使ってみることが大切です。

絵画表現

幼児は周りのものに興味を持って、観察し、考え、表現しようとします。表現の方法も、言葉、体、絵画と発達段階に応じて変化します。絵画はなぐりがきから始まり、直線や曲線、丸がかけるようになります。人間の絵は頭に手足が直接くっついたような絵を経て、体が描けるようになっても、手は肩から横に真っすぐ伸びたままだったりします。ものを見て、それを正しく絵に描けるまでには大変な時間がかかるのです。絵を描きたがらない子、苦手にしている子に共通しているのは、自分の絵は下手だという劣等感を持っていることです。親が絵の巧拙にこだわるからです。お子さんの描く絵は、その時点では最高の作品であることを理解し、テクニックを教え込むことより、表現しようとする意欲を刺激することのほうが大切です。

運動能力

子どもは本来、体を目いっぱいに動かして遊ぶことが大好きです。しかし、都市部では安全な遊び場が少なくなり、どうしても家の中での一人遊びが多くなっています。お母さんたちは、子どもをプールやスポーツクラブに通わせて不安を解消しているようですが、子どもにとって楽しいのは、両親と遊ぶことです。忙しいお父さんにとって休日は貴重な時間だと思いますが、時には、お子さんと一緒にたくさんの健康的な汗を流してほしいものです。大好きなお父さんと遊べば、楽しい雰囲気の中で運動能力をどんどん高めることができます。お父さんがお手本ですから、喜んでまねをして、今までできなかったことができるようになるものです。いつもお父さんやお母さんと遊んでいることが考査の課題に出たら、お子さんはきっと、生き生きと取り組むに違いありません。

親と子どもの注意点

ほめること・しかること……幼児教室の幼児に尋ねたところ、ほめられた記憶よりしかられた記憶のほうがずっと多いと口をそろえます。ほめられてうれしかった記憶が少ない子は、情緒的な感動に乏しくなります。勉強のことだけ、しつけのことだけにこだわってほめたり、しかったりするのではなく、一貫した教育方針に基づいて愛情を持ってしかり、ほめるときは心からほめることが必要です。価値観が多様化し、教育情報も氾濫して困惑する時代だからこそ、親がしっかりしたスタンスで教育し、穏やかに子どもを方向づけるよう心掛けてください。

INDEX 索引

2024年度入試用　首都圏

私立・国立　有名幼稚園合格ガイド

2023年 6 月12日　発行

監修　伸芽会教育研究所

発行　株式会社伸芽会
〒171-0014
東京都豊島区池袋2-2-1-7F
販売　TEL (03) 6914-1359
編集　TEL (03) 3981-9393
URL　https://www.shingakai.co.jp

表紙・本文イラスト　コバヤシ・カズエ

企画・編集　伸芽会出版部編集室

定価3300円（本体3000円＋税10%）

印刷・製本　凸版印刷株式会社

本書に関するご意見をお寄せください。

■伸芽会 読者アンケートサイト
https://questant.jp/q/Y9K1MFOH

©伸芽会　2023　printed in japan　ISBN978-4-86203-919-4　¥3000E